应急管理理论与实务丛书

本书获广东省“211工程”三期重点学科建设项目“应急管理理论与实务”基金资助

应急管理理论与实务丛书

应急物流管理

主　编　左小德
副主编　梁　云　张　蕾

暨南大學出版社
JINAN UNIVERSITY PRESS
中国·广州

图书在版编目（CIP）数据

应急物流管理／左小德主编；梁云，张蕾副主编. —广州：暨南大学出版社，2011.4
（应急管理理论与实务丛书）
ISBN 978－7－81135－703－5

Ⅰ.①应… Ⅱ.①左…②梁…③张… Ⅲ.①物流—研究 Ⅳ.①F252

中国版本图书馆 CIP 数据核字（2010）第 238975 号

出版发行：暨南大学出版社

地　址：中国广州暨南大学
电　话：总编室（8620）85221601
营销部（8620）85225284　85228291　85228292（邮购）
传　真：（8620）85221583（办公室）　85223774（营销部）
邮　编：510630
网　址：http：//www.jnupress.com　http：//press.jnu.edu.cn

排　版：暨南大学出版社照排中心
印　刷：广州市至元印刷有限公司

开　本：787mm×960mm　1/16
印　张：19
字　数：375 千
版　次：2011 年 4 月第 1 版
印　次：2011 年 4 月第 1 次
印　数：1—2000 册

定　价：35.00 元

总 序

我国正处在社会转型与体制转轨、机遇与风险并存的社会高风险期，加上各种自然灾害与人为事故纠结在一起，在社会急速变化的过程中，各类公共危机问题被迅速地集中和放大，蕴涵着不可忽视的各类风险。金融、环境、信息、流行疾病、民族分裂主义、自然灾害等非传统安全因素已成为威胁国家安全的组成部分，这些非传统安全危机深刻地考验着中国政府的执政能力。面对非传统安全危机，加强执政能力建设，趋利避害、化解风险，已成为中国政府长期面临的重要课题。从2006年1月国务院颁布《国家突发公共事件总体应急预案》起，就意味着战略性地应对公共危机已擢升至国家高度。

“突发公共事件”是指突然发生，造成或者可能造成重大人员伤亡、财产损失、生态环境破坏和严重社会危害，危及公共安全的紧急事件。随着各国社会经济的快速发展，各类突发公共事件的危害日益突显。突发公共事件主要分为自然灾害、事故灾难、公共卫生事件、社会安全事件等四类；按照其性质、严重程度、可控性和影响范围等因素分成四级，特别重大的是Ⅰ级，重大的是Ⅱ级，较大的是Ⅲ级，一般的是Ⅳ级。一国政府应对突发公共事件的能力已经成为评价其执政、施政能力的重要绩效标准。

北京大学丁元竹教授曾把中国社会的风险归结为十个方面：就业问题、“三农”问题、金融问题、贫富差距、生态与资源问题、台湾问题、全球化问题、国内治理危机、信心和诚信问题、艾滋病和公共卫生问题。

这是当代后发展国家现代化、城市化荆棘之路的共性，也是正在进行追赶型、跨越式发展的中国社会不得不面对与思考的问题。能源安全、环境安全、生态安全、金融安全、网络安全、信息安全、卫生安全、文化安全等涉及社会生活的多个领域，具有隐蔽性、危险性、突发性和非确定性的特点。进入21世纪以来，各种自然灾害、事故灾难、公共卫生事件、社会安全事件等频频发生，往往使国家遭受严重损失。研究社会转型期各类重大的突发公共事件和社会经济风险与自然条件状态下的各种自然灾害及次生灾害所带来的应急管理问题，提高突发公共事件应急管理能力成为政府不可回避且具有刻不容缓意义的现实课题。

中央综治办主任陈冀平曾指出，从目前的社会形势看，新的社会矛盾将不断产生，原有的一些社会矛盾可能随之凸显，并呈现出经济领域的新矛盾与其他领域的矛盾相互影响、相互作用的局面，主要表现为涉及农村土地征用、城镇房屋拆迁、国有企业改革、部分军队退役人员等方面的信访问题仍然十分突出，非法集资、股市房市受损、高校毕业生就业、医疗、养老、环境污染、城市公共服务与管理等诱发群体性事件的因素也正在增多。由经济纠纷引发的暴力讨债、绑架、哄抢等“民转刑”案件可能更加突出，流动人口犯罪、多发性侵权犯罪和非法集资等涉众型经济犯罪可能更加突出，城市社会治安问题向农村蔓延扩散的趋势可能更加突出，尤其是个人极端事件有可能进一步增多，治安问题的敏感性将会进一步增强，一起普通的刑事案件或治安案件有可能转变为社会热点问题，甚至诱发其他矛盾和问题。

近50年来，世界经济发展步伐加快，在石化能源体系支撑下的高碳工业，形成了火电、石化、钢铁、建材、有色金属等工业，并由此衍生出汽车、船舶、航空、机械、电子、化工、建筑等行业。气候变化主要是由人为活动排放的二氧化碳、甲烷、氧化亚氮等温室气体造成的。全球变暖的后果是冰川融化、海平面上升、生态系统退化和自然灾害频发。从企业应急管理和长远视角来看，企业外部市场变幻莫测，内部管理与控制日趋复杂。外部风险包括市场风险、竞争风险；内部风险则包括品牌风险、战略风险、文化风险、团队风险、领导人风险、财税风险、舆论风险、法律风险和技术风险等。

马凯在《求是》杂志中撰文指出：我国正处于工业化、城镇化快速发展时期，各种传统的和非传统的、自然的和社会的风险、矛盾交织并存，公共安全和应急管理工作面临的形势更加严峻。归纳起来，应急管理面临的态势包括四个方面：一是自然灾害处于频发期。我国是世界上自然灾害最为严重的国家之一，灾害往往具有种类多、分布地域广、发生频率高、造成损失重等特点。特别是近年来，极端气候事件频发，中、强地震呈活跃态势，自然灾害及其衍生、次生灾害的突发性和危害性进一步加重、加大。二是安全生产形势严峻。我国经济发展较快，能源、资源、运输供给长期偏紧，再加上安全生产基础薄弱，一些地方和企业责任不落实、监管不到位，生产安全事故发生率居高不下，重、特大事故时有发生。三是公共卫生事件防控难度增大。公共卫生事件的诱因和影响都呈较强的国际性特点，全球新发的三十多种传染病已有半数在我国出现，重、特大疫情和群体性不明原因疾病时有发生。随着人口流动量的加大和流动速度的加快，疾病的防控难度加大，造成的损失更加严重。而在食品、药品生产经营中市场秩序混乱、源头污染严重、监管力量薄弱等问题尚未得到根本解决。四是社会安全面临新的挑战。

我国改革发展进入关键阶段，各种利益关系错综复杂，国家安全面临的形势更加复杂严峻，维护社会稳定的任务更加艰巨。对当前国际金融危机造成的重大影响和可能引发的各类突发公共事件，我们要有充分的准备。2008 年 3 月 14 日，少数不法分子在西藏拉萨制造了打砸抢烧暴力事件，烧死或杀死藏汉群众 18 人，给当地人民群众生命和财产安全造成重大损失。之后，2009 年乌鲁木齐“7 · 5”打砸抢烧严重暴力犯罪事件又造成 197 人死亡，其中绝大多数是无辜群众。这场打砸抢烧暴力事件的发生，是由以热比娅为首的境外敌对势力和境内极少数人极力炒作广东韶关旭日玩具厂群殴事件，把一个一般的治安案件说成是民族事件，从而极力煽动民族仇恨所致的。虎年春节期间，山西省的晋中、太原、吕梁、长治、晋城、阳泉等地区，到处都是地震将发的议论，一场大规模的群众恐慌在山西蔓延。2010 年 2 月 20 日晚至 21 日凌晨，许多山西人离家，躲避在广场、公园等地，夜不归宿，甚至开车逃往外乡。许多山西人在户外度过了一个不眠之夜。造谣人利用网络传播大地震谣言，而政府机构最初也处于一片迷乱中，直到 21 日早晨，山西省政府及各地区地震部门通过媒体及移动通信转达了政府公告，称群众这次避震行动为谣言所惑，要广大群众安心。诸如此类的民生事件，实则是 2007 年哈尔滨水污染事件中短信传播哈尔滨要大地震的翻版，对于非常事件与突发事件，应该由民调机构和覆盖面广的大众媒体联合发布，以正视听。

应急管理是指政府及其他公共机构在突发公共事件的事前预防、事发应对、事中处置和善后管理过程中，通过建立必要的应急机制，采取一系列必要措施，以保障公众生命和财产安全，促进社会和谐、健康发展的有关活动。佐治亚州州立大学著名应急管理学家威廉 · L. 沃认为：“应急管理就是对风险进行管理，以使社会能够与环境或技术危险要素共存，并应对环境、技术危险要素所导致的灾害。”应急管理是对突发公共事件的全过程管理。根据突发公共事件的预警、发生、缓解和善后四个发展阶段，应急管理可分为预测预警、识别控制、紧急处置和善后管理四个过程。应急管理又是一个动态管理过程，包括预防、准备、响应和恢复四个阶段，均体现在管理突发公共事件的各个阶段。

应急管理是一个完整的系统工程，可以概括为“一案三制”，即突发公共事件应急预案，应急机制、体制和法制。以政府应急管理为主线，围绕政府应急管理决策层次、技术管理层次、社会动员与响应机制等层次展开研究，达到在紧急状态下各行为主体凝聚人心、从容应对、缓解危机、减少缺失的效果。政府危机管理即政府在公共危机事件发生之前、发展过程之中和后危机时期，为减少和消除危机造成的危害和损失，根据危机管理计划和程序而对危机直接采取的对策及管理措施。政府应急管理是在政府常态型危机管理基础上的紧急状态的管理，各种信息资源、物质资源、人力资源如何高效配置与有效运筹，如何防止灾害的蔓延与次生灾害的扩大等，均是政府应急管理在紧急状态下需要解决的关键问题。我国正处于经济体制和经济增长方式双重转轨的特殊时期，存在着诱发公共危机的潜在的制度及非制度因素。高度重视公共危机管理、建立公共危机的预警机制和政府干预公共危机体系尤为必要。应急管理的基础是常规性政府危机管理，只有基础性工作常抓不懈，才能在紧急状态下临危不乱。

发达国家十分重视突发公共事件应急管理的研究，其研究范围覆盖了灾害或危机产生、发展、消亡的整个过程。日本是较早开展城市应急管理研究的国家，研究的领域和能力不断拓展，研究的水平处于世界前列。美国也在“9·11”事件发生后，组建了部级的美国国土安全部（DHS），标志着美国国家级突发公共事件应急管理体系从“综合应急管理”提升到“国家安全应急管理”的高度。相关国际组织也非常重视突发公共事件应急管理。联合国第二届世界减灾大会发表的《兵库宣言》要求各国将防灾减灾、保障国民生命和财产安全“作为国家的第一责任”，并将“确保减灾成为各国政府部门的工作重心之一”列为《兵库行动框架》（2005—2015 年）提出的五个行动重点之一。世界各国的政府部门、学术团体和专门机构已经开始从事各种针对突发事件的预防、监测、预报、识别、测定、控制、应急预案制定、事发时的快速反应及救灾、灾后的快速评估与重建的研究。

美国的乔治华盛顿大学、马里兰大学、北达科塔州立大学和加拿大的尼加拉瓜学院等国外大学，在一些领域均有较为系统的研究，包括危机与应急管理，流行病及预防医学，危机和应急管理中的信息技术、自然、技术危害以及恐怖袭击之风险管理，大规模恐怖行动的预防和反应，危机管理、灾后重建以及组织持续，减灾管理，健康与医疗应急管理。上述研究系统地对政府层面与技术层面的公共危机与应急管理技术提供了强有力的理论指导。

公共危机与突发事件已成为构建和谐社会和可持续发展的重要隐患，越来越引起社会各界对如何有效应对突发事件、妥善预防和处理危机的高度重视。2006年 1 月国务院颁布《国家突发公共事件总体应急预案》，象征着从战略上应对公共危机已被提升至国家高度。中央进一步明确提出，要建立健全社会预警体系，提高保障公共安全和处置突发事件的能力。2007 年 8 月，全国人大常委会通过了《中华人民共和国突发事件应对法》。汪永清、莫于川、韩大元等学者对该法进行了解释。一些学者则比较研究了国外紧急状态下的法律制度，如徐高、莫纪宏等。目前，我国的研究基本上处于介绍国外经验，对我国应急管理存在的问题及对策等事实进行描述和提出对策措施的研究为主的阶段，而上升到法理以及制度比较研究尚欠深入，难以对应急管理的依法行政提供充分的理论支持。另外，对危机处理研究较多，对事后重建和救济研究较少，不利于依法规范政府行政行为，实现缓解公众利益和私人利益的矛盾、维护社会稳定的目的。

关于灾害及突发公共事件应急工程的研究国内外已经积累了大量的研究成果。从第一个应急管理国际组织——国际应急管理工程协会诞生之日起，各类研究成果层出不穷。这些成果几乎囊括了火灾、地震灾害、矿井塌陷、核泄漏事故灾难等具体灾害/危机的各领域。我国从 20 世纪 80 年代末开始创建许多研究学报和学术期刊，如《自然灾害学报》、《环境污染与防治》、《环境卫生工程》、《中国环境管理》、《中国减灾》等，针对我国自然灾害以及事故灾难的防灾减灾研究已经较为深入，目前国内较为集中的研究主要体现在城市灾害应急与管理，区域应急管理实务预案、演练及绩效，突发事件应急管理，现代城市公共安全应急管理，领导干部预防和处置突发公共事件实用指南与案例分析，公共危机与管理，国家与政府的危机管理，灾难性事故与事件应急处置，城市安全学，政府应急管理实务，中央和大城市政府应急机制建设，灾害应急处置与综合减灾，地震应急等研究领域。

政府应急管理和企业应急管理均需要建立应急管理综合平台和预案建设，运筹帷幄，才能在非常态情景下保持临危不乱，但是无论国内还是国外，对于突发公共事件的研究普遍侧重于技术和具体方法应用的应急工程研究，并形成了一类特殊管理理论与方法——应急管理，而蕴涵其中的基础科学问题研究还没有得到广泛关注。这样，构成了面向突发公共事件的应急管理和应急工程两个紧密结合、相辅相成的研究层面。其中，应急管理中的科学问题研究是应急工程问题研究的基础，而后者又是在前者指导下的实践。

从 2008 年暨南大学获教育部批准在全国率先招收应急管理本科生并成立全国首家应急管理学院，到 2009 年广东省“211 工程”三期重点学科建设项目“应急管理理论与实务”正式立项，再到暨南大学应急管理研究中心成立并成为广东省高校重点人文社科研究基地，得到了广东省政府、省政府应急办的大力支持和社会各界的广泛关注，我们深感责任的重大与使命的神圣。应急管理属于新型交叉管理学科，“211 工程”三期重点学科建设项目共设置了二十余个选题，从政治、经济、管理、公共卫生、新闻处置、社区与区域合作、应急管理史、应急管理平台等多个领域进行研究，试图对完善中国应急管理理论作出富有成效的尝试，也期盼对中国应急管理工作提供指导与借鉴，丛书的出版难免存在这样或那样的疏漏，期待读者给予批评指正。

暨南大学应急管理研究中心　暨南大学应急管理学院
广东省“211 工程”三期重点学科建设项目
应急管理理论与实务丛书编辑委员会
2011 年 1 月

前　言

应急物流是指为应对严重自然灾害、突发性公共卫生事件、公共安全事件及军事冲突等突发事件，对物资、人员、资金的需求进行紧急保障的一种特殊物流活动。它具有突发性、不确定性、非常规性以及弱经济性等特点。普通物流既强调效率又强调效益，而应急物流在多数情况下通过物流效率实现其物流效益。

发达国家的应急管理体系已建设得较为健全，表现为建立并完善应急管理协调机制，制定并优化应急管理行动流程，制定并完善应急管理法规体系，搭建应急管理信息平台。而我国在这方面的研究和发展仍处于起步阶段，2003 年“非典”爆发之后，应急物流管理体系的缺失使整个应急救援工作暴露出诸多困难，我国才开始组织建立国家应急物流体系，并将灾害救援物资的供应、储备、运输、配送与发放等物流活动作为一个整体进行研究。

近年来，我国政府和企业日益重视应急物流的巨大作用，应急物流管理水平取得了长足的进步，并具有自己的特点，表现为：政府高度重视，企业积极参与；军民携手合作，军队突击力强；平时有准备，预案演练到位等。对应急物流理论的研究也步入团队协作、系统开发的良性轨道，中国物流与采购联合会应急物流专业委员会牵头制定并发布了《应急物流科研指南》。

应急管理理论与实务丛书是暨南大学第三期“211 工程”项目，《应急物流管理》在该项目的资助下，由暨南大学管理学院左小德教授任主编，由广东金融学院的梁云副教授、深圳大学管理学院的张蕾博士任副主编。此外，暨南大学管理学院的硕士生雷红参与了第三章、第五章的编写，沈杨杨参与了第六章、第七章的编写，邓捷参与了第一章、第二章的编写，晋海建参与了第四章的编写。

本书获得广东省“211 工程”三期重点学科建设项目“应急管理理论与实务”基金资助。本书主编为“广东省教育厅重点人文社科基地暨南大学应急管理研究中心”专职研究人员。

编　者

2011 年 1 月

目 录

第一章　应急物流导论

本章概述

政府层面进行灾难事件的应急管理可以追溯到久远的古代，尽管当时并没有提出明确的应急管理概念，但是其所面对的灾难事件却总是存在的，尤其是自然灾害。因此，对灾害采取相应的措施就可以认为是应急管理的雏形。只有到了现代，才出现了真正意义上的应急管理，比如运用了很多相应的模型去解决地震灾害中的物资运输问题。有关应急资源的布局及调配，管理能力的培训，应急物流技术与模型的设计、改善等，就是应急物流管理所需要解决的问题。本章分别介绍应急物流管理的产生背景、特点、分类等方面的内容，并引入国外应急物流管理的成功案例来探讨建立我国应急物流管理的模式。

2003 年“非典”的爆发、2005 年禽流感的扩散、2008 年的南方雪灾和“5・12”汶川大地震、2009 年的甲型流感（H1N1），突发公共事件接踵而至，引起了我国对应急物流的高度重视和研究。较之美国、日本等物流体系健全的发达国家，我国在这方面的研究仍然处于学习和效仿阶段，尤其是在组织构建中的许多细节方面显示出严重的“短板现象”①（Buckets Effect）。为了及时对受灾人民的生命和财产实施救援，有效控制灾害发生的形势和局面，竭尽所能地降低灾害所造成的损失，建设和发展一套适应于我国国情的应急物流体系势在必行。

阅读材料 1.1

2008 年 5 月 12 日，我国四川汶川地区发生的地震灾害令人们至今记忆犹新。地震造成的直接经济损失为 8 451 亿元。这是继 1976 年唐山大地震以后，国内破坏性最强、涉及范围最广、救灾难度最大的一次地震。四川遇难人数达到 69 142 人、失踪 17 551 人、受伤 374 176 人；倒塌房屋、严重损毁不能再居住和

---

① 短板现象，又称水桶原理，即一只水桶盛水的多少，并不取决于桶壁上最高的那块木块，而恰恰取决于桶壁上最短的那块。

损毁房屋近450万户，1 000余万人无家可归；重灾区面积达到10万平方千米。

“5·12”汶川大地震发生后，当地及周边地区的公路、铁路、电网、通信曾一度完全瘫痪，这对抗震救灾工作是极大的考验。在这场自然灾害肆虐期间，我们看到了无数惊心动魄的场面，为了将救援物资在第一时间运抵灾区并分配到每个灾民手中，解放军战士、武警官兵以及承担救灾物资运输任务的人员不顾个人安危，连续数日奋斗在救灾现场以及通往灾区的道路上。在汶川、北川、绵竹，我们看到了从全国各地调配而来的食品、药品、帐篷等生活用品，也看到了大型的发电、照明设备，以及千斤顶、切割机等救灾急需工具。这些生活用品以及抢险救灾工具的及时到来，无疑稳定了灾民的情绪，控制了灾害的蔓延，在充分发挥物资作用的同时，也给抗震救灾的最后胜利奠定了基础。然而，相对于受灾群众庞大的需求而言，尽管救灾物资已经或者正在源源不断地向灾区集结，还是有许多受灾的乡镇无法在第一时间得到所需的救灾物资。

2010年初，海地发生的强烈地震也遇到了类似的问题。有媒体报道称，由于当地安全措施不能够有效控制局面，在灾后8天，很多暴民开始无视警察的存在，在光天化日之下闯入住家、商店寻觅粮食和抢夺贵重物品，加之灾民的生活物资匮乏，海地的治安形势愈发混乱，这给救援工作造成了更大的困难。

（资料来源：广东省人民政府应急管理办公室，http：//www. gdemo. gov. cn/）

可见，应急物流管理体系的缺失会使整个应急救援工作遭遇诸多困难，因此，应该尽早建立高效、合理、科学运作的应急物流管理体系，以确保国家和地区的稳定和发展。

第一节　应急物流产生的背景以及发展状况

现代物流系统作为国民经济发展的大动脉，它的地位和作用主要表现为：①物质流通的基础；②企业新的利润源泉；③国民经济的支柱产业及新经济增长点。不仅如此，物流还是经济安全和社会安全的保障，尤其是在面对突发公共事件时，应急物流的必要性和紧迫性就更加突出。

所谓应急物流（Emergency Logistics），是物流体系中的一大分支。它最初是和军事物流紧密联系并由此发展起来的。在战争期间，完善、周详的军事运输体系和规划是战备物资顺畅流转的保障。随后，人们对突发性灾难事件的认识逐步深入，国际物流体系也逐步被纳入应对灾难事件的解决方案之中。

“二战”结束以后，美国许多学者（如Ruppenthal，Roland G.，Caviggia，

John，Max Hermansen 等）借鉴了美国在战争中后勤供给的原理和技术，较早提出了自己的见解。20 世纪 60 年代，美国成立了联邦应急管理署（Federal Emergency Management Agency，FEMA），专门用于应对国内外发生的紧急事件。可以说，现代应急物流管理诞生于西方发达国家，并且以政府设立的专门机构为正式开端的标志。

而我国在这一方面的研究与发展仍处于起步阶段，直至 2003 年“非典”爆发之后，应急物流管理系统不完善、应急物流反应机制不迅速等问题暴露出来，出现了物资紧缺、物流混乱的局面，我国政府才开始组织专家建立国家应急物流体系，将灾害救援物资的供应、储备、运输、配送与发放等物流活动作为一个整体进行研究。

近年来，我国突发性灾难事件的密度、强度和规模都呈上升趋势，应急物流管理的研究和应用也在不断深入和成熟。无论是“非典”、禽流感、甲型 H1N1 流感等类型的公共安全卫生事件，还是 2008 年相继发生的南方雪灾和“5·12”汶川大地震等自然灾害，都对国家经济、人民生活乃至生命和财产安全造成了极大的威胁。所以，国家及地方各级政府在建立应急灾害预案的同时，也正在进一步完善应急物流体系。

由于应急物流最初是与军事物流联系在一起的，而后应急物流才逐渐发展成为物流体系中的一大分支，所以二者存在着许多共通性，在研究应急物流的发展过程中应该将目光回归到与军事物流结合的角度，借助政府职能的“推手”，实现相互借鉴、相互促进、相互联合的发展方向。

1. 应急物流中的政府职能

在应急物流之中，按照以行政命令为中心的模式充分发挥各级政府的力量，以行政强制力的手段推动应急物流的实施，能够更快速、更有效地化解危机。但是，强制执行的宏观手段长期忽视经济利益，这样做只可以解一时之困，对后续的救援和危机过后的控制是不利的。因此，专业化、社会化、市场化是应急物流的未来发展方向。实现宏观行政干预和微观市场运作相结合，加之法律法规的约束，充分调动具体运作单位的积极性，在经济效益的考量标准之下才能够确保社会、经济、战备的长期合作。

2. 应急物流与军事物流的结合

军事物流与应急物流在流体和组织手段上有明显差异，但两者的目的都在于提高保障效率、整合物流资源、减少耗时耗资等方面。应急物流是在军事物流的基础上发展起来的一个概念，当今的军事物流也可纳为应急物流的一个分支。

无论是 2008 年的雨雪冰冻灾害还是“5·12”汶川大地震灾害，往往都是部队冲锋在前，把握最佳的救援时机，而后，地方组织才参与后续的救援和维护工作，这是最为行之有效的应急方案。军队的强大运输能力，训练有素的专业操作人员，稳固的国家后盾使其有足够能力承担国家武装力量提供物资供应保障的重大任务。因此，实现“军地物流一体化”，将相对独立的军队物流体系和地方系统进行有效的整合和优化，以实现军地物流兼容、高度统一、协调发展，最终达到物流基础要素及物流技术标准的一体化、物流评估系统的同等化、物流运营工作的规范化、监管机构监督的权威化以及法律体系确立的完善化，成为应急物流未来发展的主要方向。

第二节 应急物流的概念、特点和分类

2006 年新发布的国家标准《物流术语》对应急物流的解释为：针对可能出现的突发公共事件已经做好预案，并在事件发生时能够迅速付诸实施的物流活动。

一、应急物流的概念

学术界一般从应急物流的目的（目标）、起因、预警等不同角度给应急物流下定义。学者们普遍认为，应急物流是指以提供突发性自然灾害、突发性公共卫生事件等突发性事件所需应急物资为目的，以追求事件效益最大化和灾害损失最小化为目标的特种物流活动。可见，虽然应急物流和普通物流一样，都是由流体、载体、流向、流量、流程、流速等基本要素构成的，都具有空间效用和时间效用，但是应急物流和普通物流在意义上存在一定区别，普通物流既强调物流的效率又强调物流的效益，而应急物流更专注于效率，也就是说，在许多情况下，由于自身的特殊需要，应急物流会通过物流效率来实现其物流效益。

所以，从“应急”与“物流”两个层面着手，应急物流的概念可以归结为以下四个方面的要素：①主要应用于偶发性、突发性事件；②属于非常规的特殊物流活动；③必须以最快的速度实现必需物资的流动和转移；④目的在于实现物流的效率。所以，应急物流可以定义为“在面对突发事件时，通过快速识别和动态确定危机级别，对应急物资调配、人员救助等活动进行有效计划、组织、领导、控制，以追求时间效益最大化和损失最小化的一种特殊物流活动”。

二、应急物流的特点

与商业物流相比，应急物流处于一个物流量大、时效性强的时期：①在救援初期，相关的诱发灾害的原因以及需求物资的数量根据历史数据较难预测；②决策者很难控制应急物流的物资和相应需求，因此救援工作组的快速反应能力受到很大挑战；③受到灾害的影响，基础性设施的破坏会导致更多不可预测的配送风险，也会导致应急物流网络建设的难度增加，而这些应急物流网络必须在限定的时间内完成；④大型地质灾害跨地区的救援使得整个管理工作变得更加复杂，从而使整个救援过程中的供需不平衡问题更加突出。

我们主要从突发性（非正常性）、不确定性、弱经济性和时间的紧迫性等应急物流的最基本特征，对应急物流进行分析。

1. 突发性（非正常性）

突发公共事件的发生往往是不可预见或是不可完全预见的。随着科学技术的发展，人们不断努力寻求避免或是削减突发事件带来的危害的方法。在这个过程中，关于突发性事件发生的预测和防控能力在不断提升，但还是不尽如人意，即使是在地震预测研究方面十分突出的日本，也只能提前十秒钟发出警报。

2. 不确定性

我国是世界上自然灾害最为严重的国家之一，灾害种类多、分布地域广，因此对于应急物流的需要无论是数量还是品种各地区都有很大差别。由于突发公共事件发生的突发性强、破坏性大、波及面广等特性，导致事件强弱程度、影响范围、持续时间等因素都始料不及，也很难做到即时反馈。所以应急物流方案的设计应该包含不确定性指标作为考量标准，增大可塑性和可变性因素的设定范围。

3. 弱经济性

应急物流所侧重的是“急”，就是要以最快的配送速度作为衡量标准，而对于经济效益的考虑并非作为物流活动的中心来考虑。也就是说，在灾难面前，人民群众的生命和财产安全成为第一位的选择，而常规物流中经济效益原则和成本分析原则不再作为物流活动考虑的中心目标，甚至在某种情况下，应急物流属于纯消费性的行为。

4. 时间的紧迫性

对于时间的把握是应急物流最显著的特征，“应急”二字应该体现的是在特殊问题特殊解决的原则上，应急部门应该在第一时间内采取紧急行动，作出合理的判断和决策，果断地调动相关部门，迅速控制局面。因而，尽可能节省物流处理过程中消耗的时间，才能够使得应急物流部门的管理更加有效。

三、应急物流的分类

突发公共事件是指突然发生，造成或者可能造成重大人员伤亡、财产损失、生态环境破坏和严重社会危害，危及公共安全的紧急事件，分为自然灾难、事故灾难、公共卫生事件和社会安全事件四大类。

按照危害程度、影响范围等因素，又可将这些突发公共事件（如自然灾害、事故灾难、公共卫生事件等）分为特别重大、重大、较大和一般四级。

在实施应急物流管理运作流程之前，必须明确其分类，这是最基础的处理思路和决策方向。

阅读材料 1.2

21 世纪重大突发事件案例

近年来，世界各国地震、海啸、台风等自然灾害频发，这些突发性重大自然灾害给人类造成了巨大的人员伤亡和财产损失。例如，2005 年初在印尼等东南亚国家爆发的海啸夺走了十几万人的生命，并造成数以亿计的财产损失。我国在 2008 年上半年就发生了两次巨灾——1 月初的南方雪灾和“5·12”汶川大地震灾害。其中，1 月的南方雪灾涉及 14 个省份约 7 786 万人；“5·12”汶川大地震造成 69 142 人遇难。加勒比岛国海地当地时间 2010 年 1 月 12 日 16 时 53 分（北京时间 13 日 5 时 53 分）发生里氏 7.0 级地震（根据中国地震台网测定，海地当地时间 2010 年 1 月 12 日下午发生里氏 7.3 级强烈地震），首都太子港及全国大部分地区受灾情况严重，截至 2010 年 1 月 26 日，海地地震进入第 15 天，世界卫生组织确认，此次海地地震已造成 11.3 万人丧生，19.6 万人受伤。2010 年 2 月 27 日 14 时 34 分，智利第二大城市康塞普西翁发生里氏 8.8 级特大地震。地震发生后，又连续发生多次 6.0 级以上的余震，并引发海啸，波及包括澳大利亚在内的多个国家。截至 27 日晚，地震已经造成至少 750 人死亡。

较之自然灾害所引发的危机，突发性的公共卫生事件也给人类带来了极大的危害和恐慌。2003 年发生的“非典”（简称 SARS），是一种因感染相关冠状病毒而导致的以发热、干咳、胸闷为主要症状，严重者出现快速进展的呼吸系统衰竭的新的呼吸道传染病，极强的传染性与病情的快速进展是此病的主要特点。当年 8 月 15 日，世界卫生组织公布最新统计数字：截至 8 月 7 日，全球累计“非典”病例共 8 422 例，涉及 32 个国家和地区。自 7 月 13 日美国发现最后一例疑似病例以来，没有新发病例及疑似病例。全球因“非典”死亡人数 919 人，病死率近 11%。相关统计数据显示，中国内地累计病例 5 327 例，死亡 349 人；中国香港累计病例 1 755 例，死亡 300 人；中国台湾累计病例 665 例，死亡 180 人；加拿大累计病例 251 例，死亡 41 人；新加坡累计病例 238 例，死亡 33 人；越南累计病例 63 例，死亡 5 人。

禽流感的发生亦引发了人类对于生存危机的思考。禽流感，全名鸟禽类流行性感冒，是由病毒引起的动物传染病，通常只感染鸟类，少数情况会感染猪。禽流感病毒高度针对特定物种，但在罕有情况下会跨越物种障碍感染人类。自从1997年在香港发现人类感染禽流感之后，此病症引起全世界卫生组织的高度关注。其后，禽流感一直在亚洲地区零星爆发，但从2003年12月开始，禽流感在东亚多国（主要在越南、韩国、泰国）严重爆发，并造成越南多名病人丧生。直到2005年中，疫症不但未有平息的迹象，而且还不断扩散。现时远至东欧多个国家亦有案例。

甲型H1N1流感最初发现于2009年3月，发端于墨西哥爆发的“人感染猪流感”疫情，并迅速在全球范围内蔓延。世界卫生组织（WHO）初始将此型流感称为“人感染猪流感”，后将其更名为“甲型H1N1流感”。6月11日，WHO宣布将甲型H1N1流感大流行警告级别提升为6级，全球进入流感大流行阶段。此次流感为一种新型呼吸道传染病，其病原为新甲型H1N1流感病毒株，病毒基因中包含有猪流感、禽流感和人流感三种流感病毒的基因片段。据世界卫生组织2009年12月30日公布的最新疫情通报，截至2009年12月27日，甲型H1N1流感在全球已造成至少12 220人死亡，一周内新增死亡人数704人。其中美洲地区死亡人数最多。据中国卫生部通报，截至2010年1月10日，中国内地已有124 764例甲型H1N1流感确诊病例（不包括临床诊断病例），其中744例死亡。除海南外，所有省区都报告了死亡病例。疫情还继续向农村蔓延、向社区扩散。数据分析显示，慢性基础病患者、肥胖人群和妊娠妇女易成为甲型H1N1流感重症、危重症患者。目前全人类的整体免疫保护水平仍较低，有效的免疫保护屏障尚未建立。

（资料来源：http：//baike. baidu. com/；http：//zh. wikipedia. org）

按照突发公共事件所发生的领域划分，应急物流可以分为突发自然灾害（地震、洪涝、飓风、泥石流等）应急物流，突发社会危害（重大交通事故、生产事故和恐怖分子袭击等）应急物流以及突发疫情应急物流。

若按照物流的性质划分，应急物流亦可以分为军事应急物流和非军事应急物流两部分，其中非军事应急物流又分为灾害应急物流和疫情应急物流。灾害（含险情）应急物流还可以再细分为自然灾害应急物流和人为灾害应急物流，前者如台风、海啸、地震、洪水等，后者如人为因素造成的交通事故、矿难、火灾等；疫情应急物流可以分为人群疫情和动物疫情，前者如“非典”、流行脑炎、甲型H1N1流感等，后者如禽流感、疯牛病、口蹄疫等。

还有的学者从较多角度对应急物流进行了分类，例如，根据应急物流的等级分为企业级应急物流、区域级应急物流、国家级应急物流和国际级应急物流；根据引起灾害的原因分为自然灾害应急物流、技术灾害应急物流和人为灾害应急物流。其中，自然灾害包括地震、洪水、气象、地质、海洋等灾害，技术灾害包括重大工业事故、重大火灾事故、重大公共卫生事件、重大有毒化学品泄露等灾害，人为灾害包括重大恐怖袭击事件等灾害；根据应急物流的层次分为微观应急物流、中观应急物流和宏观应急物流；根据突发公共事件发生的可能性和对应急物资的可预测程度将应急物流分为相对可预测的应急物流和较难预测的应急物流。

综合以上分类，应急物流危机和灾害大致可以划分为：①气象灾害，如台风、龙卷风、冰雹、降水、冰冻以及沙尘暴等；②地质灾害，如地震、火山爆发、泥石流、雪崩等；③公共卫生灾害，如核、生化污染以及恶性传染病等；④人为灾害，如空袭、恐怖事件、因管理不善导致的大规模的停水停电或是意外导致的空难、海难、道路交通故障等。也可以依据突发公共事件的紧急程度对应急物流进行分类，这样有利于对物流成本进行控制。比如对于应急程度高的突发事件可以采取不计物流成本的策略，而对于应急程度相对低的事件可以采用适当考虑物流成本的策略。

由于科技进步和人类对大自然的认识加深，对气象灾害和地质灾害的预测精准度有了明显的提高，可以挽回大量的生命和财产损失。而对于公共卫生灾害和人为灾害则可通过加强预防管理来消除潜在的威胁，降低灾害危险性，甚至避免灾害发生。这也为应急物流组织、指挥工作的前期准备、中期实施和后续控制提供了决策依据。

第三节　应急物流的研究内容

应急物流管理是对应急物流全过程的统筹规划。对于应急物流管理的研究，国外学者主要侧重于具体环节的部分。例如，应急物流的供应路径问题，物资发放需求的预测，应急物流的网络计划与设计，应急物资的分发问题，应急物资分发的快速反应机制，应急物流的国际合作问题，等等。而国内学者则倾向于战略选择的研究，例如，谢如鹤等（2005）提出应该从保障机制到救灾款项、技术平台与物流中心的建设以及应急物资的采购、运输与储备等方面来构建应急物流体系，建立了应急物流运作流程基本框架，指出应急物流成功运作的关键是加强政府在应急物流组织保障工作中的作用、加强应急物流信息保障系统和交通运输保障体系的建设。姚芳（2006）以网络技术、数据库技术、GIS 和 GPS 技术、决策支持技术等当前先进的物流管理技术为背景，结合危机管理理论和虚拟组织运作理论，提出以突发事件虚拟物流系统为组织形式的突发事件物流系统的运作理论和技术框架，并从信息网络和决策支持系统两方面对突发事件虚拟物流系统的具体实现技术和方法进行了研究。另外，还有一些学者从其他角度对应急物流进行了研究，如谢如鹤和宗岩（2005）讨论了应急物流与军事物流、普通物流的区别，研究了应急物流体系的建立；许勤（2007）认为应当通过应急物流指挥中心组建一个类似虚拟联盟的组织，以整合现有社会资源，如联合配送行业内信誉高、价格合理的物流企业进行协同式配送，通过大型物流企业已经建立起来的供应链、连锁网络组织将应急物品投放市场，紧急情况下，可以由军地物流联合配送应急物资。

通过上述针对应急物流研究的总结，应急物流管理的主要内容包括应急物流保障机制、应急物流快速保障技术平台的构建、应急资金的筹措和分配、应急物资的集中和采购、应急物资的仓储和保存、应急物资的运输和配送。由于应急物流也属于物流，因此其主要内容跟一般物流有很多相同的地方，只是在速度方面给予了更多的关注。

第四节　我国应急物流管理存在的主要问题

目前我国应急物流存在的主要问题可以归结为：①我国现行的应急物流保障机制具有以行政命令为主要手段、不计物流运作成本和代价高昂的特点。②应急物流配送指标体系不健全，配送方式欠灵活，交通运输存在较大问题。③应急物流信息化程度偏低，难以满足应对紧急状态的要求。④应急物流指挥体系不完善，军地物流服务保障自成体系、各自为政。具体分析如下：

一、应急保障机制不健全

已有研究发现，应急物流管理中存在应急快速反应机制不健全、缺乏应急管理的思维方式、社会及部门间缺乏联动互动机制、缺乏所需的基础数据库支持、应急物流的资源不充分、灾害现场状况恶化和所需的技术装备严重不足、低效的集权式应急物流系统模式等现象。也就是说，应急物流保障系统有两方面比较突出的问题：一是传统物流经营互相封闭，割裂了物流各方面的联系，一旦出现应急保障的需要，往往因为衔接不顺畅而延误时机；二是计划经济时代形成的各系统自办储运的状况至今没有得到根本改变，各种物资的流动被分割开，本可以一起流动的物资偏要单独流动，造成人员和物资上的浪费。

二、整体协调性差

有的学者认为协调性差是我国应急物流存在的又一问题。如在应急物流中应急物资的筹措、储存、运输和补给整个链条运作的整体性和系统性差，应急物资管理条块分割导致反应能力差，这些都会造成整个应急物流管理体系的失衡。

三、常态物流模式的不利影响

常态物流模式在一定程度上阻碍了应急物流的高效运作，这也是应急物流管理中存在的主要问题之一。

现有的长期形成的物流定式和单纯以追求经济效益最大化为物流驱动力的物流模式不利于应急物流的实现，要实现应急物流时间效益最大化，必须有相应的应急机制作基础。政府不能有效控制在应急物流过程中产生的财务问题，或是不能积极鼓励发展公益事业是造成应急物流不能体现“应急”二字的原因。

第五节　应急物流管理的系统改进

当前，我国应急物流系统还很不完善，某些方面极其欠缺，导致了我国的应急物流体系散乱，没有效率。针对我国应急物流存在的问题，我国研究人员主要从保障机制、信息系统建设和部门设置三个方面提出了对策。

一、保障系统机制方面

应急物流的特征决定了运用平时的物流运行机制已经不能满足应急情况下的物流需求，必须要有一套高效、快捷的应急物流保障机制来组织和实现应急物流活动。应急物流的保障机制主要包括监测预警及应急预案机制、全民动员机制、政府协调机制、法律保障机制、“绿色通道机制”和应急报告与信息公布机制。具体而言，可以建立经常性的全国和省、市一级应急物流预案，确立应急物流专业化、社会化、市场化的运作机制，采取灵活的配送方式，科学制定配送需求指标体系，尽快走上军地物流一体化之路；健全危机处理法律法规，如规定政府在灾害发生时，有权无条件征用土地、交通运输设施、相关商用和民用建筑，从而为救灾工作提供时间和空间上的便利，保障救灾物资畅通无阻地运抵事发地；政府还可以大力推进国内电子商务业的发展，着重优化电子商务系统的应急物流配送网络，加强应急物流指挥中心与电子商务业的联系，减少物流环节，简化物流过程，提高应急物流配送的快速反应性能。

二、信息系统建设方面

信息系统是应急物流的神经系统，是指挥调控物流流向和流量的中枢，是现代应急物流赖以生存与发展的重要条件。为此，许多学者对应急物流信息系统建设的研究主要集中在增加基础应急物流信息系统硬件建设、加强应急物流信息化模型（预案）设计与管理、强化应急物流信息人才的培养这三个方面。具体要做好三方面的工作：①准确收集系统所需要的基础数据，建立完整的数据库并及时更新；②信息处理和传输要迅速、可靠；③针对不同类型的突发性灾害建立应急物流组织指挥的辅助决策系统，如系统管理模块、基础信息管理模块、日常管理辅助决策模块、应急救援辅助决策模块和重大危险源管理模块等。

三、部门设置方面

应急物流相关部门设置，应该是相互联系与相互协调的，也就是说，除了应从中央政府到地方自上而下地建立分工明确的专门管理机构，以协调和管理应急物资的储存和运输，实现应急物资的高效运作之外，还应建立和健全应急物流的职能部门，使应急物流体系中的相关部门通力合作，从而加强灾害的预防能力。针对我国的政府结构和物流运作流程而言，建立一个常设的、专业的应急物流指挥中心，专门用于救灾指挥工作，能够保障应急物流高效、顺利地实施。

通过应急物流指挥中心组建一个类似虚拟联盟的组织，以整合现有的社会资源，如联合配送行业内信誉高、价格合理的物流企业进行协同式配送，通过大型物流企业已经建立起来的供应链、连锁网络组织将应急物品投放市场，并在紧急情况下由军地物流联合配送应急物资。这也是应急物流高效运作的基础。

第六节　应急物流管理的未来发展建议

应急物流作为现代物流衍生出来的新生代事物，属于特种物流，是为应对危机问题处理提供物资支援的物流分支。而应急物流在我国尚属一个新兴概念，我国应急物流保障体系还不是很完善，对应急物流体系的理论和实践的研究有待加强。

应急物流机制和体系的建立是以物流基础设施和物流设计方案为基础的。良好的应急物流能建立物流管理体系，能够在危机事件的潜伏期做好各种准备，发展期迅速反应和启动，爆发期和痊愈期真正得到高效运作，保证救援现场物资提供充足和不间断。而且，建立健全的应急物流管理体系也是综合国力的重要体现，是社会保障和国家安全保障系统的中坚力量。

目前，我国的应急物流管理模式还没有建立完善，相关的研究成果也较为缺乏。因此，在国家逐渐开始对其重视的前提下，我们可以广泛借鉴欧美、日本等发达国家和地区在应急物流管理模式上的成功经验。

阅读材料1.3

美国：常设救灾物流管理专门机构

经过多年的努力，针对各种自然灾害，美国建立了完备的应急体系。在地震、飓风、火山、洪水等可能造成重大伤亡的自然活动发生时，美国政府会立即宣布进入联邦紧急状态，并启动应急计划，所有防救灾事务的统筹由联邦紧急事务处理部（FEMA）负责。

对于各种防救灾工作，美国强调运用先进的高新技术，事先预防和模拟演练，同时，针对人口稠密的大都市以及人口稀少的地区灾害，均有不同的预案以及救灾方式。值得注意的是，美国的救灾规划还有相应的治安组织体系，该体系平时和警方配合承担各种治安任务，在重大灾害发生时，它会迅速转变成紧急救灾体系，争取最高的救灾效率。

在FEMA设有物流管理的专门单位，平时主要负责救灾物资的管理储备、预测各级各类救灾物资需求、规划救灾物资配送路线以及救灾物流中心设置等工作。当灾害发生时，物流管理单位便会迅速转入联邦紧急反应状态，根据灾害需求接受和发放各类救灾物资。

而在国际救灾方面，美国设有对外灾害援助办公室（OFDA），负责处理各种紧急事务。目前，OFDA在世界范围内设有7个应急仓库，这些仓库紧靠机场、海港，存储基本的救灾物资，如毯子、塑料薄膜、水箱、帐篷、手套、钢盔、防尘面具、尸体袋等，一旦某个地区发生重大自然灾害，OFDA就会从距离最近的仓库调拨救援物资送至灾区。

在法律法规方面，目前，美国的灾害应急处理法规主要有《灾害救助和紧急援助法》、《国家地震灾害减轻法》、《全国紧急状态法》等。

《国家地震灾害减轻法》是1977年10月由美国国会通过的，其目的在于“通过制定和实施一项有效的地震灾害减轻计划，减少地震造成的生命和财产危险”。据了解，该法还规定了制订国家地震灾害减轻计划（NEHRP）。而1990年11月制定的《国家地震灾害减轻计划法》更是对减灾机构的职责、计划的目标以及目的作出了详尽的规定，并对国家地震灾害减轻计划作出了重大修改。

针对自然灾害，美国国家地震灾害减轻计划规定了四个减灾机构，分别是联邦应急事务管理总署、国家标准技术局、国家科学基金会和美国地理测量局。而在具体任务方面，美国国家地震灾害减轻计划规定的具体内容为改善对灾害的了解、描述和预测，完善建筑法规和土地利用计划，通过灾后调查和教育降低风险，提高设计和建造技术，促进研究结果的应用。与此同时，美国《国家地震灾害减轻计划法》还指定联邦应急事务管理总署为计划主管机关，并赋予其规划、协调和报告的责任。

1996年4月，美国总统科技政策办公室提交了一份名为“国家地震损失减轻战略”（NEP）的报告。根据该报告，联邦政府制定了国家地震损失减轻计划，虽然没有取代国家地震灾害减轻计划，但规定了减灾机构更广泛的活动范围，并提供了能更有效协调这些活动的框架。

日本：对救灾物资分阶段管理

众所周知，由于日本特殊的地理位置以及地质条件，该国经常遭受地震、台风等自然灾害的侵袭，因此，在设计防灾、救灾计划，以及开展防灾、救灾演习上，日本政府一向非常重视。

据了解，日本的防救灾体系分为三级管理，包括中央国土厅救灾局、地方都道府以及市、乡、镇。每级组织都会定期举行防灾汇报，并制订防救灾计划，包括防灾基础计划、防灾业务计划、地域防灾计划等。

此外，日本各重要灾害地区也都制订了本地区的防灾计划，详细规划了防灾组织体系和紧急运输、重要救援物资储备以及避难所的设置等，并定期举行各种救灾演习（包括每年度的大规模地震演习），可以说，日本已经建立起了完整的救灾体系。

而在救灾的物流管理上，日本的主要做法有：制定灾害运输替代方案，事前规划陆、海、空运输路径（因海运和空运受震灾影响小，所以多利用这些资源）；编制救灾物流作业流程手册，明确救灾物资的运输、机械设备以及其他分工合作等事项；预先规划避难所，平时可作他用，一旦发生灾害，立即转成灾民避难所，并作为救援物资发放点；对救灾物资进行分阶段管理，将救灾物资的配送工作分为三个阶段，第一阶段由政府行政单位负责，第二阶段由物流公司负责（根据政府要求采取较主动的方式进行配送），第三阶段仍由物流公司负责（但根据灾区需求采取较为被动的方式，即依据订单进行配送）。

事实上，日本的救灾物资管理已经充分利用了现代商业的物流发展成果，根据救灾物资性质分送不同的仓库，对社会捐赠灾区的必需物资，经过交叉站台

(Crossdocking) 分类后直送灾民点，对社会捐赠的非必需物资或超过灾区需要的物资，则送到储存仓库，留待日后使用。

还有一点需要引起注意，对于灾区的物资供应，日本也借鉴了供应链的管理经验，在救灾第一、二阶段，考虑救灾实际，根据救灾预案，主要采用供应推动方式，主动向灾区运送物资。而到了第三阶段，则考虑各地生产自救情况，转为灾区需求拉动的方式，根据灾民需要有针对性地供应物资。

德国：民间组织发挥巨大作用

德国拥有一套较为完备的灾害预防及控制体系。德国的灾害预防机制是由多个担负不同任务的机构组成的。在发生疫情以及水灾、火灾等自然灾害的时候，他们各司其职、齐心协力，最大限度地减少损失。

对于救灾物流，德国技术援助网络等专业机构可以为救灾物资的运送和供应等方面提供专业知识和先进技术装备的帮助，并在救灾物流中发挥重要作用。

另外，德国还有一家非营利性的国际人道主义组织，即德国健康促进会，长期支持健康计划并对紧急需求作出立即反应，在救灾物流管理中也发挥了极其重要的作用。

据了解，该组织每年通过水路、公路、航空向世界80多个国家和地区配送300多万千克的供给品，并利用计算机捐赠管理系统，保持产品的高效率移动，一旦需求被确定，供给品通常在30~60天内就会迅速运送到指定地点，避免了医药物品的库存紧张。

同时，一旦有灾难通知，德国健康促进会就会立即启用网络通信资源，收集灾难的性质、范围等信息，并迅速组织救灾物品送往灾区。

（资料来源：部分引自 http：//wenwen. soso. com/z/q194002874. htm）

国外在应对危机事件上所积累的应急物流管理经验值得我们在探索应急物流管理模式的道路上深刻反思和深入借鉴。

一、我国突发公共事件暴露出我国应急物流运作与管理的问题

（一） 应急物流指挥不到位

在突发公共事件发生后，迫切需要大量的物资运输，单一的组织不能很好地完成任务，需要多部门、多渠道解决问题。因此，多头指挥的情况时有发生。在日常管理中，各种运输方式内部互不干涉，在重大危机发生后，就暴露出指挥中

心组织能力弱、运力资源集结不到位的问题，无法充分发挥多种运输方式的优势及相互补充的作用，导致紧急处置时效性差，应急能力无法完全发挥。

（二）应急物流技术欠发达

物流技术标准一体化主要包括物流基础设施、设备、信息及作业等技术标准的一体化。目前，我国应急物流基础设施缺失，作业技术存在障碍，信息系统不够完善，缺少预警、评估系统。公共危机造成的后果严重，在公共危机发生的第一时间，需要精准的信息来分析灾情，安排信息流、人员流、资金流、物流，做到无缝对接。但我国没有专门的信息发布和共享平台，导致信息来源不详细、报告不及时、判断不准确，最终的决策无法有效地解决困难。

（三）应急物流与媒体沟通不够

新闻媒体是社会的耳目和喉舌，不断报道公众关心的热点新闻。在突发公共事件发生后，新闻媒体能充分发挥其主导舆论的强大功能，让公众第一时间了解事情发生的原因、造成的危害程度、后续可能带来的遗留问题，能有效地减少由于危机的发生带给人们的不安、恐惧及对社会的不满。但新闻记者并非专业人士，对危机的发生及处理带有个人的主观判断，化解危机的专家如不能有效地与媒体沟通，舆论报道可能会带来一些负面的影响。

应急物流管理在与媒体密切沟通的过程中，可以实现有效的资源共享和信息流通。例如，在某次突发公共事件中，在运输网络阻滞或是运输物资短缺的情况下，可以通过媒体的平台，调用有效的社会资源，提高应急物流管理的时效性。

（四）交通网络欠发达

当前，我国少数地区交通运输情况仍旧处于极其落后的状况，公路、铁路、水路及航空运输无法衔接，甚至将物资运输到目的地都相当困难。这些地方一旦发生突发公共事件，组织救援工作难度相当大，落后的交通给应急物流带来了高昂的运输成本。

二、应急物流管理成功模式的探索

作为现代物流的一个重要分支，应急物流系统的建立和完善是一个循序渐进的过程，应当从战略的角度出发，不断研究其发展规律和运作模式，使其日趋完善。

（一）从战略高度统一指挥

我国应急物流的建立与运作体现了“应急”二字，但在总体规划上，缺乏科学、长期的反危机战略计划。因此，必须在加强政府在应急物流组织保障体系作用的基础上，建立全国和省、市级别的应急物流预案，使交通运输部与卫生部、公安部等部级单位实行联合；必须采取有力措施有效整合军队物流与地方物流，破解军地物流无缝对接的技术障碍，达到各种物流要素在平时的协调运转，危机发生时的快速转换，有效降低物流成本及社会成本。同时，为了有效应对各种突发公共事件，必须健全在管理过程中的相关法律法规。在发达国家，应急管理已经上升到法律高度，如美国、日本、俄罗斯已经颁布了《紧急立法》。而我国在应急管理的法制建设上相对滞后，根据我国国情，应制定相应的规章、法律条文，赋予突发事件处理机构相应的职责权限，将相关工作纳入法制化轨道。法制化既是强制性动员机制，也是强制性保障机制。

（二）加强物流技术的信息化建设

政府在充分发挥指挥、协调中心作用的同时，应高度重视物流管理技术的提高，积极引进外国在这一领域的优秀技术。在硬件和软件两方面加强物流技术平台建设。硬件方面要加强基础设施建设，采用先进的仪器、设备，如在物流配送车上安装 GPS 卫星定位仪，对车辆进行即时动态跟踪、监控、调度，对配送路径进行优化，使救援物资顺利到达指定地点；将 GIS 技术应用到监测数据的获取、传输、处理中。在软件方面，采用高科技技术建立一个功能强大、反应快速的信息网络中心和管理中心，依托政府公共信息平台，建立综合指挥网、运输信息网、仓储信息网等，组成一个网络应急物流体系，运用信息通信技术、空间卫星技术、天气预报技术等实施信息采集、分类、分析、发布、管理、反馈工作，使多个部门能够进行信息交互和共享，以降低外部不确定性对指挥系统的影响，使预警机制与快速反应机制充分发挥应有的作用，实现信息的“集成化管理”。

（三）保证应急物流的畅通

在解决突发公共事件时，政府作为指挥协调中心，应发布一些应急的命令、规则、措施，调用社会资源，保障应急物流畅通无阻。由于我国幅员辽阔，相当一部分地区交通不便，这是对应急物流指挥巨大的考验。为确保救灾的及时性，政府有权有偿或无偿征用民用建筑、车辆、物资等。同时，应出台明确的法规性文件对应急条件下铁、公、水、空、管道各运输渠道及与运输密切相关而又不纯属运输线路的工程设施的衔接和抢修进行规范，建立绿色通道，减少物流环节，简化物流过程，提高应急物流配送的快速反应能力，加强物流系统的稳定性。在日常管理中，可以将多个地区性的应急物流指挥中心联网。根据国家的政策法规，组织众多普通商业物流中心、企业加盟，加强应急管理的教育、培训、演练，通过仿真试验平台，做到“平战结合”。一旦发生突发公共事件，全社会能以较强的心理承受能力和应变能力来应对危机。

随着各国对突发公共事件有效预防及处理的重视，我国也正致力于建立一个完善的应急管理体系，将工作重心放在应急物流保障、应急物流快速保障技术平台的构建、应急款项的筹措、应急物资的筹措与采购、应急物流中心的构建、应急物资的储备、应急物资的运输与配送。在法律框架下，建立反应灵敏、指挥统一、责任明确的应急物流体系，能够加强我国应对突发公共事件的应急管理能力，保障社会安全，促进经济社会的可持续发展。

本章小结

应急物流（Emergency Logistics，EL），是物流体系中的一大分支。最初是和军事物流紧密联系并由此发展起来的，在战争期间，一套完善周详的军事运输体系和规划为战备物资提供保障。随后，人们对突发性灾难事件的认识逐步深入，国际物流体系也在应对灾难事件的解决方案之中逐步形成。

应急物流的概念可以归结为四个方面的要素：①主要应用于偶发性、突发性事件；②属于非常规的特殊物流活动；③必须以最快的速度实现必需物资的流动与转移；④目的在于实现物流的效率。其特点主要包括突发性或非正常性、不确定性、弱经济性、时间紧迫性。在分类上可以分为气象灾害、地质灾害、公共卫生灾害、人为灾害等。

应急物流管理的主要内容包括：应急物流保障机制，应急物流快速保障技术平台的构建，应急资金的筹措和分配，应急物资的集中和采购，应急物资的仓储和保存，应急物资的运输与配送。

我国公共危机暴露出我国应急物流管理在运作与管理上的问题：①应急物流指挥不到位；②应急物流技术欠发达；③与媒体沟通不够；④交通网络欠发达。所以，应急物流管理成功模式的探索包括从战略高度统一指挥、加强物流技术的信息化建设、通过危机公关化解危机、保证应急物流的畅通等内容。

思考与练习

1. 从应急物流的概念、特点等方面试述应急物流与军事物流的共通性。
2. 总结国外应急物流管理的成功经验。
3. 如何利用媒体的作用来解决应急物流中管理存在的问题？
4. 浅议政府职能在应急物流管理中的作用。

第二章　应急物流管理组织

本章概述

应急物流的组织指挥主要体现在应对突发事件及紧急状态时能够对指挥、管理与保障等功能保持相互协调的运作方式与运作规律。建立一个高效的应急保障机构已成为政府和社会关注的热点。近几年，我国相继建立了一批应急保障组织机构，但这对应急物流的实际需求而言，仍然存在一定的差距。因此，加强应急物流组织指挥体系建设，成为应对紧急情况的首要任务。本章在介绍应急物流概念的基础上，围绕"组织"这一核心，概括出应急物流组织的统一性、灵活性以及协作性的特点；结合我国应急物流管理组织的研究现状，指出应急物流管理组织构建的迫切性，应急物流管理组织的内容及应急物流管理组织的现状与措施，并提出可行的应急物流组织内部构成和应急物流管理组织运作。

第一节　应急物流管理组织的特点

应急物流与普通物流一样，由产品的流体、载体、流量、流程、流速等要素构成，具有空间效用和时间效用，其物流关系也需要实现空间均衡与时间均衡。但应急物流本身又具备显著特点，与普通物流有所不同，它包含很强的政策含义。突发公共事件发生时，由于物流环境的恶化、物流条件的艰苦，不仅需要在短时间内迅速形成应急物流保障的能力，及时配齐所需的物资并将物品及时送达，而且要求应急物流组织指挥沉着冷静，简化指挥程序，使物资快速集结到位，达到高效的目的。不仅如此，应急物流管理还要求物流组织指挥要克服种种困难，坚持持续不断的、反应灵活的组织指挥协调。由此，可以将应急物流管理组织的特点大致总结为以下三个方面：

一、统一性：政府职能掌握风向标

目前，我国在应急物流管理组织中存在一些突出问题尚未解决，如救灾物资需求缺口的应急筹措与采购管理、应急物资运输与配送的管理、应急物流信息的有效管理、应急物流人员的合理调配等，尤其在应对突发事件或重大自然灾害时，应急物流的组织指挥工作很大程度上取决于政府职能的发挥，务实、高效的政府部门是应急物流组织指挥得以成功的关键。因此，要搞好应急物流的组织指挥工作，必须纠正地方政府部门中一些工作人员的模糊认识，认真总结和处理突发性灾害正、反两方面经验，树立务实、高效的政府形象，赢得各界的广泛信任和支持。

政府职能的刚性指挥能够发挥全民参与、军地协同的风向标作用。政府指挥的优势主要体现在强大的动员能力、快速的反应能力、统一的组织能力和有序的协调能力方面。这些优势使得整个应急物流运作流程表现得更加紧凑，极大地确保了整个应急物流过程的顺畅，并将应急救援上升到一个法律法规的高度，有效履行了政府职能。

同近年来其他国家和地区应对自然灾害和疫病的效能相比，1998 年的特大洪灾，2003 年的抗击“非典”，2008 年冰雪灾害、汶川大地震和 2009 年严重洪涝、干旱、地质灾害都一再显示了中国政府在发挥政府刚性指挥作用的优势和人力、物力、财力方面的强大动员能力，不仅最大限度地减少了灾害损失，确保了社会稳定和经济发展，而且展示了灾后迅速恢复、重建的强大后劲和潜力。

其实，政府行政指导措施亦不可忽视，这是政府职能中的软实力。长期以来，在国内谈到要建立某种制度，人们的第一反应往往是立章立规。实际上，柔性的行政指导措施，往往能取得事半功倍的效果。它既规避了固化政策措施不周详的缺陷和法律风险，也能够最大限度地释放“政府善意”，取得社会公众的理解和支持，对提升“善良政府”形象具有重要的促进功能。

同时，一些社会团体，如红十字会、慈善组织、物流协会、志愿者等，还有军队、民兵组织等社会救援力量的重要性亦日益突出。如在汶川地震中，军队对公路生命线的抢修、物流企业对紧急物资的运输与配送等都保证了救灾物资在第一时间迅速、安全地送达灾民手上，显示出社会力量对政府应急物流管理的有效补充。但是，汶川地震救灾实践也暴露出我国应急物流管理混乱无序的状态，如缺乏专门的应急物流管理部门，社会团体筹集的救灾物资找不到发放的渠道，志愿者们热情而盲目地进行救援有时反而帮了倒忙等，不仅造成了救灾人力、物力的极大浪费，也暴露出政府管理和社会资源调动的不协调问题。因而，应急物流管理组织必须着力探讨如何充分发挥政府主导下的统一性特点，广泛利用社会资源，以实现顺畅、便捷、精准、有序的应急物流组织运作流程。

二、灵活性：现场决策能力

在应急物流管理中，常规决策模式显然不适用于防控突发事件的应急决策，这就要求各级领导干部必须积极进行研究，探索出快速有效的现场应急决策模式，以有效地应对突发公共事件，尽快控制住局面，防止事态恶化，避免造成更大的损失。而且在应对某个突发事件的过程中，由于突发事件可能不断升级和变化，领导干部需要在现场作出应急决策的频率很高，并且往往是依托自身经验与智慧进行独断式或是有限的民主决策，以往的决策制定方法因为调研过程冗长、探讨矛盾激烈等原因不适用于突发事件，所以只有迅速作出决策才能够把握最佳救援时间。再者，常规的决策资源富裕、时间充足，决策目标可以追求最优，但是基于突发事件发生发展变化的特殊性，决定了领导干部现场应急决策资源是非常短缺的——时间资源不足、信息资源有限、人力资源有限、财力资源有限、物力资源不足。在这种决策资源短缺的现场环境中，领导干部的现场应急决策不可能去追求最优化，而只能以“次优”、“相对满意”、“阻止恶化”等作为应急决策的目标，其目的就在于能够快速而有效地控制突发事件带来的危急局面。也可以说，应急物流管理的灵活性取决于组织内部上层的果断决策和下层的积极配合，取决于两者的有机协调。

三、协作性：专业化分工合作

应急物流管理组织的构成主要分为常驻人员和援助人员。常驻人员的职责包括灾害预警、预测及分析，提供应急物资的保障，通信技术的完善；而援助人员则大部分是在发生或是即将发生突发事件的情况下才迅速集合到一起的救援人员。援助人员分为指挥人员和执行人员，指挥人员多由政府相关部门的领导干部和专家学者组成，确保迅速有效地作出决策和分配任务，执行人员的组成范围则十分广泛，主要是军队、慈善机构及群众自发组成的救援小组。与企业管理中趋于扁平化的管理模式不同，应急物流管理的组织架构更倾向于传统的“金字塔”式管理模式，实施自上而下的指挥和管理，这样能够有效防止由于混乱的事态所造成的管理阻滞和错乱。更重要的是，这样的管理模式可以使权力明确、责任落实，上层人员能够迅速掌握救援人员在参与救援过程中的动态信息，有利于决策层了解第一手资料并及时作出调整和修正。可见，在这样的组织范畴内，管理的侧重点在于注重组织的整体目标，强调人与人之间、人与部门之间、部门与部门之间的整体协调，强调各司其职进行专业化分工合作，实现军地一体、全民参与的协作性完成救援任务的模式。

第二节 应急物流管理组织的构建

一、应急物流管理组织构建的迫切性

近年来，频发的危机事件对世界各国进行及时而有效的应急物流提出了很高的要求，而科学的组织管理是确保应急物流通畅的基础。目前，无论是战略运作层面还是技术操作层面，我国都缺乏科学、系统、高效、经济的应急物流管理组织架构来支撑灾时应急管理体系的有机运转，因此，加快应急物流管理组织理论上的研究，尽快构建完善的、具有广泛适应性的灾害应急物流管理组织并最终支撑应急物流管理体系是十分必要的。

（一）危机事件的本质特点决定构建应急物流管理组织的迫切性

由于危机事件具有频繁发生、难以预测以及影响、规模与日俱增等特点，因此，应急物流管理组织必须从战略层面上去思考如何完成一个高效运作的救援工作过程。

2008 年，我国遭遇了几场特大自然灾害，春节前后南方雪灾以及“5·12”汶川大地震，让我国许多地方都蒙受了巨大的损失。2010 年初，接连发生的海地和智利两场特大地震也拨动了人们敏感而脆弱的神经。如何沉着稳定地应对这样频发的灾害？如何成为一个能够迅速反应的应急物流管理组织？这样的研究方向在抢险救援和灾后重建中有着重要的现实意义。

大多数危机事件的发生是很难预测的，如地震、火山爆发、山洪、泥石流、大面积食物中毒、突发性传染病等，即使有时可以预测，但因为预报时间和发生时间相隔太短，用于赈灾的应急物资难以实现其时间效应和空间效应，物流过程难以实现高效运作。因此，灾时和灾后救援物资保障是应急物流管理的关键工程，这就要求应急物流管理要构建一个秩序井然的对应急物流流程进行整体协调的组织，以保证整个物流过程的通畅。

随着危机事件的规模及影响程度的与日俱增，灾害对人类社会生产、生活造成的经济和社会损失呈几何级数递增。在抢险救援工作中，应急物流管理组织担负着独特的使命。就如同在战争时期，战斗和战役打响前，后勤保障物资必须有充足的储备，而且需要有一套完善周密的物流系统和物流计划一样，突发性重大自然灾害也需要大量的应急物资，以解决或处理死者安葬、伤者救助、卫生防疫、灾后重建、恢复生产、恢复秩序等问题，否则受灾面积、人员、损失将会扩大，灾害有可能会演化为灾难。为使灾害造成的损失最小化，亟须对应急物流的规律、保障机制、运作管理及实现途径进行研究，周密的组织架构能够为这些研究提供实体基础。

（二）应急物流管理组织实践中的“短板现象”

根据木桶原理，一个木桶能装多少水，不是由长板决定的，而是由那块最短的木板决定的。因此，在应急物流管理组织实践中，如果不能准确地识别出这些“短板”并及时采取有效措施来加长这些“短板”，就会致使整个应急物流管理的效率降低，抢险救灾的效果将大打折扣，还会牵制应急物流管理的组织协调进程。

从这个意义上讲，应急物流管理工作必须总体上从实践操作层面来加以把握，再从细节方面考量，着眼于构建一个没有“短板”的应急物流管理组织。

1. 应急物流存在“组织保障短板”

首先，物资保障量大，涉及面广。如“5·12”汶川大地震救灾的面积达10万多平方千米，仅灾区一日三餐的保障，就是非常繁重的应急物流任务。其次，交通、通信、电力的中断，对应急物流的流程带来极大阻碍，也给应急物流组织的整体管理造成极大的威胁。

2. 应急物流存在“组织时效短板”

在整个应急物流流程之中，只要有一个环节未能跟上节奏，就会拖延整个物流流程的完成进度，甚至会导致应急物流的时效性丧失。

阅读材料2.1

2008年南方雪灾爆发初期，湖南、广东等重要交通干线上受困人群的生活必需品后勤供应不足。“5·12”汶川大地震中亦是如此。抗震救灾的时效是72小时，在72小时内能不能把食品、药品以及工程设备运送到位，拷问着应急物流的效率。在“5·12”汶川大地震的救援中，民政部第一时间从合肥、郑州、武汉、南宁等10个中央物资储备库紧急调拨救灾帐篷，24小时内这10个库15万顶帐篷即全部调空，四川灾民对帐篷的需求存在极大缺口，8天后仍然存在80万帐篷的缺口。另外，汶川地震中还出现了救援物资运送迟迟不能到位，到位后食品已变质、药物已过期等现象，暴露了应急物流管理体系本身的缺陷。（资料来源：部分引自http：//wenku. baidu. com/view/b9cb35a1284ac850ad024209. html）

3. 应急物流存在“组织协调短板”

由于救灾物资来源复杂，包括地区捐助、军队支持、国家调拨和国际捐赠，承担物流的实体既有企业也有部队，既有国家控制的物流资源，也有志愿者自己组织的，几百万人同时流向灾区，这种无序的流动更增加了应急物流的难度。

可见，应急物流组织运作出现的漏洞使应急物流供给不能及时送达，会给灾害救助、社会生活带来一系列问题。首先，会增加应急物资的运输时间，增加运输成本和运输压力；其次，灾害救援物资和日常必需品的供应短缺或过期变质，将增加受灾者的痛苦，加剧人们对灾害的恐慌心理，给社会安全造成隐患；再者，没有科学有效的管理组织进行管理的应急物流体系会引发“多米诺骨牌”效应，将会成为整个灾害应急管理的重大阻碍，不仅严重浪费了宝贵的物资和运输资源，而且一旦次生灾害连锁发生，救灾物资的补给难度加大，受灾范围、灾害损失将向纵深发展，后果不堪设想。

二、应急物流管理组织工作的内容

主要体现为以下八个方面：

（1）完善灾害预警系统并加强灾情分析和研究。

（2）成立灾情数据收集中心，用于对灾情的处理和发布。

（3）应急物资需求的预测和筹措。

（4）应急物资的配送和运输。

（5）灾情的应对和处理。

（6）应急救灾工作的总结和反思。

（7）应急法律法规所确立和保障的权利和义务。

（8）全民应急救灾意识的培养和能力的提高。

三、我国应急物流组织的现状

（一）缺乏统一的应急物流组织机构，指挥绩效低

在处理一些突发事件时，主、副指挥关系和相互协调关系不明确，力量没有进行科学编配，缺乏必要的协调程序和方法，法律法规不够健全，造成在突发事件发生初期由于没有实施有效的组织指挥，致使组织指挥有时出现混乱、脱节、滞后等情况。如“5·12”汶川大地震发生后13分钟，军队应急机制启动；地震发生后2小时零7分钟，成都军区两架直升机冒雨起飞，察看灾情；5小时30分钟后，以某集团军工兵团为主组成的中国地震灾害紧急救援队227人乘专机赶赴灾区；地震发生不到10个小时，1.2万名解放军和武警部队官兵进入灾区展

开救援，反应速度之快前所未有。但由于时间紧迫，多数部队紧急轻装上阵，未携带齐全必需的装备器材，部队到达灾区后，救灾物资和设备迟迟不能到位，致使救援工作无法完全顺利展开，严重阻滞了抢救工作的进行，其教训是极其深刻的。

（二）应急物流预案欠完善，预案体系及支持系统不合理

“非典”事件之后，按照不同的责任主体，国家相继颁布了不同层面的突发公共事件总体应急预案、专项应急预案、部门应急预案、地方应急预案、企事业单位应急预案等。据不完全统计，全国已制定各级各类应急预案130多万件，覆盖了常见的各类突发事件，形成了门类比较齐全、内容相对科学、体制逐步理顺、队伍初步形成、应急能力逐步增强的格局。但由于各类预案可操作性与真实情况有较大的差距，又缺乏足够的经验，还没有总结出规律性的科学理论，如突发事件来临时，由谁提出处置动议，谁来整合跨部门、跨区域的应急物流预案，人事变动后岗位责任制如何落实，等等。如果不能够妥善处理这些问题，将会导致灾难初期，有的区域和行业应急预案衔接不畅，基层应急部门没有在应急状态下发挥指挥的职责，眼睁睁错失抗灾良机，其教训是极其沉痛的。

（三）专业队伍和救援装备缺乏，派遣程序相对复杂

“5·12”汶川大地震使公路、铁路阻断，地面交通网严重受损，急需直升机运输，但军队装备直升机数量少，地方拥有的直升机数量更少，成为救灾突击力量中的明显短板。直升机数量不足必然导致训练以及使用经验上的缺乏和配套设备不完善。尽管参与救灾的机务人员表现出了极大的勇气和合格的技术水平，但地理环境的制约、气象条件的限制、训练水平与专业配套设备的不齐全，严重制约了直升机使用的效率和效果。此外，空中救护力量的申请和派遣程序过于烦琐，没有建立精简的、可靠的派遣程序。空中应急物流组织没有以紧急救援任务为核心来形成强大合力，而致使紧急处置的时效性差，没有体现出现代运载工具快速、高效的特点，严重阻滞了“黄金期”的抢救工作，不能不引起我们的深入思考。

（四）信息系统不完善，沟通不畅，信息滞后

当前，不仅内部没有建立一个绝对权威的信息发布和共享平台，而且外部也没有建立军地联合的信息发布体系。所以，应急救援中无法准确掌握紧急情况的详细资料以及所需物资的生产和分布情况，对运力的数量和状况不清楚，导致分析判断不准确，造成了应急物流沟通渠道不畅，多头指挥、各自为战、责任不

明，特别是在物流供应链的末端，没有形成有效的衔接。因此，军令不畅、政令不通的问题严重制约着应急物流管理的效率和效果。

四、应急物流组织指挥的应对措施

（一）完善组织指挥机构，明确职责权限范围

高效的应急物流组织是保障应急物流“物畅其流”的关键，顺畅的指挥体系则是应急物流系统的组织中枢。完善的应急物流机构不但可以提高工作效率，而且能减少互相推诿现象的发生。在重大灾情中，往往都是部队冲锋在前，等进入后续工作时，地方才参与进来，如“抗洪”、“非典”、南方雨雪冰冻灾害及“5·12”汶川大地震等。为了加强应急保障的科学性、连续性和有效性，应该由国务院和中央军委来统筹规划应急物资保障机构，将军队物流保障体系纳入国家、地方公共的应急物流保障体系之中，贯彻国家统一的应急法律、政策与联防联控措施，发挥军地联合应急保障的优势，真正实现军地互惠双赢、协调发展，实现国家应急物流保障能力的跨越式提升。应该在省政府和省军区、地区政府与军分区和县政府与县武装部三级建立军地一体化的应急物流组织机构，该机构成员可以是兼职的，充分利用地方物流系统的先进设施和设备，理顺各种关系，优化管理模式，建立各级相应的军地一体化矩阵型运行模式，打破条块分割，实现上下贯通、左右相连。由总部级领导组织指挥全局性工作，负责应急物流的规划决策、管理协调。各级应急物流机构根据紧急情况的等级快速作出决策，确定保障范围，计算所需时间，掌握运载工具数量和状况等，制定相应的保障措施，真正实现军地应急物流的无缝对接。

（二）加强应急装备建设，优化救援派遣机制

纵观历次应急物流保障组织的指挥过程，不难发现各种物流装备在其中发挥了关键性的作用。这就提示我们，必须充分认识到物流保障装备的重要地位和作用。高度重视物流保障装备建设，必须正视当前我国在应急物流保障装备建设上的差距，下决心研制、生产、配备、储备“管用、实用、好用”的应急物流装备，推动应急物流保障装备快速向信息化迈进，向小型化和轻便化发展，持续夯实完成物流装备保障的基础，提升完成应急物流的保障能力。做到应急物流装备与任务需要相配套，保证执行任务的人员有一定的物流装备，保证物流装备种类齐全，功能复合配套，适应执行多样化任务的需要。

精简的、优化的应急装备派遣机制可为应急救援工作赢得宝贵的时间。当某地发生重大灾情时，国家在第一时间启动应急预案，首先对灾情进行评估，达到

一定等级则启动动用军队的程序，而后由地方政府向中央政府请求军队支持，地方政府向军队下达指令后，军队应急指挥部对灾区地形进行分析，依据上级命令和指示，由所需单位向飞行管制部门提出申请计划，由飞行管制部门报军区和航管部，最后报总参备案，再经过相同的程序下达批复命令，这样，从申请到放飞至少需要几个小时。在紧急情况下，时间就是生命。抓好应急支援保障，特别要珍惜和使用好有限的垂直和快速保障力量，以讲究时效性为出发点，简化直升机的营救申请、派出程序，为赢得“黄金救治期”，迅速开辟绿色空中走廊创造先机。在遇到紧急情况时，应由当地部门直接向管制部门进行运力申请，由管制部门与民航管制部门协调，让出应急航路的高度层，在放行飞机的同时向上级报告，采取边处理紧急情况边报告的工作方法，保证一旦接到紧急情况的命令就可以在第一时间进行紧急调度处置，以高速的应急物流保障爆发力，为补给通道缺供、断供的突发事件的受灾人员和前线的救援人员解燃眉之急。

（三）建立高效应急物流管理组织运作的平台，完善突发应急预案

应急物流管理组织运作的构建是发挥突发性自然灾害和公共卫生事件应急处理机构职能的基础和关键。高效可靠的应急物流管理组织运作平台包括通信平台、电子商务技术平台和应急物流管理信息系统平台。

1. 通信平台

多元化的社会需求需要多元化的预警发布方式。在发布方式上宜采取“兼收并蓄”的态度，采用先进的手段，如广播、电视、网络、手机短信等，简朴的手段也不可少，如在农村，一面锣、一面鼓或许是信息传递的最有效方式。良好的通信平台对于应急工作的有效开展、决策制定、组织指挥和灾情研究具有重要的作用。

阅读材料 2.2

我国作为世界通信大国，通信网的发展速度、网络规模及用户数量均高居世界首位。据工业和信息化部统计数据显示，截至 2009 年 9 月，中国电话用户总数达 10.4 亿户，其中，移动电话用户 7.2 亿户，固定电话用户 3.2 亿户；网民数量达 3.6 亿。人们的日常生活、生产工作及社会的高效运转，都越来越依赖于通信网络，尤其是移动通信网。但是这些通信网都是为常态生活设计的，一旦发生重大或特别重大的自然灾害，通信基础设施同样会遭受严重破坏，通信保障能力远远满足不了突发事件中激增的通信需求，2008 年 5 月 12 日的汶川大地震就是一个典型例证。

"5·12"汶川大地震是新中国成立以来破坏性最强、波及范围最广、救灾难度最大的一次地震，不仅导致人员伤亡惨重，房屋大量倒塌损坏，基础设施大面积损毁，灾区通信基础设施也遭到了毁灭性破坏。在供电中断、传输线路切断、通信机房垮塌、网络设备损毁等综合因素的影响下，汶川等震中地区瞬间成为信息孤岛；成都等非震中地区通信基础设施虽然保持完好，但是也因震后话务量激增而导致网络严重拥塞，服务质量显著下降。

当公众通信网络中断或无法满足实际需求时，应急通信保障体系的作用至关重要。本文从汶川抗震救灾通信保障的启示入手，分析了公众通信与应急通信的关系与差别，就如何充分利用公众通信基础设施构建应急通信网络进行初步分析及探讨，并为政府加强应急通信管理提出几点建议。

在党中央、国务院的正确领导下，在全国人民的共同帮助下，"5·12"汶川大地震的抗震救灾工作取得了重大胜利。其中，应急通信功不可没，为抗震救灾的灾情监测、组织指挥、信息互通、新闻宣传等提供了有力的保障，并带给我们如下启示：在发生地震等重大或特别重大自然灾害时，通信基础设施往往会遭到毁灭性破坏，能否在抢险救灾的初期、中期和后期，迅速建立相应的有效的通信保障手段，将直接影响救灾工作的成败。

（一）初期——卫星通信是第一时间打通灾区通信生命热线的首要选择

在抗震救灾初期，尤其是"黄金72小时"之内，能否准确了解受灾情况并迅速组织救援行动，将直接决定能够挽救多少宝贵生命，其中关键的决定因素和前提条件是"能否在第一时间建立起灾区与外界的通信"。"5·12"汶川大地震带来的第一个启示是：当现有通信基础设施遭到毁灭性破坏时，卫星通信是第一时间打通灾区通信生命热线的首要的，甚至是唯一的选择。

2008年5月12日14时28分特大地震发生后，汶川等震中地区瞬间成为信息孤岛，与外界完全失去联系。但是就在14时40分，中国电信四川员工刘道彬冒着生命危险抢救出汶川县城唯一一部海事卫星电话，拨通了中国电信阿坝州分公司马尔康监控中心的电话，传出了汶川的第一声求援；5月13日凌晨，也正是通过这部海事卫星电话，将汶川受灾情况传给了外界，为党中央、国务院准确掌握灾情、迅速组织救援提供了重要信息。

据工业和信息化部统计，截至2008年5月底，地震灾区共投入卫星电话1 879部、应急通信车及其他应急通信装备1 093台（套）、中数据速率卫星基站80套、卫星通信小站100套。卫星电话累计通话次数16.5万余次，通话时长28.2万余分钟。同时，国际海事卫星组织也为本次救灾调配增加了两倍带宽，有效保障了通信畅通。

卫星通信是真正的全球通信，可实现无缝覆盖，具有覆盖面广、机动灵活、接入方便、不易受陆地灾害影响等特点，因此，第一时间打通灾区通信生命线应首选卫星电话。

（二）中期——尽快抢通灾区移动通信是有效开展抗震救灾工作的重要保障

进入抗震救灾中期阶段，由于工作的全面展开，救援工作的统一指挥、专业队伍的协调配合、救灾物资的运输配给、受灾群众的转移安置等，对通信设施的覆盖面、可用性和容量提出了更高要求。在这种情况下，仅仅依赖卫星通信远远不能满足实际需求，必须尽快恢复灾区的移动通信，实现大面积无线通信覆盖。

地震灾害对于地面通信线路的破坏是巨大的。光缆中断后，不仅维修时间长，又极易受余震破坏而再次中断。而且，完全依赖地面线路的固网通信，往往是一根光缆损坏，全部通信中断。

相比而言，移动通信在交换机与基站之间虽然也是通过地面线路连接，但是当地面线路中断后，可以搭建卫星中继传输链路，迅速恢复联网运行；即使基站设备被地震毁坏，也可以采用移动基站应急覆盖。5月16日8时12分，中国移动的空投基站采用中速率卫星通信方式，借助于中卫1号通信卫星在汶川开通，并于8时30分打通第一个电话。

可见，在应急通信保障中，移动通信更能够充分发挥机动灵活、快速反应、抢修方便、可迅速恢复大面积通信覆盖等优势，并有较完备应急保障手段。因此，在抗震救灾中期，应首先着眼于恢复灾区的移动通信网络。

（三）后期——全面恢复灾区固网通信是人们恢复生产生活的必要条件

进入抗震救灾后期阶段，灾区人民的生产生活开始恢复，灾后重建开始实施，对语音通信的容量、可接通率和通话时长提出了更高要求。同时，对电子邮件、信息查询、文件交换、图像视频等宽带多媒体业务通信也有迫切需求。面对这种爆发式的需求增长，卫星通信费用高昂，也无法实现普遍服务，而移动通信难以满足高带宽的数据业务需求。因此，全面恢复灾区的固网通信尤为重要。

固定通信网作为最重要、最根本的国家通信网络基础设施，不仅可以提供稳定、高速、低成本的带宽，支持语音、数据、视频等综合多媒体业务，还可为移动通信网、无线宽带网等提供传输服务，是保障人们生产生活正常运转、维护社会稳定的重要通信手段。

事实上，“5·12”汶川大地震发生后，中国网通、中国电信等运营商的固网抢修工作迅速启动，并一直在与余震及次生灾害作斗争。因此，在此阶段要集中力量，抓紧时间全面恢复灾区的固网通信服务。

（资料来源：部分引自 http://www.zhuzhou.gov.cn/sitepublish/site1/gov/yjgl/kpxj/content.67184.html）

2. 电子商务技术平台

政府大力推进国内电子商务技术的发展，促成国内外电子商务平台的接轨，能够方便实现应急物资在国内外的网络采购和交易运作。构建良好的电子商务技术平台旨在优化电子商务系统中应急物流的配送网络，加强应急物流指挥中心与电子商务业的联络，减少物流环节，简化物流过程，提高应急物流管理的反应能力。方便、快捷、省时、应变是电子商务技术平台的最大优势。电子商务技术平台的建立能够为组织内部具体工作的有效实施提供保障。

3. 应急物流管理信息系统平台

建设应急物流管理信息系统是构建一个完善的应急物流管理组织计划的根基。该信息系统的建立是为了满足应急救灾工作而形成的一个发现、收集、筛选、分类、处理、发布和控制信息的专业信息集合体，对整个应急物流管理起到重要的支持作用，如应急物流程序的优化、物流各环节的调控所采用的方案和途径，选择合理的运输工具、运输路线和最佳物资仓储计划等都依托于一个运作通畅的管理信息系统。

具体而言，应急物流管理信息系统的主要任务有：

（1）应急物流管理组织指挥。包括对资料的搜集和分析、物流计划的拟订、物资供求关系平衡、物流配送的调度与控制和应急任务的组织与协调工作等，目的在于为应急救灾工作提供信息支撑。

（2）应急物流管理处理能力的掌握。包括各类应急物资、装备的数目、质量、分布以及运作，应急物流配送中心的存储收发能力，码头港口吞吐能力等相关信息的获知和分析。

（3）应急物流资源的统筹规划。关注应急物资的仓储、经费、设施等相关信息的分类和实时跟踪，并以此为依据，作出相应的调整和配置。

（4）动态指挥和控制。在获知应急物流人员、装备、应急物资、运输工具和运输组织的相关信息的基础上，对运输的过程实施全方位、多角度的指挥和控制，并及时取得反馈，作出纠正。

（5）应急物流业务处理。包括应急物流作业相关信息的获取和统计。如网上统计、动态的物资存量、长期的物资仓储计划、适应需求的调拨方案、结算、公文处理等。

（6）辅助决策功能。建立应急物流的各种模型，为应急指挥机构和人员提供最优决策和选择。应急物流管理信息系统可以由若干子系统组建，包括灾情监测预警系统、信息采集与分析系统、物资统筹系统、运输管理系统、配送管理系统、决策支持系统和综合数据储存系统等。

一个完善的应急物流信息系统具备以下五个方面内容：能够为组织整个应急

物流的流程运作提供重要的参考依据、灵敏的预警反应机制、规范的应急转换机制、科学的决策处理机制、及时的反馈评估机制。

4. 物流技术平台

应急物流管理中的物资养护技术、包装技术、装卸技术以及物资输送通道建设技术等构成了物流技术平台，完好的物流技术平台需要具备安全、快速、简洁、便利、稳妥、实用的特征。良好运作的物流体系能够确保应急物流管理具体操作人员的工作完成质量，是实现整个组织任务的关键。

（四）立足应急保障需求，实施应急培训演练

应急事件发生突然，物流保障行动的快速与否在很大程度上取决于指挥机构和首脑机关的决策速度。因此，要以提高应急物流指挥能力为目的，加强指挥员及相关人员的素质培养和指挥控制、业务技能训练，突出抓好在复杂情况下保障队伍人员的紧急抽组与编组、物资紧急筹措与发出、运载工具紧急征用与调拨、部队力量和地方力量的协同与衔接等训练，确保能够快速反应、高效指挥、精确到位，形成军地保障整体合力。

经验丰富的应急物流人员在处理紧急情况时，能够随机应变、恰到好处。为了更好地进行应急物流保障，应该对国家、军队和社会应急物流体系中的相关人员进行应急专业理论知识学习、应急技能培训、应急情况心理辅导等，增强训练的针对性，提高应急物流人员的自我防护意识，保证抢救、抢修效率，使其在遇到突发事件时有条不紊。由于突发事件的偶然性、不确定性和超常规性，应急物流的人员常常会遇到许多难以预料的问题，这就需要他们具备灵活应变的能力，比如在条件不足的情况下，能不能变通、如何变通等。应急物流的环节和程序与一般物流不同，常常是先调拨后补办手续，相应的衔接和监督机制如何发挥其最大的作用等问题也只有在平时的培训和综合保障演练过程中才能充分暴露出来。发现问题、分析问题、解决问题，不仅能使我们的应急预案得到完善，而且还有助于从事应急物流的人员深刻领会应急物流过程中的基本原则，提高他们的素质，从而在处理应急情况时能得心应手。

阅读材料 2.3

2008 年 5 月 12 日下午 14 时 28 分，四川省汶川县发生 8.0 级地震。这场地震给灾区的同胞造成了巨大的创伤和痛苦。面对这场突如其来的灾难，我国政府从发布灾情信息，到启动应急预案，再到总理温家宝启程赶赴灾区，这一系列行动都在短短一个半小时内完成，凸显了我国应对突发事件的快速与高效。

“地震发生之后，中国地震局迅速启动应急专项预案。启动了中国地震救援队，组建了约 180 人的队伍，赶赴现场实施紧急救援。”这是中国地震局新闻发言人张宏卫 12 日下午向媒体介绍地震局启动的一级预案。与此同时，中国人民解放军总参谋部也启动了应急预案，指示成都军区投入抢险救灾；武警总部启动应急指挥机制，出动上万兵力赴灾区救灾。

其他相关部门也都迅速采取了行动。中国国家减灾委紧急启动一级救灾应急响应；中国卫生部、交通运输部、公安部、教育部、外交部等部门以及中国医疗、通信等机构，都在第一时间投入到这场抢险救灾活动中。

“汶川地震发生后，四川省地震局立即启动了破坏性地震应急预案。”这是四川省地震局副局长邓昌文在介绍四川省启动的应急预案。与此同时，受地震影响的其他省、自治区、市也在第一时间启动应急预案，反映了全国上下面对灾难时的万众一心和沉着冷静。

这些都彰显出我国处理危机的能力，也反映出这几年我国应急物流在灾难中逐步成长起来了。

一、应急预案连夜启动

“救援工作从 5 月 12 日下午 3 点就开始了。”一位交通运输部工作人员告诉记者。但是，由于地震之后灾区通信中断，在具体受灾情况未明之前，集结各方救援力量，准备随时赶往灾区成为主要的工作。5 月 13 日凌晨，交通运输部工作人员表示，已经到达前线应急指挥中心的副部长徐组远召开紧急会议，国家公路、水路交通运输突发事件应急一级预案已经全面启动。应急工作在多方面同时展开。据交通运输部介绍，抗震救灾应急抢险指挥领导小组已经成立。领导小组下设道路抢通组、运输保障组、后勤服务组、综合组和恢复重建组。同时，四川当地交通部门则调集必要的工程机械待命，为人员救援和物资运输等抗灾救灾工作提供交通保障。交通运输部对抗灾救灾工作作出部署，要求尽快抢修受损公路等基础设施，为人员救援和物资运输等抗灾救灾工作提供交通保障。

二、“海陆空”齐动员

随着公路、水路交通运输突发事件应急一级预案全面启动，全国铁路、公路、航空上下联动、多拉快跑地抢运物资、转运伤员、支援灾区。

连日来，东北、华北、华中、华东、华南、西北地区的所有铁路局和集团公司全部向灾区开出运送救援人员和物资的专列，把来自祖国四面八方的温暖送到灾区。受地震影响，铁路宝成线路、宝昆线路等主要进川线路受阻，铁道部在第一时间向社会发布指令，停止一切社会货物占用铁路资源；同时调集中铁建以及中铁工全力抢修，并且立刻进行调度处理，从兰州以及郑州向成都集结。铁道部从全系统的高度保证了以成都为中心的救灾物资正常进出，尤其是众多的大型救灾设备等进入成都，铁道部功不可没。铁路部门表示一旦有需求，立即投入运用。这种半军事化工作机制的部门一度引起社会的诟病，然而这种机制在这个时刻却保障了整个社会体系的正常运转。

公路方面，随着汶川地震灾区的干线公路逐一打通，全国各地抗震救灾物资的公路运输车辆日渐增多。为保障救援车辆顺利快速通行，尽早将救灾人员和物资运抵灾区，甘肃、陕西、重庆等四川周边省市采取各种有效措施，如增加标志、靠前引导、增加临时服务点、设置路边信息台等，实现24小时不间断无缝隙式主动服务，为救灾车辆开辟了一条高效、便捷、畅通、免费通行的绿色通道。并采取有效措施，提供全方位便捷服务，保证救援车辆的优先、快速通行。

地震造成公路、铁路等交通基础设施严重损坏，由于通往重灾区的道路难以打通，航空运输一时成为抗震救灾行动的关键保障手段。各大航空公司纷纷“解囊”，创造了民航通用航空史上的一个奇迹。

三、应急物流组织的内部构成

由于突发事件所造成的损失有时非常巨大，我们必须动员全社会的力量来应对这些后果，必须有一套相应的组织。为了加快信息的交换速度，提高工作效能，将“减少组织层次，明确部门职能”作为应急物流系统部门设置的基本思路。应急物流系统可分为系统本部和加盟的物流中心、物流企业两部分。

（一）系统本部

1. 应急物流管理组织的领导机构

领导机构负责应急物流系统平时和救灾时期的组织领导工作。对上向主管的政府部门和该地区政府首脑负责并汇报工作，对下负责整个应急物流系统的组织管理工作，保证系统在平时及灾时的正常运转。

2. 协调委员会

协调委员会是负责应急物流管理平时、灾时工作的协调机构，也可起智囊团的作用，协助领导机构保持应急物流组织的高效运转。协调委员会成员由两部分组成：一是政府相关部门领导成员，其职责是给系统提供各种有用信息，对系统工作进行协调，在必要时利用行政职权支持系统工作，保证系统平时和灾时的各项工作能顺利进行。二是各加盟物流中心、物流企业的领导人员，这些人对物流行业非常了解，是物流行业中的权威和专家人士，其职责是协助系统领导层进行决策，对各种应急方案进行审议，协助系统设计合理的运作流程，在救灾时期协助物资应急保障的协调工作。

3. 情报部门

情报部门主要负责灾前、灾中、灾后的情报搜集与处理工作。长期与地震、气象、卫生防疫、环保等灾害监测部门保持密切、广泛的联系，及时掌握各种自然灾害、公共卫生、生产事故、环境污染等方面的情报，并作出准确的分析判断，将信息提供给系统的信息管理中心和专项物资主管部门，以便提前做好物资保障准备。

4. 信息网络管理中心

信息网络管理中心负责信息管理、网络系统的构建和维护工作。信息、网络系统是应急物流系统的基础设施，是系统工作的基本平台，是应急物流系统高效率、灵活性、可靠性的保证。应急物流管理组织通过该套网络系统与组织内部的各个部门、各个加盟的物流中心的网络、信息系统进行连接，以便使系统各专项物资管理部门了解各个物流公司的设备情况、人员情况、运营情况、运输能力、库房容量、主要业务等。

5. 专项物资主管部门

专项物资主管部门主要负责单项物资的预算、预测和筹备工作，可分为医药类、食品类、被装类等主管部门。在收到情报部门或者其他可靠的灾情信息之后，指导相应的医药、食品、被装等物流中心预先做好物资的筹备、采购工作，以保证在灾情爆发或进入扩大阶段以前，做好充分的物资准备，可以在最短的时间内将应急物资送到灾民手中。

6. 救灾物资储备中心

为了加强对自然灾害和重大事故的救助能力，许多省市都建有救灾物资储备基地，专门用于储备救灾物资。救灾物资储备中心的建立，对于提高对重特大自然灾害和事故提供救灾物资紧急援助的能力、提高抗灾救灾水平、保障灾民的基本生活、维护社会的稳定意义重大。

（二）加盟物流中心、物流企业

加盟的物流中心是应急物流管理组织得以成功运作的基础，是应急物流管理工作的各项保障业务的具体执行机构。平时各自自主经营进行正常的商业活动，在应急物流中心的指导下，完善应急设施，制订应急方案，并根据情况做好救灾物资的库存管理；灾害发生后，在应急物流组织领导的指挥下做好应急物资保障工作。

（资料来源：部分引自 http：//gb. cri. cn/1321/2008/05/14/3085@2059141. htm）

第三节　应急物流管理的组织运作

应急物流管理的运作是一种在非常规的状态下，以最佳的效益使必需物资实现快速流动与转移的流通过程。为了能在灾难到来时既保证人民生命和财产的安全，又能把物流成本控制在最低范围内，有效地提高应急物流水平，有必要认真思考应急物流运作流程，做出合理的设计和优化。对应急物流流程的设计和优化，应立足于整个应急物流组织的运作，对整个物流供应链过程进行统筹思考。应急物流组织运作流程主要包括采购、仓储、运输、配送等环节，各环节对保证应急物资及时准确传送、提高应急保障效果、降低物流成本起到关键作用。我国现有的应急物流协调指挥是通过应急物流协调指挥中心进行的（如图 2－1 所示）。指挥中心控制和管理各部门的作业中心向各部门发送指令信息，同时各部门实时回馈信息，各部门间实现信息的及时传递。

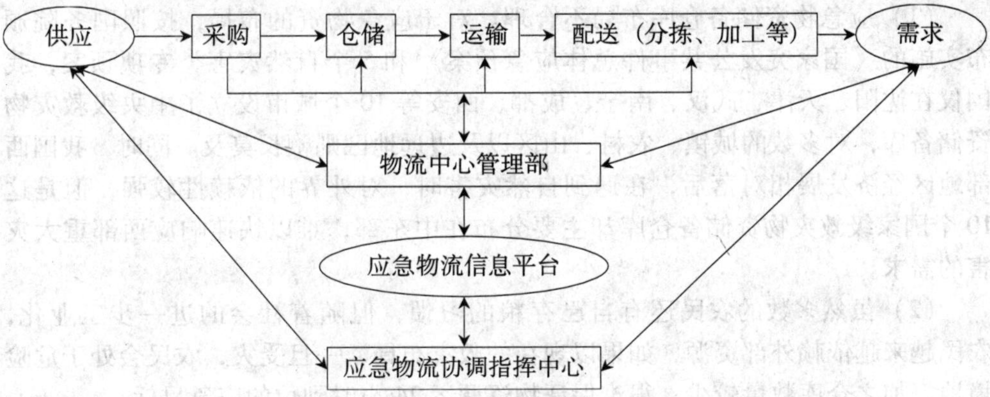

图 2－1　应急物流管理的组织运作

一、我国应急物流组织运作流程存在的问题

（一）采购环节

应急采购是在抗灾抢险、战时动员等紧急状态下，为完成紧急任务而进行的采购活动。

（1）一般物流采购，在流程采购优化时通常对供应商进行严格筛选，减少供应商的数量，从而保证采购商品的质量与采购成本的低廉。应急采购活动由于其特有的目的性和紧迫性，采购主体一般是单枪匹马地在采购市场中活动，而无法像平时进行有计划大批量采购时那样可采用“强强联合”或“价格联盟”等办法来提高采购效益，应急采购往往因为信息的不对称，很难制订出科学的采购方案。

（2）应急采购的供应商往往不是单一的某个生产或销售单位，这是由于应急采购需求对象的不确定性，不一定是某种特殊商品，除个别事关国家安全的商品以外，绝大部分市场商品都会由多个供应商同时提供，这样又为应急采购的最后选择制造了一个难题。

（3）应急采购活动由于其时间的紧迫性，采购部门会根据采购时限的要求有目的地选择相应的采购方式。但近年来随着我国采购法规建设的加强，《政府采购法》、《招标投标法》等法规的出台，一方面强化了采购活动的规范性，提高了采购活动的透明度，另一方面也可能僵化采购模式，延迟采购活动的开展。

（二）仓储环节

（1）应急物资储备仓库布局不合理。对于应急物资的布局，按照国务院颁布实施的《国家突发公共事件总体应急预案》和5个自然灾害类专项预案，我国仅在沈阳、天津、武汉、南宁、成都、西安等10个城市设立了中央级救灾物资储备库，对多数的城镇、农村、山区以及边远地区则鞭长莫及。同时，我国西部地区经济发展相对落后，在遇到自然灾害时，对外界的依赖性较强，但是这10个国家级救灾物资储备仓库却主要分布在中东部，难以快速响应西部重大灾害的需求。

（2）虽然多数的农民还有自己存粮的习惯，但随着社会的进一步工业化，农民越来越依赖外部资源，如果以现在的救灾布局，一旦受灾，农民会处于危险境地，加之仓库数量较少，很难保证物资调运24小时到位的应急目标。

（3）单纯依靠政府储备，物资储备量少，设备落后。现在政府储备的应急物资品种过于单一，但应急物资种类又不能过多，对于现今社会哪些物资能保障人民生命安全需要，需要保有多少的安全库存等实际操作问题，还需要尽快研究出结论。此外，仓库管理及物流设备比较落后，物资装卸搬运主要依靠人力，机械化水平较低。

（三）运输环节

（1）运输组织衔接不畅。地方政府只了解本辖区内交通基础设施和运输工具的基本情况，与外部运输设施和工具间缺乏应急演习，应急运输专业队伍数量较少，应急物资供应单位和运输部门平时联系较少，一旦出现应急物流需求，两者往往衔接不畅，以致延误时机。

(2) 运输成本较高。面对突发公共事件，每个部门都应积极响应，但各种应急物资的运输相互分割严重，造成人员和资金的浪费。

(3) 运输工具的落后也严重影响了应急物流的运输保障效率。突发事件发生时我国主要采用公路和铁路两种物资输送形式，但在救援环境比较恶劣的情况下，往往是非常规的通道起着重要作用。空中通道的建设，尤其是空中投送能力，还有很多需要加强的地方。

(4) 我国现有应急物流的运输往往不仅运用民用的运输力量，而且还动用部队、武警官兵和民兵预备役部队的力量。这些力量的调用对于应急物流系统来说是个很好的机动保障体系，它们能形成一个规范性的框架，以实现双方良好的互动。

(四) 配送环节

(1) 应急物资的配送作业主要包括应急物资的分拣、加工、包装、分割以及救灾物资组配作业。其中，分拣、加工、包装是提高配送效率的关键环节。目前，我国应急物资入库后主要以人工分拣为主，误差大、分拣效率低，导致到达灾区的物资良莠不齐，在增加物资运输、发放人员负担的同时，也造成了应急资源的浪费，直接影响了救灾效果。

(2) 应急物资缺乏包装、保护功能欠缺、包装规格不统一、回收利用率低等是造成应急物资供需失调的主要原因之一。对于空投、徒步等非常规通道需要的应急物资并没有针对性地设计包装，进一步造成了资源的浪费。此外，包装尺寸不一，包装材质五花八门，不适应机械化装卸保障作业，降低了装卸机械的使用效率，制约了机械化水平的发展。

(3) 配送环节的供需信息传递渠道不通畅，主要表现为多方管理、信息报送延迟或内容重复等问题。例如，我国应急物资中很大一部分来自应急捐赠，由于信息传递不畅、捐赠组织繁多等原因，社会捐助物资很容易出现种类、时间上的配送供需矛盾，往往在应急响应初期形成救援真空，而在后期需求达到饱和后救援物资仍源源不断地配送。

二、我国应急物流运作流程优化策略

(一) 应急物流采购环节

在应急物资筹措及采购工作中，要严格把好应急物资的质量关，各级工商、质检、卫生等部门要密切配合，加强对应急物资的质量检验、监督工作。要运用经济手段，辅之以必要的行政手段，控制应急物资的价格。

当发生大范围的严重突发事件时，政府应急物资储备可能无法满足需求，并且许多基本生活物资和医疗卫生物资不适宜进行大规模储备，最好的办法是政府和市场两者结合储备。市场储备主要依靠流通性企业，对此应该有相应的法规或者市场准入条件规定，如什么级别的流通企业必须存储哪类物资、存多少，政府又如何给予补贴等。应急储备可采取实物储备与合同储备相结合的方式。这样既能减少因储备物资的资金占用和保管费用，又能满足应急物流的需求，避免紧缺物资大幅涨价。

接受社会捐赠也是各国普遍采用的一种形式。但社会捐赠物资存在品种繁杂、规格不等、质量良莠不齐等不利因素，会给应急物流增加额外的作业环节，还易造成物资供需失调。因此，政府在号召捐赠救灾物资时，应根据突发事件的类型、级别以及灾区反馈信息，向社会明确物资捐赠的重点，对部分救援物资实行定向募捐，重点面向有关生产企业募集急需救援物资。

（二）应急物流仓储环节

虽然这些年我国加大了应急物资的储备力度，但是与西方发达国家相比依然有相当大的差距。应急物资的储备关键在于储存仓库的布局、数量和容量，物资的种类，长期和中期的储备量，以及储备物资的合理维护和有效管理。针对应急物资的储备管理，有研究者提出了采用模糊评判和灰色神经网络的方法进行库存管理，以使库存物资达到最优。也可以将企业物流管理的库存控制方法应用到应急物资的储备管理中，科学确定应急物资储备规模，实现对应急物资的库存控制。对应急物资的分类管理可以采用 ABC 分类法，分类的标准应当结合不同灾害导致的对不同物资的需求特点。这是一种动态的过程，避免了管理中单纯僵化的管理，分类后就可以针对不同类别的物资来进行管理，采用不同的采购和库存策略来降低成本，提高经济效益。目前，美国对外灾害援助办公室（OFDA）在世界范围内设有 7 个应急仓库，这些仓库紧靠机场、海港，存储基本的救灾物资，一旦某个地区发生重大自然灾害，OFDA 就可从距离最近的仓库调拨救援物资送至灾区。因此，建议我国在保持原有 10 个国家级救灾物资储备仓库的基础上，增加若干个新仓库。一方面照顾南部沿海区域，另一方面也照顾自身应急力量比较薄弱的西北地区。同时，还可设立国际性的应急物资储备基地，逐步增加省级以下的政府应急储备仓库的数量，形成完善的应急物流基础设施布局网络。此外，还应适当增加应急物流前期阶段使用的物资品种和储备量，改善仓库管理及物流设备，提高机械化作业水平，合理制订存储计划，充分利用仓库空间优化内部结构。

（三）应急物流运输环节

（1）应急物流运输应着眼于经济建设和应急的双重需要，本地（市）交通指挥部应对本地（市）交通道路、运输专业人员和运输机具的数量、质量等情况进行集中登记管理，平时要搞好地方科技力量的普查和储备，利用高科技手段建立起专业保障队伍、交通保障经费、道路和车辆物资、运输机具等数据库，与各县交通战备办公室形成局域网，实行登记、训练、保障自动化管理。要定期向单位和个人明确编组、集结地域、任务等，以便遇到紧急情况时能及时归建和执行保障任务。

（2）各类物流企业可成立应急物流运输车队，保障运力充足、搭配合理。运输车队平时各自营运，应急时期迅速组合形成综合运输联合体。为弥补车队在应急保障中的各项经济损失，应设立应急物流运输专项补偿资金，给予一定补偿。

（3）优先抓好敏感地区，如洪涝易发区、地震频发区等的应急物流交通运输动员法规体系建设。同时，应安排进行集中训练，把专业技术与现代高科技有机结合起来，定期进行相关的专业训练，使专业训练向系统化、正规化、基地化方向发展。当突发事件发生时，采用 GIS、GPS 技术等现代化手段对应急物流运输全过程进行实时监控，掌握最新动态。

（4）要为应急物流运输提供“绿色通道”，实行优先安排计划。对应急物流物资实行优先停靠、优先入关、优先装卸、优先运输、免费通行、优先放行，加大对危险路段、桥梁、隧道的排查，加强对超限超载车辆的管理，避免发生次生灾害，确保运输安全。面对异常复杂严酷的环境，非常规通道（如空运）往往是救急的有效通道，而这恰恰是我们建设的弱项和短板，亟须进一步固强补弱、深化发展。

（四）应急物流配送环节

对于直接运送到配送中心的应急物资，本着防水、耐磨、标记清楚、便于搬运的原则，用具有足够强度、印有必要物流信息的包装材料将一定数量的商品进行包装，特别是要大力发展特殊包装，提高包装的科技含量。对应急物资实施标准化管理及应急物资的统一编码和分类，大力发展单元化包装来运输物资。待应急物资入库实现标准化后，根据分拣数量、品种的特点，采用分拣设备，以设备分拣代替人工分拣，此举分拣效率高、准确率高、兼容性强、误差少，使得分拣效率大大提高。分拣完成后再由滑梭式自动分拣系统将分拣好的物资通过客户标识条码扫描自动分拣，分别送往指定的出货口，待装车配送。

应急物流指挥中心要结合实际情况，整合现有的社会资源，联合配送行业内信誉高、价格合理的物流企业进行协同式配送；也可以通过大型物流企业已建立起来的供应链、连锁网络组织应急物品投放市场。可考虑构建最容易和配送紧密结合的电子商务类型，即第三方电子商务。由于第三方电子商务可以统筹多个用户和多个供应商的物流，很容易汇集成较大的流通规模，实现规模效益，从而为应急物流采用多样化的配送方式创造了条件。

应急配送中心宜设置在灾区周边交通运输便利的地点，且空间具有可扩展性，为应急物资装卸提供便利条件。配送中心同时要负责可重复利用物资的回收及清理工作，在灾区恢复重建后移交各级应急物资储备仓库。除此之外，配送中心还是应急供需信息汇集的枢纽，及时准确地收集紧缺物资的种类、数量，根据轻重缓急，迅速准确地反馈给应急指挥机构，协调供需平衡。

本章小结

应急物流管理组织的特点：统一性；灵活性；协调性。

危机事件的本质特点和应急物流管理组织实践中的“短板现象”的现状决定了我国构建应急物流管理组织的迫切性。

应急物流管理组织构建平台包括：①通信平台；②电子商务技术平台；③应急物流管理信息系统平台；④物流技术平台。

应急物流管理组织的内部构建大体上可以分为系统本部和加盟的物流中心、物流企业两个分支。

我国应急物流体系还存在诸多问题，尤其是在应急物流运作流程上，采购环节、仓储环节、运输环节和配送环节等环节在合理化、高效化、现代化方面不足的状况，由此剖析对应急物流运作进行优化策略的选择。

思考与练习

1. 试分析应急物流管理组织的特点。
2. 结合应急物流管理组织的特点，分析我国应急物流运作流程存在的问题。
3. 总结电子商务在应急物流管理中的作用。

第三章　应急物流系统的构建

本章概述

应急物流是指以应对突发性自然灾害、突发性公共卫生事件、突发性公共安全事件及军事冲突等突发性事件提供所需应急物资为目的，以追求时间效益最大化和灾害损失最小化为目标的特种物流活动。本章在介绍应急物流系统概念与特点的基础上，阐述了应急物流系统构建框架，包括应急物流系统的要素组成、设计原则、设计框架及运作流程等，并对应急物流系统设计的重难点进行论述；接着介绍了应急物流系统的保障机制，包括政府协调、全民参与、法律保障等九个机制，最后对应急物流子系统进行分析，重点介绍了应急物流指挥系统、应急物流配送系统及应急物流运输系统。

第一节　应急物流系统的概述

一、应急物流系统的概念

应急物流是指以应对突发性自然灾害、突发性公共卫生事件、突发性公共安全事件及军事冲突等突发性事件提供所需应急物资为目的，以追求时间效益最大化和灾害损失最小化为目标的特种物流活动。虽然应急物流已得到相关部门和专家的高度重视，但我国的应急物流体系还存在着诸多不足，构建全国性的应急物流体系已迫在眉睫。如何科学、高效、安全地仓储、配送应急物资，如何保障应急物流系统通畅，是我国需要认真思考的问题。

系统思想古已有之，但是将系统作为一个重要的科学概念予以研究，则是由奥地利理论生物学家冯·贝塔朗菲于 1937 年第一次提出来的，他认为系统是互相作用的诸要素的综合体。我国系统科学界将系统定义为“由相互作用和相互依赖的若干组成部分结合而成的，具有特定功能的有机整体，而且这个整体又是它从属的更大的系统的组成部分”。换句话说，系统是同类或相关事物按一定的内在联系组成的整体。相对环境而言，系统具有一定的目的和功能，并相对独立。系统应当具备四个基本特征：整体性、相关性、目的性和环境适应性。

应急物流系统主体是直接参与或专门从事应急物流的组织，包括突发事件发生地的应急指挥机构、应急物资的储备及生产供给单位和储运企业等。物流主体是供应链渠道的起点和终点的联系者，在整个应急物流系统活动过程中起着主导和决定性的作用。应急物流系统的客体即物流对象，是一切在物流主体之间定向循环运动的物质实体。物流客体为应急物资、生活必需品和应急处置装备等。应急物流系统的载体是保证应急物流活动有序、协调进行的基础条件，它涉及应急通信网、应急公路运输网、铁路、民航和各级人民政府建立的应急物资、生活必需品和应急处置装备储备仓库等基础设施和条件。应急物流系统的完善程度和先进程度是应急物流发展水平的重要标志。

根据系统和应急物流系统化的发展过程，可以把应急物流系统描述为"由相互作用和相互依赖的物流实体要素组成的，具有应急物流服务功能的有机整体，而这个整体又是构成更大的应急系统的组成部分"。应急物流系统是一般物流系统的一个特例，除了具有一般物流系统的六个基本要素，即流体、载体、流向、流量、流程和流速外，应急物流系统还具有特有的要素——时间。由于应急物流的突发性特点，即应急物流需求发生的时间具有极大的不确定性和紧迫性，决定了在应急物流系统中，"时间"是一个重要的系统要素。因此，应急物流系统必须具备七个要素，即流体、载体、流向、流量、流程、流速和时间。与普通物流系统相比，应急物流系统除了多了时间要素之外，在其他六个系统要素方面都有较大差别，二者的比较如表 3－1 所示：

表 3－1　普通物流系统要素与应急物流系统要素比较

要素	普通物流	应急物流	政府在应急物流中的作用
流体	一般性物品，品种无所不包，物品的来源（所有者）单一	主要集中在救灾类的物资，第一类是救生类，包括救生舟、救生衣及救生设备等；第二类为生活类，包括衣被、方便食品、救生帐篷、净水器等；第三类为医疗器械及药品。物品的来源复杂，有政府提供的公共物品，有社会捐赠的物品，有个人自行筹划的物品	建立合理的物资储备制度是政府应尽的职责

（续上表）

要素	普通物流	应急物流	政府在应急物流中的作用
载体	固定的设施与场所	固定的和机动的设施与场所共用	公共设施一般要由政府投入，紧急状态下受到破坏的公共设施需要政府组织人力、物力、财力加以维护
流向	按用户的需求、流向确定，可以充分安排	向救援地，目标事先无法确定	信息的准确性决定流向，建立应急物流的信息体系至关重要
流速	完成物流的时间比较稳定	完成物流的时间延长或缩短	政府对应急物流的组织状况决定流速的快慢
流量	物流的数量稳定	特定品种的物流流量激增，其他物品通常减少	政府成为某些特定物资的提供者，提供的数量要视政府的财力而定
流程	流程基本上可按合理化的原则进行安排	由于设施的损坏等，常使路程发生一定的改变	政府应保证流程的顺畅

二、应急物流系统的特点

（一）政府主导性

应急物流的体系和机制的建立是一个系统工程，除了完善应急物流的基础保障外，还涉及应急物资的筹措与采购、储备与调度、运输与配送等方面，而这些工作需要一个机构来组织协调才能顺利完成。应急物流建设中的经济效益并不明显，不可能由市场经济条件下的企业来提供，所以这个协调机构就只能由各地政府根据应急方案从各单位紧急抽调人员临时组成。

（二）全民参与性

应急物流系统的建设虽然以政府为主导，但这并不意味着国家的其他公民、企业就可以袖手旁观。历史经验表明，应急物流是整个社会功能的体现，往往需要全民参与，比如“非典”和雪灾时期的相互救助，都需要依靠全民参与才能取得最后胜利。

（三）快速反应性

应急物流的突发性和随机性决定了应急物流系统应具有快速反应能力，具有一次性和临时性的特点。这一特点决定了应急物流系统区别于一般的企业内部物流或供应链物流系统的经常性、稳定性和循环性。

（四）效率性强于效益性

应急物流系统不同于一般的物流系统，其特有的要素是“时间”。所以，在应急物流系统的建设中，往往更强调应急物流需求的效率性，也就是强调在最短的时间内将一些紧急物资运输到目的地，而不是将更多的注意力放在一般物流系统建设所考虑的投入与产出对比下的效益性。

（五）开放性和可扩展性

应急物流需求和供给在突发事件发生前是不确定的，而必须在突发事件发生之后将其纳入应急物流系统中。在应急物流系统的设计上，应具有开放性和可扩展性。

阅读材料 3.1

我国需加强应急物流系统建设

——访中国物流与采购联合会副会长兼秘书长崔忠付

2008 年春节期间，一场罕见的大雪袭击了我国南方的大部分地区，使十几个省市，170 多个县区的输电线路遭到破坏。继而，铁路停运，高速公路、机场等被迫关闭，多个省市曾一度交通瘫痪。据民政部统计，截至 2 月 14 日，这场罕见的冰雪灾害已经造成了 1 111 亿元的直接经济损失。

那么，这场突如其来的“白色灾难”，又对我国的物流业造成了哪些影响？灾害过后，我国又有哪些可以总结的经验和教训呢？为此，本报记者近日专访了中国物流与采购联合会副会长兼秘书长崔忠付。

一、对应急物流系统的考验

2 月下旬，在我国南方某些地区还因为这次灾害没有通电的时候，记者在北京见到了中国物流与采购联合会副会长兼秘书长崔忠付。

“事实证明，我国的物流设施和应急物流系统还是很脆弱的。我国还没有一个完整的物流应急系统，能够迅速为某些公共突发事件起到有效的预警，更缺乏相应的处置能力。”这位之前曾在国家发改委经济运行局任职的中物联副会长，一开始就旗帜鲜明地摆明了自己的观点。

从1月10日至2月2日，我国南方地区先后经历了四次大范围低温、雨雪、冰冻天气过程。其持续时间之长、影响范围之广，是我国近百年历史上所没有遇到过的。而且这场灾害来临时，正值我国农历春节期间，可以说让灾害形势更“雪上加霜”。

雪灾使部分铁路、公路、机场等设施运行不畅，尤其是京九铁路、京珠高速等南北大动脉的运行严重受阻，这对我国的物流造成了直接而严重的影响。3 400多万铁路旅客出行受阻，企业生产、人民生活物资也无法正常运输……工农业生产以及老百姓的生活都受到了严重的威胁。

崔忠付副会长介绍说，雪灾期间，由于电力以及运输系统中断，原料无法运抵，造成湖南83%以上、江西90%以上的工业企业一度停产。同样由于受运输影响，还造成蔬菜、粮食、食用油等生活物资的涨价，给百姓的节日生活造成了不小的负担。

“从物流的角度看，这次的雨雪灾害是对我国的现代物流服务体系，尤其是对物流设备、设施以及应急组织系统的一个很大的检验。”崔忠付副会长说。

崔忠付副会长认为，对公共突发事件反应的快慢、处理效率的高低以及取得效果的大小，是检验物流系统应急能力的标准。

“经过这次雨雪天气，我们也更强烈地意识到，目前我国的应急物流系统还很脆弱，物流基础设施尚需进一步完善，应急组织方式尚需进一步改进。”崔忠付副会长说。

二、充分发挥行业组织作用

“全国广大物流企业的干部职工积极响应党和政府的号召，发扬特别能吃苦、特别能战斗的精神，踊跃投身于冰雪灾害防御、抗灾、救灾和保障重点工业生产企业物资供应以及人民群众生活物资的物流配送工作，为有效减缓灾情倾注了心血、作出了贡献。尤其是这次冰雪灾害较重的省市和地区的物流企业的广大干部职工，不畏严寒，不分昼夜，连续奋战在抗灾救灾第一线，用实际行动向人民群众充分展示了物流行业广大干部职工的时代风采和创造力量。为此，中国物流与采购联合会特向奋战在冰雪灾害第一线的物流企业广大干部职工表示亲切的慰问和崇高的敬意！”

这是在冰雪正肆虐的1月30日，中国物流与采购联合会发出的《致奋战在冰雪灾害一线物流企业广大干部职工的慰问信》中的一段话。

除了工农业生产，这次雪灾对很多物流企业本身也造成了很多不可挽回的损失。车辆被困、订单无法完成，有的还要承担一定的损失。

崔忠付副会长说，本来春节期间是物流企业盈利的旺季，但灾害却让盈利变成了亏损。虽然物流业的损失还没有一个具体的统计数字，但受到的影响是不可低估的。另外，这场灾害对部分省市的仓储设备也造成了一定的损害，甚至有的仓库被大雪压塌了，这部分损失也是很大的。

虽然自身遇到了很多的困难，但是物流行业的众多干部职工还是积极地投入到了抗击冰雪的战斗中。很多物流企业，像宅急送，在恶劣天气中依然坚持正常的揽收以及投递业务，保证了用户的物品能及时送达。

难怪国家邮政局局长马军胜曾对宅急送总裁陈平说："有陈平在一线指挥，我放心。"

崔忠付副会长向记者介绍说，在得知南方的大雪已经演变为一场灾害的时候，中国物流与采购联合会第一时间向行业内的广大干部职工发出了慰问信，以表达心声、鼓舞士气。并希望各地物流企业能在当地政府的统一指挥下，继续发扬不怕疲劳、连续作战、艰苦奋斗的顽强作风，坚守岗位，团结奋战，确保救灾物资以及保障人民群众生产生活物资的运输和配送，为取得抗击冰雪灾害的胜利起到应有的作用。

最后，崔忠付副会长还介绍说，为总结这次抗灾中应急物流体系的经验和教训，中国物流与采购联合会将继续发挥行业组织的优势，会同有关方面组织开展中国应急物流体系建设的研究，提出加强物流体系建设、提高应急物流快速处置能力等方面的政策建议，以进一步提高我国对突发事件的应急处理水平。

（资料来源：《现代物流报》2008－03－05）

第二节 应急物流系统的设计与构建

一、应急物流系统的要素构成

应急物流系统是一个复杂的大系统，涉及政府、军队、企业等不同的系统，也涉及采购、仓储、运输、配送等不同功能的环节，还涉及信息、法规、人才、技术、资金等不同的组成部分。

应急物流系统应该具有快速反应的能力、良好的开放性和可重构性，能够根据具体情况迅速地解构或重组体系，并且能够方便地将任何社会团体、组织或政府部门纳入到应急物流系统中，系统的每个环节应该紧密衔接，信息传递通畅。

根据以上要求，将应急物流系统设计分为应急指挥机构、物流节点及物流信息系统三部分，系统结构如图 3－1 所示：

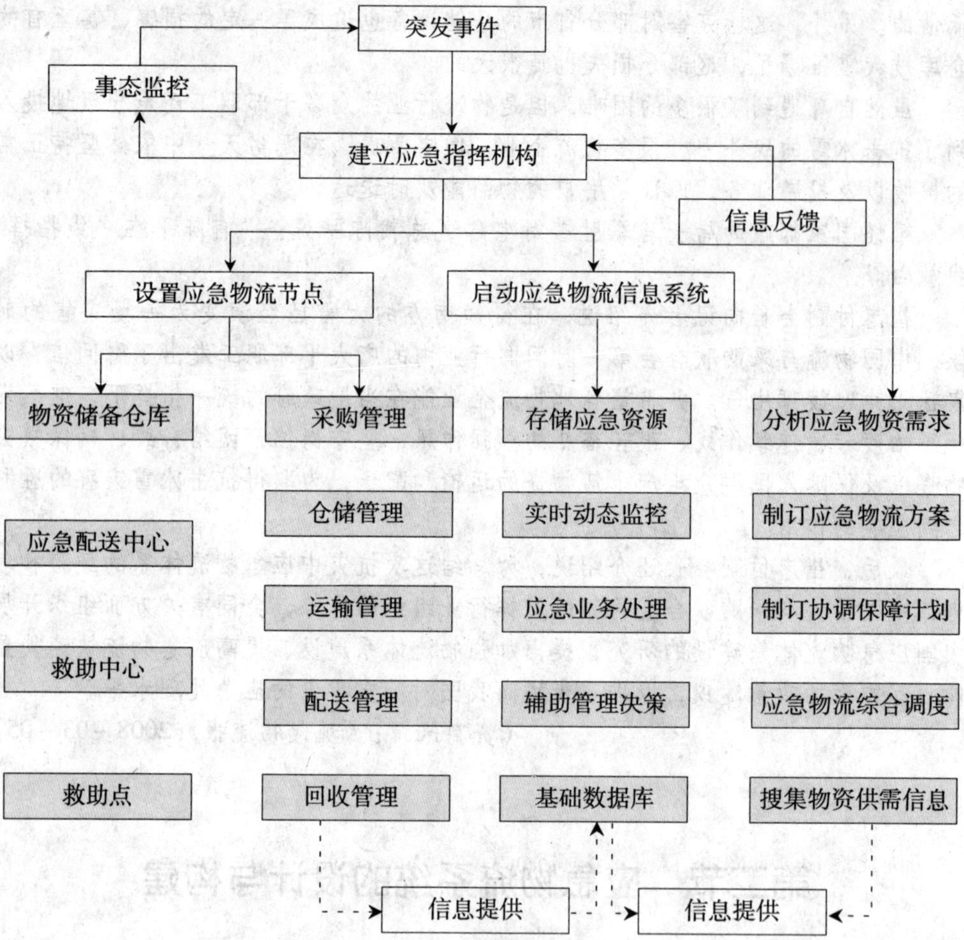

图 3－1　应急物流系统要素结构

应急指挥机构的主要职能是分析应急物资需求、制订应急物流方案、制订协调保障计划、应急物流综合调度、搜集物资供需信息。应急物流节点主要包括各级政府物资储备仓库、应急配送中心、救助中心、救助点。物流节点主要负责采购管理、仓储管理、运输管理、配送管理和回收管理。应急物流信息系统贯穿所有物流环节，主要功能是存储应急资源、实时动态监控、应急业务处理、辅助管理决策和基础数据库。

如图3－1，可将应急物流系统具体细分为应急物流指挥系统、应急物流信息系统、应急物流物资系统、应急物流配送系统、应急物流保障系统、应急物流专业人员系统和应急物流设施设备系统七个子系统。

（1）应急物流指挥系统。应急物流指挥系统是指国家或地区在应对自然灾害、事故灾难、公共卫生和社会安全等方面的突发公共危机中，为做好救援物资的筹措、运输、调度、配送等工作而建立的一个特殊的物流指挥中心。我国有必要根据政府结构和物流的运作流程，建立一个常设的、专业的应急指挥中心，专门用于救灾指挥工作，保障应急物流高效、顺利运作。

（2）应急物流信息系统。信息网络中心可以依托政府公共信息平台，建立完善的应急物流公共信息网络平台。此平台可与应急物流指挥系统的中心领导机构、各子系统、相关的政府各部门以及各加盟物流中心或企业保持密切的联系。应急物流信息系统还应是政府向公众发布信息的权威平台和公众向政府反馈信息的有效渠道。

（3）应急物流物资系统。应急物流物资系统是应急物资的品种、数量、结构、布局、生产能力、存在状态等相关构成要素，它是应急物流体系的作用对象。合理储备对于应急物流物资系统的建设具有非常重要的意义，应按照“国家、军队、地方、市场和家庭”五级储备形式，构建具有中国特色的应急物资储备体系。

（4）应急物流配送系统。应急物流系统功能的最终实现，取决于应急物流配送系统能否及时、准确地将相应物资输送到目的地。可以从以下两个途径考虑：一是要有效整合社会资源，以市场化的手段与国内网络覆盖面广、硬软件设施齐备、行业信誉度高的大型专业物流企业签订协议，以取得他们的帮助；二是要大胆尝试“军地物流一体化”的应急物流模式，对军地物流资源进行有效整合和优化，以实现军地物流兼容部分高度统一、相互融合、协调发展。

（5）应急物流保障系统。应急物流保障系统包括基础设施保障和法律制度保障。应加强对应急物流的立法工作，明确危机发生时的处理机构、责权划分、动员和经费来源，使应急物流有法可依，确保应急物流朝着高效、正规的方向发展。

（6）应急物流专业人员系统。应急物流专业人员系统包括应急物流指挥决策人员、科研工作人员、专业技术人员、操作使用人员等各级各类专业人员，它是应急物流体系的能动力量。要通过系统的教育训练和有效的思想政治工作，提高专业人员的业务素质和工作能力，增强他们的大局意识、责任意识和奉献意识。

（7）应急物流设施设备系统。应急物流设施设备系统是指具有应急物流功能的站台、码头、交通航线和路线等各种固定设施，以及运输、库存保管、装卸搬运、包装等相关设备和工具等，它是应急物流体系有效运作的物质基础。其目标是完善和新建一批设计合理、经济适用的固定设施，研究开发用于应急物流的非常规装备，提高其可靠性和先进性，大幅提升应急物流的保障能力。

二、应急物流系统构建

（一）应急物流系统设计原则

应急物流系统的目标就是以最短的时间、尽可能低的成本获得所需要的应急物资，以适当的运输工具把应急物资在适当的时间内运送到适当的地方，并以适当的方式分发到需求者手中。应急物流系统的构建有如下五条原则：

（1）确保社会稳定，遵循人的生命高于一切的原则。"人的生命高于一切"这一理念在任何应急行动中都扮演着重要角色，是应急行动的根本因素，是影响应急行动的关键，是实现应急行动高效运作的核心。

（2）快速响应，时间效率重于经济效益。应急物流的突发性、流量不均衡性和时间约束的紧迫性决定了在应急物流系统的设计中时间效率重于经济效益。应急物流系统要对应急物资的采购机制、运送机制进行设计，对各种运载工具的运输能力、运输路径和运送方案进行比较并给出满意方案。

（3）预防为主，防患于未然。应急物流系统应把事前防范与事后应急相结合。应急物流需求的事后选择性决定了高效率的应急物资和运输工具信息系统应该成为应急物流系统的组成部分。在突发事件爆发前建立全国范围的以应急物资和应急运输工具为主体的大型信息系统或数据库，对于突发事件爆发后应急物流系统的高效运转具有重要意义。

（4）加强统一指挥，协调一致，动态监控。应急物流多是针对突发性公共事件而进行的物流活动，所以在应急物流系统的设计中不仅依靠市场机制，更要依靠行政机制和法律机制来加强统一指挥、协调一致和动态监控。

（5）市场机制与行政机制、法律机制并存。应急物流的控制主体多为政府，受到突发事件危害的主体不是某个人或某个企业，而是整个社会公众或社会公众的一部分，突发事件所造成的危害随着应急物流速度的加快而减弱，所以在应急物流系统的设计中不仅要依靠市场机制，更要依靠行政机制和法律机制。

（二）应急物流系统的构建过程

应急物流系统的构建过程如图 3－2 所示，首先应根据已发生的或可能发生的突发事件成立应急物流管理指挥中心，根据以往的经验和对现状的深入分析，确定应急物流需求。通过分析突发事件的环境和现有的应急物流中心或组织已具备的物流能力，来选择应急物流系统的组织与成员。再将所筛选出来的应急物流组织成员的总能力与应急物流的总需求进行匹配。如果物流能力小于物流需求，则重新进行应急物流系统组织成员的选择；如果物流能力与物流需求可以进行匹配，则通过资源整合与网络优化对应急物流系统进行优化，并对整个系统进行运作，运作完毕后进行系统反馈与系统评价。

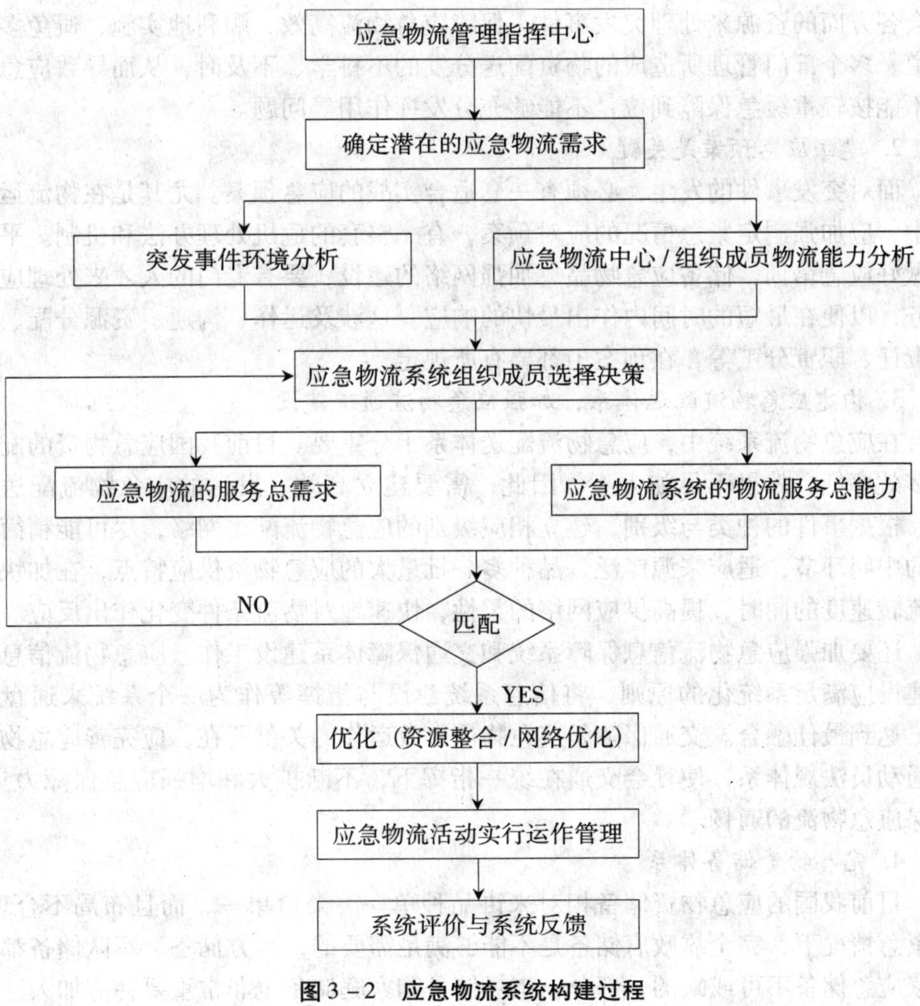

图3－2　应急物流系统构建过程

在构建过程中，应注意以下五个方面的问题：

1. 建立应急物流指挥体系，完善我国应急物流联动机制

应急物流的顺利实现是一个系统工程，除了完善应急物流的基础保障外，还涉及应急物资的筹措与采购、储备与调度、运输与配送等方面，而这些工作需要一个机构来组织协调才能顺利完成。因此，有必要建立一个常设的、专业的应急物流指挥中心，专门用于应急指挥工作，来整合资源和指挥分工协作，并完善应急物流联动机制，使多方力量联合作战、密切配合、同心协力，这样才能够调集社会各方面的资源来处理突发事件，保障应急物流高效、顺利地实施，避免多种渠道、多个部门管理所造成的物资配送分发的不科学、不及时，从而导致应急物资不能按轻重缓急保障到位，不能够充分发挥作用等问题。

2. 建立应急预案是关键

面对突发事件的发生，必须有一套适合实战的应急预案。尤其是在物流运营当中，应加强制定紧急情况的应对预案，有一整套的危机处理办法和机制。平时要做好应急培训，储备应急物品，加强网络的建设，要有专门的人才来处理应急事务，以便在最短的时间内作出最快的响应。这涉及运作、沟通、资源分配、个人责任、职责分工等，在预案中都要有所规定。

3. 构建应急物流配送体系，加强应急物流通道建设

在应急物流系统中，应急物流配送体系十分重要。目前我国应急物资的配送大多效率低，效果不尽如人意。因此，需要建立高效、发达的应急物流配送体系，根据事件的种类与级别，建立相应级别的应急物流配送网络，尽可能精简物流的中间环节，适应来源广泛、品种多、批量大的应急物资供应特点，在加快物流流转速度的同时，提高供应网络的柔性，快速地对物流条件变化作出反应。此外，还要加强应急物流信息保障系统和交通保障体系建设工作。应急物流信息系统建设应满足系统化的原则，将信息系统建设与指挥等作为一个系统来通盘考虑，达到最佳融合。交通保障是应急物流有效运作的关键所在，应完善应急物流交通动员法规体系，使社会交通在统一指挥下，不断扩大和增强应急保障力量，确保应急物流的通畅。

4. 完善物资储备体系

目前我国的应急物资储备相对来讲品种单一、渠道单一，而且布局不合理。在紧急情况下，完全靠政府储备是不能够满足需要的，地方储备、军队储备都是国家应急储备不可或缺的一部分，市场储备和家庭储备也非常重要，应加大这方面的建设力度。这可学习、借鉴国外的经验，加强国家、地区、军队、市场的一体化储备，进一步完善我国物资储备体系。

5. 加快制定法律标准、建立补偿机制等配套工作

应对突发事件，政府要颁布一些强制性的规章、措施来调动各方面的资源，协调各方面的力量。目前我国的补偿机制还不健全，只有做好补偿机制，大家才愿意成为应急保障体系中的一部分，才可能有良性的循环发展。

总之，一个完善的应急物流系统应具有以下四个方面的内容：

(1) 灵敏的预警反应机制。应急物流产生之前往往会有一些前兆，如在“非典”爆发的初期，深圳市白醋、板蓝根等抗“非典”用品的价格出现非理性上涨。这就给信息系统的预警提供了可能。因此，要加强对各种临界指标的研究，使信息系统具有灵敏的预警反应能力，从而为顺利开展应急物流提供主动权。

(2) 规范的应急转换机制。应急物流大量的工作和信息发生在平时向应急状态转换的结合部，这既是信息保障的重点，也是难点。虽然不同的应急任务对应的信息流的内容、流量有所差别，但是信息系统的展开和运行流程是相似的。因此，有必要也有可能建立规范的信息保障转换机制，防止混乱和无序的产生。

(3) 科学的决策处理机制。提供应急物流各环节的信息只是信息保障的第一层功能，信息系统应更广泛地参与到决策处理中来。应在充分了解应急物流运作原理的基础上，通过分析大量的数据和信息，建立优化模块，优化应急物流流程和日常管理，从而提高应急物流的保障效率。

(4) 及时的反馈评估机制。应急物流各环节的运行是否有效，有无瓶颈或短板的存在，这些问题都有待作出及时、正确的回答。有效的反馈评估机制可以适时地反映物流系统的薄弱环节，从而为及时改正错误、改进流程、提高效率提供可能。

(三) 应急物流系统的运作流程

对应急物流系统的运作流程必须进行合理设计，才能在灾难到来的时候保证人民生命和财产的安全，把物流成本控制在最低的范围之内。当重大突发事件爆发后，应急指挥中心根据突发事件的类型与级别，迅速启动相应等级的响应机制，及时向社会公众发布有关灾情的权威信息，评估受灾群众所需要的救援物资种类、数量，组织救援物资供应。向有关单位下达任务，提出目标要求，明确分工责任，规定时间节点，并对运作执行情况进行不间断的跟踪监督，及时搜集、整理反馈信息，根据实际情况灵活调整。运作执行部门根据指挥调度部门下达的任务，组织精干力量，采取有效措施，将救援物资经过备货、分拣、配货、包装、贴标签等作业后，根据救援物资需求的紧迫程度组织配送运输，确保应急物流顺利开展。应急指挥中心实时跟踪救援物资的运送情况，及时收集灾情的变化

情况，制订新的物资配送方案。最后，对整个应急物流活动进行善后处理，总结经验教训，向上级上报有关情况，并适时转入常态物流运作模式。

根据上述分析，可以将应急物流系统的运作流程设定如图 3－3，各部门间实现信息的双向传递，实时回馈信息，将物资供给者所提供的物资加工分类后配送到受灾区。

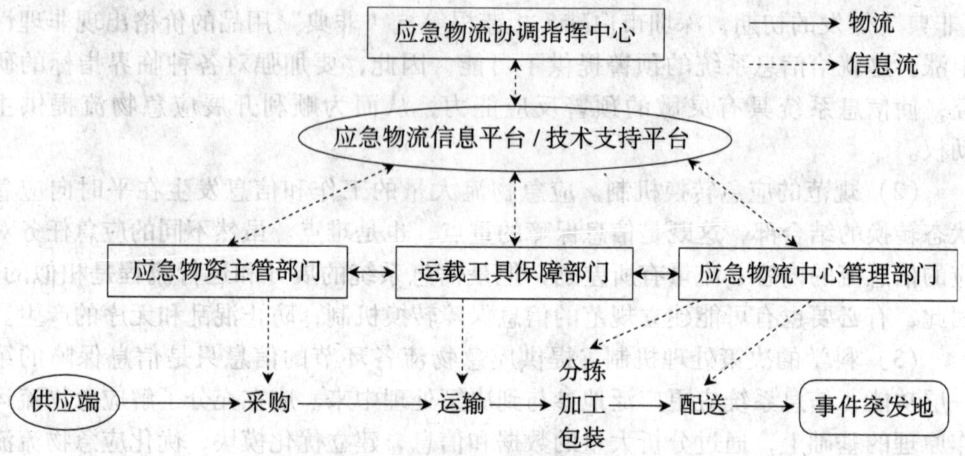

图 3－3　应急物流系统运作流程

（1）应急物流协调指挥中心。应急物流系统首先必须立即成立应急物流协调指挥中心，统筹指挥做好救援物资的筹集、运输、调度、配送等工作。中心本身并不进行物资采购、储存、运输等具体的业务，它主要负责根据收集来的信息，对各加盟物流中心的物资采购、储备、运输等方面进行指导工作，使整个应急体系高效有序地运作。

（2）应急物流信息平台/技术支持平台。该平台为应急物资的采购、筹措、运输、配送及线路选择等提供技术支持。通过信息平台统一调度应急物资，指挥应急物流活动，协调各部门的行动，使整个系统更有效率。

（3）应急物流中心管理部门。其功能类似普通物流的配送中心，主要将供给端送来的物资在进行分拣、加工、包装等处理后分别送到各个需求点，减少物资再度转运、装卸的人力与时间成本，提高应急物资从物流中心到灾区灾民手中的输送效率。应急物流中心应该是一个功能强大、适应性强、反应灵敏的信息网络中心，它由众多的普通商业物流中心、企业加盟而成，可以根据灾情，灵活抽调各加盟物流中心组成一个保障体系，保障体系可大可小，如果遇上“非典”这种全国性的灾害，还可以将多个地区性的应急物流中心联网，组成一个区域性、全国性的应急物流体系，实施应急保障，使整个应急物流系统有序、高效、实时、精确。

（4）供应端。企业物流的供应部门一般有固定的合作厂商和上游原料供货商，应急物流则不同，除了备用的应急物资储备，物资的供应端是多元且杂乱的。如果物资未加以整合分类就直接往灾区运送，将造成物资的浪费、配送低效率与物资重复运送等问题，因此，如何对供应端进行统筹集结或直接指派是应急物资供应端管理中的一个重要课题。

（5）事件突发地。事件突发地即物资需求端，灾害发生时造成的混乱让信息流通不畅，在第一时间内也许无法得到详细的需求信息，因而必须透过事前的资料搜集，针对灾害发生区的地理特性、人口分布、人口结构等相关特性进行分析，预测物资需求量。同时，随着救援活动的进行，物资需求端会逐渐地恢复本身应有的机能，对应急物资需求的急迫性以及需求量会不断地变化，应当及时进行信息反馈，关注需求的变化。

（四）应急物流系统建设的重点

处置突发应急事件是一个持续多阶段的复杂过程。一般而言，处置突发应急事件的过程可以划分为应急准备期、应急展开期、应急持续期和应急恢复期，在各个阶段实际所要完成的任务和工作是各不相同的。从处置应急事件物流系统实质出发，针对应急前的应急服务设施点选址及应急开始后的应急物资调度问题，结合实际应用情况，构建一个以突发公共事件为背景的应急物流系统。从应急物流系统创建的步骤及过程来看，应急物流系统的创建涉及以下五个方面的问题：

1. 成立应急物流指挥机构

在各种突发性自然灾害或突发事件的紧急状态下，产生了应急物流需求，这必然要求政府建立相应的指挥机构和运作系统，对各种国际、国内资源进行有效的协调和调用，及时提出解决应急事件的措施或指示，组织筹措、调拨应急物资和应急救灾款项，根据应急物流的需要，紧急动员相关生产单位生产应急救灾物资，采取一切措施协调、疏导或消除不利于灾害处理的人为因素和非人为障碍。因此，各级政府有必要根据各地实际情况，结合政府结构和物流的运作流程，建立一个应急物流指挥中心，对应急物流的建设进行全面指挥。

2. 建立准确、可靠的信息情报系统

在应急物流系统的建设中，及时、准确的信息传递系统非常重要。以2008年受雪灾影响的广州火车站为例，非常突出的一个问题就是信息不畅，没有及时、准确地发布运输信息。在旅客滞留的最初两天，广州火车站广场上的大型电子公告牌上没有发布任何消息，后来车站开通了广播喇叭，进行语音播报。但是

可以想象，广场上有十多万人聚集，人声嘈杂，稍微离得远一点，人们就什么也听不到。维持秩序的警察和志愿者也无法为旅客提供实质性信息，甚至在已经可以预见未来几天无法开车的情况下，铁道部却还在卖票。广州市地方政府呼吁农民工在当地过年，铁道部却说只要几天就能处理完滞留旅客，致使几十万旅客滞留广州站。可见，应急物流指挥中心的信息情报管理系统的建设工作是中心工作的重点，中心能否在突发性的自然灾害和公共事件中发挥应有的作用，全在于该系统的准确与可靠性。因此，信息情报管理系统的建设不仅仅是指软、硬件或网络的建设，更重要的是信息的获取、处理能力和通过信息对业务的调控能力等。同时，加强公共信息的共享与沟通，促进公共信息系统畅通需要规划并建立一个联合信息中心，对所有的信息进行一元化管理。此外，配置信息官员，同时向媒体发布持续的信息，使公众通过媒体了解政府信息，避免虚假或误导性信息的传播，树立政府的良好形象。做好通信系统的技术支撑和设备更新工作，促进机构间的协作和信息沟通。

3. 运用现代先进科学技术和手段

目前，我国很多地方还存在减灾装备和储备物资技术水平落后的现象，应急物流系统的建设应强调现代先进科学技术和手段的运用，大力提高抢险手段的机械化水平和隐患的探测手段。对于突发性的重大险情，加大技术方案和技术手段的储备，提高重大风险的应变能力，如避难指挥系统。跨学科、跨领域地研究现代应急理论及其应用，加强重大技术攻关，发挥科技在应急工作中的作用，提高应急管理的科技含量。加强地理信息系统（Geographical Information System，GIS）、全球定位系统（Global Positioning System，GPS）、卫星遥感（Remote Sensing，RS）、计算机、通信等先进技术在应急信息系统、指挥决策支持系统中的应用。加强对外交流，引进和吸收国外先进的科技手段和设备，提高防灾减灾工程建设水平。

4. 鼓励公众参与，营造全民参与的良好氛围

应急物流系统的建设不只是政府的事情，必须加强对群众的引导，广泛发动群众，营造一个良好的、全民参与的氛围，同时促进志愿者的参与，加强对志愿者的管理。制定与志愿者、社区相衔接的统一管理救援物资和捐款措施，并指定一个专门机构，增强救济资金的统一管理。

5. 建立应急物流系统中的信息披露机制

应该明确一点，应急物流系统在一般情况下都是与灾害事件相关的。在这种特殊时期，人们对于信息的及时发布特别关注。所以，应急物流系统中所涉及的公共信息不同于国家安全信息，应该及时、公开、透明地披露，以达到稳定社会和公众信心的目的。同时，开展灾情的信息披露，有助于公众对政府的监督，提

高各级政府的灾害管理能力，开展社会公众应对灾害的教育和演练。而公众如果了解了各种灾害发生的过程，掌握了一定的灾害自我保护的技能，也有利于增强全社会对于预防灾害的心理、行动和物质方面的应对能力。

（五）应急物流系统的难点

1. 应急保障方案的优化选择

应急保障方案是快速解决突发事件的基础，它的选择与评价涉及各方面的因素，如何在众多的应急预案中选择较好的保障方案，这就牵涉到技术应用问题。通常情况下，对方案的选择主要有专家评价法、经济分析法、运筹学和其他数学方法。

2. 应急服务网点的优化选址

应急服务网点开设的目的是在提供及时、有效的应急服务的同时，使应急费用最低，如消防设施的开设、医疗机构的开设等。应急服务网点优化选址一般可以分为单个应急服务网点的选址问题、多个应急服务网点的选址问题、给定限期条件下多个应急服务网点的选址问题和有意义限期条件下所有应急服务网点的选址问题等类型。根据现有的研究来看，单个应急服务网点的选址问题可转化为求网络图的绝对中心点问题；多个应急服务网点的选址问题可转化为求网络图的多个绝对中心点问题；对于给定限期条件下应急服务网点的选址问题，一般将其转化为集合覆盖问题来解决。

3. 应急物资调度

当突发应急事件发生后，时间因素远远重于成本因素，但也不能完全不考虑成本因素，在进行应急物资调度时，一定要采用科学的态度，尽量使物资调度过程中的成本降低到最低限度。一般来说，应急物资调度主要考虑的问题有多点组合的确定型应急物资调度、一次性消耗的应急物资调度、多目标的应急物资调度、连续消耗的应急物资调度和多资源应急物资调度等问题。

4. 应急路径优化选择

普通物流的路径选择，主要是在保证安全性的前提下，使行驶的路程和在途时间最短。在突发应急事件中，经常会出现交通的阻塞或中断，如因自然灾害造成的道路破坏或因传染性疾病而进行的对某些地区的隔离等。这就提出了一个在复杂情形下如何选择最优路径的问题，而且需要提供能抵抗已有路径中断风险的多条候选路径，也就是相异路径问题。

第三节 应急物流系统的保障机制

应急物流系统的保障机制是指为了保证在突发事件发生后，应急物流系统能够高效运转，完成系统的各项功能，实现系统的目标，整个社会的行政制度、公共政策、法律制度和技术支持设施所应具备的条件。建立应急物流保障机制的目的在于使应急物流流体充裕、载体畅通、流向正确、流量理想、流程简洁、流速快捷，使应急物资能快速、及时、准确地送达事发地。主要包括以下九种机制。

一、政府协调机制

紧急状态下处理突发性自然灾害和公共事件的关键在于政府对各种国际资源、国家资源、地区资源、地区周边资源的有效协调、动员和调用；及时提出解决应急事件的处理意见、措施或指示；组织筹措、调拨应急物资、应急救灾款项；根据需要，紧急动员相关生产单位生产应急抢险救灾物资；采取一切措施和办法协调、疏导或消除不利于灾害处理的人为因素和非人为障碍。政府协调机制可通过“突发性事件协调处理机构”来实施，国家可以通过法律法规形式赋予这些机构特定的权力和资源，并建立从中央政府到地方政府相应的专门机构、人员和运作系统。

在国外，很多国家都制定了国家或地方政府协调机制，美国早在 1979 年就成立了联邦危机管理局（Federal Emergency Management Agency，FEMA），它是一个完全独立的组织，其职责就是运用各种减缓、预防、回应和恢复的手段管理各种人为的和自然的突发性灾难。在紧急状态下联邦危机管理局的权力甚至比总统和国会还大，可以终止法律、没收财产、中断交通系统、迁移居民，可以在未得到任何批准的情况下拘捕公民。

在全球化、区域化日益发展的今天，许多突发性灾难不只影响一个国家或地区，环境问题、气候灾变、疫病、国际恐怖主义等突发性灾难的全球性风险正日益增加。因此，在应对突发性灾难的过程中，加强国际人员合作和科技交流的重要性日益突显，这也是突发事件中央协调处理机构的主要任务之一。

二、全民动员机制

动员是一项民众广泛参与，依靠群众的力量，实现特定社会发展目标的群众性运动。它以民众的需求为基础，以社会参与为原则，以自我完善为手段。应急物流中的全民动员机制可通过传媒通信等技术手段告知民众，包括受灾的时间与地点、受灾的种类与范围、赈灾的困难与进展、民众参与赈灾的方式与途径等。这样可以：①推动全民参与、关心赈灾事宜，有效调动民众的主观能动性和创造性，群策群力为赈灾献计献策；②根据需要可以以有偿或无偿方式筹集应急物资或采购应急物资的应急款项；③为实现快速应急物流提供各种方便；④为赈灾提供必要的人力资源；⑤最大限度地创造有利的工作环境，掌握救灾工作的主动性。在灾害发生时，不管是突发性的，如地震，还是过程性的，如洪涝灾害，人们的心理都会发生明显变化，其主要表现为惊恐与焦虑不安的心理状态，并表现出不同程度的思维混乱、行为失态等异常心理特征。动员工作就是要在一定程度上针对人们可能出现的心理和行为反应进行教育，最大限度地消除不利影响，为灾时自救和他救创造有利条件。

三、法律保障机制

法律是应急物流的基础保障，在应对突发性灾害的时候，国家相关的法律法规起着重要的作用。一方面，相关法律法规可以保障特殊时期、特殊地点、特殊人群的秩序和公正；另一方面，可以规范普通民众和特殊人群在非常时期的权利与义务。应急物流中的法律机制实际上是一种强制性的动员机制，也是一种强制性的保障机制。如在发生突发性自然灾害或公共卫生事件时，政府有权有偿或无偿征用民用建筑、工厂、交通运输线、车辆、物资等，以解救灾和赈灾之需。加强对应急物流的立法工作，明确危机发生时的处理机构、责权划分、动员依据和经费来源，使应急物流有法可依，确保应急物流朝着高效、正规的方向发展。法律保障对应对、处理重大自然灾害、突发性公共卫生事件及安全事件有着至关重要的作用，它可以规范个人、社团和政府部门在非常时期的权利、职责和义务。各国在此方面都做了大量立法工作，如美国的《国家紧急状态法》、俄罗斯的《联邦公民卫生流行病防疫法》、韩国的《传染病预防法》等。

我国在灾害应对处置及社会保障方面的立法建设走过了近半个世纪的历程，制定过多部相关法律法规，但从总体上看，我国在应对、处理重大自然灾害、突发性公共卫生事件及安全事件等有关的立法方面仍然相对滞后，难以适应社会发展的要求，这主要表现在：

（一）缺乏整体规划，体系残缺不全，立法空白甚多

我国制定的《中华人民共和国公益事业捐赠法》以及《救灾捐赠管理暂行办法》等法规为应急保障时筹备应急物资、物资的合理利用等工作的规范化和秩序化奠定了法律基础。此外，我国也出台了部分专项应急法案，在公共卫生方面有《突发公共卫生事件应急条例》、《中华人民共和国传染病防治法》，在地震

救灾方面有《中华人民共和国防震减灾法》、《破坏性地震应急条例》等。在现有的此类法律中，大多是在改革中出现问题时才应急立法的产物，头痛医头，脚痛医脚，不同法规之间、不同制度之间缺少必要的衔接，适用范围不一致，甚至存在冲突。同时，灾害应对处置及社会保障领域还有许多立法空白地带，许多问题无法可依。

（二）行政法规多，立法层次低

整个社会保障工作所依据的大多是行政法规和规章，且很大一部分为“试行”、“暂行”、“意见”、“通知”等，这种局面表明灾害应对处置及社会保障立法的权威性和稳定性严重不足。

四、社会公共应急机制

社会公共应急机制是指保证应急物流系统高效运转的行政制度和公共政策。它包括建立国家突发事件预控中心、应急物资的采购或征用机制、应急运载工具的租用机制、应急物资的发放机制、应急资金的筹集和使用机制、应急人员的组织和调度机制。应急物流的“应急”特点，决定了应急物流必须着眼于平时的准备，要有一套较为完善的应变机制，才能做到“有备无患，有患不乱”。

五、快速响应机制

系统通过对突发事件进展情况的实时信息进行搜集和对已采取的应急物流方案实施情况进行评估，对系统的下一步输出方案进行调整。应急物流系统受到突发事件的触发后，要尽快评估事件可能造成的危害，计算出针对突发事件所需要的应急物资的品种和数量。从应急物流系统的目标出发，制订包括应急物资的包装、存储、运输及配送的整套应急物流方案。根据应急采购机制，从应急物资信息系统或数据仓库中确定应急物资供应商，并实施应急物资采购。从应急物流运载工具信息系统或数据仓库中确定应急物流所需运载工具并进行租用。实施应急物资的运送，采用 GPS、GIS 等手段对整个运输过程进行监控调度。

如此构建的快速反应应急物流系统具有的功能包括：确定应急物资的品种、数量和应急运载工具的计划功能；制订应急物流运送方案的决策功能；实现应急物资采购及运载工具租用的执行功能；对整个应急物流运输过程进行监控调度的控制功能；调整应急物流系统中各参与方的责任、权利和义务的协调功能。

要实现应急物资在受灾时期的快速保障，归纳起来可以从以下三个方面来考虑：

（一）应急物资准备快速化

在受灾地区，若应急物资储备量有限，可以以最快速度通过应急物流中心从邻近地区或中央政府或国外调拨、征集、网上采购缺额物资。对常见的可预见的应急物资，可在非灾时期，通过应急物流中心，与信誉高、质量好、价格合理的生产厂家或专业公司进行协议采购。在受灾时这些协议采购单位能在规定的时间内将协议订购的应急物资运达约定地点。

（二）运输快速化

可通过应急保障机构与一些大型的运输公司预先或临时签订运输协议，提出紧急运输要求，必要时可与军方联系救灾抢险事宜，运用军用运输装备、军用运输专用线路，以实现应急物资的运输快速化。

（三）分发快速化

可通过地方干部、民兵、赈灾部队、公安、志愿者、防疫人员、医务人员等多方力量，以最快速度将应急物资分发给受灾人群。

与应急系统、应急法规的建立和完善一样，应急物流的建立、完善也是一个循序渐进的过程。相信随着人类防范抵御突发性自然灾害和公共卫生事件意识的增强，应急物流一定会逐渐发展壮大，日趋成熟和科学化。

六、监测预警及应急预案机制

监测与预警是一切应急事件救援、处置的基础，各级职能部门应根据国家有关法律法规认真搜集、归纳、整理、分析相关信息，并将有关信息上请下达，形成联动。对早期发现的、影响可能较大的潜在隐患，以及可能发生的灾害性突发事件，应通过主管领导或管理部门会同卫生、防疫、地质、气象、消防、防洪、环保等相关专家进行风险预测评估，提供预警意见，尽早采取应对措施。应急物流的最根本的目标就是实现对突发事件的应急保障，但由于应急物流的诸多特点，决定了应急物流必须着眼于平时的准备与演练，提高对应急事件的快速反应能力，做到“来之能战，战之能胜”。可能发生重大灾情地区的县级以上地方人民政府中负责管理救灾工作的部门或者机构，应根据本地区发生重大自然灾害或突发性公共卫生事件的特点和规律，在平时或灾害发生之前就会同有关部门制定本行政区域内的应急物流保障预案，并加强突发事件应急反应队伍和预备队伍的建设，按照预案实施应急演练和信息化建设。对可能参与突发事件应急处理的公务人员、工勤人员及各类专业人员要定期进行相关知识、技能的培训，定期组织有关部门对应急反应队伍和预备队伍的知识掌握程度、技能熟练程度、实战应对能力、防护意识、敬业及责任心等方面进行评估，并根据评估结果调整管理策略，优化人员结构。

七、“绿色通道”机制

为了保证应急物资的顺利送达，可在重大灾害发生及救灾赈灾时期，建立地区间的、国家间的“绿色通道”机制，即建立并开通一条或者多条应急保障专用通道或程序，在必要时可以给予应急物资优先通过权，这样可有效简化作业周期和提高速度，以方便快捷的方式通过海关、机场、边防检查站、地区间检查站等，让应急物资、抢险救灾人员及时、准确到达受灾地区，从而提高应急物流效率，缩短应急物流作业时间，最大限度地减少生命财产损失。“绿色通道”机制可通过国际组织，如国际红十字会，或通过相关政府或地区政府协议实现，并通过与此相关的国际法、国家或地区制定的法律法规对“绿色通道”的实施办法、实施步骤、实施时间、实施范围进行法律约束。该机制要求铁路、交通、民航等部门保证及时、优先运送应急物资，根据突发事件应急处理的需要，指挥部门有权紧急调集人员、储备物资、交通工具以及相关设施、设备。必要时对人员进行疏散或者隔离，并可依法对重大危害区实行封锁。

八、应急报告与信息公布机制

突发事件的应急报告是决策机关掌握突发事件发生、发展信息的重要渠道，而以实事求是、科学的态度公布突发事件的信息，是政府对社会、公众负责任的体现，有利于缓解社会的紧张氛围。信息的及时搜集和传递是应急物流保障，也是有效救灾的重要手段。

突发事件灾害情况的报告与公布是一个方面，另一方面针对突发事件的应急物流保障，其工作信息也可以公开发布。物流信息的发布，可以使社会各界了解救灾物资的需求与供给状况，调动社会力量筹集应急物资，保障运输。两方面的信息相结合，对于增加救灾工作的透明度起到了重要作用，使民众更加详细地了解应急救灾工作，可以有的放矢地提供帮助，同时也减少了许多中间环节，精简了操作程序，提高了运行效率。

九、应急基金储备机制

应急物流活动中的资金流是不可忽视的管理环节，对于我国目前的经济建设发展需求来说，突发事件的侵袭会对地区甚至全国造成不利影响，尽管国家每年都从财政预算中预留部分资金用于重大突发性事件和自然灾害的应对与处理，但这无疑只是杯水车薪。所以，应动员全社会力量，以各种方式、从各种途径建立用于重大自然灾害、突发性公共卫生事件及安全事件的应急基金，最大限度地降低灾害损失和对社会经济造成的负面影响。应急基金能否像养老保险基金一样纳入社会保险值得探索，当然，接受社会捐赠是各国普遍采用的一种形式。应急基金的筹措和管理无论方式如何，法制化、规范化和经常化都十分重要。

阅读材料 3.2

运用第三方物流，构建快速高效的应急物流系统

紧急事件爆发的突然性和破坏性使物资需求瞬间增加，而短期可控资源的有限性和物流组织的复杂性却使物资筹措供应能力趋于下降，调节供需矛盾，使供需再次回归平衡成为应急物流面临的艰巨任务。紧急事件爆发的不确定性使这一任务的完成更加困难，因为物流组织涉及面广、跨越行业多，物资品种复杂而且环境恶劣。如何在尽可能短的时间内建立起快速高效的物资筹措和配送系统是应急物流必须解决的核心问题。第三方物流是一种全新的物流运作模式，它能够整合分散的专业化物流资源，提供系列化、集成化、个性化的服务，完全有能力成为应急物流的主力军。充分利用和挖掘第三方物流的优势与潜能，对于建立快速高效的应急物流系统具有重要意义。

一、第三方物流的再认识

第三方物流（Third Party Logistics，3PL）是指“由供方与需方以外的物流企业提供物流服务的业务模式”。这一业务模式的产生和形成是社会分工不断专业和细化的结果。生产经营企业为集中精力搞好核心业务，把原来属于自己处理的物流活动，以合同方式委托给专业物流服务企业，同时通过信息系统与物流服务企业保持密切联系，因此，第三方物流也被称为合同物流、契约物流或物流联盟。随着经济全球化进程的加速，第三方物流得到了迅速发展和不断完善，一批第三方物流企业在我国也迅速崛起。事实证明，对第三方物流的运用可以降低企业的物流成本，精减企业机构，提高企业效益，是成功的企业最佳经营方法。

深入理解和分析第三方物流运营层面更深的本质，有利于理解其与应急物流的关系。随着信息技术在物流领域的不断应用，第三方物流已逐渐摆脱传统储运企业的束缚，成为以信息技术为支撑，集成了物流专业人才、物流高新技术的现代高科技企业。大多数的第三方物流企业不再拥有自己的车队和仓库，而采取了全新的经营方式（如下图），即通过物流信息系统筹集、组织和协调社会上游离的或自身拥有的物流资源，通过合同或契约控制、约束和规范各专业物流服务商

的行为，然后通过自身所拥有的人才、技术和科学的管理方法对这些资源进行系统整合，从而为客户提供个性化强、专业化突出、服务质量可靠的物流服务。从这个层面看，第三方物流本身已经具有了整合物流资源、优化物流流程、舒畅物流通道的作用。

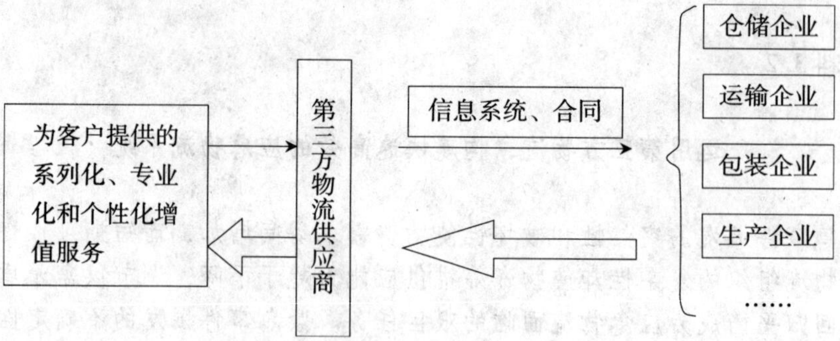

二、第三方物流对构建应急物流系统的重要意义

从第三方物流的概念内涵和运营原理的分析中可以看出，第三方物流在整合社会游离的物流资源、加快供应链对需求变化的灵敏度、优化物流流程等方面具有突出的优点。毋庸置疑，第三方物流的这些优点恰恰是应急物流系统构建过程中所必需的。

（1）快速整合物流资源。能否快速整合游离的社会物流资源，对突发事件作出快速反应是应急物流成败的关键。从第三方物流的运营原理可以看出，第三方物流服务商往往是物流各环节专业供应商的连接纽带，连接着仓储、运输、配送、包装等各个专业化的物流公司。以第三方物流供应商为龙头的供应链实际上已经整合了物流部分环节的功能模块。由于各物流企业在经营战略重点上的不同，各物流企业往往分散于各个行业中，形成了对各个行业均有所掌握的物流服务商。突发事件爆发后，如果能够有效组织起各个行业的第三方物流服务商（也包括第四方物流服务商）的龙头，那么通过第三方物流的中介和领头作用，便能够迅速把社会上游离的物流资源动员起来，对突发事件的物资需求也就能够作出快速反应。

（2）缩短物流通道。构建应急物流系统时，政府的强势作用非常明显，但是，政府并不能够清楚地掌握物资生产、筹措、运输、储备这一物流线的状况。通过第三方物流，我们能够避免因政府的“无知”而造成的盲目性，有效减少周转时间和存货时间，从而缩短物流通道。按照积木原理，应急物流的构建完全可以把第三方物流作为应急物流的末端模块加以运用，实际上只要有效组织需求，通过第三方物流服务商便可实现战略层物流线的构建。

(3) 增加管道透明度。由于竞争的需要和生存特点的影响，第三方物流往往是建立在现代科学技术之上的，尤其是在电子信息技术基础之上。现代电子信息技术不仅是第三方物流产生和发展的必要条件和动力，也是第三方物流的运营基础。通过信息技术，第三方物流不仅提高了仓库管理、装卸搬运、采购、订货、配送发运、订单处理等作业的自动化水平，还使订货、包装、保管、运输、流通、加工实现了一体化。此外，通过物流信息网络，第三方物流企业能够方便地掌握客户企业的运营情况，便于实时掌握、跟踪、监控物资信息。因此，通过第三方物流供应商的信息平台，应急物流能够有效掌握应急物资的储备、运输和周转情况，快速构建物流可视化平台。

(4) 增加核心运营能力。第三方物流的运用降低了应急物流系统对供应链末端企业（运输、储存等）的依赖，使组织者能够把耗费于它们之上的时间、人力、财力和物力节省出来，集中精力于预测需求、总体筹划与调控等核心业务。这样就为破解突发事件的物资需求迷雾、减小突发事件的破坏作用、制订科学合理的需求和保障计划创造了有利条件。

(5) 降低应急物流成本。应急物流由于其特殊性，往往需要投入大量的人力、物力进行保障，事前物资不足、事后物资过剩、组织混乱等导致应急物流成本惊人。第三方物流能够有效降低应急物流成本的原因在于以下两个方面：一方面，第三方物流业务模式本身就能够降低物流成本，与传统储运企业相比，第三方物流服务的利润本质上并不是来源于运费、仓储费用等直接收入，而是来源于与客户一起，将现代物流管理科学在企业中推广应用所创造的新价值，来源于企业物流经优化和集成后所节约的成本。也就是说，第三方物流企业的利润并不是以客户的成本性支出为代价的，而是依赖于为客户节约的物流成本的多少，成本节约越多，利润就越高，这就是所谓的“利益一体化”和“新利润源泉”。另一方面，在应急物流的构建过程中，由于采用了第三方物流这一物流功能模块，减少了在物资筹措、储备等方面的重复劳动，避免因计划不足造成的物资过剩而产生损失，从而降低应急物流系统的构建成本。

三、运用第三方物流构建应急物流系统应把握的三个问题

运用第三方物流构建应急物流系统，已经在西方发达国家的军事后勤保障中多有尝试，效果明显。在我国，许多第三方物流商也悄然加入应急物流行列。由于第三方物流的契约特点，我们在运用时必须坚持以建立完善的法规合同体系为核心，以科学有效的评估体系和畅通的信息系统为手段，全面加强对第三方物流的控制和组织。

(1) 建立完善的法规体系。运用第三方物流构建应急物流系统的实质是政府、社会各经济部门、经济实体之间发生交换关系，为了保持这种关系运行的稳定性和活动的规范性，防止随意性，就必须通过一定的法律制度、合同契约进行约束，实现依法运作、按规管理。只有建立完善的法律法规体系才能够有效规范和约束第三方物流的运营和管理，科学地界定责、权、利，减少突发事件的不确定性带来的各种风险，减少机制冲突、管理冲突的冲击。

(2) 建立科学的监控评估体系。要有效组织起第三方物流，克服突发性和不确定性带来的各种困难，建立完备的法规体系还远远不够，还必须建立起相关的监控评估机制，这样才能使已经制定的法律法规和契约合同能够切实有效地得到遵守和实行，才能够有效评估物流企业的决策意愿和综合实力（包括资产、信誉度等），并实时监控物流服务的质量以及可能出现的风险，做好应急准备。

(3) 建立通畅的物流信息系统。紧急事件爆发时，往往时间地点不确定、性质不确定，需要协调的部门多、事务多，需要的物资种类多、数量多，要在短期内建立起指挥通畅、物流通畅的物资保障系统，信息系统的建设显得极为重要。"临时抱佛脚"肯定是无济于事的，必须坚持从平时做起。只有在平时就注重在物流企业之间、政府之间建立通畅高效的信息系统，"战"时才能保证指挥的畅通，才能做到组织有序，才能随时监控所需物资的状况，真正做到物资保障的全程可视化。

应急物流的提出具有深远的意义，也是一个新生的事物。如何建立一个成本低、反应快、速度快、安全可靠的应急物流系统是我们迫切需要解决的难题。随着我国经济的不断发展，第三方物流队伍也不断壮大，这为我们运用第三方物流构建应急物流系统创造了条件，但是，这一策略能否成功还需要进一步的研究，也有待实践的检验。

（资料来源：首届军事装备物流技术展暨第二届军事物流学术交流会专题报道）

第四节　应急物流子系统

根据第一节的内容，应急物流系统包括应急物流指挥系统、应急物流信息系统、应急物流物资系统、应急物流配送系统、应急物流保障系统、应急物流专业人员系统和应急物流设施设备系统 7 个子系统。各个子系统各司其职，相互沟通。

一、应急物流指挥系统

（一）国外应急物流指挥系统简介

1. 美国 NIMS

20 世纪 60 年代，美国开始进行城市社会应急联动中心的建设。至今，应急联动中心（简称“911”中心）已遍及美国每一个城市，“911”中心是合并所有与灾害有关的机构组建的，采用警察、消防和急救等部门联合办公的方式处理各类紧急事件。当市民拨打“911”电话后，由“911”中心的接警员统一接警，迅速反应，调度有关警察、消防、医疗急救等部门进行处置，或多个部门联合行动，使得市民能够在短时间内得到快速的救援服务。

美国经过多年的经营，建立了完善的危机管理体系。这套体系通过法制化的手段，将完备的危机应对计划、高效的核心协调机构、全面的危机应对网络和成熟的社会应对能力包容在该体系中。美国的危机反应系统由《联邦反应计划》规定，明确地阐明 27 个不同的联邦部门在不同的灾难情况下所负的责任。联邦紧急事务管理局（The Federal Emergency Management Agency，FEMA）负责协调各地区对危机的反应，各专项领域的危机反应则由专门的机构负责管理。联邦应急计划将危机反应分为 12 个领域，即交通、通信、公共设施及工程、消防、信息与规划、公众救护、资源支持、卫生与医疗服务、城市搜寻与救援、危险物品、食品、能源。

2. 日本防灾中心

日本按行政系统分别设置中央防灾会议（国家级）、都道府县防灾会议（省部级）和市町村防灾会议（基层）。一旦灾害发生，这些“会议”单位作为应急反应机构自动转换为同一级的灾害对策总部（或中心）。

日本于 1947 年制定《灾害救助法》，1961 年出台《灾害对策基本法》。日本东京都防灾中心成立于 1991 年，位于东京都政府办公大楼内，是全区综合防灾行动指挥部，其机构包括：“灾害对策本部”，由东京都知事和消防、警察等单位领导组成；“防灾中心联络室”，负责与各类灾害预防、救助部门联络；“通信室”，负责保障各种通信系统；“指挥情报室”，负责搜集各类灾害情报，传达本部减灾决策指令；“夜间防灾联络室”，负责夜间和休息日值班警戒任务。

3. 欧盟 e-Risk 系统

欧盟 e-Risk 系统是一个基于卫星通信的网络基础架构，为其成员国实现跨国、跨专业、跨警种，高效及时地处理突发公共事件和自然灾害提供支持服务，该系统于 2000 年建成。在重大事故发生后，救援人员常碰到通信系统被破坏、信道严重堵塞等情况，导致救援人员无法与指挥中心和专家小组及时联系。基于这种情况，e-Risk 利用卫星通信和多种通信手段来支持突发公共事件的管理。考虑到救灾和处理突发紧急事件必须分秒必争，救援单位利用“伽利略”卫星定位技术，结合地面指挥调度系统和地理信息系统，对事故现场进行精确定位，在最短的时间内到达事发现场，开展救援和处置工作。而利用多种通信手段则表现在应急管理通信系统集成了有线语音系统、无线语音系统、宽带卫星系统、数据网络系统、视频系统等多个系统，配合应急管理和处置调度软件，使指挥中心、相关联动单位、专家小组和现场救援人员快速取得联系，并在短时间内解决问题。

欧盟 e-Risk 系统对应急管理的定义包括突发事件发生前、发生中、发生后三个方面。在事故发生前，系统通过搜集和处理影像资料、图片、地理信息等，开展风险预防；在突发事件发生时，通过搜集和发布来自现场的资料、图片等，在救援小组、专家小组和指挥中心之间建立起语音、图像、数据的同步链路，通过各部门的“协同作战”，开展现场救援；在救援工作结束后，对突发事件的发生和处置进行分析和交流，并对有关数据库进行更新，制定新一轮的预案。

（二）国外主流应急指挥系统功能

国外应急指挥软件大都采用平台式软件，其功能特点主要有：

1. 高效的运作支持

通过改进操作流程，有效地提高接处警速度，提高系统的整体效能。①实时信息服务。系统提供实时的接警信息服务和处警服务，并通过一整套的联动信息表达方法，营造实时的接处警环境，比如，接警员每接听一个报警，系统自动提供报警信息，进行事发地址的验证服务，自动检查相同事件，显示事件周边的地理环境和警力状态，提示询问和处置信息，并及时报告事件状态改变信息。②自动反应计划。在报警事件全程处理过程中，系统能够对所有的关键处置步骤定义自动反应计划和触发条件，在事件处理过程中，一旦触发条件具备，系统即可自动推荐处置措施，从而有效地缩短反应时间，提高事件的处理效率。③宏支持。系统可以将接处警过程中常用的操作模式定义成宏，在使用时实现一键调度，进一步提高接处警的操作效率。④标准化处理程序。对于经常出现的报警事件，系统可以定义标准化的处理、处置程序，保证事件处理的规范性和高效性。

2. 多机构协同指挥

应急指挥的核心是多部门、多机构协同指挥，整体作战。①多机构、多职能的定义。系统中的机构或实体可以定义，规定其拥有的资源、自动反应计划、事件类型和权限，当出现与这些机构相关的事件，这些机构即可自动被激活，参与事件处理。多机构的概念也体现在同一个机构不同职能部门协同处警方面。②多角色协同接处警。决策和指挥的最佳境界就是群策群力。系统提供协同功能支持接警人员与处警人员、指挥中心人员与现场出警人员、上级部门与下级部门、指挥中心与协作单位之间的多层次、多方式协作，实现多人高效地协同事件处理，达到“一点感知，处处可知”的指挥佳境。

3. 强大的系统集成能力

联动部门在其长期运行的过程中，积累了大量的专业资源和处理系统，这些资源也是应急指挥的基础资源。因此，应急指挥系统允许与其他系统互联、互通、互操作。①规范化接口服务。接口服务支持接口代理体制，由专用的接口服务器来支持。该接口/通信服务器配有各种接口，并将接口通信与外界系统进行处理。将接口活动设在独立的服务器上，可以优化系统的反应时间，并增强数据库及通信等其他功能。②指挥系统之间的互操作性。大型指挥体系中一般都有多级指挥体系（组织）结构，为了实现这些系统之间的有效协作，必须解决好系统之间的互操作性的问题。系统提供专门用于实现不同指挥系统之间的互操作模块。定义基于 XML 的数据交换协议，能够实现该系统与其他应急指挥系统之间的信息交换，包括事件信息、处警信息、现场反馈信息和其他相关信息的交换。

4. 智能化

接处警软件的智能化，指的是系统包含大量业务知识，可根据事件处理的状态，运用这些知识向指挥人员适时推荐处置程序或对事件处理过程告警，以辅助接处警人员对事件作出高效、准确的反应。由于现代城市高度集约化发展，紧急事件越来越复杂，所需要的专业知识越来越多，从而对指挥人员的专业素质提出了更高的要求。因此，智能化程度是应急指挥系统技术水平高低和适应性强弱的一个重要指标。

系统基于规则驱动的处理逻辑，所有业务控制逻辑均规则化，系统对事件处理场景的反应均通过规则设定即可实现自动反应。系统根据事发地、事件类别、事件性质自动选择事件的处警人员和部门，并推荐事件处理所需要的资源。

5. 强大的基于地图/图形的可视化调度能力

应急指挥系统中的电子地图系统不仅用于地理信息、警力的显示，而且还用于可视化的、基于 GIS 图形化的资源管理、行动规划、态势显示与指挥调度等，通过图形化的拖拽，即可完成指挥与调度。地图系统一般都可支持 Map Info、Arc Info、MGE、Auto CAD、Geo SQL、Genasys 和其他的商业格式。

6. 可靠的系统维护与抗毁能力

一个系统的功能发挥还依赖于良好的运营维护。①经过大范围验证的维护服务方式。一个成熟的系统，不仅体现在其强大的功能上，同时也体现在其科学维护的能力上。大范围的用户使用相近版本的软件，其维护服务通过众多考验，系统服务与维护的每一个步骤都经过开发人员、实施人员和用户的反复验证，因而减少了因维护人员个人素质的差异带来的风险，并有效地缩短平均修复时间。②不停机系统维护和升级。系统维护升级不是通过写代码，而是通过配置参数来实现。这样，系统管理员在系统运行时就可以进行维护升级，而接处警员等应用软件使用操作者执行系统刷新命令即可实现系统升级，以保证系统在 7×24 环境下无需停机。③系统冗余设计。为确保可靠性，系统使用冗余数据库服务器。两个服务器保存有数据库的相同拷贝，以便在一个服务器出现故障时，系统能继续运行而不中断。④预备场地的备份 CAD 服务器。针对应急指挥中心机房可能陷入瘫痪的情况，系统提供可在另外的场地设立第三台服务器的能力。当应急指挥中心主站不能工作时，系统里的其他可以继续工作的工作站切换到备份中心的数据库，继续操作。

（三）应急物流指挥系统的结构与职责

应急物流指挥系统是国家或地区在应对自然灾害、事故灾难、公共卫生和社会安全等方面的突发公共危机中，为做好救援物资的筹措、运输、调度、配送等工作而建立的一个特殊的物流指挥中心。我国有必要根据政府结构和物流运作流程，建立一个常设的、专业的应急指挥中心，专门用于救灾指挥工作，保障应急物流高效顺利地实施。

应急物流指挥中心分为两部分：一是中心本部，包括信息网络中心、专项物资管理中心、技术支持中心；二是各加盟的应急物流中心和物流公司，具体如图 3－4 所示。中心本部是应急物流指挥中心的核心，是灾害发生时组织各加盟物流中心进行生产运作的指挥机构。中心本身并不进行物资采购、储存、运输等具体的业务，它主要负责根据搜集来的信息，对各加盟物流中心的物资采购、储备、运输等方面进行指导工作，使整个应急体系高效有序地运作。

应急物流指挥中心的领导机构主要负责应急物流指挥中心的组织领导工作。对上向主管的政府部门和该地区政府首脑负责并汇报工作，对下负责整个应急物流指挥中心的组织管理工作，保证中心的正常运作。信息网络中心依托政府公共信息平台，建立完善的应急物流公共信息网络平台。此平台可与应急物流指挥中心、地震、气象、卫生防疫、环保、交通等部门保持密切的联系，及时掌握各种自然灾害、公共卫生、生产事故、环境污染、交通状况、应急物资的需求等方面的信息，并保持数据库不断得到补充和更新。物流中心与物流公司负责应急物资的存储、调度，保证应急物资及时、迅速地送达灾区。专项物资管理中心主要负责单项物资的筹备和管理工作，可分为医药类、食品类、救生器械类等主管部门。技术支持中心的主要任务是为上述各部门提供技术支持。

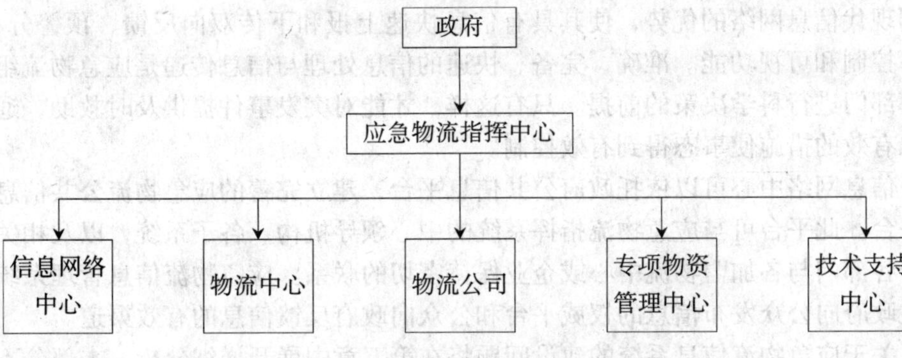

图 3－4　应急物流指挥系统结构

为了保证应急物流的顺利实施，应急物流指挥中心的运作必须依靠强有力的政府职权，因此，它在机构性质上应该是一个政府工作机构。它是政府救灾工作的一个执行机构，根据现代物流运作流程，依靠政策法规行使职能和开展工作，专门负责政府救灾物资的储存和运送。由于自然灾害及公共突发事件的不确定性，应急物流指挥中心应该是一个适应性强、功能强大、反应灵敏的信息网络中心和管理中心。它根据国家的政策法规，组织众多普通商业物流中心、企业加盟，并通过一张覆盖于各加盟物流中心、企业的网络系统将其连接起来，依托政府公共信息平台，组成一个网络应急物流体系，实施信息发布和管理工作。在平时，应急物流指挥中心的工作主要是做好救灾物资的预测和预算，进行网络维护，全面了解各加盟物流中心、企业的情况，并建立供应商档案，了解可用的应急物资的生产和分布情况。各商业物流中心、企业进行正常的商业活动，自主经营，在商业活动方面并不受应急物流中心的管理和干涉。在应急时，应急物流指挥中心根据有关政策和应急预案，紧急调用各加盟企业的部分或全部设备、人员组建成一个现实的应急物流中心，投入应急救援工作。中心总揽全局，但并不直接从事运输等具体工作，而是将这些任务分配给各商业物流中心。

二、应急物流信息管理系统

高效的信息系统是应急物流不可缺少的神经网。完善的信息系统能够为应急物流获取准确及时的灾害情况、物资的储存和生产情况、运输资源情况等提供信息平台，这将有利于应急物流的辅助决策，充分的信息也可以把应急物流所需的前置期压缩到最短时间。建立完善的信息网络系统包括信息采集、分析、决策三级信息处理，通过信息网络系统联通各级物流机关和各类保障单位，准确搜集系统所需要的基础数据，并保持数据库不断得到补充和更新。在信息传输上，充分利用现代信息网络的优势，使其具有信息快速上报和下传双向反馈、预警分析、指挥控制和可视功能。准确、完备、快速的信息处理与信息传递是应急物流组织指挥部门进行科学决策的前提。只有这样，才能对突发事件提供及时救助，通过采取有效的措施使事态得到有效控制。

信息网络中心可以依托政府公共信息平台，建立完善的应急物流公共信息网络平台。此平台可与应急物流指挥系统的中心领导机构、各子系统，以及相关的政府各部门与各加盟物流中心或企业保持密切的联系。应急物流信息管理系统还应是政府向公众发布信息的权威平台和公众向政府反馈信息的有效渠道。

关于应急物流信息系统的建设问题将在第五章中展开详细分析，本部分不再赘述。

三、应急配送与运输系统

（一）应急配送系统

1. 配送的概念与主要要素构成

配送是指在合理的经济区域范围内，根据客户要求，对物品进行拣选、加工、包装、分割、组配等作业，并按时送达指定地点的物流活动。配送是物流中一种特殊的、综合的活动形式，是商流与物流紧密结合的表现，包含了商流活动和物流活动，也包含了物流中若干功能要素的一种形式。

从物流来讲，配送几乎包括了所有的物流功能要素，是物流的一个缩影或在某个小范围中物流全部活动的体现。一般的配送集装卸、包装、保管、运输于一身，通过这一系列活动完成将货物送达的目的。特殊的配送则还要以加工活动为支撑，所以包括的方面更多。但是，配送的主体活动与一般物流不同，一般物流是运输及保管，而配送则是运输及分拣配货，分拣配货是配送的独特要求，也是配送中有特点的活动，以送货为目的的运输则是最后实现配送的主要手段，从这一主要手段出发，常常将配送简化地看成运输的一种。

从商流来讲，配送和物流的不同之处在于，物流是商物分离的产物，而配送则是商物合一的产物，配送本身就是一种商业形式。虽然配送在具体实施时，也有以商物分离形式实现的，但从配送的发展趋势看，商流与物流越来越紧密地结合，是配送成功的重要保障。

（1）集货。集货，即将分散的或小批量的物品集中起来，以便进行运输、配送的作业。集货是配送的重要环节，为了满足特定客户的配送要求，有时需要把从几家甚至数十家供应商处预订的物品集中，并将要求的物品分配到指定容器和场所。集货是配送的准备工作或基础工作，配送的优势之一就是可以集中客户的需求进行一定规模的集货。

（2）分拣。分拣是将物品按品种、出入库先后顺序进行分门别类堆放的作业。分拣是配送不同于其他物流形式的功能要素，也是配送成败的一项重要支持性工作。它是完善送货、支持送货的准备性工作，是不同配送企业在送货时进行竞争和提高自身经济效益的必然延伸。所以，分拣是送货向高级形式发展的必然要求。有了分拣，就会大大提高送货服务水平。

（3）配货。配货是使用各种分拣选取设备和传输装置，将存放的物品按客户要求分拣出来，配备齐全，送到指定发货地点。

（4）配装。在单个客户配送数量不能达到车辆的有效运载负荷时，就存在如何集中不同客户的配送货物，进行搭配装载以充分利用运能、运力的问题，这就需要配装。与一般送货的不同之处在于，通过配装送货可以大大提高送货水平及降低送货成本，所以配装是配送系统中有现代特点的功能要素，也是现代配送不同于送货的重要区别之一。

（5）配送运输。运输中的末端运输、支线运输和一般运输形态的主要区别在于配送运输是较短距离、较小规模、额度较高的运输形式，一般使用汽车作运输工具。与干线运输的另一个区别是，配送运输的路线选择问题是一般干线运输所没有的，干线运输的干线是唯一的运输线，而配送运输由于配送客户多，一般城市交通路线又较复杂，如何组合成最佳路线，如何使配装和路线有效搭配等，是配送运输的特点，也是难度较大的工作。

（6）送达服务。送达服务是配送独具的特性，将配好的货运输到客户处还不算配送工作的结束，这是因为送达货和客户收货往往还会出现不协调，使配送前功尽弃。因此，应圆满地实现运输货物的移交，有效地、方便地处理相关手续并完成结算，还应讲究卸货地点、卸货方式等。

（7）配送加工。配送加工是按照配送客户的要求所进行的流通加工。在配送中，配送加工这一功能要素不具有普遍性，但是非常重要。这是因为通过配送加工，可以大大提高客户的满意程度。配送加工是流通加工的一种，但配送加工有其不同于流通加工的特点，即配送加工一般只取决于客户要求，其加工的目的较为单一。

2. 应急配送系统的意义和作用

应急配送是指在突发性自然灾害、突发性公共卫生事件、突发事故、重大险情和战争发生后对急需物资进行拣选、包装、加工等作业，并按时送到指定地点的物流活动。应急物资的配送对于灾害救急、减少伤亡、处理灾情等具有重要作用。

(1) 应急配送对于完善整个应急物流系统具有特别重要的意义。应急物资的配送处于应急物流末端的环节，相对于应急物资的运输而言，配送处于支线运输，适应性、灵活性、可变性都强，能将支线运输与搬运结合起来，使运输过程得以优化和完善，是应急物流最终目标实现的途径。

(2) 应急配送提高了应急保障的效率。应急配送将各种应急物资按照灾区需求，按不同数量、质量加以拣选，重新配发，做到按需发放，避免了重复交叉，提高了应急保障的效率。

(3) 应急物资的配送有利于应急指挥机构统一协调、统一部署、统一分配，合理安排应急资源，增强应急保障能力。

3. *应急配送方式*

应急配送方式大致有以下六种：

(1) 定时配送。定时配送是按一定的时间间隔进行应急物资的配送。这种方式时间固定，有利于应急指挥机构安排工作、制订计划。配送的应急物资多为阶段性的消耗品，如生命支持类、环保处理类、燃料类物资等。

(2) 定量配送。定量配送是指每次配送时按固定的数量配送。这种配送方式可将发往不同地方的物资一起配送，有效地提高配送效率，既可以是上级指挥机构向下级机构配送，也可由应急物流配送中心直接向前方配送。定量配送的物资多为不易消耗的工程建材、工程设备、救援运载工具、防护用品等。

(3) 定时定量配送。定时定量配送是指在规定的时间内将固定数量的物资向灾区进行配送的方式。这种配送特殊性强，有一定的难度，应当精心组织、合理筹划。定时定量配送的物资为日常易消耗品，如食物、药品、油料等。

(4) 及时配送。及时配送是应急物资配送的重要方式。它可以根据灾情的变化及时作出安排，灵活机动，可操作性强，但难度较大。这要求各部门、各机构密切配合、共同协作，是应急配送的较高形式。及时配送的物资多为紧急类物资，是能够发挥重大效用的短缺物质，如生命救助类的疫苗、药品，专用物资类的特种设备和器材等。

(5) 超前配送。超前配送是应急物流区别于传统物流的显著特征。它是指在灾情发生前，运用现代科学技术对可能发生的灾害进行预报、预测的基础上，根据预测结果，按照一定的数量、种类合理安排应急物资并配送到前方的方式。超前配送是应急物资配送的高级形式，是应急救灾的重要保证，它具有超前性，可以大大增强应急抗灾能力。超前配送的物资多为抗灾减灾物资，如工程建材设备、防护用品、救援工具等。

(6) 综合配送。综合配送是指以上多种配送方式同时进行，以实现应急物流目标为根本目的的配送方式，具有灵活、方便、配送物资范围广、节省时间等优点。如表 3－2 所示。应急物资按用途可分为 13 类，分别为：①交通运输类；②工程建材类；③防护类；④生命救助类；⑤生命支持类；⑥通信广播类；⑦照明设备类；⑧器材工具类；⑨工程设备类；⑩救援运载类；⑪临时食宿类；⑫环保处理类；⑬动力燃料类。按使用的紧急状况可分为一般级、严重级和紧急级三级。按使用范围可分为通用类和专用类两类。

表 3－2 各种配送方式比较

	定时配送	定量配送	定时定量配送	及时配送	超前配送
配送特点	准时	定量	准时、定量	及时，不确定	超前性，防备性
配送类型	一般级 紧急级	一般级	一般级 严重级	严重级 紧急级	严重级 紧急级
配送等级	②⑥⑦⑪⑫	①②③④⑤ ⑥⑦⑧⑨⑪	②③⑦⑩⑪⑫⑬	②③④⑤⑪⑫	②③⑥⑩

4. 应急配送系统架构

应急物流系统功能能否最终实现，取决于应急物流配送系统能否及时、准确地将相应物资输送到目的地。可以从以下两个途径考虑：一是要有效整合社会资源，以市场化的手段与国内网络覆盖面广、硬软件设施齐备、行业信誉度高的大型专业物流企业签订协议，以取得他们的帮助；二是要大胆尝试“军地物流一体化”的应急物流模式，对军地物流资源进行有效整合和优化，以实现军地物流兼容部分的高度统一、相互融合、协调发展。

在灾害发生时，应快速搜集供应点及灾区的相关信息，依其对物资需求的迫切性进行聚类分组，并根据对供需状况的评估，确定供需是否平衡，供给能否满足灾区需求。如供需平衡则建立科学的配送模式进行配送，否则，对供需失衡时的配送权重进行确定并组织配送。最后，还需判断是否所有灾区的需求都得到满足，若未满足，则将本期未满足的需求累积到下一期作规划，直到所有灾区需求被满足为止，其系统架构如图 3－5[①] 所示。

① 李军，张建勇．紧急救灾物资物流配送系统研究．高等职业教育（天津职业大学学报），2006（2）：37～40

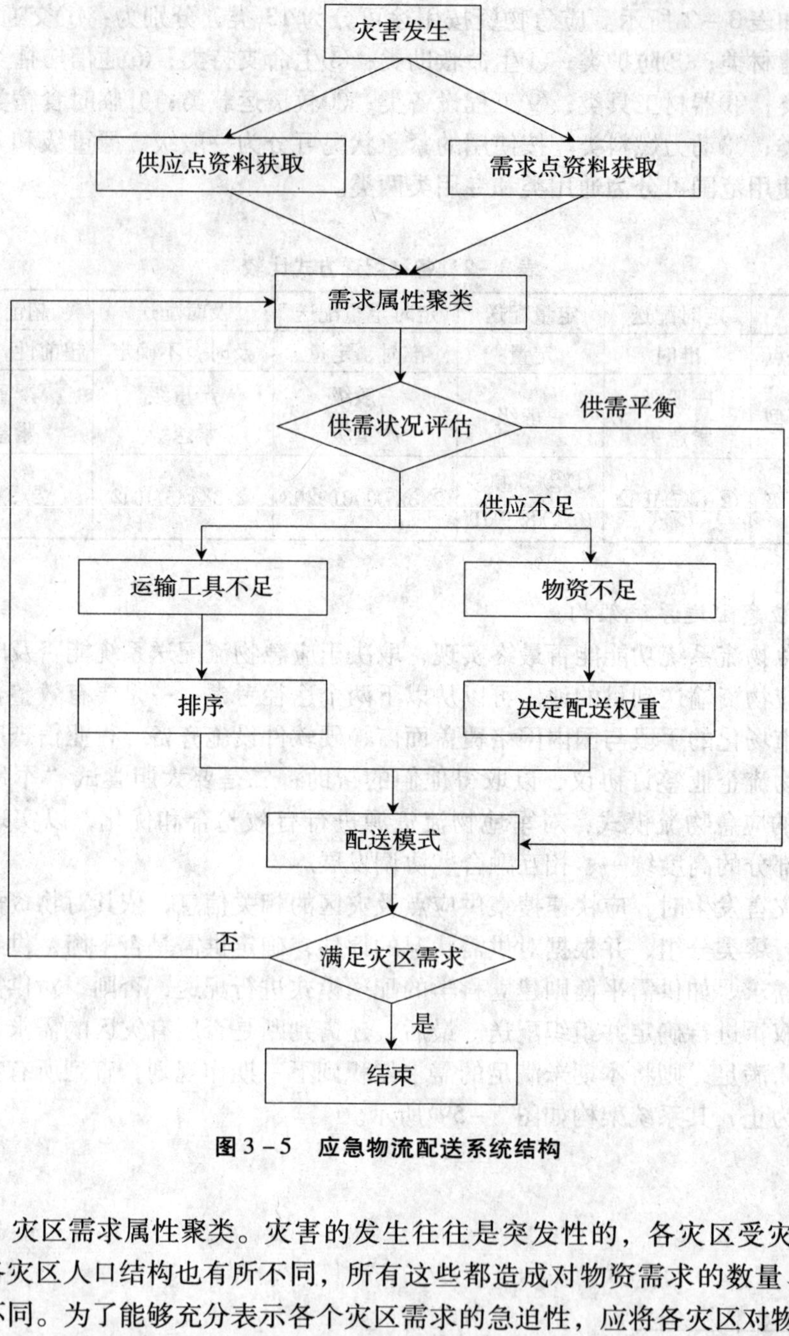

图 3－5 应急物流配送系统结构

（1）灾区需求属性聚类。灾害的发生往往是突发性的，各灾区受灾程度不一，且各灾区人口结构也有所不同，所有这些都造成对物资需求的数量、种类、迫切性不同。为了能够充分表示各个灾区需求的急迫性，应将各灾区对物资的需求量、伤亡人数及灾区受灾严重程度等属性作为分组的依据，运用相应的聚类分析方法（如模糊聚类）对灾区需求属性进行聚类分析，以针对不同种群的需求进行有效配送（由于相应聚类过程比较烦琐，有兴趣的读者可参考相关文献）。

(2) 群组排序。将所有灾区分组以后，下一阶段就需要进行排序操作，以确定对各群组的紧急程度及进行配送的优先次序。排序时可以以第一阶段各属性中的原始数据进行变换处理所得的评分作为该项模糊评估准则的效用值，并以各效用值平均数总和的高低作为评估其处理优先级的依据。

(3) 供需失衡配送准则。灾害的发生往往是突发的且不可预知。一般来说，灾害发生后，政府在从平时的战备储备或民间紧急调派物资的同时，仍有可能在灾害发生初期面临车队规模及物资集结数量无法满足整体系统所需的现象，因此在规划时有供需失衡的情形发生。为满足灾区需求的急迫性，应制定相应的供需失衡时的配送准则，针对不同情况，制订不同的配送方案。

(4) 配送模式构建。灾害发生时，如果没有一个有效的指挥配送系统，造成民众任意配送物资到灾区，大量物资供给、配送及发放作业无专人或专业单位进行有组织的调派的局面，会导致救援物资供需失衡。同时，由于救灾捐赠物资没有专人清理分类，导致到达灾区的物资良莠不齐，除了会增加物资运输、发放人员的负担外，也会造成救灾资源的浪费以及灾民的不满，直接影响救灾效果。因此，需要对各供给点及区域型配送中心进行科学合理的规划，建立起以实现各供应点和区域性配送中心之间配送时间的最小化为目标的物流配送指派模式。

在灾害发生时，各地区受创程度、伤亡人数及灾区范围大小的不同对物资的需求急迫性也有所不同，在这一阶段，要根据各灾区的紧迫性，构建相应的物流配送模式，以尽可能满足最急迫灾区的需要。

另外，灾害的发生往往是突发的，造成社会的混乱并危及人民的生活，在这种混乱环境中，紧急救灾中心往往无法在第一时间内完全掌握灾区的信息。因此，在此之前救灾单位应化被动为主动，事先建立相应的基本预测模式，在初期信息不完全时估计各灾区的可能需求，作为各救援单位的配送参考，以便于进行救灾物资的有效配送。

5. 应急配送的三项对策

(1) 采取灵活的配送方式，科学确定配送需求指标体系。在应急物流配送时，充分利用网络信息，研究用户需求特点，选出对配送影响较大的需求指标，并根据各指标不同的侧重点，运用系统工程原理，确定科学的权数，构建完善的需求指标体系。而后根据不同的需求指标确定三级预警体系，分别为一般级、严重级、紧急级。对每个预警级别采取相应的配送方式，实施有效的配送服务。具体实施应急物流配送时，应结合实际情况采取各种灵活的配送方式。应加强协同式配送，打破条块分割，整合社会资源，变单个企业“孤军作战”为全行业联合配送。对突发性事件实施配送时，根据用户的动态需求，即时调整配送战略，实施伴随式、跟进式配送。当紧急级预警体系启动时，企业的经济利益应服务于国家的政治利益，采取超常规配送方式，综合利用先进的运输手段，如空中定点投送等，为国家的战略性决策提供实时、不间断的物流配送。整个社会物流配送系统通过个性化的应急物流配送，确保物资供应，对稳定社会秩序、维护公共安全、保证国家经济建设的稳步发展起到重要的作用。

（2）充分利用电子商务平台。应急物流配送条件下的电子商务与传统电子商务相比更应突出其配送的反应速度，应着重优化电子商务系统的应急物流配送网络，重新设计适合应急物流配送的流通渠道，以减少物流环节，简化物流过程，提高应急物流配送的快速反应性能。可考虑构建最容易和配送紧密结合的电子商务类型，即第三方电子商务。由于第三方电子商务可以统筹多个用户和多个供应商的物流，很容易汇集成较大的流通规模，实现规模效益，从而为应急物流采用多样化的配送方式创造了条件。目前，我国电子商务的瓶颈主要表现在网上实现商流活动之后，欠缺有效的社会物流配送系统提供低成本的、适时的、适量的实物配送服务。如果这个瓶颈解决不好，必然会给应急物流配送带来难度，所以要根据我国现状，有针对性地打好应急物流配送“服务牌”。

应急物流配送应分析和研究用户需求，以快速反应为龙头，以供应链集成服务为牵引，以满足用户需求为目标，事先设计出满足于应急需求的服务项目和服务方式。建立跟踪有效的服务考评机制，成立独立考评机构，不断完善企业服务质量，提高应急物流配送竞争力。

（3）做好应急物流配送的法制法规建设，加强配送体系的监管力度。实践证明，缺乏健全的法律法规建设，应急物流配送活动就无法正常开展，还有可能造成不可估量的损失，甚至危及国家安全。应急物流配送的法制法规建设应该从以下四个方面来制定和实施。

①抓好与应急物流配送相关的配套法律法规建设。当前，物流业已有基本完整的法律法规，但是随着电子商务的快速发展，物流运作程序不断发生变化，应急物流配送由于其特殊性，更是迫切需要制定相关配套的法律法规。例如，制定应急交通运输法律法规，应急电子商务法律法规，等等。

②完善应急物流配送的各项规章制度。“没有规矩不成方圆”，如果没有一整套完善的规章制度作保证，电子商务在应急物流配送中的应用将是“无源之水，无本之木”。应急物流配送无小事，牵一发而动全身，如果把问题留到配送时再处理，那将在危急时刻给国家造成巨大损失，而在战时甚至会影响到整个作战行动和结果。所以应针对不同情况制定相应的实施规章，使应急物流配送体系有法可依、有章可循，保证应急物流配送高效、有序地进行。

③加强对应急物流配送的监管力度。对那些利用国家困难大发“国难财”

的不法商人要依法处置。平时利用我国的企业及个人信用查询网络，将有不良记录的商家列入黑名单，定期更新数据库，保持与国家数据库的动态更新。

④政府可通过应急物流指挥中心，结合实际情况，整合现有的社会资源，联合配送行业内信誉高、价格合理的物流企业进行协同式配送，而且还可以通过大型物流企业已建立起来的供应链、连锁网络组织将应急物品投放市场。在紧急情况下，可与军方联系救灾抢险事宜，动用军用运输装备、军用运输专用线路及相关设施，实现应急物资的快速配送。在应对危机时，政府可根据应急工作的需要，通过行政手段和舆论，动员人民群众参与应急工作，通过组织地方干部、民兵、部队、公安、志愿者、防疫人员、医务人员等多方力量，以最快的速度将应急物资发放到受灾地区，保证应急物流配送的速度和广度。

（二）应急物流运输系统

1. 物流运输的各种方式及比较

（1）公路运输。这是主要使用汽车，也使用其他车辆（如人、畜力车）在公路上进行客货运输的一种方式。公路运输主要承担近距离、小批量的货运和水运、铁路运输难以到达地区的长途、大批量货运及铁路、水运优势难以发挥的短途运输。公路运输的主要优点是灵活性强，公路建设期短，投资较低，易于因地制宜，对收到站设施要求不高，且可以采取“门到门”运输形式，即从发货者门口直到收货者门口，而不需转运或反复装卸搬运。公路运输也可作为其他运输方式的衔接手段。公路运输的经济半径一般在200千米以内。

（2）铁路运输。这是使用铁路列车运送客货的一种运输方式。铁路运输主要承担长距离、大数量的货运，在没有水运条件地区，几乎所有大批量货物都是依靠铁路运输，它是在干线运输中起主力运输作用的运输形式。铁路运输的优点是速度快，不大受自然条件限制，载运量大，运输成本较低。主要缺点是灵活性差，只能在固定线路上实现运输，需要以其他运输手段配合和衔接。铁路运输经济里程一般在200千米以上。

（3）水路运输。这是使用船舶运送客货的一种运输方式。水运主要承载大数量、长距离的运输。在内河及沿海，水运也常作为小型运输工具使用，担任补充及衔接大批量干线运输的任务。水运的主要优点是成本低，能进行低成本、大批量、远距离的运输。但是水运也有显而易见的缺点，主要是运输速度慢，受港口、水位、季节、气候影响较大，因而一年中中断运输的时间较长。水运有以下四种形式：①沿海运输，是使用船舶通过大陆附近沿海航道运送客货的一种方式，一般使用中、小型船舶；②近海运输，是使用船舶通过大陆邻近国家海上航道运送客货的一种运输形式，视航程可使用中型船舶，也可使用小型船舶；③远洋运输，是使用船舶跨大洋的长途运输形式，主要依靠运量大的大型船舶；④内河运输，是使用船舶在陆地内的江、河、湖、川等水道进行运输的一种方式，主要使用中、小型船舶。

（4）航空运输。这是使用飞机或其他航空器进行运输的一种形式。航空运输的单位成本很高，因此，主要适合运载的货物有两类：一类是价值高、运费承担能力很强的货物，如贵重设备的零部件、高档产品等；另一类是紧急需要的物资，如救灾抢险物资等。航空运输的主要优点是速度快、不受地形的限制。在火车、汽车都到不了的地区也可依靠航空运输，因而有其特殊意义。

（5）管道运输。这是利用管道输送气体、液体和粉状固体的一种运输方式。其运输形式是靠物体在管道内顺着压力方向循序移动实现的，和其他运输方式的重要区别在于，管道设备是静止不动的。管道运输的主要优点是，由于采用密封设备，在运输过程中可避免散失、丢失等损失，也不存在其他运输设备本身在运输过程中消耗动力所形成的无效运输问题。另外，运输量大，适合于大且连续不断运送的物资。

表 3-3 各种运输方式对比

运输方式	铁路	公路	航空	水路	管道
运载工具	火车	汽车	飞机	船舶、海轮	管道
运速	较快	较快	最快	最慢	/
运量	较大	较小	最小	大	大
运价	较低	较低	最高	最低	/
适合运送物资	运送陆上大宗货物	各种量小的短途货运和客运	客运为主，轻型、贵重或急需的药品	运输时间不受限制的大宗或笨重货物，客运	运输液体和气体，另外粉末状和颗粒状固体也可以
其他	连续运输，运货量较其他方式大	机动性强，可以实现“门到门”的服务，比铁路运输要灵活	造价高，要求设备、技术条件高，受气候影响大	受自然条件影响大	连续工作，安全可靠，但设备投资大，灵活性差

2. 应急物流运输的特点、实施原则和目标

应急物流运输是指以提供重大自然灾害、突发性公共卫生事件及公共安全事

件等突发性事件所需应急物资为目的，以追求时间效益最大化和灾害损失最小化为目标的特殊运输活动。它是指危机发生时对物资、人员、资金等需求进行紧急保障的一种特殊运输活动，与一般的运输行为相比，它具有以下三个特点：

（1）弱经济性。平时物资运输的经济效益原则将不再作为应急运输活动的中心目标加以考虑，它的目标是在最快将救援物资运输到目的地的前提下实现运输成本最小化。

（2）突发性和不确定性。由于自然灾害与突发公共事件的突发性与规模、种类的不确定，应急运输在启动时间上也具有突发性的特点，而可供使用的运输车辆数、运输车辆类型等都会随着突发事件的发展而变化，具有不确定性。

（3）非常规性。应急运输活动都是由政府组织的非常规性活动，运输中需要的车辆，一般是由政府按照应急预案临时向社会团体或个人征用而来的。这主要有两方面的原因：一方面，突发公共事件往往导致短时间内产生大量的应急运输需求，仅仅依靠该区域的应急运输储备运力无法满足应急运输的需求；另一方面，选择和掌握全社会的各种专业运输资源，充分利用专业运输企业的运输力量，能够提高应急运输保障的效率。

以上特点决定了实施应急运输应遵循以下两个原则：

（1）时间效率重于经济效益。应急运输的突发性和弱经济性决定了在应急运输的实施中时间效率重于经济效益。应急运输的目标就是用适当的运输工具，把应急物资在最短的时间内运送到需求地，这个过程是以获得社会效益最大化而不是经济效益最大化为目标的。

（2）市场机制与行政机制、法律机制并存。应急运输多是针对突发性和灾难性的自然或社会公共危害而进行的运输活动，关系到整个社会公众或社会公众的一部分，所以在应急运输的实施过程中，不仅要依靠市场机制，更要依靠行政机制和法律机制。

应急物资运输保障应具有以下三大目标：安全性目标、快捷性目标和节约性目标。①安全性目标，指在整个运输过程中应保障应急物资损失最小化；②快捷性目标，指在应对重大自然灾害以及突发性公共事件时，应急物资运输应具有较强的快速反应和运输能力；③节约性目标，指在应急物资运输的整个过程中要考虑其经济效益，避免不必要的浪费。

3. 各种运输方式保障机制

应急物流的特性决定了运输环节的重要性和特殊性。在运输方式和运输路径的决策中，成本最低的原则已不重要，有效压缩应急物资的运输时间才是关键目标。应根据物资的价值、数量和对运输条件的要求，选择合适的运输方式，尽量实现直达运输和联合运输。在灾难发生时，可以考虑开辟一些绿色通道，以保证物资流动的畅通，如简化检验检疫的手续和实行优先运输等。如果时间允许，可以采取相关的辅助或优化措施，以节约物流成本，保障应急物流系统的高效运作。

（1）应急公路运输保障。

1）应急运输通信与信息保障。在突发公共事件应急管理过程中，及时地发布信息和整合各种应急资源需要强大的通信与信息系统作保障，高效的通信与信息系统是应急运输保障的重要支撑和神经中枢。通信与信息系统的建设不仅指软硬件或网络建设，更重要的是指获取信息、处理信息的能力和利用信息对突发事件的调控能力。①构建应急通信与信息平台。建立有线与无线相结合、基础电信网络与机动通信系统相配套、公用通信网和交通专用通信网络相结合的应急运输指挥信息系统。应急运输保障通信与信息平台包括通信平台和信息平台。此平台既可以作为政府决策、应急运输指挥调度和向公众发布信息的场所，也可以作为公众向政府反馈信息的渠道。通信平台包括固定与移动电话、无线通信、传真、短信、可视与卫星电话、卫星定位等，并可以依托交通系统电子政务网络和公共信息网络等政府公共通信信息平台实现信息的交互；信息平台包括信息采集、分析和决策三级信息处理功能。建立应急运输保障基础数据库，并保持数据库不断得到补充和更新，可准确、及时、完备地发布政府公告、相关法规、灾害、气象、交通以及应急运输供求情况等方面的最新动态，使公众及时得到全面、可靠的应急运输保障方面的信息。②建立标准化和一体化的应急指挥信息系统。面对公路交通应急保障的四级组织指挥架构和领域广泛、庞大繁杂的信息需求，建设全国统一的标准化、规范化的公路交通应急指挥信息系统，并与其他电子政务系统无缝对接，成为政府电子政务系统的重要组成部分。该系统将有利于应急保障工作的分级响应、联动协作机制的建立。目前应尽快开展应急信息系统软件及其标准的研制工作，以软件和标准化推进应急信息系统的建设；进一步规范各级应急信息系统的体系结构、软硬件平台、数据库结构、应用系统功能；建立统一、规范的系统建设程序和验收规范，指导应急信息系统的开发和建设，实现应急信息系统的互通互联、信息共享，避免重复建设①。

2）应急运输队伍与装备保障。应急运输队伍及其装备是应急运输的重要保障。由于突发公共事件涉及面广，而且往往是相互交叉和关联的，易引发次生、衍生事件，因此，应急运输的种类繁多，需要根据各类突发公共事件的性质和要求，配备相应的运输保障人员和装备，制订不同的应急运输保障方案。根据我国交通运输管理体制和运输的特征，构建由以地市为基本单元的第一处置、第二处

① 虞明远．公路交通应急运输保障机制研究．综合运界，2007（1）：46～50

置和增援队伍组成的三级应急运输保障队伍，并结合所辖区域的突发公共事件的特征和地域状况合理布局，以便缩短应急响应时间，提高应急运输的效率，降低突发公共事件造成的损失。部、省级应急运输保障队伍分别从省级和所辖地市级第一处置队伍中选择部分队伍组建。

①应急运输人员的构成。各级应急运输保障指挥机构负责所辖区域内的应急运输保障队伍的建设工作。运输保障队伍的人员构成按其作业性质分为管理人员、运输人员、专业人员等。管理人员一般由应急运输保障指挥机构指派相关人员担任。管理人员的构成应根据该突发公共事件所涉及的区域、领域和级别，由相应涉及部门的行业管理人员、主要的运输保障人员的派出单位和装备征用、物资调用单位的相关管理人员组成，负责执行在应急运输保障任务过程中的组织、指挥、协调、管理、后勤保障，并参与应急救援和善后处置等事宜。运输人员一般由应急运输保障指挥机构和执行应急运输保障单位按照各级应急运输保障预案的要求挑选合格的运输从业人员担任，其中包括驾驶员、押运员和装卸员等，负责保持运输车辆良好的技术状况，应急物资的运输、装卸和救援等事宜。应急运输驾驶员必须符合政治素质高、驾驶技术水平良好、年龄一般在20~50岁之间、身体健康并熟悉有关政策法规等条件。专业人员一般由应急运输保障指挥机构根据突发公共事件的类别和工程技术特征，从相应的专家库或部门中指派相关工程技术人员担任，其中包括危险品、药品等特种物资的储运、装卸与处置，应急运输工具和装备的维护与运输技术，应急运输人员的现场防护等相关专业人员，负责处置在执行应急运输保障任务过程中的各种专业技术和人员与物资的防护事宜。

②运输装备及技术状况。各级应急运输保障指挥机构负责所辖区域内应急运输保障车辆的储备工作。应急运输保障车辆储备数量按照相应的原则执行，即50万人以下人口的地市，第一处置和第二处置队伍应各配备10辆5吨以上的货车，每增加50万人相应增加5吨以上货车各5辆，依此类推。

应急运输保障车辆的技术等级要求达到二级以上技术标准，车辆使用年限不超过5年，或行驶里程不超过15万千米。建立应急运输车辆技术档案制度，及时了解和掌握车辆的技术状况。应急运输车辆所属单位负责保持应急运输储备车辆处于良好的技术状况，并强化应急运输车辆的日常养护与保养工作。若在合作期内上述车辆不能达到应急运输车辆的技术标准，则应当及时地维修或更换车辆，并上报应急运输保障指挥机构核准，以便保持应急运输车辆始终处于二级以上的技术状况。当应急预案启动后，执行应急运输保障任务的单位或个人应对应急运输车辆和设备认真地进行检查，确保运输装备安全运行。应急运输保障指挥机构应结合所辖区域内突发公共事件的特征确定相应的应急物资运输装备，促使应急运输储备车辆的多样化。储备车辆的类型与结构除了常用的普通货车和厢式车外，还应结合地方特点配置适量的冷藏车、罐车、大件货物车和危险品专用车等特种货运车辆，以满足不同种类的应急物资运输需求。除了按规定储备运输车辆外，还应配置相应的通信、照明、医疗卫生药品与器械、安全防护装备、抗寒与防暑物品、车辆维修与防滑装置等，确保应急运输人员和车辆的安全与正常运行。

3）技术支撑保障。应急运输所具有的不确定性、多样性和时效性的特征，决定了应急运输的规划、预案、基础数据支撑以及运输保障技术等技术储备对于提高应急运输效率具有十分重要的作用。①公路交通应急总体规划保障。应急规划是实施事件管理的重要手段。公路交通应急总体规划就是从全国公路交通应急保障的视角，明确应急保障的宗旨、规划目标、组织架构与职责、资源配置、行动准则和重点任务等。因此，为进一步落实《公路交通突发公共事件应急预案》，应尽快编制和实施《公路交通突发公共事件应急保障总体规划》，优化、整合各类资源，体现综合性与多层次性、协调性和可操作性、统一性和规范性的特点，统筹规划公路交通突发公共事件预防预警、应急处置、恢复重建等方面的项目和基础设施，以及组织机构、运行机制和政策、法规的建设步伐，科学指导各项应急管理体系建设，实现公路交通应急保障的常态化管理，并纳入交通行业和相关国民经济与社会发展规划中，切实提高公路交通应急保障的能力。②预案保障。应急运输预案既要具备通用性和长期性，更要注重可操作性和实用性，从而真正发挥出应急运输预案对于突发事件应急行动的指导作用。由于应急运输涉及各种突发公共事件，应急运输的环境、条件和货类千差万别，导致应急运输的组织、处置技术、运输方案和车辆装备存在差异性。因此，应急运输保障指挥机构应结合所辖区域内突发公共事件的类型与特征，制定各种可能发生的突发公共事件应急运输保障预案，既要保持预案的完整性，涵盖应急运输的组织机构、预测与预警、应急响应、善后处置、信息发布、应急保障、监督管理等各个方面，又要做到模拟各种突发事件的情景，并尽量地细化和明确各机构及其运输队伍的职责、权限、响应流程和时效、处置技术与手段、安全防护、应急运输保障队伍的建设等各个方面，使预案更具可操作性。伴随着应急运输保障技术的发展和应急运输的实践经验的积累，应及时修订和完善各类应急运输预案，使其更好地满足突发公共事件的要求，提高应急运输保障的科学水平。③基础数据与科技支撑保障。应急运输保障涉及经济社会的方方面面，是一个庞大的系统工程，它不仅信息量十分巨大，系统结构复杂、层次多，而且时间要求高，必须在尽可能短的时间内查询、掌握各种应急运输资源的信息，并迅速作出应急行动。因此，建立和完善应急运输信息数据库，强化应急科研和应用水平是十分必要的。

结合应急运输的特征及其功能，应急运输信息数据库包括各类应急运输预案数据库，应急运输相关的法规、规章、政策和相关知识数据库，应急运输保障队伍及其装备信息数据库，应急物资储备资源信息数据库，与应急运输有关的机构和部门的职责及其通信录信息数据库，咨询专家信息数据库，应急运输统计与决策信息数据库，基于 GPS 和 GIS 的应急运输监控和调度信息数据库等。

目前，我国的公路交通应急体系和机制建设才刚刚起步，应急交通科技支撑体系更为薄弱。各级交通主管部门尤其是交通部应加快应急交通科技支撑体系的建设步伐，强化公路交通应急保障的理论与政策研究、决策技术研究和救援与处置技术研究，提高公路交通应急保障的科技水平。

4）危机决策机制保障。目前，我国的公路交通危机决策机制尚未形成，各级交通主管部门基本上采用常规决策的方法处理应急事件。因此，应通过采取各项制度性的改革或创新举措，逐步建立公路交通危机决策机制。

①加快公共沟通机制建设。改变过去完全依赖政治动员和内部决策应对危机的决策模式，加快公共沟通和社会动员机制的建设步伐，有效地发挥公共信息的诱导和动员作用。

②加快快速反应机制建设。建立快速有效的信息报告和分享制度、危机预警及其发布制度，制定满足不同突发公共事件的应急预案，规范危机决策的时限责任。

③加快科学的危机决策机制建设。尽快成立由公路交通应急保障各相关领域的专家、学者组成的公路交通应急专家委员会；加快公路交通应急专家信息库建设，实现应急人才资源的共享；明确专家参与应急决策咨询的程序和规定；强化预警决策的科学分析，增强决策方法的技术含量和决策方案的预见性与防范性。

④加快危机决策的问责机制建设。建立健全危机决策的法规与制度建设，明确规定相关行政领导对于各类应急事件的决策权力与职责范围，以及责任追究的相关细则。

5）宣传培训与演练保障。实现应急运输的非常态管理向常态管理转化是提高应急运输技能和服务水平的重要保障。坚持不懈地将“防患于未然”的危机管理意识落实到应急运输保障的日常工作中，从危机事件的管理过程中汲取经验和教训，强化应急运输相关人员的专业知识和技能培训，做到“养兵千日，用兵一时”，切实提高应急运输保障能力。①宣传培训保障。由于突发公共事件具有偶然性、不确定性和超常规性等特征，从事应急运输的相关人员常常会遇到许多在平时的运输生产和管理工作中极少遇见和难以预料的问题，应急运输的环节、程序和处置技术也不同于日常运输管理活动，如相应的应急运输预案如何发挥其最大的作用，相关的法规与政策如何得到贯彻和落实等，这些问题需要通过平时的宣传与培训工作，强化危机意识，提高应急运输保障能力。根据不同的培训对象，编制相应的培训大纲和教材，并将相关的重要内容编印成通俗读本，做到图文并茂、通俗易懂、携带方便、查询快速，提高宣传与培训效果。培训教材包括法规与政策、应急小常识、应急运输处置技术、应急响应程序和工作职责等方面。应急运输相关人员每两年应至少接受一次相关知识的培训，并依据培训记录和考试成绩实施应急人员的动态管理，淘汰不合格人员，补充、吸收那些责任心强、懂业务、熟悉相关政策和法规的人员进入各级应急运输保障队伍中，提高应急运输保障人员的素质。②预案演练保障。尽管突发公共事件具有随机性和非常规性的特征，但各类突发事件的发生过程有其自身的规律和特点，其情景是可以模拟和假设的。危机模拟训练就是假设或构造危机事件发生过程的情景，通过对应急反应行动的实际操作或某种知识、技能的实际运用，从而模拟对危机的处理方法和策略，进一步熟悉应急运输保障机制、决策、协调和处理的程序，识别各种应急资源需求，评价应急准备状态，检验各类应急预案的可行性并予以改进和完善，切实提高危机处理能力。应急运输预案演练分为演习准备、演习实施和演习总结三个阶段。突发公共事件的预案演练是危机管理的重要内容，对于形成真正有效的应对和处置危机的能力具有十分重要的作用。它有利于增强忧患意识，有利于实现应急运输的常态化管理，有利于不断地完善应急预案和制度，有利于提高相关人员的心理素质和运输保障能力。

6）社会动员机制保障。建立突发公共事件的社会动员机制是应急管理的重要内容之一。社会动员机制具有以下两个方面的优点：一是经常性和社会化，即在全体公民中进行经常性的灾害应对教育和准备；二是机制性，即有一整套覆盖全社会的灾害应对机制，而不是仅依靠临时性政治动员和行政命令。因此，建立广泛、有效的社会动员体系及其机制，充分发挥全社会的救灾力量是提高应急保障能力的重要手段。道路运输应急保障的特征决定了其不可能像地震、火灾和海上救助那样，建立一支完全专业化的救助队伍，只能依靠社会动员机制实现应急运输保障的目标。一方面，利用社会动员机制选择和掌握全社会的各种专业运输资源，通过签订合作协议等方式明确其应急运输的权利、责任和义务，充分利用专业运输企业的运输力量，提高应急运输保障的效率、速度及专业化水平；另一方面，突发公共事件往往导致短时间内产生大量的应急运输需求，仅仅依靠该区域的应急运输储备运力可能无法满足应急运输的需求。此时，需要发挥社会动员机制的作用，动员全社会的各种运输资源及时地参与和承担应急运输保障任务，迅速地形成应急运输保障的增援队伍，保障应急运输的供给能力。突发公共事件发生时，人们的心理通常会发生明显的变化，表现为惊恐与焦虑不安，甚至表现出不同程度的行为失常等。通过社会动员机制，可以在一定程度上针对人们可能出现的心理和行为反应进行宣传与教育，以消除不利影响，取得全民的理解与支持，为应急运输保障工作的顺利开展创造良好的外部环境。应急运输的社会动员机制可通过广播、电视、报刊、短信等多种渠道将应急运输的需求及其工作进展、时间、地点、运力需求的规模和要求、参与应急运输的方式和途径等告知社会公众。

7）公共财政应急机制保障。应急物资运输保障所需的各项经费，应按照现行事权、财权划分原则分级负担。应急运输各项经费的资金来源渠道包括中央和地方财政拨款、社会各界的捐赠、国际援助、保险公司的投保理赔和应急物资承运人（经济实体）支付的运费等。对于受突发公共事件影响较大和财政困难地区，根据事发地实际情况和当地人民政府的请求，中央和上级政府财政部门应适当予以支持。

公共财政是防范和化解公共风险的最后一道防线，也是应对公共危机的一个必不可少的手段。应急运输作为政府防范和化解公共风险的重要保障，毫无疑问，中央和地方政府的财政拨款是应急运输经费来源的最重要和最根本的保障。因此，应建立以各级政府财政资金为保障的资源征用、补偿、赔偿机制，并在法律上作出明确界定，切实保护被征用方的合法权益和参与应急保障的积极性，形成公路交通应急保障的长效机制。

建立公共财政应急机制需要加强以下两方面的工作：①建立预备费管理制度。按照现行《预算法》的规定上限提取预备费，并实行基金式管理。每年安排的预备费，在当年没有突发性支出的情况下，或者用于突发性支出后的余额，应进入预备费基金，不得用于其他预算开支。此外，建立应急预算和核销补偿制度，并实施程序化管理，规范应急资金的使用。②建立风险分担的制度框架。在各级财政、政府各个部门以及政府与企业之间构建一个风险分担的制度框架，明确各自的风险责任，确保应急资金的合理分担和及时拨付。

8）法律机制保障。法律机制保障对于处理突发公共事件有着至关重要的作用。从世界范围来看，许多国家在处理危机事件方面都做了大量的立法工作，如美国的《国家紧急状态法》、日本的《灾害对策基本法》、苏联的《紧急状态法律制度法》等。美国、日本等国家的应急法律体系已成形，内容丰富全面，结构系统严谨，不仅形式比较统一，而且法律制度内容也比较统一。

我国在应对、处置紧急状态方面的立法建设工作走过了近半个世纪的历程，也制定了多部涉及紧急状态事件的法律法规，如《戒严法》、《防洪法》、《防震减灾法》、《突发性公共卫生事件应急条例》等。但这些法律法规毕竟只是针对特定领域紧急状态的立法，其专业技术手段、管理措施、应对方案并不具有兼容性，而对涉及如此众多领域和行业的紧急状态的应对处于无法可依的空白状态。

目前，作为我国处理危机事件的纲领性文件和基本法律，国家《突发事件与紧急状态处置法》已于2004年列入十届全国人大常委会立法规划，并已正式形成了讨论稿。以该法律为指导，交通部门应加强公路交通应急法规体系的研究，通过制定《公路交通突发公共事件应急管理条例》，进一步细化和规范公路交通应急保障行为，强化政府在公路交通应急管理中的责任，依法行使应急管理职权①。

（2）应急航空运输保障。

航空保障对于应对突发自然灾害十分重要，下面以2008年汶川大地震为例来探索应急航空运输保障的对策。

1）加大航空机队的建设力度，提升战略投送能力，引进大型战略运输机。大型战略运输机主要指载重量在100吨左右、具备通透货舱和滚装斜台、对起降场地无特殊要求的货运飞机。因为在应急情况下的远程战略投送，仅仅实现速度要求是不够的，还必须在运得快的同时运得多，才能够大幅提升部队远程投送的战略效能。在抗震救灾中，保障一架小型运输机和大型运输机的起飞时间、调度指挥、航线协调等方面的投入相差无几，但运输机型号不同、载重量不等、单架次飞行的输送能力相差悬殊，救灾中所起的作用大小也就有所不同。据不完全统计，目前美国军用大型战略运输机数量已超过1 300架，俄罗斯为410余架，欧盟拥有300多架，而印度、伊朗、日本等少数国家也各自拥有20～40架不等。我国的航空输送能力要想得到大幅提升，就必须拥有足够数量的大型战略运输机。

2）着重发展中型运输机。在我国，主力运输机型载重量较小。在抗震救灾行动中，只有少数型号的运输机能够部分承担急需工程装备的运输任务，其余绝大部分工程装备只能通过铁路运输，导致人员与装备的脱节。救灾人员因缺乏相应的机械装备而无法疏通道路，使灾后头两天救援一线重灾区的行动进展缓慢，灾区挖掘工作也由于缺乏重型机械而困难重重。因此，在引进大型战略运输机的同时，还应着重发展中型战役、战术运输机，建设队伍规模，增加编制数量，利用其数量优势打造我军航空战略投送的中流砥柱。

3）加强运输直升机队建设。从抗震救灾出动的直升机来看，民用直升机出动34架，由于救灾任务飞行区域多为高原山地，地理、气象等条件较为复杂，对直升机有特殊要求，因此，能够适应高原飞行的民用直升机实际上已经全部投入，再无动员空间。对比美军，目前约有各类运输直升机9 000架，形成了比较完整的重、中、轻型运输直升机体系。而我国军用直升机的数量不仅远低于发达

① 虞明远．公路交通应急运输保障机制研究．综合运界，2007（1）：46～50

国家，甚至也远低于世界平均水平，专用于执行运送任务的运输直升机数量则更少。这种情形不仅与我国的地域范围、人口规模不相称，也与我军的规模和任务不匹配。尽管参与救灾的机务人员表现出了极大的勇气和高超的技术水平，但恶劣的地理环境、复杂的气象条件，以及专业配套设备的不足和落后，在相当程度上制约了使用直升机救灾的效果。因此，在构建我航空战略投送力量时，应加强运输直升机队的建设，尤其是重点建设能够在复杂环境下飞行的直升机队，以保证应急条件下的特殊需要。

4）扩充空管系统容量，提高空中管制指挥能力。在抗震救灾组织过程中，为确保航空投送任务的全面进行，多个机场全天开放，多种机型同场起降，使得震区内空域调度指挥压力极大。在这种情况下，不同机种需要协调，不同机场间也需要协调，军、民航之间更需要协调，而震区地处西南，周边机场整体导航设施等级不高，空管系统能力不足，因此，为确保救灾时的飞行安全，空管中心的权宜之举只能是大飞机作业、小飞机停飞或等待，在时间就是生命的灾情面前，此举实际上已经影响了救灾效果。对比国外救灾行动，美国在 2005 年救援飓风袭击的新奥尔良市时，虽然国民警卫队在灾后 80 小时才姗姗来迟，但飓风过后 24 小时内就已经进行了超过 1 000 架次的直升机起降。这其中固然有两地地形地貌、气象条件的差异，但也说明美国的空管系统容量很大，航空管制能力很强，对于大密度、高强度的空运行动指挥自如。

5）开展飞机改装研究，拓展航空任务输送对象。在抗震救灾中，为满足不同航空任务的需要，出现了两类应急飞机改装工作：一类是客机改装为货运，另一类是客机改装为卫生飞机。由于任务要求紧迫、准备工作不充分，改装多采用应急方法，这也反映出平时飞机改装工作的薄弱，有必要加大研究力度，尤其要加强应急条件下的飞机改装工作。

6）提前制作预案，避免反复变身。地震发生后第 2 天，国航成都基地开始对执行航班的飞机进行卫生飞机改装，当时的民航飞机主要用于运输救灾抢险人员和救灾物资，航班调配变化很大，往往是刚装好担架却因情况变化又马上拆除、恢复座椅，投入航班运送旅客或救灾人员，这样的情况平均每天出现 4 ~ 5 次，暴露出在飞机应急改装上的仓促应对。同时也说明对飞机改装工作必须提前作出预案并指定对象，避免在应急条件下出现忙乱。一架飞机反复变身，既影响飞机的改装计划，也影响正常运输的速度。

7）加大技术研究，确保飞行安全。在客改货实施过程中，由于时限紧张，采取的方法是直接卸掉座椅，在客舱地板上堆放货物。这样，改装时间虽大幅缩减，但货物在没有任何系留加固的情况下堆放在舱板上飞行，其中的安全隐患不可低估，一旦出现飞机爬升、降落，货物位移等状况，会直接影响飞机的重心位置，后果不堪设想。因此，为提高应急条件下飞机改装工作的速度和安全系数，必须加强改装工作的技术研究，在确保时限的同时保证安全。

（3）应急水路运输保障。

但凡在遭受严重自然灾害和战争创伤之后，大批的救援物资会集中在一个很短的时间内涌入，而港口设施此时可能已被严重破坏或需要在没有港口的地方紧急登陆，交通运输面临着重重困难甚至危险。对于如何充分利用海岸线资源，快速建立水上运输通道，缓解运输瓶颈的压力，一些国家的经验可供参考。

1）设立临时中转站。例如：①印度洋海啸救援中的槟港。2004 年 12 月 26 日的印度洋海啸使南亚和东南亚部分国家惨遭重创，许多国家和非政府组织都迅速加入了救灾行列。海啸发生后，印尼的班达亚齐港和米拉务港的基础设施毁坏严重，运送救援物资的船舶难以靠泊。由于当地沿海受灾严重，一时很难找到小船，不能采用锚地过驳的方式卸货。附近虽然有几家港口仍能继续营运，但这些港口多为接卸化肥的散货码头，即使对救援物资开放，也不适用于接卸食品、药品等货物以及用于灾后建设的重型设备。因此，在现场参与救援的航运专家建议，与其等待数日才能靠泊码头，然后再用十几天来卸货，不如先将货物转至邦加岛的槟港，再由驳船运往印尼各地。②科索沃战后重建中使用希腊的港口。20 世纪 90 年代后期，在以美国为首的北约部队的军事打击下，科索沃地区的交通运输设施遭到严重的破坏。希腊港口在科索沃战后重建中发挥了积极的作用。战争结束后，一些国家的政府、国际救援机构、非政府组织等约 500 家参与了救援与重建行动，运送的物资有面粉等食品、学习文具以及发动机等，后期转为工程材料，种类繁多、应有尽有。仅希腊第二大港口塞萨洛尼基港就在战后短短的几个星期内接卸了 91 艘船，运送了 1.7 万人的维和部队、1.4 万辆军车、214 辆坦克、1 710 辆装甲运兵车以及 3 067 个集装箱。希腊港口作为战后救援物资的中转站，保证了水上运输通道货物流动的快捷与顺畅。

2）建造应急人工港。例如：①诺曼底登陆战役中的应急人工港。诺曼底登陆战役是世界历史上规模最大的两栖登陆战役，充足的物资保障是此次战役胜利的关键因素之一。战前盟军进行了近一年的物资准备，登陆后不间断的补给保障发挥了巨大的作用。诺曼底登陆点距法国北部最大的港口——瑟堡港 80 千米，但当时该港已被德军占领，在夺取港口之前，仅靠登陆滩头根本无法保证盟军的后勤供应，因此港口问题是整个后勤保障计划最大的难题。盟军在战前预制了 146 个混凝土沉箱，用拖船拖过英吉利海峡，到达指定位置后，打开沉箱上预留的阀门，将其沉放在海中，作为人工港的基础。人工港使用了 60 万吨水泥，构成 33 个栈桥，并形成约 16 千米的浮动道路供人员和车辆登陆。盟军共建造了两个人工港，分别用于英、美军登陆滩头，美军的 A 港在安装数日后遭遇暴风雨几乎全毁，所幸英军的 B 港一直使用到盟军收复法国瑟堡港和比利时的安特卫普港后，其间每天运送物资大约 9 000 吨。②马岛争端中的临时登陆设施。1982 年，英国与阿根廷为争夺马尔维纳斯群岛（英国称福克兰群岛）的主权爆发了一场战争，战后亟须运送大批物资上岛，为此，工程技术人员建造了临时登陆设施。其做法是，先将购买的 6 艘趸船拖运至现场，每个趸船长约 91 米、宽约 30 米，然后将所有趸船连接在一起，最后用 4 根桩竖向插入海底固定，构成一个可调节高程的半潜式道路，迅速建立了登陆运输通道。至今这一设施仍保留在那里。③伊拉克战争中的浮动靠泊设施。早在 2003 年伊拉克战争爆发前，英国国防部就发现，尽管他们拥有大量的滚装船、重型坦克以及其他可滚动的机械，但当时作为科威特最安全的港口舒艾拜港，其码头结构并不适于滚装作业，因此首要问题是如何使大型滚装物资尽快登陆。英军首先在阿联酋首都阿布扎比购买了一艘趸船，并在 27 个昼夜内制造了引桥、上部舾装设施和由浮箱组成的系泊装置，在迪拜港安装后向北拖运至舒艾拜港，选择了一处两侧岸壁呈一定夹角的位置，将趸船系泊在一边码头上，趸船上的引桥搭设到另一边的码头上。当一切安装就绪，滚装船便靠上来，船舶放下跳板搭在趸船上，坦克就顺着坡道滚动上岸。趸船长 28 米、宽 14 米，附带两个 4 米 ×7 米的辅助浮箱，与趸船永久连接。钢制上部结构和路面重达 110 吨，安装在趸船上面。17 米的岸边引桥以铰接方式与趸船相连，整个浮动靠泊设施使用缆绳系统固定在码头上。这一靠泊设施不仅可以接卸战斗装甲车和抢修装甲车等最重型军用车辆，也可以接卸重型设备运输车（HET）等长型军用车辆，以及 CH－47“支努干”运输直升机等对道路的坡度要求非常严格、运输难度较大的军用飞机。④美国军事基地的浮动登陆设施。位于印度洋中部的迪戈加西亚岛是美国的一个大型海空综合性战略基地，该基地拥有水上起重机、趸船、浮箱、拖船等各类军用物资和装备，完全可以作为浮动靠泊系统的制造基地，快速建造一个小型浮动人工港，然后拖往指定地点用于救援或战时运输。这种浮动登陆装置适用于最普通的突堤式码头，具有结构简单、快速反应能力强等特点，而且造价并不昂贵。

本章小结

应急物流系统是由相互作用和相互依赖的物流实体要素组成的，具有应急物流服务功能的有机整体，而这个整体又是构成更大的应急系统的组成部分。它包括流体、载体、流向、流量、流程、流速和时间七个要素。

应急物流系统的主要特点有：政府主导性、全民参与性、快速反应性、效率性强于效益性、开放性和可扩展性。

应急物流系统有应急指挥机构、物流节点及物流信息系统三个大部分，主要细分为应急物流指挥系统、应急物流信息系统、应急物流物资系统、应急物流配送系统、应急物流保障系统、应急物流专业人员系统和应急物流设施设备系统七个子系统。

应急物流系统构建的主要原则：确保社会稳定，遵循人的生命高于一切的原则；快速响应、时间效率重于经济效益的原则；预防为主、防患于未然的原则；加强统一指挥，协调一致，动态监控的原则；市场机制与行政机制、法律机制并存的原则。

应急物流系统的保障机制主要有：政府协调机制、全民动员机制、法律保障机制、社会公共应急机制、快速响应机制、监测预警及应急预案机制、“绿色通道”机制、应急报告与信息公布机制、应急基金储备机制。

思考与练习

1. 应急物流系统的构建过程是怎样的？试针对某次突发事件构建一个应急物流系统框架。

2. 应急运输与配送同一般的运输与配送相比较有何区别？试针对某次突发事件设计一个运输或配送方案。

第四章　应急物资管理

本章概述

在一个社会的发展过程中，突发公共事件的发生是不确定的，也是不可避免的。近几年来我国灾害频繁发生，特别是2008年南方雨雪冰冻灾害和“5·12”汶川大地震等重大自然灾害造成了人民生命财产和社会经济的巨大损失。如何应对各种自然灾害并进行有效控制，尽量使损失最小化，避免灾害扩大化是我国当前面临的难题。因此，提高社会应急管理水平是中国当今发展的必然要求，而应急物资是应急救援工作赖以顺利进展的基础和保障。充足的储备量、合理的储备结构、规范的库存管理、适宜的储备布局、有效的运输调度，有利于充分利用有限的人力、物力、财力来提高应急管理工作的效率，并将危害降到最低程度。

第一节　应急物资的发放需求预测

应急物资的发放需求预测是应急物资管理的前提和基础，本节着重分析应急物资需求的特点，并在此基础上对其作出预测。

一、应急物资需求概述

（一）应急物资需求

应急物资需求是指国家有效应对突发公共事件时的最低物资要求。其中，“有效”是指应对突发事件的效益要高，也指物资的使用效率要高；“最低”是在成功应对突发事件的条件下需求的最小数量。可见，在物资需求的确定中包含着优化的思想，即在给定突发事件类型、强度等条件下，成功应对突发事件的最少物资需求量。

所谓突发公共事件一般是指突然发生，对全国或部分地区的公共秩序、社会安全、公民的生命和财产安全已经或可能构成重大威胁和损害，造成巨大的人员伤亡、财产损失和社会影响的，涉及公共安全的紧急公共事件。战争和全国总动员、局部动员所引起的紧急状态是一种最为严重的突发公共事件。

突发公共事件在理论上可以有不同的分类，结合国内外先进的应急管理经验，根据突发公共事件的发生过程、性质和机理，可以将它划分为自然灾害、事故灾难、突发公共卫生事件、突发社会安全事件、经济危机以及战争六大类，具体的分类见表4－1。

表4－1　突发公共事件的类型划分

类型	突发公共事件示例
自然灾害	水旱灾害，台风、冰雹、大雪、高温、沙尘暴等气象灾害，地震、山体崩塌、滑坡、泥石流等地质灾害，森林火灾和重大生物灾害等
事故灾难	民航、铁路、公路、水运、轨道交通等重大交通运输事故，工矿企业、建筑工程、公共场所及机关、企事业单位发生的各类重大安全事故，造成重大影响和损失的供水、供电、供油和供气等城市生命线事故以及通信、信息网络、特种设备等安全事故，核辐射事故，重大环境污染和生态破坏事故等
突发公共卫生事件	突然发生，造成或可能造成社会公共健康严重损害的重大传染病疫情、群体性不明原因疾病、重大食物和职业中毒，重大动物疫情，以及其他严重影响公众健康的事件
突发社会安全事件	重大刑事案件、涉外突发事件、恐怖袭击事件、规模较大的群体性突发事件
经济危机	资源、能源和生活必需品严重短缺，金融信用危机和其他严重经济失常，经济动荡等涉及经济安全的突发事件
战争	全面战争、局部战争

从表4－1可以看出，突发公共事件因其性质的不同，可以分成较多类，突发公共事件的种类、烈度、规模以及应对方式等都会对物资需求造成一定的影响。因此，要分析物资需求首先应该明确物资需求包含哪些内容，突发公共事件是如何影响到需求内容的。

（二）应急物资需求的内容

应急物资的需求应该从三个方面来进行表述和衡量，分别是物资的数量需求、物资的质量需求和物资的结构需求。

1. 物资的数量需求

物资的数量需求是指当突发事件发生后，为了有效地应对这些事件所必需的最小物资需求数量。通常用需要物资的数量大小来描述，如“某次地震事件中需要粮食100吨，棉衣500件”等。物资的数量需求大小通常与突发事件的大小、烈度以及突发事件的发生环境有关，一般情况下，突发事件级别越高、影响范围越大、事发周围人口密度越大，造成的社会经济损失就越大，物资需求的数量也就越大。

2. 物资的质量需求

物资需求不仅有量的度量，而且还有质的要求。一定量的物资数量需求总是建立在一定质量需求基础上的。物资的质量需求包括对物资的准时性、可靠性以及成本等方面的要求。对物资质量的需求通常选用动员时间、动员风险和动员成本等几个指标来描述。突发公共事件的性质、可能造成的危害、发生的规模、应对方式等都会影响到物资的质量需求。

3. 物资的结构需求

物资的数量和质量需求无法完全反映物资的整体需求状况，还必须研究物资的结构需求。所谓物资的结构需求，主要是指需要的各类物资之间的结构比例关系，通常用一个相对的指标来刻画这种关系。如在抗击“非典”过程中，不仅要考虑到口罩的需求量，同时还要考虑到口罩与棉花的关系，在对伤员进行紧急抢救过程中，只有药品是不够的，还需要一定比例的配套医疗器械，这些不同类型的物资之间存在着一定比例的相关性。突发事件的类型通常决定着物资的结构需求，不同类型的突发事件需要不同种类的物资需求组合。

从上面对物资需求的内容分析可以看出，如果综合考虑物资的数量、质量和结构需求，对物资需求进行分析是相当复杂的。目前，人们在确定物资需求（包括以上三方面的需求）时，仍以主观经验判断为主，这样容易造成需求不合理，使得后续动员相对过度或者不足，造成经济资源的浪费，所以迫切需要借用科学的预测方法实现物资需求预测的模型化。

（三）应急物资需求特点

应急物资需求的特点主要是指应急物资需求同传统物资需求在需求的突发性、不确定性、时效性等方面的区别。

1. 突发性

突发公共事件的一个显著特点是突发性，在很短的时间内造成巨大的破坏性或影响，由于平时不可能储备全部需要的物资，物资需求在很短的时间内由平时的正常需求跳跃为不正常需求，物资需求急剧膨胀，出现了物资的相对短缺，随着物资动员活动的开展和突发事件的成功应对，物资的需求又回落到平时的正常需求状态。

2. 不确定性

当突发事件发生后，经常无法用常规性规则进行判断，信息存在着严重的不充分、不及时、不全面或不准确的现象，人们无法在事前准确估计全部可能的物资需求，因此，得出的物资需求也具有高度的不确定性。

3. 时效性

由于突发事件本身的特性，要求物资需求必须能在较短的时间内得到满足，物资需求有很强的时效性，突发事件可能造成的损失与物资需求能不能及时得到满足存在着一定的相关性，这也要求物资动员能够做到快速、及时、准确。突发事件管理属于一种公共行为管理，是一种特殊类型的社会经济活动，紧急状态下为了应对突发事件制定的物资需求具有一定的法律性和强制性，区别于商业物资需求，应急物资需求更具有社会性的特点。

二、应急物资需求预测

（一）传统预测方法概述

1. 预测发展情况

预测作为一种探索未来的活动早在古代就已经出现，但作为一门科学的预测学，则是在科学技术高度发达的20世纪初才产生的。如今，预测技术作为一门较为成熟的技术，已经被广泛应用于多个层次和不同领域。在国外，法国政府采用长期预测来指导国家制订发展计划，为法国经济建设提供了具有重大意义的长远发展依据；美国为研究能源政策、制定能源规划，开展了大规模的能源预测活动，组织专家进行了能源预测研究和评估；日本政府在实行宏观经济管理时，采用专家咨询法进行大规模的经济发展预测，为日本政府制定长远规划提供了科学依据；印度政府在20世纪90年代为促进社会经济的发展，对解决食物问题、保健和计划生育以及能源开采方面都做了大规模的预测活动。

在国内，我国早在20世纪80年代就将预测作为一门专门科学和专项工作来发展。多年来，国家高度重视预测在国民经济和科技发展中的重要作用，推动预测研究和预测工作的发展。预测在人口、社会经济、科学技术、能源、工农业以及人才等方面都发挥了巨大作用，而且，随着人们对预测方法的深入研究，智能化的预测方法将成为未来预测发展的一个重要方向。

2. 预测方法分类

预测方法虽然很多，但是到目前为止，还没有一个统一的、完整的和普遍适用的分类体系。苏联的秋也夫等在《过程的定量特性预测》一书中把预测方法分为启发式预测和数学模型预测；美国的 Markridakias 等在《预测方法和应用》一书中把预测分为定性和定量方法；苏联的道勃罗夫在《科学和技术预测》一书中把预测方法分为专家评估法、趋势外推法和模型法；美国的 H. Jones 和 B. Twiss 在《计划决策中技术预测》一书中根据预测要素把预测方法分为定性预测、定量预测、定时预测和概率预测；美国的 Jantsch R. 在《远景中的技术预测》一书中把预测方法分为直观性预测、探索性预测、目标预测和反馈性预测。我国目前较为通用的分类方法是将预测方法分为定性预测、时间序列和因果关系三类，其中时间序列和因果关系属于定量方法。

预测方法的选择对最终的预测结果起着至关重要的作用，对同一个预测目标，运用不同的预测方法可能会取得大致相同的结果，也可能在相同的假设条件下获得不同的预测结果，这有赖于决策者的主观经验判断和预测模型的选取。决策者根据对预测结果的评价意见，从各种预测方案中选择最佳的预测方法或预测值作为对最终方案进行评价和决策的依据。智能化的预测方法成为预测方法中一个重要的发展方向，在一些智能决策支持系统中都使用了智能化的预测方法，许多学者从不同层次、不同角度对智能预测方法进行了研究，取得了一些研究成果。

目前，应急物资需求预测仍以专家经验判断为主，尚没有成熟的预测方法，加上突发事件具有非例行性、不确定性等特点，更增加了对应急物资需求预测研究的难度。但是，在突发事件类型相同、发生环境相似、处理方式相同的前提条件下，应急物资的需求也是相近的，这也是国民经济动员管理人员和专家根据以往的经验或类似的事件，对应急物资的需求进行预测时遵循的一个基本原理。因此，可把以前同类突发事件发生时所对应的物资需求作为一个物资需求案例，利用相似性原理对物资需求进行预测和推断。

（二）基于案例推理的应急物资需求预测方法

根据应急物资需求预测的特点，把人工智能中的案例推理技术引入到应急物资需求预测中，提出了基于案例推理（Case-Based Reasoning，CBR）的应急物资需求预测方法，把案例推理与规则推理相结合，充分利用显式的规则与隐式的案例知识，建立了基于案例推理的应急物资需求预测模型，提高了应急物资需求预测的科学性。

1. 案例推理技术简介

CBR 起源于 Roger Schank 在 1982 年出版的 *Dynamic Memory* 一书中所做的工作，并由其学生逐渐应用、验证。从推理方法的角度来看，案例推理是一个案例

（旧案例）到另一个案例（新问题）的类比推理。从认识过程角度来看，案例推理是基于记忆，利用过去的经验来指导并解决问题的一种方法。其在知识难以表达或因果关系难以把握，但已积累了丰富经验的领域，如医疗诊断、法律咨询、工程规则和设计、故障诊断等，得到了广泛的应用。

从思维科学的角度来看，人的思维主要有三种形式——形象思维、逻辑思维和创造性思维，其中人们使用最多的直觉、顿悟和灵感属于形象思维，它是研究人类思维的突破口。案例推理是人类三种思维的一种综合表现形式，所以案例推理有助于对人类思维机理的认识，案例推理也符合人的认知心理。比如，当遇到一个新事物时，专家不仅仅看到一个具体问题，他会产生联想，然后把事物归类，从中找出以往处理类似问题的经验和相关知识，经过一定的修正去处理新的事物，通常并不用繁杂的规则推理，这也是专家解决问题速度快的原因之一。

案例推理是一种直觉思维方式，其基本依据是相似的问题有相似的解。人类在求解问题时，首先采用的是形象思维，获得目标案例的部分信息，联想到过去曾遇到过的类似问题，启发产生新问题的解决办法。而且在复杂的决策环境中，这是一个问题逐步分解、认识不断求精的过程，问题的分析和求解是相互交错、迭代进行的，案例推理很好地模拟了人的联想、直觉、类比、归纳、学习和记忆等思维过程进行问题的求解和决策。CBR 技术就是采用匹配的方法，找出与问题相似的案例，其理论基础是相似原理。

案例推理的工作流程如图 4－1 所示：

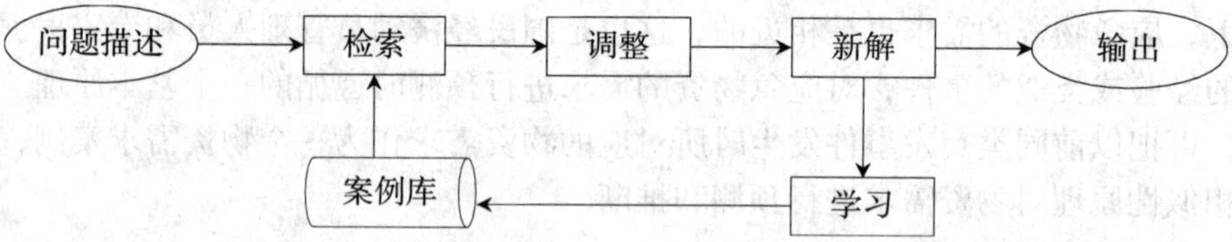

图 4－1　案例推理的工作流程

首先对新问题进行特征描述，根据这些特征，从案例库中检索相似案例，比较旧案例与新问题的异同之处，对旧案例进行调整，从而获得新问题的解，案例推理的关键技术如下：

（1）案例的表示与组织：如何抽取案例的特征变量，并以一定的结构在计算机中组织、存储。

（2）案例的索引与检索：如何确定最佳相似案例，如何定义新、旧问题的相似度。

(3) 案例的调整：如何根据旧案例得出新解。

(4) 案例的学习：将新解增添到案例库中，扩充案例库中案例的种类与数量，进一步从案例知识中提取浅层规则知识或修改深层模型知识。

2. 基于 CBR 的物资需求预测方法

(1) 应急物资需求案例的表示与组织。案例是能导致特定结果的一组特征及属性的集合。不同领域的案例在结构上虽然有些差异，但是案例的概念是相同的。在智能化的应急物资需求预测方法中，一个完整的案例是对一次需求预测过程中问题定义、问题求解、辅助决策各阶段中相关特征及属性的集合，一系列相关特征及属性的取值描述了此次预测结果产生、解释和调整的过程。一个典型的案例一般包含三部分信息：①问题的说明信息，即问题的开始条件；②问题求解的目标；③达到该目标的解决方案。应急物资需求案例也包含三部分的内容信息：①突发事件情景的描述。包括突发事件的类型、烈度、规模、发生地周围的自然环境、人口密度、经济状态等特征信息，这些特征信息刻画和描述了突发事件的特征属性。②突发事件应对的描述。包括突发事件的应对目标、应对方式、应对工序等应对方面的特征属性，因为同一类突发事件的应对目标、方式、手段和过程不同，物资需求也不同。③应急物资需求的描述。包括应急物资的数量需求、质量需求和结构需求。

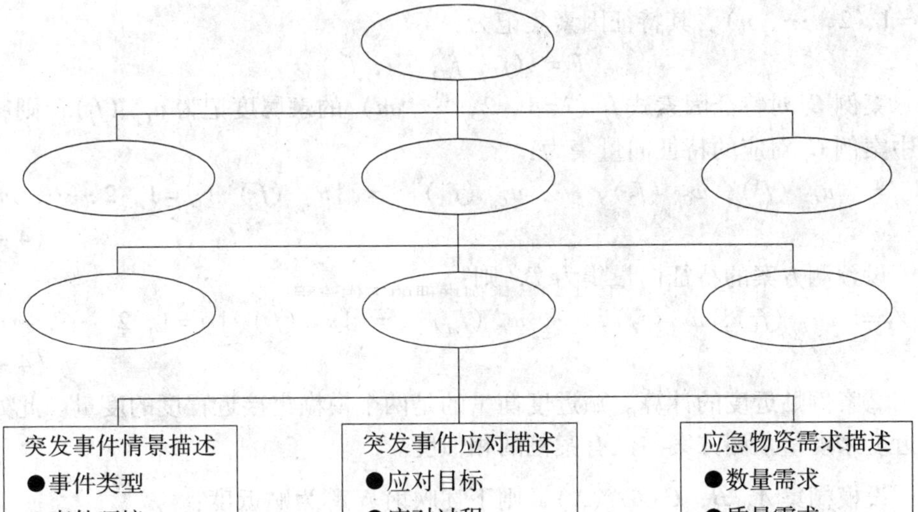

图 4－2　应急物资需求案例内容与组织结构

案例的表达是一种基于知识的表达方式，为了便于后面的检索和适配，案例的表达要遵循一定的规则。一个案例可以由多个属性构成，用集合表达为 $A=\{A_1, A_2, \cdots, A_n\}$，其中的属性 A_i（$i=1, 2, \cdots, n$）又可以根据需要进一步细化为 $A_i=\{A_{i1}, A_{i2}, \cdots, A_{in}\}$。按照这种属性结构，一个案例由多个层次的属性构成，整个案例库则由不同属性层次上的案例关联而成，形成一个类似于关系型数据库的应急物资需求案例，如图 4-2 所示。

（2）物资需求案例的模糊推理过程。根据应急物资需求预测的特点，把模糊推理与 CBR 相结合，在应急物资需求案例的模糊推理模型中，其推理过程如下：①首先对应急物资需求案例进行模糊化描述和处理，并确定新的预测方案在各特征因素下的隶属度，建立起描述问题的模糊集。②对已有的案例库中的各案例都建立起对各特征因素的隶属度，即每一个案例都相对应于一个模糊集。这样，就可以计算出新的预测方案与案例库中各案例的相似度，实现模糊匹配，找到在新的环境条件下与已有案例最相近的案例。③比较新的预测结果与检索出的已有案例的差别，并结合专业知识进行反复修正，使之与当前突发事件的特征相一致，得到在特定环境条件下应对某类突发事件的应急物资需求预测方案。④将新的预测结果作为一个案例加入到案例库中，以便下次进行决策时使用。

具体的推理过程如下：

①物资需求案例的模糊化描述。设案例库中有 n 个案例，第 i 个案例记为 C_i（$i=1, 2, \cdots, n$）。其特征因素集记为：

$$F=(f_1, f_2, \cdots, f_m)$$

案例 C_i 对特征因素式 f_j（$j=1, 2, \cdots, m$）的隶属度记为 $u_{C_i}(f_j)$，则案例库中案例 C_i 对应的特征向量集为：

$$V_{c_i}=\{u_{C_i}(f_1), u_{C_i}(f_2), \cdots, u_{C_i}(f_m)\}=\{u_{C_i}(f_j) \mid j=1, 2, \cdots, m\} \tag{4-1}$$

设预测方案的特征向量集为 T，则：

$$V_T=\{u_T(f_1), u_T(f_2), \cdots, u_T(f_m)\}=\{u_T(f_j) \mid j=1, 2, \cdots, m\} \tag{4-2}$$

②案例贴近度的计算。贴近度衡量的是两个模糊集接近程度的度量。此处用贴近度来度量预测方案与已有案例的相似度。

设模糊集 $\tilde{A}, \tilde{B}, \tilde{C} \in \tilde{\psi}(X)$，则下述映射 N 称为贴近度：

$$N: \tilde{\psi}(X) \times \tilde{\psi}(X) \rightarrow [0, 1] \tag{4-3}$$

且满足条件：

$$N(\tilde{A}, \tilde{A})=1, N(X, \varnothing)=0, N(\tilde{A}, \tilde{B})=N(\tilde{B}, \tilde{A})$$

若 $\tilde{A}\subseteq\tilde{B}\subseteq\tilde{C}$，则 $N(\tilde{A},\tilde{C})\leqslant N(\tilde{A},\tilde{B})\leqslant N(\tilde{B},\tilde{C})$

贴近度计算方式有多样，但无论采用哪种模式，都满足上述定义。此处采用测度贴近度，则有：

$$N(A,B)=\frac{\int(\tilde{A}(x)\wedge\tilde{B}(x))\mathrm{d}x}{\int(\tilde{A}(x)\vee\tilde{B}(x))\mathrm{d}x} \tag{4-4}$$

若 x 为有限集合 $\{x_1, x_2, \cdots, x_m\}$，则式（4-4）可表示为：

$$N(\tilde{A},\tilde{B})=\frac{\sum_{j=1}^{m}(u_{\tilde{A}}(x_j)\wedge u_{\tilde{B}}(x_j))}{\sum_{j=1}^{m}(u_{\tilde{A}}(x_j)\vee u_{\tilde{B}}(x_j))} \tag{4-5}$$

在用案例特征对案例进行相似匹配的过程中，各个特征的影响是各不相同的，所以在相似性判断运算中赋予各特征因素以不同的权重是很有必要的。

令特征因素 $\{f_1, f_2, \cdots, f_m\}$ 的影响权重集为 $\{w_1, w_2, \cdots, w_m\}$，且满足：

$$\sum_{j=1}^{m}w_j=1,\ j=1,2,\cdots,m \tag{4-6}$$

则（4-5）式可改写为：

$$N(\tilde{A},\tilde{B})=\frac{\sum_{j=1}^{m}w_j(u_{\tilde{A}}(x_j)\wedge u_{\tilde{B}}(x_j))}{\sum_{j=1}^{m}w_j(u_{\tilde{A}}(x_j)\vee u_{\tilde{B}}(x_j))} \tag{4-7}$$

③特征因素权重的计算。通常在不同的决策环境下，同一特征因素对决策输出会有不同的影响。令 $u(f)$ 表示案例在特征因素为 f 时的取值，当 $u(f)$ 在分类 $C=(C_1, C_2, \cdots, C_n)$ 中的分布差异较大时，说明此分类因素对分类判别作用大，应取较高的权重值；反之，当 $u(f)$ 在分类中的分布差异较小时，说明此分类因素对分类判别作用不大，应取较低的权重值。

因此，可将案例库中的每一案例当作一类，案例 C_i 在特征因素 f_j 下的取值 $u(f_j)$ 为该案例在特征因素 f_j 下的隶属度 $u_{C_i}(f_j)$，并令：

$$\bar{u}(f_j)=\frac{u_{c_1}(f_j)+u_{c_2}(f_j)+\cdots+u_{c_n}(f_j)}{n}=\frac{1}{n}\sum_{i=1}^{n}u_{c_i}(f_j) \tag{4-8}$$

所以：

$$\delta(f_j)=\left[\frac{\sum_{i=1}^{n}(u_{c_i}(f_j)-\bar{u}(f_j))^2}{n}\right]^{\frac{1}{2}} \tag{4-9}$$

可求出各特征因素的权重 w_j 为：

$$w_j=\frac{\delta(f_j)}{\sum_{j=1}^{m}\delta(f_j)},\ j=1,\ 2,\ \cdots,\ m \tag{4-10}$$

④案例的相似性判断。利用式（4-4）和式（4-7），逐步计算出突发事件的特征因素与案例库中各案例特征因素的贴近度，把贴近度作为相似度，取超过相似度阀值 τ 的案例中的需求作为最终的需求预测结果。

$$N(\tilde{T},\ \tilde{C})=\frac{\sum_{j=1}^{m}w_j(u_{\tilde{T}}(f_j)\wedge u_{\tilde{C}_j}(f_j))}{\sum_{j=1}^{m}w_j(u_{\tilde{T}}(f_j)\vee u_{\tilde{C}_j}(f_j))}\geqslant\tau,\ j=1,\ 2,\ \cdots,\ m \tag{4-11}$$

满足式（4-11）的案例均为相似案例，其中 $N(\tilde{T},\ \tilde{C}_i)$ 最大者为最相似案例，取最相似案例中的物资需求，经专家适当修正调整以后，即为此次突发事件发生后物资需求的预测结果。

（三）仿真算例

以对某次地震突发事件发生后的应急物资需求预测为例，设地震物资需求案例库中存有4个地震事件的物资需求案例，即 $C=(C_1,\ C_2,\ C_3,\ C_4)$，每个案例 C_i 中都包含有过去某次地震事件中的物资需求信息，包括物资的数量需求、质量需求和结构需求。假设每次地震事件中应对目标、应对方式和应对过程都相同，则影响物资需求的因素只与地震突发事件的情景信息有关，在这里假设抽取5个主要反映地震情景的特征因素，$F=$｛震级大小，地震持续时间，地震波及范围，震区人口密度，震区经济状况｝，4个已有地震物资需求，案例对5个地震情景特征因素的隶属度分别为：

$$u_{c_1}(f)=\frac{0.8}{f_1}+\frac{0.7}{f_1}+\frac{0.4}{f_1}+\frac{0.3}{f_1}+\frac{0.6}{f_1}$$

$$u_{c_2}(f)=\frac{0.6}{f_1}+\frac{0.6}{f_1}+\frac{0.8}{f_1}+\frac{0.9}{f_1}+\frac{0.7}{f_1}$$

$$u_{c_3}(f)=\frac{0.4}{f_1}+\frac{0.6}{f_1}+\frac{0.8}{f_1}+\frac{0.8}{f_1}+\frac{0.6}{f_1}$$

$$u_{c_4}(f)=\frac{0.9}{f_1}+\frac{0.8}{f_1}+\frac{0.8}{f_1}+\frac{0.8}{f_1}+\frac{0.7}{f_1}$$

现在需要对一次新的地震突发事件发生后的物资需求作出预测，设物资的需求预测方案为 T，该次地震对5个特征因素的隶属度分别为：

$$u_T\ (f)\ =\frac{0.5}{f_1}+\frac{0.7}{f_1}+\frac{0.7}{f_1}+\frac{0.8}{f_1}+\frac{0.6}{f_1} \tag{4-12}$$

由式（4－8）得：

$\bar{u}(f_1)=0.68$，$\bar{u}(f_2)=0.68$，$\bar{u}(f_3)=0.7$，$\bar{u}(f_4)=0.65$，$\bar{u}(f_5)=0.65$；

由式（4－9）得：

$\delta(f_1)=0.192$，$\delta(f_2)=0.083$，$\delta(f_3)=0.173$，$\delta(f_4)=0.05$，$\delta(f_5)=0.05$；

由式（4－10）可计算出各特征因素的权重：

$w_1=0.35$，$w_2=0.15$，$w_3=0.32$，$w_4=0.09$，$w_5=0.09$。

根据以上计算结果，可分别计算出 T 与各案例的相似度（4－13）：

$$N\ (\tilde{T},\ \tilde{C}_1)\ =\frac{\sum_{j=5}^{m} w_j(u_{\tilde{T}}(f_j)\ \wedge\ u_{\tilde{C}_j}(f_j))}{\sum_{j=5}^{m} w_j(u_{\tilde{T}}(f_j)\ \vee\ u_{\tilde{C}_j}(f_j))}=0.36 \tag{4-13}$$

同理，可求出 $N(\tilde{T},\tilde{C}_2)=0.66$，$N(\tilde{T},\tilde{C}_3)=0.86$，$N(\tilde{T},\tilde{C}_4)=0.66$。通过比较各相似度的大小，可以得知此次地震事件与已有案例库中 C_3 案例比较相似，所以，此次地震事件的物资需求预测结果与案例 C_3 中的物资需求比较相似。在案例 C_3 物资需求的基础上，结合专家意见适当修改、调整，即可得到此次地震事件中物资需求的预测结果，其中包含物资数量需求、质量需求和结构需求。

本节在对应急物资需求深入分析的基础上，针对应急物资需求预测的特点和传统预测方法的不足，提出了基于案例推理的物资需求预测方法，给出了案例的模糊推理模型，并且通过仿真算例检验验证了所提方法的正确性和科学性。

在物资需求分析部分，分析了物资需求的特点，重点分析了物资需求的内容，包括物资数量需求、物资质量需求和物资结构需求，三类需求构成了物资需求的内容，三者是相互联系的，这样也增加了对物资需求分析与预测的维度，单纯只考虑某方面内容的物资需求是不全面的。

在物资需求预测部分，针对物资需求预测中信息不完全、结构不良、时间紧、问题复杂等特点，传统的预测方法不能很好地解决这类问题的预测，这里把案例推理技术应用到对物资需求的预测中，提出了基于 CBR 的物资需求预测方法，并对物资需求案例的模糊推理过程进行了深入研究，通过仿真举例表明该方法是有效的。

解决了应急物资的需求预测，接下来将介绍为满足需求而进行的应急物资采购管理。

阅读材料 4.1

灾害应急物资需求预测模型研究

傅志妍 陈 坚

一、引言

“5·12”汶川大地震造成灾区交通、通信中断，灾区成为一座座陆地“孤岛”，灾区物资需求信息无法获取，对应急物资的筹集、供应造成重大影响。灾害应急物资需求预测的准确性直接关系到救灾实施效率。传统灾害物资需求预测仅以专家经验判断为主，尚没有成熟的预测方法，加上突发事件具有非例行性、不确定性等特点，更增加了对应急物资需求预测研究的难度。但是，在突发事件类型相同、发生环境相似、处理方式相同的前提条件下，应急物资的需求也具有相近性。因此可以考虑利用历史数据建立案例库，通过选取相似源案例并从中抽取决定物资需求的关键因素，考虑此次灾区的基本情况，建立案例推理——关键因素模型进行灾害应急物资需求预测。

二、灾害应急物资需求内容

(1) 应急物资的数量需求。应急物资的数量需求是物资需求内容中最基本、最重要的一项，指突发灾害事件发生后，为保障灾区人民的基本生活物资需求所必需的最小的物资需求数量。如汶川地震中某地区一天需要“方便面 1 000 箱，矿泉水 2 000 箱”等。

(2) 应急物资的质量需求。应急物资的质量需求是指物资供应的及时性、物资供应数量的准确性、物资的安全性和成本等方面的要求。如地震事件中造成灾区交通中断，物资的及时供应受到阻碍。而信号中断则给物资需求数量的信息搜集造成困难，这些都属于应急物资的质量需求。

(3) 应急物资的结构需求。应急物资的结构需求主要是指需求的各类物资之间的结构比例关系，用一个相对的指标来刻画，通常用数量比来表示。突发事件的类型通常决定着物资的结构需求，不同类型的突发事件需要不同种类的物资需求组合。如在抗震救灾中，对伤员进行紧急抢救时，不仅要考虑到医药品的需求量，同时还要考虑到一定比例的配套医疗器械的需求量，这些不同类型的物资之间存在着一定的数量比例关系。

三、案例推理——关键因素模型

案例推理技术首先是对目标案例进行数学特征描述，根据这些特征，采用归一化后的欧氏算法从案例库中检索出最佳相似案例，然后确定出决定物资需求的关键因素，再根据源案例中相关关键因素的数据，构建案例推理——关键因素模型进行目标案例的物资需求预测（如下图所示）。

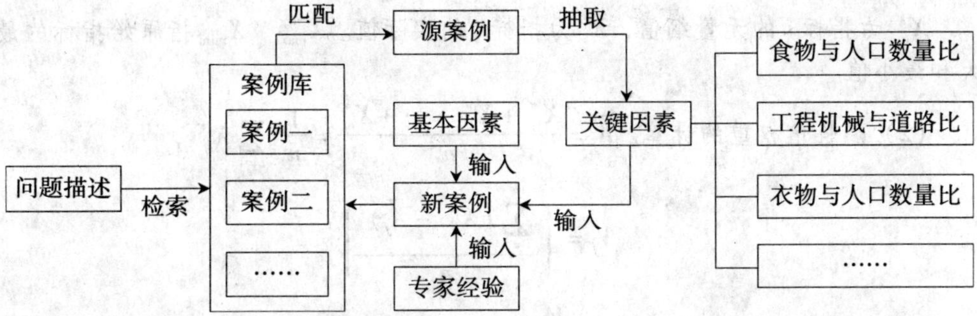

1. 案例的表示

假设案例库中有 n 个案例，记源案例集为 $C=\{C_1, C_2, \cdots, C_n\}$；每个案例有 m 个属性，记属性集为 $F=\{F_1, F_2, \cdots, F_m\}$；属性 F 的影响权重集为 $w=\{w_1, w_2, \cdots, w_m\}$，且满足 $\sum_{j=1}^{m} w_j=1$，$j=1, 2, \cdots, m$；记新目标案例为 $T=\{T_1, T_2, \cdots, T_m\}$，构造属性矩阵如下：

$$X=\begin{vmatrix} X_{11} & X_{12} & \cdots & X_{1m} \\ X_{21} & X_{22} & \cdots & X_{2m} \\ \vdots & \vdots & \cdots & \vdots \\ X_{n1} & X_{n2} & \cdots & X_{nm} \end{vmatrix}$$

上式中，X_{ij} 代表第 i 个案例的第 j 个属性值。

2. 最佳相似源案例的确定

采用相似度计算方法——欧氏距离算法来确定最相似源案例，在运用欧式距离算法之前，把案例属性值按照某种函数归一化到某一无量纲区间并且使所有的相关属性归一化到同一数量级内，以便计算结果能更准确地反映源案例与目标案例之间的匹配程度。

（1）属性值归一化。如果各因素的量纲不同并且属性间的数量级悬殊，那么就要对原始矩阵的数据进行归一化处理，从而使得每一指标值统一于某种共同的数值特性范围。

$$X_i^*=\begin{cases} 0 & X_i \leqslant X_{\min i} \\ \dfrac{X_i-X_{\min i}}{X_{\max i}-X_{\min i}} & X_{\min i} \leqslant X_i \leqslant X_{\max i} \\ 1 & X_{\max i} \geqslant X_i \end{cases} \tag{1}$$

式中，$\begin{cases} X_{\max i} = \max\ \{X_1,\ X_2,\ \cdots,\ X_m\} \\ X_{\min i} = \min\ \{X_1,\ X_2,\ \cdots,\ X_m\} \end{cases}$

X_i^* 为指标 i 的无量纲值，X_i 为指标 i 的实际值。$X_{\max i}$、$X_{\min i}$ 指原始指标的最大和最小值。

（2）属性值权重的计算。$\bar{A}_j = \frac{X_{1j}^* + X_{2j}^* + \cdots + X_{nj}^*}{n} = \frac{1}{n}\sum_{i=1}^{n} X_{ij}^*$，

$$V_j = \left[\frac{\sum_{i=1}^{n}(X_{ij}^* - \bar{A}_j)^2}{n}\right]^{\frac{1}{2}}$$

则各属性值的权重为：$w_j = \frac{V_j}{\sum_{j=1}^{m} V_j}$，$j = 1,\ 2,\ \cdots,\ m$

（3）欧氏距离算法。欧氏距离公式如下：$d_{ti} = \left[\sum_{j=1}^{m} w_j (X_{ij}^* - T_j)^2\right]^{\frac{1}{2}}$

式中，T_j 为目标案例第 j 个属性的值，d_{ti} 为新目标案例 T 与源案例库中第 i 个案例之间的欧氏距离，d_{ti} 越小说明它们之间越相似。

属性值归一化后，采用以下公式计算案例相似度，确定最佳相似案例。

$$d_{ti} = \left[\sum_{j=1}^{m} w_j (X_{ij}^* - T_j^*)^2\right]^{\frac{1}{2}} \tag{2}$$

3. 关键因素确定及相关需求预测

（1）关键因素确定。确定最近相似源案例后，分析其物资需求的品类和结构，抽取出决定主要物资需求的关键因素，如灾区的人口数量、灾区面积等。

假设最近相似源案例中，主要物资需求种类有食品类、衣物类、工程器械类 3 种，其中食品类、衣物类的物资需求量都是由灾区人口数量直接决定的，而工程机械类需求量则由受损的道路面积、房屋面积等决定，因此，关键因素即为灾区人口数量和道路面积。

（2）目标案例的物资需求预测。假设最近相似源案例中的灾区人口数量为 M，受损道路面积为 S，食品类、衣物类、工程机械类需求数量分别为 N_1、N_2、N_3。K_1、K_2、K_3 分别为食品需求量与人口数量比、衣物需求量与人口数量比、工程器械需求量与道路面积比，即 $K_1 = \frac{N_1}{M}$，$K_2 = \frac{N_2}{M}$，$K_3 = \frac{N_3}{S}$；目标案例中的灾区人口数量为 M^T，受损道路面积为 S^T。

则目标案例中食品类、衣物类、工程机械类的需求数量 N_1^T，N_2^T，N_3^T 的确定如下：

$$N_1^T = M^T K_1 \tag{3}$$

$$N_2^T = M^T K_2 \tag{4}$$

$$N_3^T = S^T K_3 \tag{5}$$

4. 模型构建

基于案例推理——关键因素模型，确定应急物资需求预测模型的步骤如下：

Step 1：根据案例推理技术，对案例进行数学表示；

Step 2：引入归一化效用函数，对属性值进行归一化处理；

Step 3：应用欧氏距离算法，确定最佳相似源案例；

Step 4：分析最佳相似源案例及灾区实际情况，确定关键因素；

Step 5：根据关键因素，对目标案例进行相应的物资需求预测。

5. 实例分析

以汶川地震发生后的应急物资需求预测为例，设案例库中有3个地震事件的物资需求案例，即 $C=\{C_1, C_2, C_3\}$，每个案例 C_i 中都包含有过去某次地震事件中的物资需求信息，包括物资的数量需求、质量需求和结构需求。假设每次地震事件中应对目标、应对方式和应对过程都相同，则影响物资需求的因素只与地震突发事件的情景信息有关。抽取4个主要的情景特征因素，$F=$｛震级大小，地震持续时间，地震波及范围，震区人口密度｝。目标案例汶川地震的4个属性值分别为8里氏、60秒、10万平方千米、26人/平方千米。即：

$T=\{T_1, T_2, T_3, T_4\} = \{8, 60, 10, 26\}$

3个源案例的属性值矩阵如下：

$$X = \begin{vmatrix} X_{11}, X_{12}, X_{13}, X_{14} \\ X_{21}, X_{22}, X_{23}, X_{24} \\ X_{31}, X_{32}, X_{33}, X_{34} \end{vmatrix} = \begin{vmatrix} 7.8, 40, 8, 30 \\ 8.0, 55, 9, 20 \\ 7.6, 60, 6, 20 \end{vmatrix}$$

故 $X^* = \begin{vmatrix} 0.50, 0.00, 0.50, 1.00 \\ 1.00, 0.75, 0.75, 0.00 \\ 0.00, 1.00, 0.00, 0.00 \end{vmatrix}$；$T^* = (1, 1, 1, 0.6)$

最后可计算出目标案例与3个源案例的相似度：

$d_{t1}=0.65$；$d_{t2}=0.44$；$d_{t3}=0.74$。通过比较各相似度的大小，可知汶川地震事件与案例 C_2 比较相似。所以，此次地震事件的物资需求预测可参照案例 C_2 的关键因素比值。

案例 C_2 中，$M=50\,000$（人），$S=1\,000$（平方千米），$N_1=10\,000$（吨），$N_2=60\,000$（件），$N_3=500$（辆）；$M^T=60\,000$（人），$S^T=1\,500$（平方千米）。

故目标案例的物资需求预测结果为：

$N_1^T = 12\ 000$（吨），$N_2^T = 72\ 000$（件），$N_3^T = 750$（辆）。

四、结束语

本文运用归一化处理后的欧氏算法，寻求最佳相似源案例，并根据目标案例的实际情况确定关键因素，建立了案例推理——关键因素物资需求预测模型。同时将模型运用于“5·12”汶川大地震实例分析中，验证了模型的科学性和有效性。但该模型仅对灾害应急物资的数量需求进行了预测，质量需求和结构需求在模型中的体现有待于进一步研究。

（资料来源：《物流科技》2009 年第 10 期）

第二节　应急物资的采购管理

应急物资采购是应急物流中的一项重要组成部分，本节内容将物资储备分为实物储备和合同储备。即以政府实物储备为主，而时效性强的物资则委托企业进行合同储备，发生突发事件时启动合同储备。本节还从应急采购供应商管理机制建立的必要性研究出发，探讨了应急采购供应商管理的主要职责，并简要分析了当前应重点加强的几项工作。

一、应急物资采购概述

应急物资采购是指在抗灾抢险、战时动员等紧急状态下，为完成急迫任务而进行的采购活动。在应急采购活动中对应急物资的供应商进行了解、评价、开发、使用和控制是保证应急物资采购质量的必要工作。应急采购主要具有以下特点：

（一）时间上的紧迫性

应急采购活动常常关系到关乎国家安全或人民生命财产和安全的紧急事件，它要求采购时间短，采购程序也要紧凑且简单。由于应急采购自身目的的重要性，它对采购对象的质量等指标的要求也很高。如在汶川地震后的采购活动中，大到灾后居民临时居住的房屋，小到卫生口罩，国家卫生及质检部门都制定了较为严格的标准，因此对采购活动本身也提出了较高要求。

（二）采购部门单一，供应部门多元化

一般物流采购，在采购流程优化时，通常通过对供应商进行严格的筛选，减

少供应商的数量，从而保证采购商品的质量与采购成本的低廉。应急采购活动由于其特有的目的性和紧迫性，采购主体一般是单枪匹马地在采购市场中活动，而无法像平时进行有计划、大批量采购时那样，可采用“强强联合”或“价格联盟”等办法来提高采购效益。而同时，应急采购的供应商往往不是单一的某个生产或销售单位，这是由于应急采购的对象不一定是某种特殊商品而导致的，这样又为应急采购的最后选择制造了一个难题。

（三）采购方法多变，采购行为规范化

由于应急采购活动比较紧迫，采购部门会根据采购时限的要求有选择地利用相应的采购方式。但近年来，随着我国采购法规建设的加强，《政府采购法》、《招标投标法》等法规的出台，一方面加强了采购活动的规范性，另一方面也可能使采购活动的开展时间延迟。

应急物流采购的这些特点迫使政府必须考虑与企业建立长期的合作关系，严格执行国家有关政府采购的法律法规，坚持公开、公平、公正的原则，实行公开招标采购，对于一般性的自然灾害，其需求的目录相对稳定，可以对供应商进行筛选，健全现有的储备制度，制定严格明晰的标准，提高要求，与应急物资储备相配合。

在进行应急物资采购时，应开辟多种渠道以保证物资的质量。应特别注意对应急物资需求规律的分析，在此基础上制订科学合理的采购计划。同时，还要尤其注意应急物资的质量问题，紧急状态下可先征用、后补偿。通过与供应商建立长期的合作关系，建立稳固的供需联盟，对于应急物资的快速供应和高品质供应具有重要保障作用。

二、应急物资实物储备的供应商选择

在库存中通常把应急物资分为关键物资、重要物资、普通物资、瓶颈物资四类。在储备这四类物资时，需要对提供这些物资的供应商采取不同的策略，如对于关键物资、重要物资，必须与供应商建立长期合作伙伴关系；对于普通物资，应该采用多目标最优化策略，综合考虑交货、质量、价格等因素；而对于瓶颈物资，在多目标最优化策略中更应强调交货的准时性。以下主要针对普通应急物资实物储备的采购问题进行供应商选择。

（一）选择供应商的主要影响因素

考虑到应急物流具有以时间效益最大化和灾害损失最小化为目标的特点，在进行供应商选择时主要对下列三个影响因素进行分析：

1. 交货准时性因素

应急物流本身追求时间效益最大化，所以交货准时性是非常重要的影响因素。它是指供应商按照订货方所要求的时间和地点，将指定产品准时送到指定地点，可以通过按时交货率来反映。如果供应商的交货准时性较低，必然会影响应急物流系统的物资筹措计划和物资调度计划，当自然灾害或突发公共事件发生后，应急物资供应方面会出现非常被动的局面，造成的后果极其严重，因此交货准时性是影响供应商选择的非常重要的因素。

2. 质量因素

质量因素主要是供应商所供给的产品符合应急物流系统要求的质量规范的程度，可以用合格品占总供货的百分比来表示。应急物资的质量是开展应急救援工作的基本保障。如果应急物资质量低劣，会使得应急救援工作陷入困境，带来一些消极的影响；而如果保证应急物资的高质量，则能让应急救援工作开展得较为顺利，是取得应急救援工作成功的先决条件。因此，质量是供应商选择的一个重要因素，应急物流系统应该建立起一套较为完善的质量考核制度和标准，不仅对供应商提供的产品本身进行严格的检测，还要对其质量体系和保证能力进行全面考核，以确保其具备良好的质量保证能力来提供优质的产品。

3. 采购成本因素

采购成本主要是指供应商所供给的产品以及运输过程带来的成本。在一般企业中进行供应商选择时，通常将采购成本作为最重要的因素进行考虑。对于应急物流来说，因为应急物资的采购数量一般较大，所以采购成本因素显得十分必要。

除了上述三个主要影响因素外，还有一些其他因素，如供应商的技术能力、供应能力、服务水平、信誉以及供应商的地理位置因素等，在具体情况下它们也会最终影响应急物资供应商的选择。

（二）多目标决策选择供应商的模型

针对普通应急物资的采购情况，即综合考虑交货准时性、质量、采购成本等因素，采用多目标最优化策略，构建如下：

目标函数：

$$\min Z = (Z_1, Z_2, Z_3) \tag{4-14}$$

s. t.

$$Z_1 = \sum_{i=1}^{m}\sum_{j=1}^{n} Q_{ij} X_{ij} \tag{4-15}$$

$$Z_2 = \sum_{i=1}^{m}\sum_{j=1}^{n} R_{ij} X_{ij}$$

$$Z_3 = \sum_{i=1}^{m}\sum_{j=1}^{n} P_{ij}X_{ij}$$

$$\sum_{i=1}^{m} X_{ij} \geqslant D_j$$

$$X_{ij} \leqslant \min\ (o_{ij}^{u},\ C_{ij}^{u})\ V_i$$

$$X_{ij} \geqslant \max\ (o_{ij}^{1},\ C_{ij}^{1})\ V_i$$

$$\sum_{i=1}^{m} V_i = P,\ V_i \in\ (0,\ 1),\ i=1,\ 2,\ \cdots,\ m$$

其中：

Q_{ij}表示从第 i 个供应商采购第 j 种物资的未按时交货率；

R_{ij}表示从第 i 个供应商采购第 j 种物资的不合格率；

P_{ij}表示从第 i 个供应商采购第 j 种物资的成本；

决策变量 X_{ij}表示从第 i 个供应商采购第 j 种物资的数量；

D_j 表示应急时期内物资 j 的总需求量；

o_{ij}^{u}表示供应商 i 的应急物资 j 的最大订单量；

C_{ij}^{u}表示供应商 i 的应急物资 j 的最大产能；

o_{ij}^{1}表示供应商 i 的应急物资 j 的最小订单；

C_{ij}^{1}表示供应商 i 的应急物资 j 的最小成交量；

$V_i=1$，表示选择供应商 i；$V_i=0$，表示不选择供应商 i；

$X_{ij} \geqslant 0$，$i=1,\ 2,\ \cdots,\ m$；$j=1,\ 2,\ \cdots,\ n$。

（三）模型的解法

求解多目标极小化模型的基本思路是，构建一个把多目标转化为一个数值目标的评价函数，一般常用线性加权和法。线性加权和法是根据各个目标在问题中的重要程度，分别赋予它们一个数作为相应目标的系数，然后把这些带系数的目标相加来构造评价函数。极小化由该评价函数所构成的数值函数，其最优解即作为原多目标极小化问题的解。

第一步：按各目标f_i（$i=1,\ 2,\ \cdots,\ m$）在模型中的重要程度，给出一组对应的权系数 $w_1,\ \cdots,\ w_m$。

其中 $w_i \geqslant 0$（$i=1,\ 2,\ \cdots,\ m$），并且 $\sum_{i=1}^{m} w_i = 1$。

第二步：极小化线性加权和函数。

将问题 $u(f) = \sum_{i=1}^{m} w_i f_i$ 转化为问题 $\min \sum_{i=1}^{m} w_i f(x)$，

解出最优解 x。

（四）仿真算例

下面是从4个供应商中选择3个供应商采购应急物资A和B的例子，应急物资A和B的总需求量分别是6 000和7 000。假定权系数和基础数据如表4－2和表4－3所示。

表4－2 各目标权系数

目标f_i	未按时交货率（%）	不合格率（%）	成本
权系数w_i	0.5	0.25	0.25

表4－3 各供应商基础数据

	供应商1		供应商2		供应商3		供应商4	
未按时交货率（%）	应急物资A	应急物资B	应急物资A	应急物资B	应急物资A	应急物资B	应急物资A	应急物资B
	5.8	5.8	1.8	1.8	0.5	0.5	2.3	2.3
不合格率（%）	3.2	3.2	2.5	2.5	2.8	2.8	3.0	3.0
成本（元）	200	250	230	280	250	260	210	275
最大订单量	5 000	4 000	3 000	3 000	6 000	6 000	3 000	3 000
最大产能	5 000	4 000	4 000	4 000	3 000	3 000	2 500	2 500
最小订单量	8 000	8 000	10 000	10 000	9 000	9 000	12 000	12 000
最小成交量	1 000	1 000	1 200	1 200	800	800	1 200	1 200
采购量	X_{11}	X_{12}	X_{21}	X_{22}	X_{31}	X_{32}	X_{41}	X_{42}

利用Lingo8.0将数据代入模型，程序如下：

min =0.5 * 5.8（$X_{11}+X_{12}$）+1.8 *（$X_{21}+X_{22}$）+0.5 *（$X_{31}+X_{32}$）+2.3 *（$X_{41}+X_{42}$）+0.25 *（$X_{21}+X_{22}$）+2.5 *（$X_{21}+X_{22}$）+2.8 *（$X_{31}+X_{32}$）+3.0 *（$X_{41}+X_{42}$）+0.25 *（200 * X_{11} +250 * X_{12} +230 * X_{21} +280 * X_{22} +250 * X_{31} +260 * X_{32} +210 * X_{41} +275 * X_{42}）

sets

varl/1.4/：v　　　　X_{41} < =2500 * V（1）

endsets

@for（var（1）：@bin（V（1））

（$X_{11}+X_{21}+X_{31}+X_{41}$）> =6000：

（$X_{12}+X_{22}+X_{32}+X_{42}$））=7000：

X_{11} < =5000 * V（1）：

X_{12} < =4000 * V（1）：

X_{22} < =3000 * V（2）：

X_{22} < =3000 * V（2）：

X_{31} < =3000 * V（3）：

X_{32} < =3000 * V（3）：

X_{42} < =2500 * V（1）

X_{11} > =1000 * V（1）：

X_{12} > =1000 * V（1）：

X_{21} > =1200 * V（2）：

X_{22} > =1200 * V（2）：

X_{31} > =900 * V（3）：

X_{32} > =900 * V（3）：

X_{41} > =1200 * V（4）：

X_{42} > =1200 * V（4）：

V（1）+V（2）+V（3）+V（4）=3：

计算机结果如下：

Global optimal solution found at iteration：　11

Objective value　799805.0

Variable	Value	Reduced Cost
X_{11}	3900.000	0.000000
X_{12}	2800.000	0.000000
X_{21}	0.000000	5.325000
X_{22}	0.000000	5.325000
X_{31}	900.0000	0.000000
X_{32}	3000.000	0.000000
X_{41}	1200.000	0.000000
X_{42}	1200.000	0.000000
V（1）	1.000000	0.000000
V（2）	0.000000	0.000000
V（3）	1.000000	8025.000
V（4）	1.000000	6180.000

如果采用以下几种权系数，将得出不同的结果，具体计算结果如表 4 - 4 所示。

表 4-4 不同权系数情况下的计算结果

变量	权重		
	$w_1=0.5$，$w_2=w_3=0.25$	$w_1=0.7$，$w_2=w_3=0.15$	$w_1=0.4$，$w_2=w_3=0.3$
X_{11}	3 900	2 600	3 900
X_{12}	2 800	2 800	4 000
X_{21}	0	0	0
X_{22}	0	0	0
X_{31}	900	900	900
X_{32}	3 000	3 000	3 000
X_{41}	1 200	2 500	1 200
X_{42}	1 200	1 200	1 200

三、应急物资采购的供应商管理

应急物资采购的供应商管理是供应链的一个基本而重要的环节，它建立在对应急物资供应商以及与供应相关信息的有效管理和充分运用的基础上，针对应急采购的特点，对供应商的现状、历史、提供物资、沟通、合同、资金、合作关系以及相关的业务决策等进行全面的管理和支持。应急采购活动产生于非常状态下，其资金流、信息流及物流都存在一定的风险性，供应商作为物流的始发点，是资金流的起点，又是信息流的端点，建立有效的供应商管理机制将有助于在应急采购活动中提高效益、规避风险。

（一）建立良好的供应商管理机制的必要性

供应商管理是指对供应商的了解、选择、开发、使用和控制等综合性管理工作的总称，其目的是要建立起一个稳定可靠的供应商队伍，为物资需求部门提供物资供应。在应急采购中建立良好的供应商管理机制有三个方面的益处：

1. 有利于在紧急条件下选择正确的供应商

对供应商的评价一般包含两个方面：一是对供应商生产的评审；二是对供应商绩效的评估。随着采购理论的发展与采购活动的深入，物资采购部门对供应商的评价有一套较为科学和完整的程序。但相关程序往往是以充足的时间为基础的，不可能满足应急采购活动的紧迫性和突发性。如何在一种非常状态下选择最佳的供应商已成为应急采购首先要解决的问题。可靠的供应商管理机制要求供应商遵循“5R 原则”，即适价（Right Price）、适质（Right Quality）、适时（Right Time）、适量（Right Quantity）、适地（Right Place）。其中适价、适质是应急采购的基本要求，适时、适量、适地是应急采购的核心要求，供应商的选择要以此为标准，方能为采购部门在短期内选择正确、合适的供应商。

2. 有利于建立长期稳定的合作伙伴关系

应急采购供应商的选择受时间和范围的限制，物资采购部门首先会考虑从现有供应商中选取符合要求的供应商。通过必要的供应商管理，有助于采购部门与供应商建立相互信任、长期合作的关系，大大减少日常问题的解决时间，使双方集中精力搞好长期性预测和计划工作，从而有效降低应急采购的不确定性给双方带来的风险。长期稳定的合作伙伴关系还有助于变事后控制为事中控制，能较好地满足应急采购对所需物品的特别要求，保证供应的连续性和准时性。

3. 有利于及时回应需求变化的要求

应急采购对物资采购部门的采购能力和供应商的生产能力都提出了较高要求。采购部门在较短的采购周期内，更为看重的是供应商的敏捷能力。而要提高这种敏捷能力，就必须运用供应链管理的思想，使链上各节的各组织专注于自身的一两项核心竞争力，最大化地利用其他节点组织的竞争优势，迅速适应不断变化的要求。作为供应商，应具有控制资源市场的能力，作为采购部门，要充分发挥采购职能的优势，只有通过有效的供应商管理，使采购方与供应商之间建立起高效的互动关系，才能提高供应商对采购需求的反应敏捷性。

（二）应急采购供应商管理的主要职能

（1）确立应急采购供应商管理的组织目标，制定实现目标的策略。由于应急采购任务同一般采购任务相比还有一些不同之处，因此在制定策略时更要侧重与供应商保持双赢的策略。设计一种能最大限度地降低风险的合理的供应结构，同供应商建立一种能促使供应商降低成本、提高质量的长期合作关系，发展和维持良好的供应商关系，确保供应商在应急采购任务中提供最优秀的服务。同时，要开发潜在的供应商。

（2）确定管理组织机构，分配人力资源。采购部门的根本目的就是实现应急采购的任务和目标，因此，对于供应商的管理也要以此为出发点和归宿点。责任、权利和利益三者之间是不可分割的，要协调、平衡和统一。应急采购任务的特点是时间短、需求量大、难度高，这就要求管理供应商的组织内部的专业化分工和协作。分别设立不同的专业部门，有利于提高管理工作的效率，在合理分工的基础上，各部门又必须加强协作和配合，才能保证各项工作的顺利开展，以达到组织的整体目标。

（3）组建团队，对供应商进行有效管理。应急采购供应商的管理组织机构在对供应商管理方面也充当了领导的角色，为了使应急采购任务顺利完成，管理组织机构要运用其法定的权力和自身影响力来影响供应商的行为，将其导向组织目标。管理组织机构要注重对供应商的鼓励和奖赏，发挥其主动性和积极性，改善其工作的客观条件，给予其合理的物质待遇，使供应商既有饱满的工作热情，又有主动负责的精神。当然，对于采购任务的要求要严格，必须按时、保质、保量地完成工作任务。

（4）评估执行情况，控制管理组织资源。对应急采购供应商的有效控制可以促使管理组织机构的任务按照计划规定的要求展开。管理组织机构要按照应急采购任务既定的目标计划和标准，对采购任务各方面的实际情况进行检查和考察。在评估的过程中发现差距、分析原因、采取相应的措施予以纠正，使采购任务能按原计划进行，或者根据客观情况的变化，对计划作出适当的调整，使其符合实际。在这个过程中要注意以下三个方面：一是要有明确的执行标准，如数量、时间、定额等；二是及时获得发生偏差的信息，如简报、原始记录、口头汇报等；三是纠正偏差的有效措施。只有符合以上三个条件，管理活动才能产生效力。

（三）加强应急物资采购供应商管理的措施

1. 实现信息交流与共享

在传统的采购活动中，采购方与供应商往往是在进行一种信息不对称状态下的博弈，结果导致“赢者灾难”，即供应商为了取得供应权而受损。在这种情况下，必然会给采购工作带来许多后遗症。因此，要在应急采购中建立合作伙伴关系，信息互动与沟通是首要问题。必要的信息交流有助于降低双方的不信任度，从而减少投机行为，更好地满足应急采购对时效和质量的高要求。一般可从以下三个方面着手此项工作：

（1）在供应商与采购方之间经常进行有关成本、作业规划、质量控制信息的交流与沟通，保持信息的一致性和准确性。

（2）供应商和采购方应经常互访，及时发现和解决各自在合作活动过程中出现的问题和困难，建立良好的合作氛围。

（3）使用电子数据交换和因特网技术进行快速的数据传输。

2. 强化监督控制

应急采购由于要求高、任务急、时间短，很容易造成供应商管理的混乱无序，从而降低采购效益，甚至滋生违法乱纪行为。搞好应急采购中的供应商管理工作，具体应完善以下四种制度：

（1）选择制度。进行供应商选择的负责人员，应在进行选择之前列出选择计划，并上交有关监管部门，经其批准后作为供应商选择的参考和最后检查的依据。

（2）评价制度。这主要是指对供应商的已有业绩进行评定，通过相应的量化评定，可为对其进行具体行为的考核提供详细的依据，同时也为采购监督控制提供信息支持。

（3）标准化作业制度。通过编制一个详细的作业手册，对供应流程进行规范，既为供应商提供具体的行动依据，又实现对供应商的全程监控。

（4）通报制度。应急采购的操作具有较大的弹性，作业过程中可能出现一些超出双方权限范围的事情，这就需要通过及时的信息互动，确保供应活动的有序进行。

3. 优化供应商队伍

应急采购活动具有较强的针对性，采购部门应综合相关供应商的情况，了解入选供应商的情况，综合平衡，择优选用。应急采购供应商的选择可从以下三个方面入手：①优先考虑采购部门已掌握的供应商，减少供应商调查和选择的时间；②优先考虑在时间、空间上最能满足需要的供应商，减少物资派送时间；③优先考虑大型或国有企业作为供应商，保证所供物资技术的领先性、质量的稳定性、货源的充足性。

建立多层次的供应商网络，逐步减少供应商的数量，有利于优化供应商队伍，提高供应商选择的效率和效益。一般来说，供应商越少，越有利于双方合作。但是，使用部门所需的零部件或原材料是多样的，因此不同的企业供应的数目不同。采购方应根据自己的情况选择适当数量的供应商，建立供应商网络，并依据80/20法则（80%的物资是由20%的供应商所提供的），区别对待不同层次的供应商，逐步减少供应商的数量，致力于和少数供应商建立战略伙伴关系，为应急采购工作构造一个较为稳定的作业环境。

应急物资的采购是应急物资保障的基础环节，采购工作的优劣直接关系到物资保障水平和应急物流目标的实现。及时快速、质优价廉、品目齐全、足量适用是对应急物资采购的基本要求。

选择好并管理好供应商是物资采购中一个十分重要的环节，在应急采购中尤为重要。这不仅直接关系到项目的成败和效果，而且关系到应急采购目标最终能否实现。建立有效的供应商管理机制有助于在应急采购活动中提高效率、规避风险。

第三节 应急物资的库存管理策略

应急物资的储存直接影响应急物流系统的反应速度和最终成效，储存大量的安全保障物资可以大大压缩从灾害发生到救灾完成的间隔时间，减少采购和运输量，减少相关成本。但它同时也会占用大量的流通资金，使成本上升，阻碍资金的周转速度，将造成极大的积压与浪费。将现代物流管理中的库存控制方法应用到应急物资的储存策略中，可以科学地确定应急物资储存的规模，有效地实现对应急物资的库存控制。

一、库存管理的目标及现阶段库存控制的不足

在现代物流管理中，库存管理是对库存的管理与控制，是以控制库存为目的的方法、手段、技术以及操作过程的集合，它是对企业的库存进行计划、协调和控制的工作。库存管理包括仓库管理、物资管理和库存成本管理等。

库存管理的目标有两个——降低库存成本和提高服务水平。这两个目标之间存在背反关系，即在其他条件相同的情况下，保持高水平的服务就必须付出高额的成本，同样，降低成本必然以服务水平的下降为代价。库存管理就是要在两者之间寻求平衡，以达到两者之间的最佳结合。

在应急物资的储存中，以地震为例，应急灾害物资品种繁杂、配件数额大，一般需要大量各种类型的专业机械设备，另外，炸药、燃油等消耗品需求量也特别大，同时，由于受受灾环境、地质条件、地理位置的影响，这些不确定性因素损坏了很多配件，因此平时就应储存大量应急物资，以备不时之需。应急物资不同于一般的物资，在地震发生后，应急物资的需求是急迫的，必须在第一时间满足需求才有可能最大限度地降低损失。

事故发生后还有大量的后续资源需求，如大量的专业设备、医疗、生活用品等物资，通常按照一定的分类与其他应急物资一起进行储存、保管，当需要时再进行调用。然而，相对落后的库存管理模式造成目前国内应急物资库存普遍居高不下，其中相当一部分属于长期积压物资，占用了大量的流动资金且总额不断增大，使财务负担不断加大。现有的库存结构调整幅度不大，长线物资仍有较大库存，积压、待报废物资所占比重较高，老的积压未处理，新的积压又出现，大量的资金沉淀，影响了资金周转。导致这一结果的原因很复杂，主要有以下三点：

（一）库存结构不合理

采购环节多、周期长、程序复杂，使每次采购批量加大、库存量增加，同时也使建设成本和管理成本增加。

（二）库存管理策略简单化

各种类别的物资在价格、需求量及功能上都有较大差别，有些被划为同一类别的物资在价格和需求量上差别很大，而有些被划分为不同类别的物资却在价格和用量上都很接近。对所有的物资采用统一的库存控制方式和按功能分类的管理方式，未能反映供应与需求中的不确定性，也没有对重点物资进行重点管理。这种粗放的管理方式使得浪费严重且效率低下。

（三）库存控制方法不合理

在库存控制方面凭经验办事，计划员和采购员无订货准备成本和持有成本的概念，更谈不上对库存控制模型的选择和使用，缺乏系统的库存控制知识。这种完全凭个人主观经验进行采购的方式，缺乏科学客观的依据，随意性很大，导致周转库存远远超过合理的水平。

二、传统与现代库存管理方法

（一）传统库存控制

传统库存控制主要有以下三种：

1. 库存 ABC 分类法

对库存进行合理分类是现代库存控制的重要手段之一。目前广泛应用的库存分类方法是 ABC 分类法。因为库存物资种类繁多，价值和重要性不一，如果将所有的库存同等对待、全面控制，将很难实现。ABC 分类法就是以库存物资的品种累计百分数为基础进行分类，按 ABC 三个类别进行管理。

2. 经济订货量法

经济订货量是指能使单位时间库存总成本最小的一次订货数量，与库存费用（包括订货量、储存费及缺货损失费等因素）有关。这种库存控制方法的原理是将现实系统抽象成一个理想模型，并通过对单位时间库存总费用方程式求解，得出最优订货周期及订货量，并在此基础上建立库存控制模型，结合不同的库存策略系统实施库存的优化控制。

3. 统计分析法

对各项库存指标进行统计分析和比较，综合评价一段时间内的库存控制的成效，并以此为依据对今后的库存控制进行改进，这是普遍使用的一种库存控制方法。如库存资金周转率分析、库房资金占用分析、积压材料分析等。

（二）现代库存控制

现代库存控制主要有以下四种方法：

1. 多级库存控制管理

传统的库存控制是对供应链局部的优化控制，而要进行供应链全局性优化与控制，则应在单级库存控制的基础上采用多级库存优化与控制的方法。多级库存控制系统根据不同的配置方式，有串行系统、并行系统、纯组装系统、树形系统、无回路系统和一般系统。

2. 供应商管理库存

供应商管理库存（Vendor Managed Inventory，VMI）的实现机制为当供应商收到下游伙伴的销售资料和目前的库存水平后，再根据预先制订的存货计划来补充其存货。VMI 通过掌握零售商的销售资料和库存量，为市场需求预测和库存补货提供解决方法，这样供应商可以更有效地计划，更快速地对市场变化和消费者的需求作出反应。

3. 联合库存管理

联合库存管理（Jointly Managed Inventory，JMI）是一种风险分担的库存管理模式，其核心思想起源于传统分销中心的联合库存管理，传统分销中心既是一个商品的联合库存中心，同时也是需求信息的交流与传递的枢纽。联合库存管理的提出是为了解决供应链系统中由于各节点企业的相互独立的库存运作模式导致的需求放大现象，它强调双方共同参与、共同制订库存计划，从而使供应链相邻的两个节点之间的库存管理者对需求的预期保持一致，力求消除需求变异放大现象。

4. 协同、规划、预测、补给

协同、规划、预测、补给（Collaborative Planning Forecasting and Replenishment，CPFR）是一种管理哲理，即通过共同管理业务过程和共享信息来改善伙伴关系、提高预测的准确度，力求达到提高供应链效率、减少库存和提高消费者满意度的目标。作为一种协同式库存管理模式，它能在降低销售商存货量的同时增大供应商的销售量，其最大的优势是能及时准确地预测出由于各项促销措施或异常变化带来的销售高峰和波动，从而使销售商和供应商都能做好充分的准备，赢得竞争优势。

三、应急物资库存分类方法分析

应急物资种类繁多，各种物资价格不同，且库存数量也不等，有的物资品种不多但价值很大，而有的物资品种很多但价值不高。在资源有限的情况下，对所有库存品种均给予相同程度的重视和管理是不可能的，也是不切实际的。为了使有限的时间、资金、人力、物力等企业资源能得到更有效的利用，应对库存物资进行分类，将管理的重点放在重要的库存物资上，进行分类管理和控制，即依据库存物资重要程度的不同，分别进行不同的管理，这是库存控制行之有效的方法。

（一）传统 ABC 分类法

企业库存管理最普遍采用的是 ABC 分类法。ABC 分类法又称重点管理法，主要是从名目众多、错综复杂的客观事物或经济现象中，应用已有的数据进行分析，找出主次，分类排队，再根据不同情况分别加以管理的方法。它是一种通过抓住事物的主要矛盾，来进行相应管理的定量的科学分类管理技术，也是现代企业提高效率所普遍采用的管理方法。

ABC 分类法对库存物资按库存物资“占总库存资金的比例”和“占库存总品种数目的比例”这两个指标来分类（如表 4－5 所示）。A 类库存品种数目少但资金占用大，品种占库存品种总数的 5%～20%，而其占用资金金额占库存占用资金总额的 60%～70%；C 类库存品种数目大但资金占用小，品种占库存品种总数的 60%～70%，而其资金金额占资金总额的 10% 以下；B 类库存介于两者之间，B 类库存品种占库存品种总数的 20%～30%，其占用资金金额大约占库存占用资金总额的 20% 左右。

“关键的是少数，次要的是多数”，运用数理统计的方法，对物资分类排队，抓住主要的矛盾，将研究对象按一定的标准区分为特别重要的库存（A 类库存），一般重要的库存（B 类库存）和不重要的库存（C 类库存）三个等级（如表 4－5 所示），然后针对不同的级别分别进行管理和控制。根据三类物资的不同特点，如出库数量、出库周期等，分别采取重点、次要和一般三种不同程序的管理，以达到最经济、最有效地使用人力、物力、财力的目的。ABC 分类法操作简单，能够让库存控制做到重点与一般相结合，有利于降低库存和库存投资，加速资金周转。

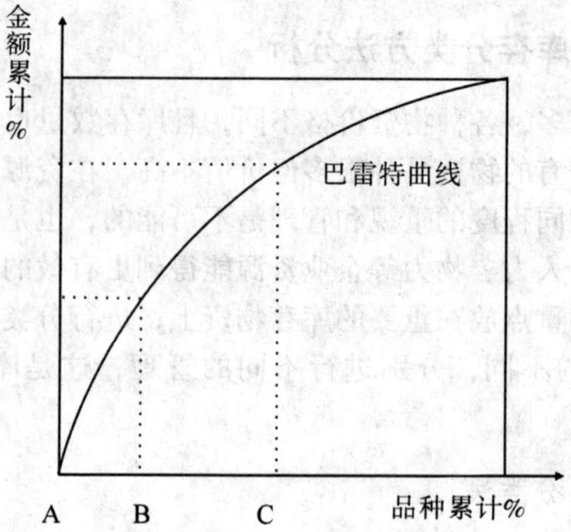

图4－3 ABC排列图

表4－5 按照物资占金额、品种百分比分类列表

类别	品种占用比率（%）	金额占用比率（%）	管理方式
A	5～20	60～70	重点管理控制
B	20～30	10～20	一般管理控制
C	60～70	5～10	简便易行控制

（二）传统ABC分类法的算例

某市应急办现在需要的A、B、C三种物资如表4－6所示：

表4－6 物资需求表

类别	品种数	金额数（万元）
A	30	162.5
B	75	62.5
C	195	25

那么，

A的品种占有率为$\frac{30}{195+75+30}=10\%$

B 的品种占有率为$\frac{75}{195+75+30}=25\%$

C 的品种占有率为$\frac{195}{195+75+30}=65\%$

A 的金额占用率为$\frac{162.5}{162.5+62.5+25}=65\%$

B 的金额占用率为$\frac{62.5}{162.5+62.5+25}=25\%$

C 的金额占用率为$\frac{25}{162.5+62.5+25}=10\%$

因此，各种物资所应采取的管理方式如表 4－7 所示：

表 4－7 管理方式对应表

类别	品种占用比率（%）	金额占用比率（%）	管理方式
A	10	65	重点管理控制
B	25	25	一般管理控制
C	65	10	简便易行控制

目前，国内对 ABC 分析的原理、方法研究还不够透彻，同时将 ABC 分类法应用在应急物资库存管理的过程中不够灵活，还存在不少问题。主要有下面两点：

（1）应急库存物资由于其自身特性的不同而应区别对待，笼统地把全部库存分为三类，将达不到重点管理的目的。实际上，ABC 分类并非局限在三类里，它还可以有许多灵活的分类。应急救援所需的物资品种繁多、数量庞大，库存物资往往达数千种甚至近万种，需重点管理的物资有几百种。所以，可以对 ABC 各类进一步分层，在大类下面又分小类，以提高分类管理的准确性。另外，还可以根据实际库存品种结构，采取三类以下或以上的分类方法，如分成 5 类、10 类等。

（2）传统的 ABC 分类法只考虑了“占总库存资金比例”和“占总库存品种数目的比例”这两个统计指标，不能综合反映应急库存物资的重要程度，它不考虑其他的指标，没有切实地反映实际中的多种影响因素，不能很好地反映库存物资的相对重要程度，因而使其应用受到了相当的限制。这种方法的最大局限性在于，只以物资价值为基础进行分类无法反映物资需求的紧迫性等情况，也无法反映该物资的市场结构。应急库存中需要重点管理的物资，不一定是单个品种库存资金占整个库存资金的百分数大的品种，单纯地按这一标准进行分类，很可能忽视这些物资的管理。

这些问题对于应急物资供应管理策略的制定有很大影响。例如，某一物资也许价值并不高，如果按 ABC 分类法只能算 C 类物资，但是在市场上属于短缺物资，那么在应急物资采购中就应该将该物资放在比较重要的位置；有些物资虽然价值很高，需求量也大，但在市场上很容易得到，可以利用社会库存，采购周期也很短，就可以采取较简单的管理方法，以节约成本。若不考虑物资的采购难易程度及是否具有可代性等问题，这就很可能将年资金占用额不太大，但采购较困难且不具有可代性的重要物资划为非重点管理对象，同时，在复杂情况下要用 ABC 分类法得出较为准确的分类结果几乎是不可能的，这也正是 ABC 分类法的严重弊端所在。

因此，对应急物资的分类管理不能仅仅依赖一个标准，而应把多种因素综合考虑进去。只有这样，才能在合理分类的基础上对其进行有效的管理。

（三）应急物资库存分类法的改进思路

应急物资库存分类比普通库存物资更加复杂，因此需要对传统的 ABC 分类法加以改进，改进的关键是增加新的分类标准，新的分类标准应当充分考虑不同事故发生后对不同物资的需求特点。例如，矿区易发生矿难，应重点储备救生器材、消防设备等工具，石料、装土编织袋等物资也属于重点控制的 A 类物资，同时还应增加救灾帐篷、医疗器械的储备量。这是一种动态的过程。依据物资的重要性以及供应市场复杂性的程度，可以将物资分为关键物资、瓶颈物资、重要物资、普通物资四种类型。

1. 关键物资

这类物资的特点是应急需求量相对较大，本身价值昂贵，其质量的好坏对应急救援会产生重大影响。同时，能够提供这种物资的合格供应商数量相对较少。基于这些特点，对于关键物资的供应管理首先必须致力于与质量可靠的供应商建立一种长期的、战略伙伴式的关系，使供应商也能得到应有的好处，以此为供应商的长期高质量合作提供驱动力。在具体的管理策略上，由于这种物资本身价格昂贵、库存占用资金大，必须进行详细的调查和需求预测，并尽可能进行严格的库存控制。

2. 瓶颈物资

这类物资的基本特点是其获取有一定难度。例如，难以找到合格的供应商；与供应商的距离较远又缺乏可靠的运输保障；属于专利产品，供应商占优势地位，等等。对于这种物资的供应商，应该根据情况采取灵活的策略，例如，对供应物资质量有问题的供应商，致力于帮助他们改进；对于占优势地位的供应商，致力于建立稳定的合作关系，等等。在采购和库存策略上，需要考虑设置较高的安全库存，并采用较大的订购批量。

3. 重要物资

这类物资的基本特点是供应市场比较充足，但这种物资本身价格昂贵、库存占用资金大。因此，从资金占用角度上看，这种物资的基本管理策略应该是致力于使总成本最小化。为此，需要在库存管理上多下工夫，尽量减少他们的库存。

4. 普通物资

这类物资的基本特点是小件物资，本身价值不高，市场上也容易获得，但这类物资往往种类繁多，能够占到企业全部采购库存种类的一半以上。因此，对于这类物资，所应采用的基本管理策略也是致力于使管理成本最小化。在库存管理上，应该采用经济批量等优化方法，并尽量利用信息技术等手段简化管理程序，提高业务效率。

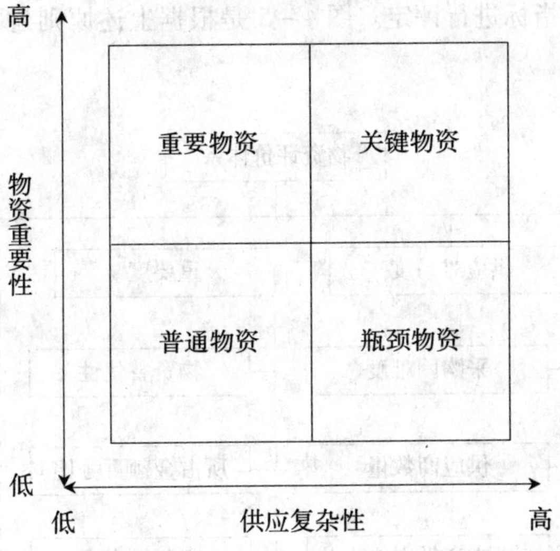

图 4－4 物资分类

总之，物资分类的目的是为了更好地管理。在对物资进行分类后就可以针对不同物资分别管理，采用不同的采购和库存策略来降低成本，提高经济效益，这是最终的目的。由于市场的变化，对物资的评价标准也在改变，这是一种动态的过程，避免了以前管理中单纯僵化地用 ABC 分类法来管理的不足。这样的灵活掌握，可以不断地降低库存和采购成本。在以上分类方法中，许多指标都是定性的，在对物资的评价过程中会发现一些困难，如果每种物资都按这些方法评价，工作量将特别大。因此，有必要研究新的分类方法，下面将采用模糊评判方法对应急物资分类策略进行研究。

四、基于模糊评价的应急物资分类策略

（一）应急物资评价指标研究

物资等级分类是制定采购和库存控制策略的基础，要提高采购和库存控制水平，必须制定出一套科学合理的分类评价指标体系。对于一个复杂的评定体系来说，它必然是多层次的，且具有良好的扩充性。其中制定的难点在于如何评定某些非结构因素，如采购难易度、物资重要度等。所以在制定评价体系的时候，要坚持客观、公正的原则，要体现定性指标和定量指标相结合的方针。

下面根据上述原则，再结合应急救援物资分类中存在的问题，提出一套适合应急物资的分类方法。该方法将从物资的重要性、物资的成本、供应难易程度、供应商服务等多个指标进行评定。图 4 – 5 是根据上述原则建立的应急物资评价指标体系。

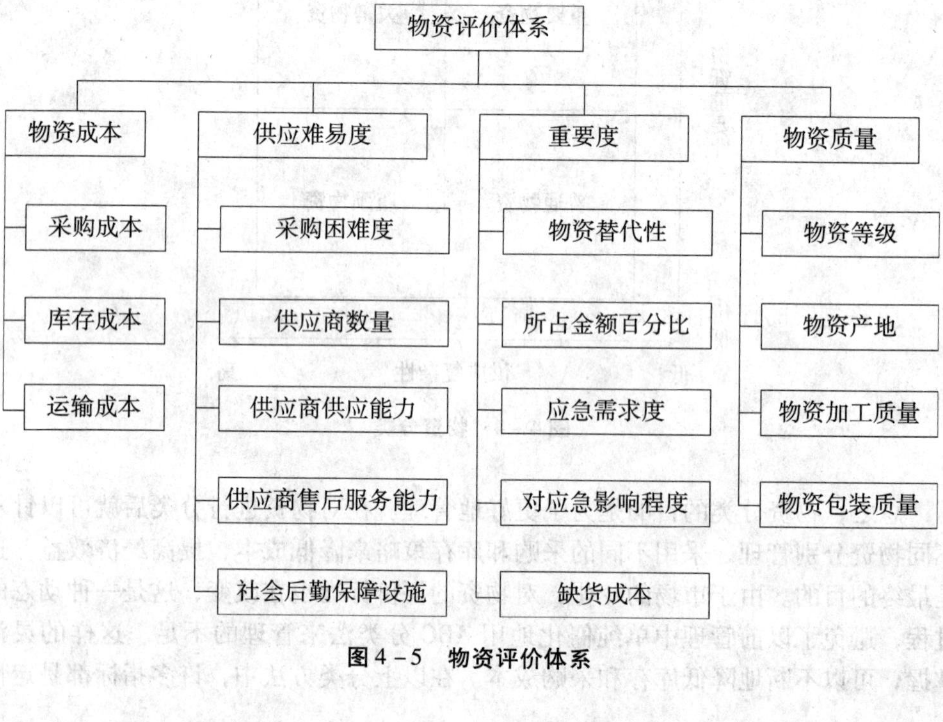

图 4 – 5 物资评价体系

物资重要性和市场评价主要凭借采购人员的判断，主观性比较强，而定性与定量结合的方法中层次分析法也是经常采用的，在对物资的重要性和市场的复杂度进行评价时可以采取模糊评价的方法，通过模糊评价方法对物资的重要性和市场供应复杂度进行评判。在进行物资评价时应该主要考虑以下两项。

（1）物资重要度：主要参照采购金额占采购总额的百分比、物资短缺给应急救灾造成的损失等。

（2）供应市场复杂性：主要参照产品的可替代性、供应商数量、供应商可靠性、储备方对该项物资的物流控制能力等。

根据不同的事故特征，可对不同的应急物资适当增加或者减少评价指标；另外，随着市场的变化，物资的供应也可能会发生变化，也应该不断调整评价策略。具体分析时，许多指标下面还有更细一层的分指标，因此，这实际上构成了一个多层次的模糊综合评价系统。在评价过程中，先对每种物资的重要性与供应市场复杂度分别进行评价，然后再综合评价某物资所属的类别。

图 4-5 中的指标体系，既有定性的指标，也有可以定量描述的指标。定性指标采用模糊评价方法，由专家打分确定指标值。定量指标如采购金额占采购总额的百分比、供应商数量等，这些可以量化的指标可直接用相关数据反映出来。通过对物资进行判断来最终确定其属于哪种物资，从而采用不同的采购方法和策略。

（二）基于模糊评价的分类方法

库存管理分类中，对物资综合重要性的划分非常重要。然而，物资综合重要风险的确定和分类是非常困难的，涉及很多指标的评价（如价格、货源的紧缺状况等），且这些指标中大部分是模糊的。因此，为了提高分析指标的合理性及准确性，有必要采用基于模糊理论的聚类分析方法进行采购和库存物资的分类。

应急物资的评价体系是一个多指标、多层次的分类评价体系，所以对该模型的建立也要采用分步法，首先对单因素进行模糊判断，然后对整体进行计算和讨论。

1. 单因素评判

采用加权法建立子决策矩阵，对单因素进行评判。

设给定两个有限论域：

$$\begin{aligned} U &= \{U_1, U_2, \cdots, U_n\} \\ V &= \{V_1, V_2, \cdots, V_n\} \end{aligned} \tag{4-16}$$

其中 U 代表单因素的综合评价子因素，V 代表分类等级。由矩阵 U 和矩阵 V 可以构成评价矩阵 Y。其中的数值是企业根据其评价指标对各分类物资进行评价后的结果，有定量的结果（如价格等），也有定性的模糊结果（如物资的可替代性、加工质量等）。

$$Y = \begin{array}{c} \\ U_1 \\ U_2 \\ \vdots \\ U_n \end{array} \begin{array}{c} \begin{array}{cccc} V_1 & V_2 & \cdots & V_m \end{array} \\ \begin{pmatrix} Y_{11} & Y_{12} & \cdots & Y_{1m} \\ Y_{21} & Y_{22} & \cdots & Y_{2m} \\ \vdots & \vdots & \vdots & \vdots \\ Y_{n1} & Y_{n2} & \cdots & Y_{nm} \end{pmatrix} \end{array} \tag{4-17}$$

显然，各个单因素的子因素影响度有所不同，假设某子因素的影响度为 λ_1，那么由重要度构成的矩阵称为权重矩阵：

$$A = [\lambda_1 \quad \lambda_2 \quad \cdots \quad \lambda_n] \tag{4-18}$$

权数满足一体化要求，即 $\lambda_1 + \lambda_2 + \cdots + \lambda_n = 1$

将矩阵 A 和矩阵 Y 相乘，即可得到该单因素的判定结果阵：

$$K = A * Y$$

$$= [\lambda_1 \quad \lambda_2 \quad \cdots \quad \lambda_n] * \begin{pmatrix} Y_{11} & Y_{12} & \cdots & Y_{1m} \\ Y_{21} & Y_{22} & \cdots & Y_{2m} \\ \vdots & \vdots & \vdots & \vdots \\ Y_{n1} & Y_{n2} & \cdots & Y_{nm} \end{pmatrix}$$

$$= [K_1 \quad K_2 \quad \cdots \quad K_m] \tag{4-19}$$

最后把要判定的结果阵进行归一化处理，

令

$$j_x = k_x / (k_1 + k_2 + \cdots + k_m) \tag{4-20}$$

则得到最终的判定结果阵：

$$J = [j_1 \quad j_2 \quad \cdots \quad j_m] \tag{4-21}$$

2. 多因素综合判断

重复与单因素类似的步骤，对于每个判定单因素都如第一步所示之方法，得到一个判定结果阵 J_i（假定综合评价体系第一层的单因素数目是 i），所有判定结果阵 J_i 构成一个决策阵：

$$M = \begin{bmatrix} J_1 \\ J_2 \\ \vdots \\ J_i \end{bmatrix} = \begin{bmatrix} j_{11} & j_{12} & \cdots & j_{1m} \\ j_{21} & j_{22} & \cdots & j_{2m} \\ \vdots & \vdots & \vdots & \vdots \\ j_{i1} & j_{i2} & \cdots & j_{im} \end{bmatrix} \tag{4-22}$$

其单因素权重系数矩阵：

$$B = [\eta_1 \quad \eta_2 \quad \cdots \quad \eta_i] \tag{4-23}$$

将矩阵 B 和 M 相乘，即可得到该物资的判定结果阵：

$$N = B * M = [\lambda_1 \quad \lambda_2 \quad \cdots \quad \lambda_n] * \begin{bmatrix} j_{11} & j_{12} & \cdots & j_{1m} \\ j_{21} & j_{22} & \cdots & j_{2m} \\ \vdots & \vdots & \vdots & \vdots \\ j_{i1} & j_{i2} & \cdots & j_{im} \end{bmatrix} = [l_1 \quad l_2 \quad \cdots \quad l_m] \tag{4-24}$$

将 N 进行归一化处理，得到矩阵：

$$S = [s_1 \quad s_2 \quad \cdots \quad s_m] \tag{4-25}$$

为了利于比较，将等级分类的各个等级由低到高分别赋值，这样构成等级矩阵：

$$T = \begin{bmatrix} t_1 \\ t_2 \\ \vdots \\ t_m \end{bmatrix} \tag{4-26}$$

通过等级矩阵就能凸显矩阵中高评价元素，同时也弱化了低评价元素在 Q 值中的比例，

$$Q = S * T = [s_1 \quad s_2 \quad \cdots \quad s_m] * \begin{bmatrix} t_1 \\ t_2 \\ \vdots \\ t_m \end{bmatrix} = \sum_{i=1}^{m} s_i t_i \tag{4-27}$$

最后得到物资的综合评定值。

Q 值的大小标志着该物资的综合评定值，客观反映了物资的重要程度，根据 Q 值的大小来决定是否对该物资进行重点管理。

3. 基于模糊评价的分类方法的算例

以某种应急物资评定为例，首先对图 4－5 所示物资评价体系的单因素——物资成本进行评判。

论域 U = {采购成本（u_1），库存成本（u_2），运输成本（u_3）}

评论域 V = {低（V_1），中（V_2），高（V_3），很高（V_4）}

可以通过采购、库存等多个人员，让他们对某物资成本的子因素进行打分，构成评价域。例如，40% 的人认为该物资采购成本很高，40% 的人认为是高，而另外 20% 的人认为是中等。则对采购成本的评价为：

（0，0.2，0.4，0.4）

同理也可以得到对库存成本的评价为：

$$(0,\ 0.3,\ 0.4,\ 0.3)$$

运输成本评价为：

$$(0.5,\ 0.25,\ 0.25,\ 0)$$

于是就可以写出评价矩阵：

$$Y=\begin{bmatrix}0 & 0.2 & 0.4 & 0.4\\ 0 & 0.3 & 0.4 & 0.3\\ 0.5 & 0.25 & 0.25 & 0\end{bmatrix}$$

在统计数据的基础上，由专家评审组给出权重比例，给出应急救援物资的权重系数，得出物资成本的权重系数阵为：

$$A=[0.35\quad 0.45\quad 0.2]$$

将矩阵 A 和矩阵 Y 相乘，可以得到物资成本的判定阵：

$$\mathrm{K}=\mathrm{A}*\mathrm{Y}=[0.35\quad 0.45\quad 0.2]*\begin{bmatrix}0 & 0.2 & 0.4 & 0.4\\ 0 & 0.3 & 0.4 & 0.3\\ 0.5 & 0.25 & 0.25 & 0\end{bmatrix}$$

$$=[0.25\quad 0.255\quad 0.37\quad 0.27]$$

将矩阵 K 归一化后，可以得到最终的判定阵：

$$K=[0.22\quad 0.22\quad 0.32\quad 0.24]$$

对供应难易度、物资质量等单因素分别求判定阵，将结果构成一个矩阵：

$$M=\begin{bmatrix}0.22 & 0.22 & 0.32 & 0.24\\ 0.15 & 0.36 & 0.24 & 0.25\\ 0.32 & 0.25 & 0.23 & 0.20\\ 0.22 & 0.40 & 0.28 & 0.10\end{bmatrix}$$

再由权重系数得到单因素权重系数阵：

$$B=[0.3\quad 0.3\quad 0.25\quad 0.15]$$

将矩阵 B 和矩阵 M 相乘，就可以得到该物资的判定结果阵，然后把其归一，即为：

$$S=[0.2240\quad 0.2965\quad 0.2675\quad 0.2120]$$

为了利于直观判断，将等级评定取值：

等级	低	中	高	很高
数值	-1	0	1	2

故等级矩阵为：

$$T = [-1 \quad 0 \quad 1 \quad 2]^T$$

最后求得该物资的综合评定值：

$$Q = S * T = [0.224\,0 \quad 0.296\,5 \quad 0.267\,5 \quad 0.212\,0] * \begin{bmatrix} -1 \\ 0 \\ 1 \\ 2 \end{bmatrix} = 0.467\,5$$

计算所得 Q 值即为该物资的综合评定值，其大小表明该物资应属于 B 类物资，应按照一般方法对其进行管理。

五、应急物资库存控制模型和算例

应急物资的库存储备是一种特殊用途的物资储备形式，但应该符合经济规律，所以要考虑储备的经济性。大量的库存能提高救灾的保障程度，但是在灾害未发生时，过度的储备会占用大量的资金，增加仓储费用。物资长期储存因自然消耗、老化或性能的改变而降低其可用性，也会造成一种潜在的浪费。灾害物资储备的经济性要求把备灾的需要和避免不必要的浪费结合起来。

为了保证整个物资流动过程的连续性和均衡性，必须在不同的环节储备一定数量的物资，在适应救灾实际需要的情况下，建立经济、合理的物资储备数量界限。依据大量的、可靠的历史统计数据对具体的应急储备问题加以概括和抽象，建立相应的数学模型并进行优化处理，从而作出正确的物资库存决策。

（一）应急物资库存控制模型的建立

1. 模型假设

从具体的物资形态中抽象出来的普遍使用的模型。模型假设如下：①各种消耗是同步的；②物资的消耗和补充是逐渐进行的；③自然灾害在各地发生的几率是相等的；④在短时间内突发事件平均再现周期是固定不变的。

2. 模型建立

在应急物资库存模型建立时应考虑物资储备的经济性和应急救灾物资的特殊性。

由图 4－6 可见，应急物资库存分为两个层次：常规库存（保险储备）和非常规库存（机动储备）。

常规库存（Q_k）方程是线性的，库存量基本保持不变，考虑到小型突发事件发生频率很高，物资必须常年保证供应，保证足以应付各地区的轻微灾害和小型突发事件。因此，要建立完善的补充、更新制度。对于灾害常发区应该保持一个较高的常规库存水平。

机动储备（Q_m）是以 T 为周期，以 Q_k 和 Q_m 为上下限的上下波动的 t 的函数。其中 T 是灾害平均再现周期，Q_m 是机动储备的最大值。这部分储备主要应付重大灾害。它可集中存储在较少的几个灾害多发地区。

模型方程为：

$$Q_k = A,\ Q_m = f\ (t) \tag{4-28}$$

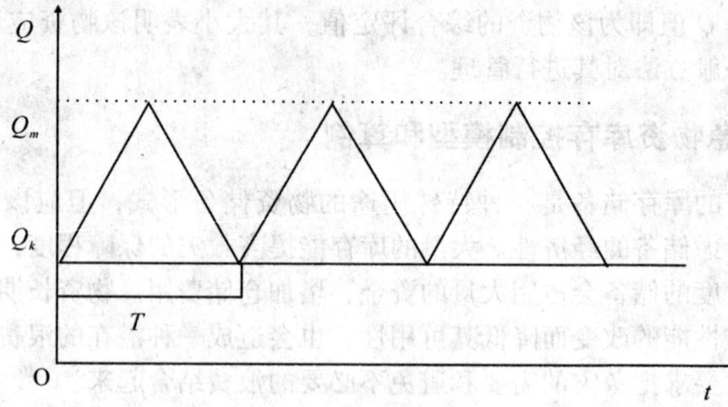

图 4-6　物资储备消耗

机动储备呈波动性的主要原因是：较大灾害发生概率小，没有必要建立大规模的固定储备；库存基本理论要求强调储备的经济性；波动性正是经济性的体现；建立库存更新机制和补充机制的需要；使库存物资保值、增值的需要。

其中 A 为无量纲常数，$f\ (t)$ 可以表示为：

$$f\ (t) = \begin{cases} \dfrac{2\ (Q_m - Q_k)}{T} t - 2nQ_m + \ (2n+1)\ Q_k & nT \leqslant t \leqslant nT + T/2 \\ -\dfrac{2\ (Q_m - Q_k)}{T} t + 2\ (n+1)\ Q_m - (2n+1) Q_k & nT + T/2 \leqslant t \leqslant (n+1) T \end{cases} \tag{4-29}$$

式中 n 为周期数，则有：

$$Q_k = A$$

$$Q_k = \begin{cases} \dfrac{2\ (Q_m - Q_k)}{T} t - 2nQ_m + \ (2n+1)\ A & nT \leqslant t \leqslant nT + T/2 \\ -\dfrac{2\ (Q_m - Q_k)}{T} t + 2\ (n+1)\ Q_m - (2n+1) A & nT + T/2 \leqslant (n+1) T \end{cases} \tag{4-30}$$

为了简化，只讨论一个灾害周期内的方程，即得到物资库存模型方程：

$$Q_k = A$$

$$Q_{m1} = \begin{cases} \dfrac{2(Q_m - Q_k)}{T}t + A & T \leqslant t \leqslant T + T/2 \\ -\dfrac{2(Q_m - Q_k)}{T}t + 2Q_m - A & T/2 \leqslant t \leqslant T \end{cases} \qquad (4-31)$$

式（4－31）为物资库存模型方程。

3. 突发事件发生的不确定性对模型的改进

突发事件的发生具有很强的偶然性和突发性，当自然灾害在一个灾害重现周期内提前发生或未发生，那么物资库存也应随之作相应的变动。

当物资库存达到最大值 Q_m 后，时间内储备的物资消耗殆尽，那么，若出现较大灾害，物资消耗激增，在很短的下一个灾害重现周期内，物资的补充仍按原库存量和库存期限进行补充，其过程如图 4－7 所示。图中实线为理想化的物资库存、消耗模型。在 t_1 时间发生突发性较大灾害，物资在 t_1 到 t_2 时间段消耗至 Q_L，则救助工作完成之后，物资的补充应按图中虚线所示缓慢进行。在 t_3 时间达到 Q_m，开始为下一突发事件的到来做物资储备。

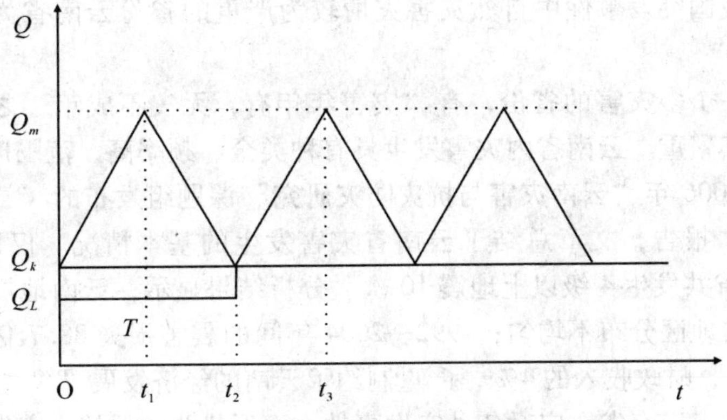

图 4－7　灾害发生情况下的减灾物资储备消耗

当物资的库存量达到最大值 Q_m 之后的一段时间内未发生突发事件，那么应急物资应采取租、转、卖等方式慢慢消耗，消耗量不可过大，并且到下一周期的峰值位置时应保证物资的更新和补充充足，如图 4－8 所示。此刻物资库存达到最大值 Q_m，经过 t_0 到 t_1 时间段未发生突发事件，则为更新和增值，物资可做缓慢的少量消耗，到达一定程度（如 Q_L）或到达一定期限（如 t_2）时，物资就要进行必要的补充，到 t_3 时应补充至应有的数量 Q_m。

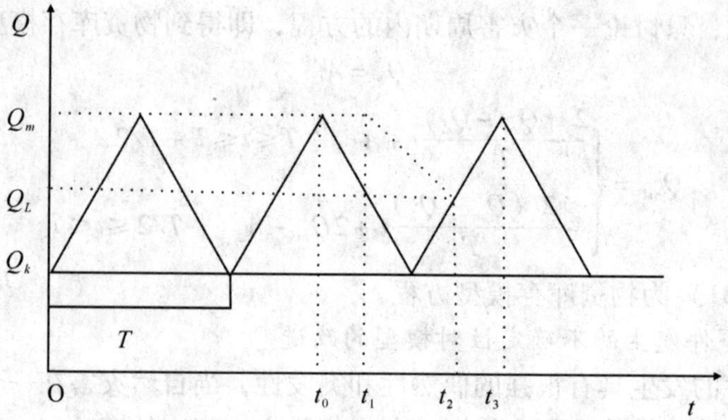

图 4-8 灾害未发生情况下的减灾物资储备消耗

若库存量还没有达到 Q_m 值时就发生较大的突发事件或自然灾害，可动用所有的常规库存和机动储备用于抗灾救灾，必要时还可以调动上一级储备用以援助。

（二）应急物资库存控制模型的算例

这里以我国突发事件中自然灾害灾情较为严重的省份云南省为例进行实例分析。

云南是一个多灾害的省份，有“灾害年年有，无灾不成年”之说，抗灾防灾的任务极其繁重。云南省内灾害发生具有种类全、频率高、范围广、危害大等特点。根据 2006 年“云南灾害与抗灾防灾研究”课题组发布的《云南灾害与抗灾防灾研究》报告，文章总结了云南省灾害发生的基本情况。仅以地震为例，2005 年云南省共发生 4 级以上地震 10 次。分析结果显示，云南地震频次高、涉及面广、受灾地区分布不均匀；1992—2004 年间的震害损失 88.7 亿元，占云南 GDP 的 0.4%、财政收入的 4%，严重制约了云南的经济发展。

由此可见，云南省在应对各种突发事件方面形势非常严峻，突发事件的发生有时不可避免，但是如何确立最优物资库存量，以便在灾害发生时及时有效地调动物资储备，应建立适合的应急库存控制模型。

1. 常规储备量的确定

这里仅以粮食储备为例，首先从粮食储备入手，抽象出一个储备定额，然后依据不同物资的实际需求量确定常数。云南省从 1996 年至 2005 年因地震自然灾害所造成的缺粮人口和缺粮数量统计见表 4-8。

表4－8　云南省因灾缺粮人口和缺粮数量

年份 因素	1996	1997	1998	1999	2000	2001	2002	2003	2004	2005
缺粮人口/万人	2 063. 8	3 031. 7	1 624. 4	2 983. 0	1 508. 0	1 060. 4	2 758. 5	2 952. 3	1 451. 6	2 251. 1
缺粮数量/万吨	77. 8	185. 1	81. 1	152. 4	246. 4	56. 8	135. 4	137. 3	86. 4	136. 1

从表4－8可求出十年缺粮数量的算术平均值，结果为129. 5万吨。因此，可设 $Q_k = A = 129.5$ 万吨。

2. 机动储备方程的确定

存储万吨粮食明显少于许多年份的缺粮数量，应建立机动储备。

（1）T 的确定。用泊松（Poisson）分布描述不同等级的自然灾害发生的概率比较符合客观实际。泊松分布为 $P\{x=k\} = \lambda^k e^{-\lambda}/k!$（$\lambda>0$，$k=0, 1, 2, \cdots$）。

为模拟自然灾害在一个地区发生的频度与等级的关系，设分布参数 λ 为1。即 $P\{k\} = 1/ek!$，其倒数可作为灾害重现周期 T。$T(1) = 1/P(2) = 5.4$ 年，$T(2) = 1/P(3) = 16.2$ 年，$T(3) = 1/P(4) = 64.8$ 年。

云南省小灾害每年不断，大灾害5～6年一次，特重大灾害几十年一次。同时，应考虑物资储备的经济性和灾害分级管理的目标和原则，在此仅考虑大灾害的重现周期，因此，可将 T 定为5. 4年。

（2）最高储备量的确定。考虑到经济因素和救灾需要，最高储备量不可定得过高或过低，用十年的缺粮统计数量定量高储备量比较合理。故利用表4－8查出这十年内最大灾害的缺粮数量为246. 4万吨。最高储备量（246. 4万吨）是最低储备量（129. 5万吨）的1. 9倍，由此可以确定 $Q_M = 1.94A$。机动储备方程确定为：

$$Q_M = \begin{cases} \dfrac{2(1.9A - A)}{5.4}t + A = \dfrac{A}{3}t + A \\ -\dfrac{2(1.9A - A)}{5.4}t + 2\times 1.9A - A = -\dfrac{A}{3}t + 2.8A \end{cases} \tag{4-32}$$

将 $A = 129.5\times 10^4 t$ 代入式（4－32），得到：

$$Q_k = 129.5\times 10^4$$

$$Q_M = \begin{cases} 43.2\times 10^4 t + 129.5\times 10^4,\ 0\leqslant t\leqslant 2.7 \\ -43.2\times 10^4 t + 362.6\times 10^4,\ 2.7\leqslant t\leqslant 5.4 \end{cases} \tag{4-33}$$

式（4－33）为云南省粮食储备方程。其中 Q_M 的单位为吨，其储备量下限是 129.5 万吨。其他灾害物资储备量可以按同一方法进行计算。

经过本节的分析可知，造成应急物资库存居高不下的根本原因是库存的管理方式落后。只有引入科学的库存管理模式，才能从根本上解决这些问题。本节主要从应急物资分类方法、库存控制模型两个方面展开对库存控制方法的阐述。

为了最大限度地利用有限的人力、物力和财力，就需要对应急物资进行分类，根据应急物资的重要程度选择不同的管理策略，尽可能以最低的库存水平实现服务目标。分类方法的使用决定了整个库存管理系统的效率。

应急物资库存存在的许多不确定因素是难以控制的，要想保证合理的库存水平，就必须保证整个物资流动过程的连续性和均衡性，必须在不同的环节储备一定数量的物资，在适应救灾实际需要的情况下，建立经济、合理的储备物资数量界限。依据大量的、可靠的历史统计数据对具体的应急储备问题加以概括和抽象，基于补充和更新机制，建立相应的数学模型并进行优化处理，从而作出正确的物资库存决策。

第四节　应急仓库的选址及决策

在应急物流系统中，应急物流中心的选址具有十分重要的地位。同时，应急物流中心一经建立就将长时间运营，它不仅与运行费用直接相关，而且对工作效率及控制水平将会产生很大影响。为了减少建设成本、降低运行费用、提高工作效率，在设置应急物流中心之前，充分考虑应急物流中心的合理布局，正确地选择应急物流中心的地理位置是十分重要的。

一、五种常用的物流中心选址决策方法

近年来，随着选址理论的发展，很多种物流中心选址的方法被开发出来，归结起来主要可以分为五种主要方法：解析方法、最优化线性规划方法、启发式方法、仿真方法以及综合因素评价法。

（一）解析方法

解析方法通常是指地理重心方法。这种方法通常只考虑运输成本对配送中心选址的影响，而运输成本一般是运输需求量、距离以及时间的函数，所以解析方法根据距离、需求量、时间三者的结合，通过在坐标上显示，以配送中心位置为因变量，用代数方法来求解配送中心的坐标。

解析方法考虑的影响因素较少，模型简单，主要适用于单个配送中心选址问题。对于复杂的选址问题，解析方法常常感到困难，通常需要借助其他更为综合的分析技术。

（二）最优化规划方法

最优化规划方法一般是在一些特定的约束条件下，从许多可用的选择中挑选出一个最佳方案。

随着20世纪70年代计算机计算能力的增强，以最优化规划方法求解大型物流中心的选址逐渐成为可行方法。最优化规划方法中的线性规划技术以及整数规划技术是目前应用最为广泛，也是最主要的选址方法。据统计，目前美国各种选址软件中90%的解决方案都是应用最优化规划方法得到的。最优化规划方法的优点是它属于精确式算法，能获得精确最优解。不足之处主要在于对一些复杂情况很难建立合适的规划模型；或者模型太复杂，计算时间长，难以得到最优解；还有些时候得出的解虽然是最优解但在实际中不可行。

（三）启发式方法

启发式方法是一种逐次逼近最优解的方法，大部分在20世纪50年代末期以及60年代期间被开发出来。用启发式方法进行物流中心选址及网点布局时，首先要定义计算总费用的方法，拟定判别规则，规定改进途径，然后给出初始方案，迭代求解。

启发式方法与最优规划方法的最大不同是它不是精确式算法，不能保证给出的解决方案是最优的，但只要处理得当，获得的可行解与最优解是非常接近的，而且启发式算法相对于最优规划方法计算更简单，求解速度更快。

（四）仿真方法

仿真方法是试图通过模型重现某一系统的行为或活动，而不必实地去建造并运转一个系统，因为那样可能会造成巨大的浪费，或根本无法实地去进行运转实验。在选址问题中，仿真技术可以十分显著地通过反复改变和组合各种参数，多次试行来评价不同的选址方案。这种方法还可以进行动态模拟。例如，假定各个地区的需求是随机变动的，通过一定时间长度的模拟运行，可以估计出各个地区的平均需求，从而在此基础上确定配送中心的分布。

仿真方法可以描述多方面的影响因素，因此具有较强的实用价值，常用来求解较大型的、无法手算的问题。其不足在于仿真技术不能提出初始方案，只能通过对各个已存在的备选方案进行评价，从中找出最优方案，所以在运用这项技术时必须首先借助其他技术找出一个初始方案，而且预定初始方案的好坏会对最终的决策结果产生很大影响。

（五）综合因素评价法

综合因素评价是一种全面考虑各种影响因素，并根据各影响因素重要性的不同对方案进行评价、打分，以找出最优的选址方案。在本节中，首先利用综合因素评价法中的AHP方法来解决应急服务设施的选址问题，然后在其基础上提出考虑资源约束条件的综合AHP方法和目标规划方法的模型。

二、应急物流中心选址模型的建立

应急物流中心选址所涉及的因素极为复杂，如经济因素、技术因素、社会因素、安全因素等，这些影响因素可以分为定性因素和定量因素。所以应急物流中心的选址应综合运用定性和定量分析相结合的方法。而层次分析法（Analytical Hierarchy Process，AHP）是美国数学家萨提（T. L. Saaty）在20世纪70年代提出的，它是一种定性分析和定量分析相结合的系统分析法，适用于多准则、多目标的复杂问题的决策分析。

这种方法弥补了经典的多目标规划理论方法的不足。但是规划者在进行应急物流中心选址过程中，必须考虑诸如建立应急物流中心的固定费用、服务设施的运行费用等现实中必须考虑的有限资源的约束问题。而层次分析法无法考虑服务设施选址工作中这些有限资源的约束问题。目标规划特别适用于解决具有不同度量单位和相互冲突目标的多目标决策问题，从而能够处理主观愿望（目标）和客观条件（有限资源约束）相互矛盾的问题。基于上述原因，提出综合利用层次分析法和目标规划的方法来解决应急系统选址规划问题，为应急服务设施选址最优决策提供了一种新的实用性方法。

（一）层次分析法

层次分析法（AHP）是通过分析复杂问题包含的各种因素及相互关系，将问题分解为不同的要素，再把这些要素分为不同的层次，建立一个多层次的分析结构模型。在每一层次中按一定的准则，对该层各要素进行逐对比较，建立判断矩阵。通过计算判断矩阵的最大特征根及相应的特征向量，得到该层要素对于上一层某一要素的权重。进而计算出各层要素对总体目标的组合权重，从而得到不同方案的权值，为选择最优方案提供依据。

1. 层次分析法的步骤

建立评价对象的层次分析结构，如图4-9所示：

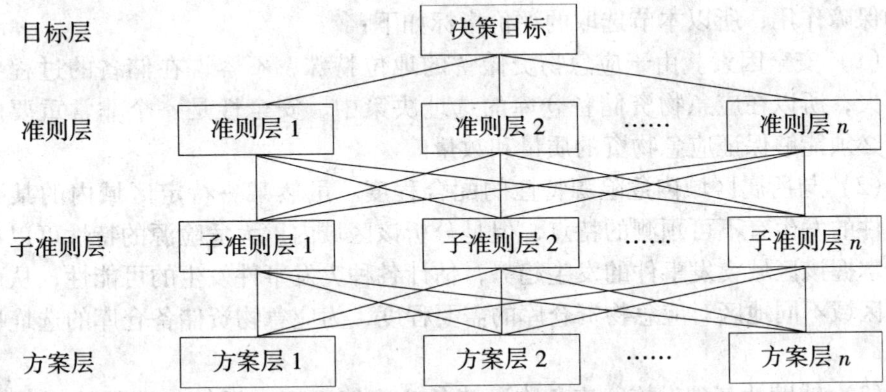

图 4-9 递阶层次结构

2. 同层次单权重求解

在图 4-9 中，目标层为最优选址方案；准则层为评价应急物流中心地址方案优劣的准则，包括安全因素、技术因素、经济因素、社会因素；方案层为各待选的应急物流中心位置。

3. 构造各层判断矩阵

判断矩阵是针对上一层某要素而言，表示本层与它有关联的各要素之间的相对优越程度。

4. 各层单排序和一致性检验

层次单排序即把本层各要素与上一层次比较排出优劣顺序，求出权重，当 $CR<0.1$，认为判断矩阵满足一致性要求，否则需要调整判断矩阵的值。

5. 层次总排序，取得决策结果

利用层次单排序的计算结果，即每一层元素对其上一层各要素的相对权重，进一步计算出层次分析模型中每一层中所有要素相对于目标层的组合权重，这一步是由上而下逐层进行的。最终结果是得出最低层（方案层）元素相对于目标层的组合权重。根据权重的大小即可得到各方案的优劣，从而为选择最优方案、使整个系统达到最优化提供依据。

（二）应急物资储备仓库选址模型建立

1. 基于层次分析法的递阶层次结构

运用层次分析法解决实际问题的一个关键是评价指标的选择。本节介绍的是应急物资储备仓库的选址，在考虑评价指标的过程中，必须从整个应急物流运行的要求考虑，即准确、高效。应急物资的储备必须能够为应急物流的运行起到最强的保障作用，所以本节选取的评价指标如下：

（1）安全因素。由于应急物资储备的地位特殊，不容许在储备的过程中出现闪失，所以在应急物资储备仓库的选址决策中，安全性是一个非常重要的指标，必须能够保证应急物资的质量和数量。

（2）与所属区域内危险源特性的配合程度。虽然某一特定区域内的某个突发事件的发生有不可预测的特点，但是分析该区域内重大危险源的特性可以从整体上掌握该区域突发事件的发生趋势，估计各种突发事件发生的可能性，从而判断该区域不同地区对应急物资仓库的需要程度，为应急物资储备仓库的选址提供依据。

（3）辅助性基础设施。应急物资储备仓库能否正常运转与选择地区的辅助性基础设施密切相关，选址时必须考虑的辅助性基础设施有通信、能源、土建、安全和消防等。

（4）政策与法规因素。应急物资储备的建立受选址所在地的政策法规因素的影响，主要包括地区用地规划类型、相关政策等。

于是，构建如图 4－10 所示的评价模型：

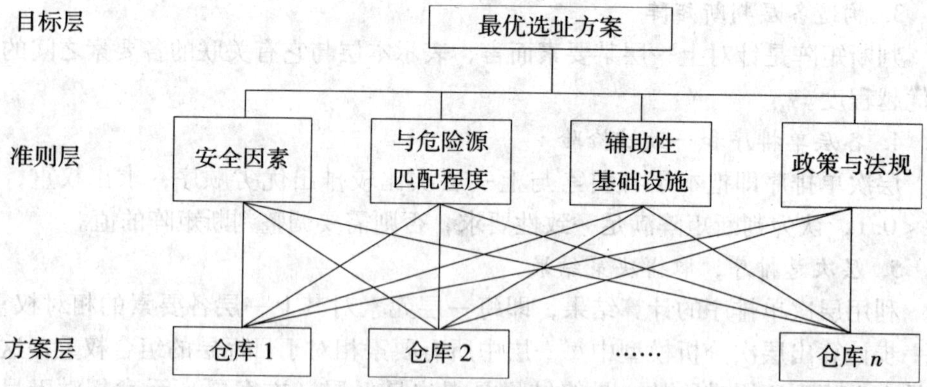

图 4－10 应急物资储备仓库选址层次结构

2. 综合 AHP 法和目标规划法的应急物资储备仓库选址模型

（1）决策变量分析。假设 $N=\{1, 2, \cdots, n\}$ 为可能的应急储备仓库地址集，$M=\{1, 2, \cdots, m\}$ 表示按照某地区地理位置划分的应急区域集，对于每个具体的地址，在规划中只能有两种可能，即在该地址建立储备仓库或不在该地址建立储备仓库。具体对地址的决策变量 X_i 来说，取“1”表示在地址 i 处建立储备仓库，取“0”表示不在地址 i 处建立储备仓库。则决策变量可以表达为：

$$X_i = 0 \text{ 或 } X_i = 1,\ 2,\ \cdots,\ n$$

（2）约束条件分析。在本节中，考虑到 AHP 方法和目标规划方法的不足，提出了综合 AHP 方法和目标规划方法的应急物资储备仓库选址优化决策模型，即根据应急救援工作的特点及要求，提出了 7 个目标约束，并将上述 AHP 方法获得的权重作为一个目标约束。

1）AHP 方法的权重约束。用 AHP 方法进行多目标决策时，按照方案层对目标层的组合权重的大小排序［假设通过上述 AHP 方法得到的方案的权值为 w_i（$i=1,\ 2,\ \cdots,\ n$）］，进行方案的选优，因此将其作为目标规划模型的一个目标，如下：

$$\sum_{i=1}^{n} w_i X_i + d_n^- - d_n^+ = 1 \qquad (4-34)$$

其中，d_n^-、d_n^+ 分别表示权重约束条件下的正负偏差变量。

2）固定费用目标约束。在建立储备仓库时，固定费用不应超过预算费用：

$$\sum_{i=1}^{n} c_i X_i + d_c^- - d_c^+ = C \qquad (4-35)$$

其中，d_c^-、d_c^+ 表示固定费用约束条件的正负偏差变量，c_i 表示在地点 i 建立储备仓库的固定费用，C 表示预算的总固定费用。

3）年总运行费用目标约束。在通常情况下，期望新建立的应急物流中心年总运行费用不应超过其预算费用。

$$\sum_{i=1}^{n} o_i X_i + d_o^- - d_o^+ = 0 \qquad (4-36)$$

其中，d_o^-、d_o^+ 表示年总运行费用约束条件的正负偏差变量，o_i 表示在地点 i 建立储备仓库后每年的运行费用，o 表示预算出的应急物流中心的年运行总费用。

4）应急车辆（广义）从储备仓库 i 到应急地点 j 的最大距离目标约束。最大距离 $d_{ij}^{\max}$ 表示从应急服务设施点 i 到应急地点 j 的最远距离。在储备仓库选址问题中，从运送效率及运行费用考虑，期望 $d_{ij}^{\max}$ 最小化。

$$\sum_{i=1}^{n} \sum_{j=1}^{m} X_i d_{ij}^{\max} + d_{d_{\max}}^- - d_{d_{\max}}^+ = 0 \qquad (4-37)$$

其中，$d_{d_{\max}}^-$、$d_{d_{\max}}^+$ 表示最大距离约束条件的正负偏差变量。

5）应急车辆（广义）从储备仓库 i 到应急地点 j 的平均距离目标约束。当某个区域发生事故时，决策者要同时考虑路线的选择及通行时间两个因素。在许多情况下，最短路线意味着最拥挤的路线，最长路线意味着最不拥挤的路线。

以上两种情况都会导致通行时间过长，所以用 d_{ij}^{av} 来表示在正常道路状况下所选择的储备仓库 i 到应急地点 j 的平均距离，故期望平均距离最小化。

$$\sum_{i=1}^{n}\sum_{j=1}^{m}X_i d_{ij}^{av} + d_{d_{av}}^{-} - d_{d_{av}}^{+} = 0 \tag{4-38}$$

其中，$d_{d_{av}}^{-}$、$d_{d_{av}}^{+}$ 表示平均距离约束条件的正负偏差变量。

6）应急车辆从储备仓库 i 到应急地点 j 的最大通行时间目标约束。最大通行时间 t_{ij}^{max} 表示在最坏情况下从储备仓库 i 到达应急地点 j 所需要的时间，而应急救援工作最显著的特点表现在时间的紧迫性，所以期望 t_{ij}^{max} 最小化。

$$\sum_{i=1}^{n}\sum_{j=1}^{m}X_i t_{ij}^{max} + d_{t_{max}}^{-} - d_{t_{max}}^{+} = 0 \tag{4-39}$$

其中，$d_{t_{max}}^{-}$、$d_{t_{max}}^{+}$ 表示最大通行时间约束条件的正负偏差变量。

7）应急车辆从储备仓库 i 到应急地点 j 的平均通行时间目标约束。用从应急服务设施到应急地点的通行时间来反映事故的损害程度，因此期望事故所造成的总损害最小，反映在时间上就是期望总的通行时间最小化（也就是平均通行时间最小化）。t_{ij}^{av} 表示从储备仓库 i 到应急地点 j 的平均通行时间。

$$\sum_{i=1}^{n}\sum_{j=1}^{m}X_i t_{ij}^{av} + d_{t_{av}}^{-} - d_{t_{av}}^{+} = 0 \tag{4-40}$$

其中，$d_{t_{av}}^{-}$、$d_{t_{av}}^{+}$ 表示平均通行时间约束条件的正负偏差变量。

8）储备仓库数目目标约束。通常情况下，在一个地区的发展规划中，所建设的应急物资储备仓库的数量是确定的，因此引入储备仓库数目目标约束。

$$\sum_{i=1}^{n}X_i + d_F^{-} - d_F^{+} = F \tag{4-41}$$

F 表示按照规划需要建立的储备仓库目标数，d_F^{-}、d_F^{+} 分别表示在储备仓库数目目标约束条件下的正负偏差变量。

3. 目标函数的确定

经过以上的分析，根据各约束方程中主要指标的性质，系统选址的综合 AHP 和目标规划的目标函数为：

$$\begin{aligned}\min Z = {} & P_1 d_c^{+} + P_2 d_o^{+} + P_3\left(d_{tav}^{-} + d_{tav}^{+}\right) + P_4\left(d_{tmax}^{-} + d_{tmax}^{+}\right) + P_5\left(d_{dav}^{-} + d_{dav}^{+}\right) + \\ & P_6\left(d_{dmax}^{-} + d_{dmax}^{+}\right) + P_7\left(d_F^{-} + d_F^{+}\right) + P_8 d_n^{-}\end{aligned} \tag{4-42}$$

（三）实际算例

应急物资储备仓库的位置对于城市的防御灾害的能力是十分重要的。某城市的规划部门根据该城市的地理位置特点，确定了六个建立应急物资储备仓库的候选地点 D_1、D_2、D_3、D_4、D_5、D_6，然后从中选择 2 个地点建立应急储备仓库，来服务该城市及周边10个地区。在此例中，固定费用的预算为2 000万元，年运行总费用预算为220万元。约束条件如下表4－9到表4－12所示。

表4－9　从应急物资储备库到应急地点的最大距离 $d_{ij}^{\max}$（千米）

	1	2	3	4	5	6	7	8	9	10
1	380	460	230	280	420	340	350	410	180	300
2	420	500	280	300	450	400	420	480	370	540
3	520	310	330	480	630	420	530	460	340	440
4	330	500	650	480	460	360	550	350	440	460
5	220	400	480	300	340	520	430	450	340	360
6	450	420	260	320	500	380	450	360	480	400

表4－10　从应急物资储备库到应急地点的平均距离 d_{ij}^{av}（千米）

	1	2	3	4	5	6	7	8	9	10
1	320	400	180	230	350	280	290	350	150	250
2	360	430	240	230	400	340	350	420	320	370
3	450	260	280	420	550	370	470	400	300	380
4	280	440	580	420	400	320	480	300	380	400
5	180	350	420	250	280	450	380	380	290	320
6	380	360	220	280	450	340	420	300	420	350

表4－11　从应急物资储备库到应急地点的最长通行时间 $t_{ij}^{\max}$（小时）

	1	2	3	4	5	6	7	8	9	10
1	11	14	8	9	13	10	10	12	7	10
2	13	14	9	10	13	12	13	14	11	16
3	16	10	11	14	18	13	16	14	11	13
4	11	15	20	14	14	11	16	11	13	14
5	8	12	14	9	10	15	13	13	10	11
6	13	12	9	10	14	12	13	11	14	12

表 4 – 12 从应急物资储备库到应急地点的平均通行时间 t_{ij}^{av}（小时）

	1	2	3	4	5	6	7	8	9	10
1	8	10	5	6	9	7	7	9	4	6
2	9	11	6	6	10	9	9	10	8	12
3	12	7	7	10	14	9	18	10	8	9
4	7	11	14	11	10	8	12	8	9	10
5	5	9	10	6	7	11	9	9	7	8
6	10	9	6	7	11	8	10	8	10	9

考虑到应急物资储备仓库地址的选择所涉及的因素极为复杂，在查对资料和实际调查研究的基础上，使用层次分析原理，形成了图 4 – 10 所示的递阶层次结构。在图 4 – 10 中，目标层为择优选取的（最优）应急物资储备仓库地址；准则层为评价地址优劣的准则，包括安全因素、与所属地区危险源特性的配合程度、辅助性基础设施、政策与法律因素；方案层即各待选的应急物资储备仓库地址。通过计算分析来确定最优应急服务设施地址。通过调查研究，深入实地考察，并征求决策部门领导及专家的意见，结合待选应急物流中心地址的具体情况，构造出各层次的判断矩阵。准则层对决策层的判断矩阵如表 4 – 13 所示：

表 4 – 13 C – G 层判断矩阵

	安全因素	与危险源匹配程度	辅助性基础设施	政策法规
安全因素	1	4	5	9
与危险源匹配度	1/4	1	1	4
辅助性基础设施	1/5	1	1	3
政策法规	1/9	1/4	1/5	1

方案层对第一个准则的判断矩阵如表 4 – 14 所示：

表 4 – 14 P – C_1 层判断矩阵

	D_1	D_2	D_3	D_4	D_5	D_6
D_1	1	3	9	3	6	4
D_2	1/3	1	3	1	2	1

（续上表）

	D_1	D_2	D_3	D_4	D_5	D_6
D_3	1/9	1/3	1	1/3	1/2	—
D_4	1/3	1	3	1	2	1
D_5	1/6	1/2	2	1/2	1	1
D_6	1/4	1	3	1	1	1

方案层对第二个准则的判断矩阵如表 4 - 15 所示：

表 4 - 15　P - C_2 层判断矩阵

	D_1	D_2	D_3	D_4	D_5	D_6
D_1	1	2	9	2	5	9
D_2	1/2	1	7	1	3	4
D_3	1/9	1/7	1	1/7	1/2	1
D_4	1/2	1	7	1	3	5
D_5	1/5	1/3	2	3	1	2
D_6	1/9	1/4	1	1/5	1/2	1

表 4 - 16　P - C_3 层判断矩阵

	D_1	D_2	D_3	D_4	D_5	D_6
D_1	1	3	6	2	5	4
D_2	1/3	1	2	1/2	1	1
D_3	1/6	1/2	1	1/3	1	1/2
D_4	1/2	2	3	1	2	2
D_5	1/5	1	1	1/2	1	1
D_6	1/4	1	2	1/2	1	1

方案层对第四个准则的判断矩阵如表 4 - 17 所示：

表 4 - 17 P - C_4 层判断矩阵

	D_1	D_2	D_3	D_4	D_5	D_6
D_1	1	2	1/2	1/2	2	9
D_2	1/2	1	1/3	1/3	1	5
D_3	2	3	1	1	4	9
D_4	2	3	1	1	3	9
D_5	1/2	1	1/4	1/3	1	5
D_6	1/9	1/5	1/9	1/9	1/5	1

通过计算分别给出各层次排序权值计算和一致性检验。见下表 4 - 18 至表 4 - 20。

表 4 - 18 P - C 层排序权值

候选地点	安全因素	危险源匹配度	辅助性基础设施	政策与法律因素
D_1	0.454	0.398	0.410	0.180
D_2	0.145	0.218	0.115	0.100
D_3	0.046	0.038	0.076	0.307
D_4	0.145	0.225	0.207	0.291
D_5	0.086	0.077	0.094	0.096
D_6	0.124	0.044	0.097	0.025
总计	1.0	1.0	1.0	1.0
CR	0.01	0.01	0.01	0.02

表 4 - 19 C - G 层排序权值

安全因素	0.627
危险源匹配度	0.170
辅助性基础设施	0.150
政策与法律因素	0.053
总计	1.0

表 4-20 G 层总排序权值

候选地点	总权值 W	排序
D_1	0.423	1
D_2	0.151	3
D_3	0.063	6
D_4	0.176	2
D_5	0.086	4
D_6	0.101	5
总计	1.0	—

已知在各个候选地点建设储备库的固定费用和运行费用的数据如表 4-21 所示。

表 4-21 资源数据（万元）

候选地点	固定费用	运行费用
D_1	840	100
D_2	750	80
D_3	1 350	135
D_4	1 400	150
D_5	900	90
D_6	850	80

考虑到资金的限制，总固定费用不超过 2 000 万元，总运行费用不超过 220 万元，以及距离、时间的约束条件，建议综合 AHP 和目标规划的模型，得到的解如下表：

表 4-22 两种方法结果比较

候选地点	AHP 目标规划方法	AHP 方法
D_1	$X_1=1$	$X_1=1$
D_2	$X_2=1$	$X_2=0$

（续上表）

候选地点	AHP 目标规划方法	AHP 方法
D_3	$X_3=0$	$X_3=0$
D_4	$X_4=0$	$X_4=1$
D_5	$X_5=0$	$X_5=0$
D_6	$X_6=0$	$X_6=0$

利用 AHP 结合多目标规划的应急物资储备库的选址方法能够兼顾应急救援工作的特殊需求及资金预算等客观条件的限制，得出的方案即是最优解，也能够符合客观条件的要求，因此是比较合适的方法。

应急物流中心的分布结构影响着整个应急管理的快速反应能力，因此确定应急物流中心的最优分布结构是建立应急管理系统的基础性问题。众所周知，应急管理问题最显著的特点是时间的紧迫性，或者说具有时间的限制，这就是说紧急事件应急处理系统一般具有一个应急限制期，一旦超过了这个期限，不但人们的生命或财产安全可能遭到严重损失，而且服务部门的声誉也会受到严重影响。

本节主要介绍了几种常用的物流中心决策方法，着重讲解了利用层次分析法和目标规划法建立应急物流中心选址模型，并且通过实际案例来运用建立的模型。

第五节　应急运输的调度决策模型

在上一节中介绍了应急储备仓库的选址问题，这为应急物流系统发挥作用奠定了基础。本节将介绍当事故发生时应急物资的调度方法。

一、应急物资调度的相关问题

（一）图的基本概念

在现实生活中，许多事件用图形来描述是方便的。这种图形是由一些点和这些点中某些点之间的连线构成的。例如，可以用点表示城市、连线表示城市之间的铁路线。事实上，为了特别关心这些点与线之间的关系，由此产生了图的概念。一个图是指一个有序的三元数组（V，E，φ），其中 V 是非空的节点集，E 是边集，而 φ 是关联函数，它使 G 的每条边对应于 G 的无序节点对。若 e 是一条边，而v_i，v_j是使得$\varphi(e)=(v_i, v_j)$的节点，则称e连接v_i，v_j；节点v_i，v_j称为e的端点，有时也可省略关联函数φ，这样$e=[v_i, v_j]$。一条边的端点称为与这条边关联，反之亦然。与同一条边关联的两个节点称为相邻的，与同一个节点关联的两条边也称为相邻的。端点重合为一点的边称为环，两条或两条以上边与同一对端点关联，称这些边为重边，既没有环又没有重边的图称为简单图。

为方便起见，一般用$G=(V, E)$表示一个图。

给定一个图$G=(V, E)$，一个点、边的交错序列$(v_{i_1}, e_{i_1}, v_{i_2}, e_{i_2}, \cdots, v_{i_{k-1}}, e_{i_{k-1}}, v_{i_k})$，如果满足$e_{i_t}=[v_{i_t}, v_{i_{t+1}}]$，$t=(1, 2, \cdots, k-1)$，则称为连接$v_{i_1}$和$v_{i_k}$的一条链，记为$(v_{i_1}, v_{i_2}, \cdots, v_{i_k})$，如果链中的节点都不相同，则称该链为路。

（二）最短路问题

给定一个赋权图G，对每一条边$e=[v_i, v_j]$，对应权$w(e)=w_{ij}$，又给定G中的两个节点v_s，v_t，设P是G中从v_s，v_t的一条路，定义路P的权为P中所有边权之和，记为$w(P)$，即$w(P)=\sum\limits_{e\in p} w(e)$，求一条从$v_s$到$v_t$的最短路，即求从$v_s$到$v_t$的一条权最小的路$P_0$，使$w(P_0)=\min P$。

二、应急物流系统物资调度问题的数学描述

事故发生时，通常的应急反应思路是让最近的应急物流中心（出救点）参与应急。这里暗示了一个假设，即平息事故所需的应急资源量不能大于每个应急物流中心的供应能力。但是，当大的灾难发生时，仅一个应急物流中心不能提供应急所需的大量物资，于是产生了应急物流中心的物资调度组合优化问题。在本节中，针对这种情况进行了分析。通常用最短路方法来估计从每一个应急物流中心到应急地点（事故地点）的时间，问题可表示如下：

设A_1，A_2，$\cdots$，A_n为n个应急物流中心，A为应急地点，它们分布在网络$G=(V, E)$的节点上，x为应急物资需求量，A_i的资源可供应量为x_i（>0），$i=1, 2, \cdots, n$，$\sum\limits_{i}^{n} x_i > x$，网络$G$中，对$\forall e\in E$，其权值表示为$w(e)$，设$R_i$为从$A_i$到$A$的所有通路（链）的集合，若$P$是$G$中连接任意两点的一条路，定义路$P$的权为$P$中所有边的权之和，记为$w(P)$。即$w(P)=\sum\limits_{e\in p} w(e)$。要求给出一个方案，使其具有最早的应急开始时间。

（一）方案的表示

将任一方案 φ 表示为：

$$\varphi = \{(A_{i_1},\ x'_{i_1}),\ (A_{i_2},\ x'_{i_2}),\ \cdots,\ (A_{i_m},\ x'_{i_m})\} \tag{4-43}$$

其中，$0 < x'_{i_k} < x_{i_k}$，$\sum_{k=1}^{m} x' = x$，i_1，i_2，…，i_m，为 $i = 1$，2，…，n 的一个排列。方案 φ 给出了参与应急的物流中心及各自的出救物资数量。

（二）方案对应的最早应急开始时间表示为：

$$T(\varphi) = \max_{j=1,2,\cdots,m} t_{i_j}，\text{其中 } t_{i_j} = \min_{P_{i_j} \in R_{i_j}} w(P_{i_j}) \tag{4-44}$$

（三）最优方案模型

用 χ 表示所有形如 φ 的方案的集合，则最优方案可写成：

$$\min_{\varphi \in \chi} T(\varphi) \tag{4-45}$$

三、一次性消耗系统物资调度方案

在详细讨论一次性消耗系统前，先看一看这样一个事例：某地发生地震，急需本地提供一定数量的某种物资，该物资首先需要运输到码头（应急地点）以备尽快船运，本地有若干应急物流中心，这时船的起航时间显然为所需物资全部到达码头的时间（假设用一条船运，并且不计装船时间）。把物资全部到达才能进行应急活动的系统称为一次性消耗系统。

（一）问题的描述

设 A_1，A_2，…，A_n 为 n 个应急物流中心（可出救点），A 为应急地点，x 为某种应急物资需求量，A_i 的资源可供应量为 x_i（>0），$i=1$，2，…，n，$\sum_{i}^{n} x_i > x$，从 A_i 到 A 需要的最短时间为 t_i（>0），要求给出一个方案，即确定参与应急的物流中心及各自提供的应急资源数量，在保证应急资源需求的条件下，应急开始时间最早，如图 4-11 所示。

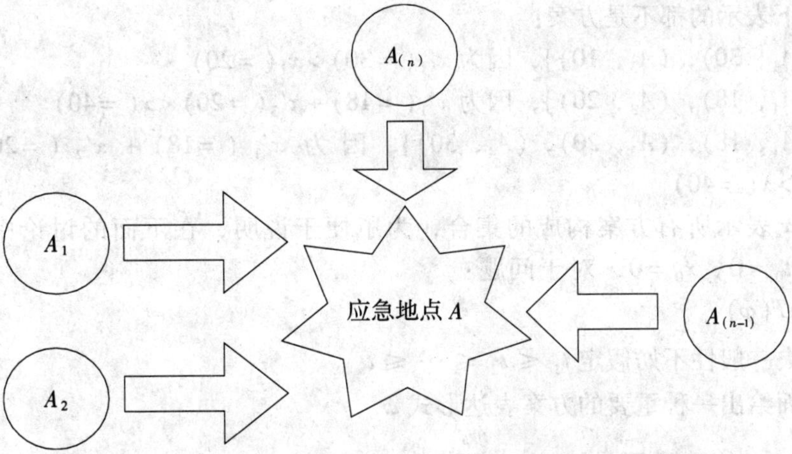

图 4-11 多个出救点应急图

例 4.1 考虑具有 4 个应急物流中心的网络，其中 $x=40$。

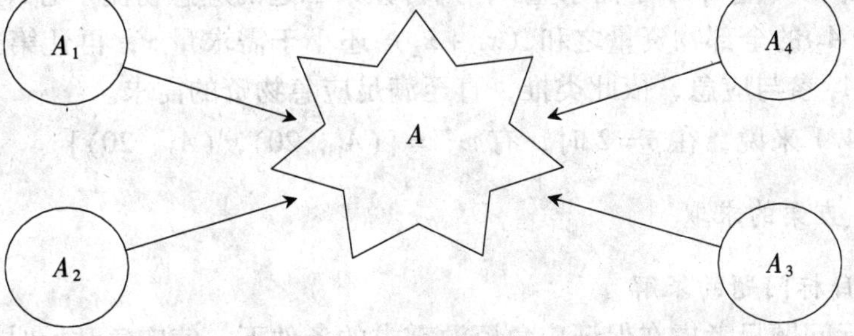

图 4-12 具有 4 个应急物流中心的网络图

$$x_1 = 20, x_2 = 30, x_3 = 25, x_4 = 40$$
$$t_1 = 10, t_2 = 15, t_3 = 22, t_4 = 30$$

以下都是方案：

$$\varphi_1 = \{(A_1, 15), (A_2, 25)\}$$

$$\varphi_2 = \{(A_1, 18), (A_3, 22)\}$$

$$\varphi_3 = \{(A_2, 30), (A_4, 10)\}$$

$$\varphi_4 = \{(A_1, 10), (A_2, 10), (A_3, 10), (A_4, 10)\}$$

以下表示的都不是方案：

$\{(A_1, 30), (A_3, 10)\}$，因为 $x'_1(=30) > x_1(=20)$

$\{(A_1, 18), (A_3, 20)\}$，因为 $x'_1(=18) + x'_3(=20) < x(=40)$

$\{(A_1, 18), (A_3, 20), (A_4, 30)\}$，因为 $x'_1(=18) + x'_2(=20) + x'_3(=30) > x(=40)$

用 x 表示所有方案构成的集合，为了便于说明，在下面的讨论中，假定 $i_0=0$，$t_0=0$，$x_0=0$，对于问题：

$$\min_{\varphi \in \chi} T(\varphi)$$

不失一般性不妨假定 $t_1 \leqslant t_2 \leqslant \cdots \leqslant t_n$。

下面给出一种重要的方案表达形式 φ^*。

设存在 P 满足 $\sum_{k=0}^{p-1} x_k < x \leqslant \sum_{k=0}^{p} x_k$，则有：

$$\varphi^* = \{(A_1, x_1), (A_2, x_2), \cdots, (A_p, x - \sum_{k=0}^{p-1} x_k)\} \tag{4-46}$$

该方案的特点是：选取离事故地点 A 最近的应急物流中心 A_1 参与应急，如果它的全部物资量 x_1 小于需求量 x，则再让第二近的应急物流中心 A_2 参与应急，如果 A_1 和 A_2 的全部物资量之和（x_1+x_2）还小于需求量 x，再让第三近的应急物流中心 A_3 参与应急，依此类推，直至满足应急物资的需求。

对例 4.1 来说，在 $p=2$ 时，有 $\varphi^* = \{(A_1, 20), (A_2, 20)\}$

（二）方案的求取

1. 单目标问题的求解

单目标问题只考虑在保证应急资源需求的条件下，使应急开始时间最早。因为 $t_1 \leqslant t_2 \leqslant \cdots \leqslant t_n$，在 t_P 之前能够到达的全部物资量肯定小于 x，故最早应急时间一定不小于 t_P，因此，有以下结论：

结论 4.1 φ^* 为问题（4-46）的最优解（方案），并有：

$$T(\varphi^*) = \max_{j=1,2,\cdots,p} t_j = t_p \tag{4-47}$$

仿真算例：（其中 $x=50$）

表 4-23 单目标问题仿真数据

	A_1	A_2	A_3	A_4	A_5	A_6	A_7	A_8	A_9	A_{10}
t	1	2	2	3	4	6	6	8	10	15
x	5	10	8	9	7	12	14	9	15	10

由表 4－23 可以看出，

$\varphi^* = \{(A_1, 5), (A_2, 10), (A_3, 8), (A_4, 9), (A_5, 7), (A_6, 11)\}$

$T(\varphi^*) = t_6 = 6$

2. 两阶段目标问题的求解

以时间最短作为目标的方案可能很多，无论从费用还是系统稳定性角度，在时间最短的前提下考虑出救点数目最少的两阶段问题更有实际意义，因为出救车辆（广义）的多少直接关系到应急物流系统的稳定性及可靠性。并且，从费用角度来看，出救车辆的多少还直接关系到系统的总设置费用。

由结论 4.1 可知：φ^* 为（4－46）的最优解，并且 $T(\varphi^*) = t_p$，若用 $N(\varphi)$ 表示方案 φ 对应的出救点数目，两阶段问题可表示为：

$$\min N(\varphi)$$
$$s.t.\begin{cases} T(\varphi) = t_p \\ \varphi \in \chi \end{cases} \tag{4-48}$$

对序列 $x_{i_1}, x_{i_2}, \cdots, x_{i_m}$（$i_1, i_2, \cdots, i_m$ 为 $i = 1, 2, \cdots, n$ 的一个排列，$m \leqslant n$），若存在 k，$1 \leqslant k \leqslant m$，使得 $\sum_{j=1}^{k-1} x_{i_j} < x \leqslant \sum_{j=1}^{k} x_{i_j}$，则称 k 为该序列对 x 的临界下标。

考虑到运输时间不大于 t_p 的可出救点数目可能超过 p 个，不妨设为 q 个，则 $t_p = t_{p+1} = \cdots = t_q$，$q \geqslant k$，若 $q < n$，应有 $t_q < t_{q+1}$，很明显，两阶段问题的最优解（方案）对应的应急物流中心一定是 $A_1, A_2, \cdots, A_q$ 的一个子序列（因为任何包含其他应急物流中心的方案 φ 一定使得 $T(\varphi) > t_q$）。由于相对于应急物流中心 $A_1, A_2, \cdots, A_q$ 的资源可用量分别为 $x_1, x_2, \cdots, x_q$，可设 $x_{i_1} \geqslant x_{i_2} \geqslant \cdots \geqslant x_{i_q}$，其中 $i_1, i_2, \cdots, i_q$ 为 $i = 1, 2, \cdots, q$ 的一个排列，p、q 的意义不变。

由于出救点数目小于 k 且时间不大于 t_p 的任何组合，其物资可供应量之和一定小于 x，不能构成方案，因此有以下定理：

结论 4.2　k 为序列 $x_{i_1}, x_{i_2}, \cdots, x_{i_q}$ 对 x 的临界下标，则 $A_{i_1}, A_{i_2}, \cdots, A_{i_k}$ 作为出救点的相应方案：

$$\varphi = \left\{(A_{i_1}, x_{i_1}), (A_{i_2}, x_{i_2}), \cdots, (A_{i_k}, x - \sum_{j=1}^{k-1} x_{i_j})\right\} \tag{4-49}$$

使得问题（4－48）达到最优，并且 $N(\varphi) = k$。

由表 4－23 可看出，

$$\varphi = \{(A_7, 14), (A_6, 12), (A_2, 10), (A_4, 9), (A_3, 5)\}$$

为问题（4－48）的最优解，并且 $T(\varphi) = 6$，$N(\varphi) = 5$。

四、连续消耗系统物资调度方案

上面研究了在应急物资需求下，一次性消耗系统最优方案的求解，接下来将讨论连续性条件下的应急开始时间最早问题。连续性条件就是要保证在任何时刻已到达物资量满足应急所需的物资消耗，即不能出现因物资供应不足引起的应急活动的停止。

（一）问题的描述

设 A_1，A_2，…，A_n 为 n 个应急物流中心（可出救点），A 为应急地点，x 为某种应急物资需求量，A_i 的资源可供应量为 x_i（>0），$i=1$，2，…，n，$\sum_i^n x_i \geqslant x$，应急活动开始后，应急物资的消耗速率为 v，从 A_i 到 A 需要的时间为 t_i（>0），不妨设 $t_1 \leqslant t_2 \leqslant \cdots \leqslant t_n$，要求在保证连续性的条件下给出方案，使应急开始时间最早。一般称该问题为连续消耗问题。

同一次性消耗系统相比，这里引入了消耗速率 v，事实上，连续消耗问题是一次性消耗问题的推广，因为只要令 $v=\infty$，这两个问题是等价的。

设 s 为应急起始时间，f 为应急结束时间，如果对 $\forall t \in [s, f]$，有：

$$\sum_{k \in \{j \mid t_{i_j} \leqslant t, j=1,2,\cdots,m\}} x'_{i_k} \geqslant (t-s)\ v \qquad (4-50)$$

则称方案 φ 关于起始时间 s 是连续可行的。

上式左边表示 t 时刻已经到达的物资量，右边表示到时刻 t 时的物资已消耗量。上述方案 φ 把关于起始时间 s 连续可行描述为在任何时刻的已到达物资量不小于以 s 为应急开始时间到 t 时刻的物资持续消耗量。

设所有关于起始时间 s 是连续可行的方案的集合为 χ_s，这时问题可描述为：

$$\min_{\chi_s \neq \phi} s \qquad (4-51)$$

（二）方案的选取

1. 单目标问题的最优方案

结论 4.3 φ^* 为相应于问题（4－51）的最优方案。

相对于 φ^* 的最早应急开始时间 s^* 可用下式求出：

$$\max_{k \in \{1, 2, \cdots, p\}} \left(t_k - \sum_{i \in \{i \mid t_i < t_k,\ i=0, 1, \cdots, p\}} x_i / v\right)，其中(t_0=0,\ x_0=0) \qquad (4-52)$$

仿真算例：

下表给出了本节所讨论问题的仿真数据：

表 4-24　单目标问题仿真数据

	A_1	A_2	A_3	A_4	A_5	A_6	A_7	A_8	A_9	A_{10}
t_i	2	3	3	15	16	17	21	22	22	29
x_i	20	10	80	80	30	120	70	60	220	100

根据结论 4.3，显然有：

$\varphi^* = \{(A_1, 20), (A_2, 10), (A_3, 80), (A_4, 80), (A_5, 30), (A_6, 80)\}$

再根据公式（4-52）：

$$s^* = \max_{k\in\{1,2,\cdots,6\}}\left(t_k - \sum_{i\in\{i \mid t_i<t_k, i=0,1,\cdots,6\}} x_i/v\right) = \max\{2, 1, 1, 4, -3, -5\} = 4$$

$$f^* = s^* + \frac{x}{v} = 4 + \frac{300}{10} = 34$$

2. 两阶段目标问题的求解

在前面的研究中，解决了连续条件下的应急开始时间最早问题。给出了一个以应急开始时间最早为单目标的最优方案 φ^* 的求取方法和相应的最早应急开始时间 s^*。下面解决应急开始时间最早前提下，出救点数目最少这一两阶段问题。

因为 $s^* = \min_{\chi_s\neq\phi} s$，这时，问题就变为：

$$\varphi^{**}: \min_{\varphi\leqslant\chi_{s^*}} N(\varphi) \tag{4-53}$$

在前文，已经知道 $\varphi^* \in \chi_{s^*}$，现在的任务是寻找比 φ^* 更好的方案 φ^{**}，即求解（4-53）。

下面通过求解更具普遍性的问题（4-54）来对问题（4-53）进行求解：

$$\hat{\varphi}: \min_{\varphi\leqslant\chi_{s^*}} N(\varphi),（当\chi_s\neq\phi） \tag{4-54}$$

显然（4-53）是（4-54）的特殊情况，完成对（4-54）的求解即完成对（4-53）的求解。

具体算法过程如下($\chi_s\neq\phi$)：

（1）$u=s$，$k=1$，$T=0$，$I=\phi$；

（2）求解 i_k：$\max_{i\in\{j \mid t_j\leqslant u, j\in I\}} x_i = x_{i_k}$，$I=I+\{i_k\}$，转（3）；

（3）若 $T+x_{i_k}<x$，则 $T=T+x_{i_k}$，$u=u+\frac{x_{i_k}}{v}$，$k=k+1$，转（2）；否则 $x'_{i_k} =$

$x-T$，转（4）；

（4）所求方案 $\hat{\varphi}=\{(A_1,20),(A_2,10),\cdots,(A_3,80),(A_4,80),(A_6,110)\}$ (4-55)

仿真算例：(其中 $x=280$，$v=10$，$s=9$)

表 4-25 两阶段问题的仿真数据

	A_1	A_2	A_3	A_4	A_5	A_6	A_7	A_8	A_9	A_{10}
t_i	1	3	8	8	11	16	19	21	35	37
x_i	100	50	80	110	90	90	80	60	210	110

求解过程如下：

首先找出到达时间 t_i 不大于 $u(=s=9)$ 的所有应急物流中心 $\{A_1, A_2, A_3, A_4\}$，对应的可供应量为 $\{100, 50, 80, 110\}$，选取数量最大的应急物流中心 A_4：由于 $110<280$，让 $u=9+\frac{110}{10}=20$，找出到达时间不大于 u（$=20$）的除 A_4 外所有应急物流中心 $\{A_1, A_2, A_3, A_5, A_6, A_7\}$，对应的可供应量为 $\{100, 50, 80, 90, 90, 80\}$，选取数量最大的应急物流中心 A_1：由于 $110+100=210<280$，让 $u=20+\frac{100}{10}=30$，找出到达时间不大于 u（$=30$）的除 A_4，A_1 外所有应急物流中心 $\{A_2, A_3, A_5, A_6, A_7, A_8\}$，对应的可供应量为 $\{50, 80, 90, 90, 80, 60\}$，选取数量最大的应急物流中心 A_5：由于 $110+100+90=300>280$，让 $x'_5=280-(110+100)=70$。

所求的方案为：$\hat{\varphi}=\{(A_4,110),(A_1,100),(A_5,70)\}$

下面对单目标问题及两阶段目标问题进行比较，以表 4-26 给出的数据为例(其中 $x=280$，$v=10$，$s=9$)。

表 4-26 单目标问题仿真数据

	A_1	A_2	A_3	A_4	A_5	A_6	A_7	A_8	A_9	A_{10}
t_i	2	3	3	15	16	17	21	22	22	29
x_i	20	10	80	80	30	120	70	60	220	100

已求得：

$\varphi^*=\{(A_1,20),(A_2,10),(A_3,80),(A_4,80),(A_5,30),(A_6,80)\}$

$s^* = 4$

根据上述算法过程，很容易求得：

$$\hat{\varphi} = \{(A_3, 20), (A_1, 10), (A_2, 80), (A_4, 90), (A_6, 30)\}$$

$\hat{\varphi}$为两阶段问题（4-53）的最优解，同φ^*相比，方案$\hat{\varphi}$的出救点数目较少，$N(\hat{\varphi})=5$，而$N(\varphi^*)=6$，φ^*和$\hat{\varphi}$都关于最早应急开始时间s^*（$=4$）连续可行，显然方案$\hat{\varphi}$优于方案φ^*。

本节介绍了应急运输调度决策模型，主要是解决在应急物资管理中的物资调度问题。首先讲解了图的基本概念和最短路线问题等基础性知识；然后运用数学语言对调度问题进行了描述；接着对一次性消耗系统的物资调度方案展开叙述，并且仿照它对连续性消耗系统的物资调度方案展开阐述。

阅读材料4.2

煤、电、油、运供应突发事件及应对

盘世贵　黄凯峰

煤炭、电力、成品油、运输在国民经济发展和经济健康运行中的地位是显而易见的。如果说经济是一个国家的生命的话，煤、电、油则是国家的生命源，而运输就是一个国家的生命线。一个国家的经济要想长期正常健康地运行，必须建立起稳定的能源战略储备和便捷的以交通运输为主的基础设施保障。

一、煤、电、油、运突发性事件及其危害

煤、电、油、运突发性事件，是指由于煤、电、油、运要素发生持续性供给困难，造成大范围生产和居民生活等基本消费需求较长时间得不到满足，经济发展和社会生活受到显著影响的状态。目前煤、电、油、运供需失衡突发性事件的表现主要有：

1. 煤炭供需失衡突发性事件

表现为：重点煤炭企业生产或调运发生重大异常情况，如发生持续性停产或大幅度减产事件或运输渠道严重不畅等事件；重点火力发电企业发电用煤严重不足，库存煤低于正常用量7天；重点工业企业用煤供给中断，煤炭库存低于正常生产需要，且预计补充困难；中心城市生产、生活供热、供煤气企业因煤炭供给中断出现持续性停产事件等。

2. 电力供需失衡突发性事件

表现为：电力调度电网或发电机组发生特、重大事故，全面或局部瘫痪；区域电网或地市电网电力供应损失急剧增大，导致可分配负荷、减供负荷超过平均负荷30%，且电力系统自身难以恢复；重要发电企业或220KV及以上枢纽变电站发生全停事故，导致孤网运行或造成电网减供负荷超过10%；城市供电持续性异常，短时间内无法恢复，如生活用电连续中断造成居民生活出现严重困难，重要公共设施供电连续中断造成供水、通信等公共服务严重紊乱等。

3. 成品油供需失衡突发性事件

表现为：区域内成品油库存低于正常消费量7天；全社会加油站因资源原因出现较大范围停业且预期持续较长时间；社会经营单位持续抢购成品油，销售价格明显高于规定价格，并预期维持较长时间等。

4. 运输供需失衡突发性事件

表现为：区域内铁路干线客货运输异常，如自然和人为因素造成干线、车站、枢纽长时间不能恢复正常生产，以致大量旅客在车站或途中滞留，大量货车停发，严重影响正常运输生产的情况；区域内国、省、市道干线公路出现长时间关闭、中断或堵塞等交通异常，造成大量旅客和车辆长时间中途滞留；应急物资运输受阻，防疫、救灾、抢险和其他应急医药用品、防护用品和消毒杀菌用品亟须通过铁路、航空、公路直达目的地，需要综合协调的情况；重点货物运输异常，如煤炭、成品油、粮食、化肥、农药等涉及国计民生的重要、大宗物资以及重点产品大量积压，资金大量占用，运输量持续不足，造成上下游产业行业生产组织困难等。

二、我国煤、电、油、运供应与应急管理中存在的问题

1. 国家能源的分布不合理，战略储备不足，缺乏替代品

我国能源大多分布在经济欠发达的中西部地区，将能源输送到需求量较大的东部发达地区距离非常远，长距离的输送给安全埋下了隐患。同时，我国70%的成品油依赖进口，而我国还没有建立起储存量大、分布合理、运输便捷的石油战略储备体系。另外，由于传统能源的替代品研究还刚刚起步，新能源的研究和开发还不足以替代传统能源的地位。一旦出现紧急状况（如战争、邻国封锁等），我国的能源供应将无法保证。因此，我国能源在供给上存在很大的硬伤。

2. 交通运输体系不完善

我国还没有建立起覆盖全国的立体式（水、陆、空、城市地铁）、多层次（高速路、一级路、二级以下路）、全方位（公路、铁路、机场）的交通体系。一些地方只有一条路连接，或只有一种交通方式，一旦这条路和这种交通方式出现问题或遭到破坏，局部地区的交通就会面临瘫痪。

3. 电网、电力结构不完善

一方面，我国花大力气组建了国家大电网，这应当说是一大进步。但只有大电网对于一个国家来说并不安全，当前的缺陷是没有配套的后备局域电网以及关

键部门的自备发电系统。一旦国家大电网出现问题，国家的许多事业将面临瘫痪。另一方面，我国的电力结构相对单调，水电和火电在电力供应中占据了太大的比重。用水电的地方一旦出现干旱，电力将供应不足；用火电的地方一旦出现煤炭供应不足也会引发用电紧张等情况。

4. 我国在煤、电、油、运供应突发性事件上的应急机制不健全

一方面，在国家应急专项预案的建设上，除了《国家处置电网大面积停电事件应急预案》外，没有制定出完善的关于处置煤炭、成品油、运输供应的突发性事件的预案。涉及运输方面的应急预案也是关于安全事故的，如《国家处置铁路行车事故应急预案》、《国家处置城市地铁事故灾难应急预案》等。对于能源与运输供应的突发性事件的考虑还很不足。另一方面，职能部门之间缺乏有效的沟通、协调、联系与参与。从近几年广西发生的煤、电、油、运供应突发性事件来看，多由各地、各部门进行处理，还未形成全区统一的行为模式，尚未形成明确的、统一的、系统的组织形式。突发性事件的处理，涉及经济、交通、建设、供电、石化、铁路、通信等多个部门，目前这些部门之间在协调处理突发性事件上缺乏应有的沟通和联系。必须研究如何使分散的政府职能部门有机地组织起来，使应急系统的组成、结构、各分功能、系统集成等能够正常发挥作用并协调一致。

三、完善煤、电、油、运供应与建立健全应急调度协调体制

为了确保国民经济的健康运行，必须确保能源与运输的正常供应。因此，我国必须既要提高供应能力又要提高应变能力。

1. 加大能源和运输领域的基础建设投入，建立高质量的、可靠的能源供应和运输体系

（1）提高我国能源的战略储备水平，建立起储存量大、分布合理、运输便捷的石油、煤炭和天然气战略储备体系。可以考虑在东部沿海学习美国的做法，建设几个大的炼油厂；在中部地区建设从北到南纵向排列的石油、天然气和煤炭储存基地，以便应急调度；在西北地区建立石油和天然气开采与加工、储存基地，通过管道与中部的储存基地连接。

（2）在电网建设上，各地还应当组建以本地电站为主体的局域电网，军队、政府和重点企业建立自备发电系统，以此形成梯形结构的电网体系，确保在非常状况下军队的有效调度、政府的正常办公和重点企业的正常生产。

（3）在路网建设上，进一步加大投入，尽快建立起覆盖全国的立体式、多层次、全方位的交通体系。当前的重点是铁路复线和电气化建设，以及高等级公路建设和农村公路建设。

2. 大力促进新能源的开发和利用

广泛利用核能、太阳能、风能、潮汐能发电。提高核能、风能、太阳能发电在我国电力供应中的比例，预防传统电力供应不足时的急需。推广太阳能和沼气在家庭的使用，减少家庭对国家战略能源的消耗。研究开发其他的传统能源替代品，减少对不可再生能源的消耗。

3. 建立健全煤、电、油、运应急调度协调体制

对于煤、电、油、运突发性事件的处理，关键在于调度和协调两个方面。当前亟须解决的问题是建立有效的应急预案。

(1) 加强领导，明确职责。煤、电、油、运突发性事件对经济运行平稳进行具有较大的危害，需要各级政府树立忧患意识，把防范煤、电、油、运突发性事件应急调度协调机制纳入政府日常工作体系，建立反应迅速、组织科学、运转高效的应急机制。按照"反应灵敏、运转有序、精干高效、保障有力"的要求，成立全国性的煤、电、油、运应急调度协调领导小组，由国务院分管经济的副总理任组长，相关部门为成员单位，下设煤、电、油、运应急调度协调办公室，负责日常的指挥调度工作。办公室根据需要设在相关部委。各省成立相应的协调机构负责辖区调度协调工作。各地市要结合实际，制定本区域的煤、电、油、运调度协调应急预案，在辖区范围内构建应急保障体系。

(2) 建立突发性事件预警预报系统。①加强沟通联系。②建立应急联络渠道。协调机构应保持与公路、铁路、民航、供电、石化、各地市的应急领导机构及其有关生产调度单位的联络畅通，并通过快速信息通道，实现网上应急调度和调控。③建立应急报告制度。协调机构要负责建立煤、电、油、运重大、紧急情况的信息报告系统。煤、电、油、运有关部门或企业，以及地市上报的有关信息，要及时上报该机构，由该机构整理汇总并向政府报告。重大事故必须在两个小时内上报。对于误报、迟报造成严重影响的，除进行通报批评外，还要追究相关人员的责任。④提交启动预案报告。

(3) 启动应急调度协调机制。政府接到紧急状态初步报告或启动预案紧急报告后，召开煤、电、油、运应急调度协调领导小组工作会议，根据紧急状态对煤、电、油、运的影响和危害程度，结合煤、电、油、运紧急状态或异常事件的性质特点、扩散趋势、持续时间，以及对国民经济各方面的现实和潜在影响等，分别启动相应的紧急措施。

(4) 制定、完善有关配套政策和措施。为保证调度协调应急措施效果，缓解紧急状态，政府要制定和实行如下相关政策措施：①应急条件下的优惠政策。对煤、电、油、运相关企业或地区实施临时应急政策，稳定或增加生产供给能力；减免煤、电、油、运相关行政性收费，简化行政审批、核准、备案等管理程

序；向煤、电、油、运企业运行急需进口的原料、材料、设备等提供相关方面的优惠和支持。②战略储备的启动方案。在何种情况下动用政府应急储备物资和商品，缓解社会需求，平抑物价，必须有明确的规定和启动程序。③物资管制政策。在煤炭、电力、成品油特别紧缺的情况下，临时管制部分地区或企业的生产、销售和供给。

(5) 加强监督与评估。煤、电、油、运调度应急措施实施期间，有关部门要加强监督。既要加强物价检查，又要严肃纪律、追究责任。最后，有关部门要对煤、电、油、运调度应急措施的实施效果组织评审或评价，及时向政府提出调整、终止的建议。提出终止建议时，应同时提出有关善后事宜处理方案。

（资料来源：《桂海论丛》，2007 年 11 月第 23 卷第 6 期）

本章小结

在本章中，应急物资采购管理主要有三个关键问题：多目标决策选择供应商的模型和应急物资合同储备企业的选择和评价、供应商管理。

应急物资发放需求预测的关键方法是基于案例推理的应急物资需求预测方法。

在应急物资的库存管理方面，学习要点是应急物资库存分类方法分析、基于模糊评价的应急物资分类策略和应急物资库存控制模型。

在仓库的选址及决策方面，有仓库选址方法分析和基于 AHP 法和目标规划法的应急物资储备仓库选址模型两个知识点。

应急运输调度决策模型主要介绍了一次性消耗系统物资调度方案和连续消耗系统物资调度方案。

思考与练习

1. 思考不同重要性的物资对应的满足率、周围储备区之间的调运量等，使得应急物资需求预测模型更完善。

2. 在应急物资的调度模型决策法中，思考多种资源的调度问题以及各出救点应急车辆行驶路径的选择问题。

3. 分析如果应急物资的调运是以多种运输方式共同完成，那么应急仓库该如何选址。

4. 分析在不同类型和特点的突发公共事件（火灾、化学品泄露、地震等）发生时，与之相对应的应急物资管理有什么相同点和不同点。

5. 在应急仓库选址中综合运用 AHP 法和目标规划法时，约束条件可以如何进一步完善？建立的模型又有哪些不同？

第五章　应急物流信息系统

本章概述

本章首先对物流信息系统的定义和体系结构进行了较为详细的介绍。接着提出构建应急物流信息系统的框架，包括设计原则、设计内容、建立应急物流信息系统的整体架构。然后介绍应急物流信息系统开发原则和三种开发方法，包括结构化开发方法、原型法、面向对象开发方法。最后对应急物流的关键技术进行了介绍，如集成技术、自动跟踪与定位类技术、自动识别类技术等。

第一节　物流信息系统的概述

一、物流信息系统的定义

对于物流信息系统一个较为通用的定义是：物流信息系统是一个以人为主导，利用计算机软硬件、网络通信等信息技术，进行物流信息的收集、存储、加工、传输、维护和使用等活动，以物流组织的战略竞争优势、提高效益和效率为目的的集成化人机系统，具有分析、计划、预测、控制和决策等功能，支持物流组织的高层决策、中层控制和基层运作。面向管理、系统的观点、数学的方法和计算机应用是物流信息系统的几个基本要素。

在经济全球化趋势下，信息技术日新月异，随着管理理念的不断更新，企业信息系统将得到全面应用，现代物流信息系统具有以下五个主要特点：系统功能的集成化、模块化；信息采集的自动化、在线化；信息传输的网络化、标准化；信息处理的智能化；信息处理界面的日益友好化。

二、物流信息系统的体系结构

（一）物流信息系统结构介绍

物流信息系统的结构是指由物流信息系统的各组成部分构成的系统框架。根据对部分的不同理解，就形成了不同的结构。比较重要的有概念结构、功能结构、软件结构和硬件结构等①。

1. 概念结构

根据图 5－1，物流信息系统由四部分组成：信息源、信息处理器、信息用户和信息管理者。

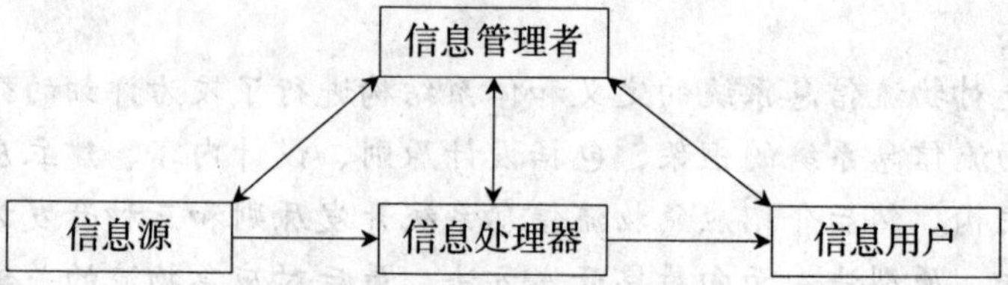

图 5－1　物流信息系统的概念结构

信息源是物流信息的产生地。物流信息可以分别来自组织内部和外部，例如，对于一个拥有物流各项基本活动的第三方物流企业而言，为客户开出的销售发票信息、库存状态信息、运输工具信息等都属于企业内部信息，而供应商、顾客的信息，市场信息和政策信息等，则都来源于企业外部。外部信息的不确定性和不准确度一般要比内部信息高。

信息处理器负责物流信息的传输、加工和保存等任务。如把各种因物流活动产生的信息传递给财务部门，对各种物流信息的统计工作，以及应用各种存储设备和方案进行物流信息数据的存储与备份等。

信息用户是物流信息的使用者，是根据各种管理目的而确定的。他们可以是组织内各层次的职员，也可以是客户、供应商和其他相关组织机构的人员。

信息管理者负责物流信息系统的设计实现，在实现后，则负责物流信息系统的运行和各种协调工作等。

2. 功能结构

从功能上来看，一个物流信息系统是由存在着各种信息联系的功能所组织成的有机整体，并且有着一定的系统目标。例如，一个典型的第三方物流信息系统的功能结构如图 5－2 所示：

① 施晓军．物流信息技术与信息系统．成都：四川人民出版社，2009

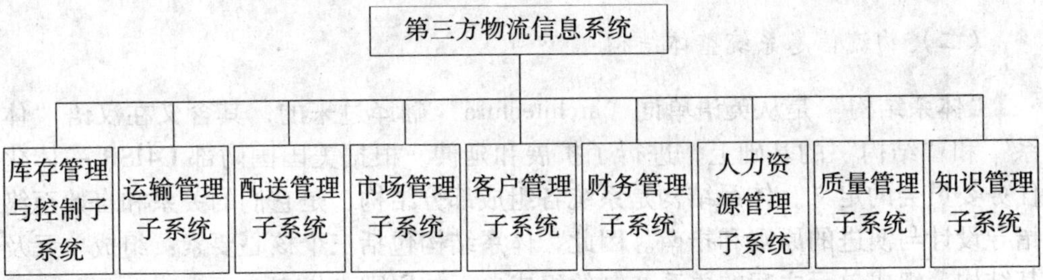

图5－2　物流信息系统的功能结构

3. 软件结构

支持物流信息系统各种功能的软件系统、模块所组成的系统结构，是物流信息系统的软件结构。整个系统有为全系统所共享的数据和程序，包括公用数据文件、公用程序、公用模型库、数据库管理系统等；同时，也有专为支持某一系统功能的专用数据和程序。图5－3是物流信息系统的软件结构示意图。

4. 硬件结构

物流信息系统的硬件与硬件之间的连接方式，以及硬件所提供的功能，构成了物流信息系统的硬件结构。

在构建物流信息系统时，对于硬件结构，主要是在采用微机网还是小型机终端结构之间作出选择。

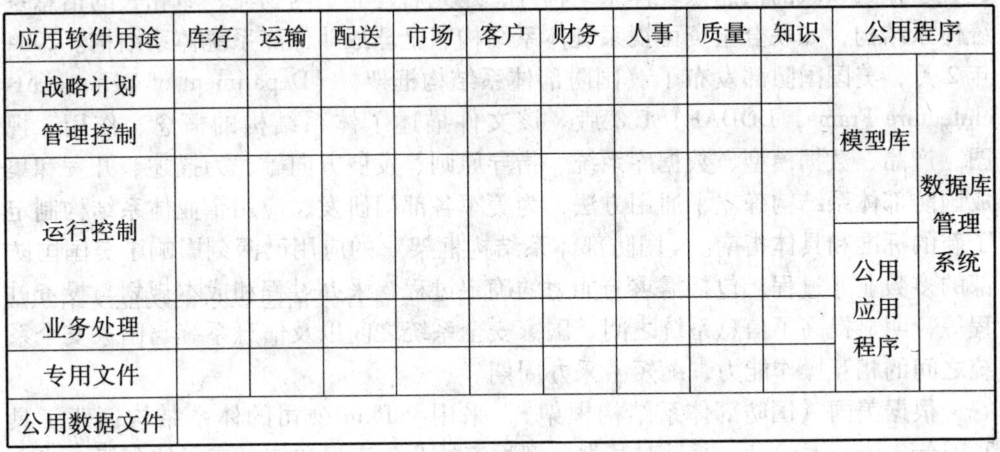

图5－3　物流信息系统的软件结构

（二）物流信息系统整体结构

“体系结构”是从英语单词“architecture”翻译过来的，其含义在汉语“体系”和“结构”的基础上，进行了扩展和延伸。根据美国国防部C4ISR一体化任务委员会的定义，体系结构是系统各组成部分结构，是它们的关系和自始至终指导设计与演进的原则和指南。因此，体系结构包括三个核心要素：组成单元及其结构、组成单元之间的关系、制约组成单元的原则与指南。

体系结构的研究起源于军事领域。在海湾战争前，美军的C4ISR系统主要由各军兵种自行设计。由于设计的内容不统一，文档不规范，引用的术语不一致，妨碍了决策人员、设计人员和开发建设人员对系统方案的理解和交流，导致了很多“烟囱式”系统的建立。这些“烟囱式”系统的存在，严重地影响了海湾战争中各军兵种之间的数据共享和对战局的实时掌握与控制。海湾战争后，美国国防部针对原有各军兵种设计的“烟囱式”指挥系统先后制定了《技术参考模型》、《信息技术管理体系结构框架》、《联合技术体系结构》等几份重要的体系结构文件，用于规范C4ISR系统设计，以实现各层次、各部门、各军兵种系统的互连、互通、互操作和数据共享。1995年10月，美国国防部成立了C4ISR一体化任务委员会，负责研究体系结构框架，并先后发布了《C4ISR系统体系结构框架》1.0版和2.0版，该框架首次统一了美军C4ISR系统的描述方法，规定了用作战视图、系统视图和技术视图描述系统的体系结构。在此基础上，美军除建立了作战领域的信息系统体系结构外，还先后建立了与物流领域相关的信息系统体系结构，如联合全资可视系统体系结构、全球战斗保障系统体系结构。2004年2月，美国国防部发布了《国防部体系结构框架》（Department of Defense Architecture Frame，DODAF）1.0版。该文件描述了体系结构的概念、作用、视图、产品、数据模型、数据库系统、指导原则、发展方向等，为描述、开发和集成国防部体系结构确立了通用方法，为美军各部门研发、应用企业体系结构制定了新的标准和具体指南。《国防部体系结构框架》的应用已深刻影响了美国国防部的多数业务过程，包括需求与能力的确定过程、采办过程和成本规划与投资过程等，明显提高了信息系统之间、国家安全系统之间以及信息系统与国家安全系统之间的相互操作能力，缩短了采办周期。

根据美国《国防部体系结构框架》，采用PoPkin公司的体系结构创建工具Telelogic System 10.4，通过对某类典型物流的业务流程和信息流程的分析，建立了物流信息系统体系结构视图产品①。它由业务视图、系统视图和技术标准视图

① 石玉峰，徐军．物流信息系统体系结构研究．交通运输工程与信息学报，2008，6（3）：11～14

组成，各视图又包含了多个具体产品，如图 5－4 所示。

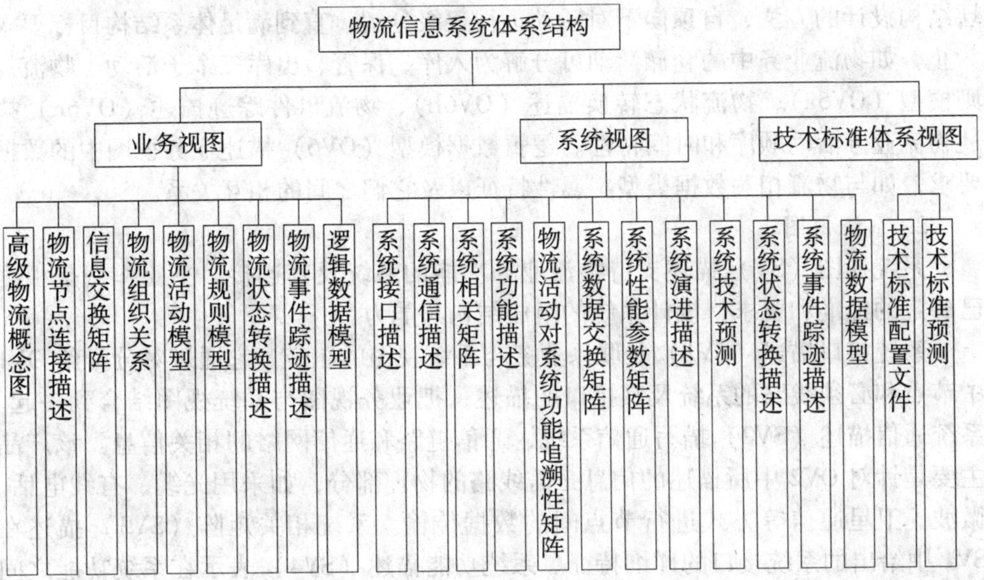

图 5－4 物流信息系统体系结构视图

以上从不同角度揭示了物流信息系统的结构。总之，物流信息系统主要是由硬件、软件、相关人员及物流组织的管理制度及规范等组成的一个统一整体。

1. 业务视图

业务视图（OV）主要用于描述物流任务、业务流程与物流活动、物流要素以及进行物流活动所要求的信息交换。该视图确定了物流参与者的关系和信息需求，提出了必须达到的需求，谁完成这些需求和为完成这些需求而要求的信息交换。其视图产品组成和创建方法如下所述。

高级物流概念图（OV1）采用图形、文字等方式描述物流使命、任务和模式，包括有什么任务、谁完成该任务、完成任务的顺序、完成任务的方式、完成任务达到的目的以及与外部环境、外部系统的相互作用。物流节点连接描述（OV2）是高级物流概念图进行物流功能分解后的描述，是其他产品的基础，主要描述物流节点有什么活动、节点之间的连接关系和交互信息的特征。其中，业务节点是体系结构的一个元素，它产生、使用和处理的信息可以是人、组织或机构，如仓库、销售商场、送货员等。物流业务中产生的交互信息如申请、订货，其详细设计在信息交换矩阵（OV3）中描述，主要从信息内容、格式、密级、紧急性等方面描述。物流组织关系（OV4）描述在体系结构中起关键作用的物流人员、组织之间的业务关系，如指挥关系、指导关系、协作关系等。物流活动模型（OV5）主要是对 OV2 中定义的物流业务活动进行详细说明。设计时一般采用分层结构设计的方法，自顶向下对活动进行逐级分解，直到满足体系结构目标要求为止，如物流业务中的仓储活动可分解为入库、保管、出库三个子活动。物流规则模型（OV6a）、物流状态转换描述（OV6b）、物流事件踪迹描述（OV6c）描述物流业务活动顺序和时间特性。逻辑数据模型（OV6）描述业务视图中的数据要求，如与物流相关数据类型、属性特征以及它们之间的相互关系。

2. 系统视图

系统视图（SV）描述支持物流业务功能的系统及其连接，主要作用是根据已确定的标准和要求，设计系统的组成结构与能力。

系统接口描述（SV1）是联系业务与系统视图的纽带。它通过对分配给 OV1 中节点和必须线路的系统及其接口的描述，把业务视图与系统视图结合到一起。系统通信描述（SV2）描写通信系统、通信链路和通信网络的相关信息。该产品主要是针对 OV2 中所描述的信息必需线路的物理部分，如采用光缆、有线电话、微波、卫星通信等方式进行节点间的数据传输。系统相关矩阵（SV3）描述在 SV1 中给出的系统接口的详细特征。系统功能描述（SV4）表示在系统功能之间的数据流、系统之间或系统功能之间的关系，以及节点上的活动。物流活动对系统功能追溯性矩阵（SV5）通过描述物流活动对系统功能的多对多的映射关系，进一步帮助在业务与系统体系结构之间建立连接。在矩阵中，一个业务活动可以由多种系统功能支持，一个系统功能可以支持多种业务活动。系统数据交换矩阵（SV6）描述节点内系统之间的信息交换和从这些系统到其他节点的系统的信息交换，重点是数据交换如何被实现。系统性能参数矩阵（SV7）描述各系统的现行硬件和软件的性能特征和适应技术标准预测或必需的性能特征。系统演进描述（SV8）记录系统或系统嵌入的体系结构如何长期演进。系统技术预测（SV9）描述确定现在确实掌握的和可期待掌握的支持技术。系统规则模型（SV10a）、系统状态转换描述（SV10b）、系统事件踪迹描述（SV10c）描述系统功能顺序和时间特性。物流数据模型（SV11）用来描述逻辑数据模型中的物流信息是如何在系统视图中实现的。

3. 技术标准体系结构

技术标准体系结构（TV）描述了系统的标准和规范，提供了基本的技术支撑能力与新的技术能力，确保一个系统能满足规定的一系列业务要求。其视图产品和创建方法如下所述。技术标准配置文件（TV1）描述系统的标准规则，如物流信息系统的操作系统、用户接口、数据管理、传输交互等技术标准。技术标准预测（TV2）描述与 TV1 产品列出的与技术有关的标准和协议的预期变化。

第二节　应急物流信息系统的结构设计

应急物流信息系统是应急物流系统的一个子系统，由于自然灾害、突发性公共卫生事件以及局部性军事战争的不确定性，对于一个应急物流系统来说，信息的有效获得和传递具有核心的意义。应急物流信息系统的目标，就是要配合危机管理的全过程，应用信息技术，实现大面积的、跨专业和部门的信息资源、处理资源和通信资源的实时调度，使应急过程更加科学化和可视化。

（一）应急物流信息系统的构建原则

1. 系统性原则

现代物流的最终目标是要达到“四流”（商流、物流、资金流和信息流）的最佳融合，任何一个功能单一的信息系统是无法完成的。因此，物流信息化的过程必须遵循系统化原则，将信息系统建设与指挥、采购、配送、仓储系统等结合考虑，从整体上进行统一设计，达到信息的无缝链接。应急物流是常规物流的特殊形态，其信息系统同样要求满足系统化要求。

2. 科学化原则

应急物流追求“最短时间”，为了缩短反应时间，必然通过多种科学技术手段来减少不必要或者可能会造成时间损失的环节。但这并不意味着技术越先进越好。应急物流信息系统应满足科学化原则，要求物流系统科学有效。

3. 信息规范化原则

应急物流的信息来源与常规物流相比更加复杂，许多信息往往不是来源于正规渠道，为了使信息流在各系统之间畅通无阻，必须制定统一的标准和格式，企业应当无条件遵守，从而在应急状态下使信息能够在不同系统之间达到实时交换。此外，应急物流信息系统在非常时期的扩充和使用必须有法可依，依法实行。国家的动员法律必须将企业信息设施的动员和征用加以明确规定。

4. 社会化原则

应急物流通常是由国家或者社会非盈利性机构组织的社会活动，整个过程基本上都是在社会大环境中完成的，因此其信息系统建设必须以社会公共信息平台为基础。并且高效的物流必然要走专业化道路，相应的信息保障应当交给社会上的专门机构去处理。

5. 经济原则

为了确保完成应急目标，应急物流往往是高成本甚至不计成本运作的。但这并不是应急物流的本质属性。物流的本质追求是降低成本、提高效率。因此，应急物流信息系统的设计必须自始至终贯穿经济性的理念，必须提高应急物流的效率，用有限的物流资源来更好地达到应急的目的。这既是信息系统运行的目标，也是信息系统自身建设过程中应遵循的原则。

（二）应急物流信息系统的构建内容

一个完善的应急物流信息系统应具备以下五个方面的内容：

1. 灵敏的预警反应机制

应急事件发生之前往往会有一些不是非常明显的前兆，例如，在“非典”爆发的初期，深圳市白醋、板蓝根等产品的价格出现非理性上涨；“5·12”汶川大地震发生前，也曾有过一些异常现象。这就给信息系统的预警提供了可能。因此，需要加强对各种临界指标的研究，使信息系统具有灵敏的预警反应能力，为顺利开展应急物流提供主动权。

2. 规范的应急转换机制

应急物流与常规物流在信息系统方面的区别在于，应急物流大量的工作和信息发生在从常规状态向应急状态转换的过程中，这一过程若处理不当就会造成信息堵塞和滞留。虽然不同的应急任务对应的信息流的内容、流量有所差别，但是信息系统的展开和运行流程是相似的。因此，必须建立规范的信息保障转换机制，防止混乱和无序的产生，保障信息的顺畅流动。

3. 科学的决策处理机制

信息永远都是决策的依据。提供应急物流各环节的信息只是信息系统的基本功能，信息系统必须有效参与到决策处理过程中来。决策机构应在充分了解物流运作原理的基础上，通过分析大量的数据和信息，结合应急物流的目的，建立优化模块，优化物流流程和日常管理，从而提高应急物流的实施效率。

4. 及时的反馈评估机制

应急物流各环节运行是否有效，有无瓶颈或短板的存在，是否存在不必要的环节，是否存在影响物流效率的环节，这些问题都必须作出及时、正确的回答。有效的反馈评估机制能够适时地反映物流系统的薄弱环节，从而使及时改正错误、改进流程、提高效率成为可能。

5. 高性能的安全保密机制

应急物流往往与国家的稳定紧密关联，尤其是局部战争引发的军事应急物流，政治上的敏感必然使信息安全受到关注。在计算机病毒和网络黑客横行的今天，必须加强对应急物流信息系统的防护。首先要建立安全防护机构和技术支持部门，其次要对重要数据进行加密甚至物理隔离，此外要充分运用法律武器对泄密和破坏系统安全的人员进行处理。

以上内容相互作用、相互联系，其作用图如图 5－5① 所示：

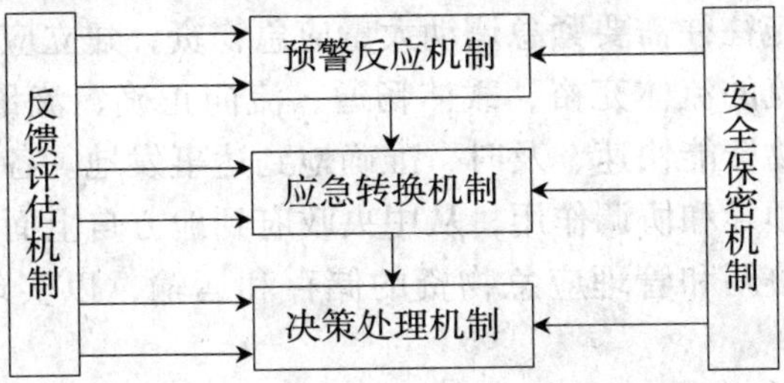

图 5－5　应急物流系统各内容作用

（三）应急物流信息系统的结构

应急物流的特点要求制定一个合理可扩展的物流信息系统体系结构，应急物流是一个不同功能物流企业和其他社会单位联动的系统，体系结构模型的制定一方面有利于信息系统的设计与实现，另一方面有利于物流配送算法的实现。一个完整的信息化应急物流系统主要应该包括：

1. 基于 Internet 的 Web 软件系统建立的应急物流公共信息网络平台

此平台可与应急物流指挥中心、地震、气象、卫生防疫、环保、交通等部门保持密切的联系，及时掌握各种自然灾害、公共卫生、生产事故、环境污染、交通状况、应急物资需求等方面的信息，并保持数据库不断得到补充和更新。同时，对外准确、及时、完备地发布政府公告和应急法规，灾害、气象、交通等方面的最新动态以及应急物资的价格和需求情况等各方面的信息，使公众得到最新、最快、最可靠的应急物流信息。信息网络中心是应急物流指挥中心的重中之重，它主要负责信息管理、网络系统的构建维护工作，灾前、灾中、灾后的情报收集处理工作以及应急物流中心信息的发布工作等。

2. 公共部门内部基于 Intranet 的物流软件系统

该软件可以是基于 C/S 结构，也可以是基于 B/S 结构的。这部分软件的一个重要功能是为公共部门提供决策支持，并能简化操作流程，包括物资仓储管理、配送管理、筹备管理、运输管理等模块。

3. 物流的物理实现部分

物流的物理实现部分包括具体物资的仓储、配送、运输等一系列的物流过

① 黄河．应急物流中的信息系统建设．商场现代化，2006（11）：12～13

程。以 GIS、GPS、通信技术、Web 技术为代表的空间信息技术与现代物流管理技术的有效集成是现代物流物理管理部分的一个最为显著的特点。

4. 完善的保障机制

应急物流的实施往往需要紧急调动大量应急物资，建立应急物流保障机制的目的在于使应急物流的流体充裕、载体畅通、流向正确、流量理想、流程简洁、流速快捷，使应急物资能快速、及时、准确地到达事发地。各级政府应在应急物流保障机制中起到领导和协调作用，从中央政府到地方自上而下建立专门的管理机构，分工明确，协调和管理应急物资的储存和运输，以实现应急物流的高效运作。

按照应急物流流程划分，应急物流信息系统整体结构如图 5－6 所示。由图可知，该系统可分为五个模块。

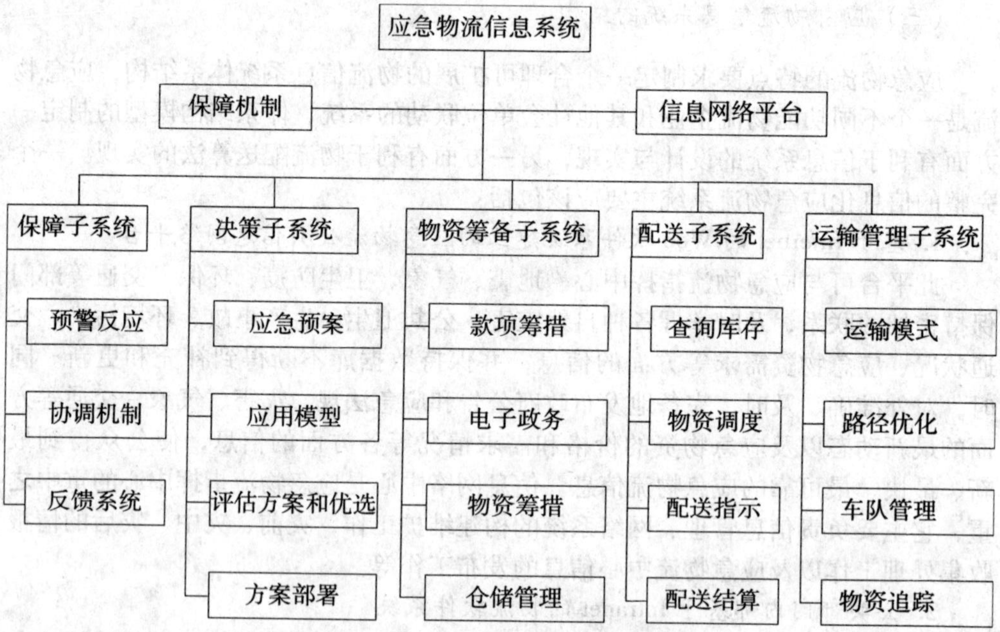

图 5－6　应急物流信息系统整体结构

（1）保障子系统。保障子系统包括预警反应、协调机制、反馈系统模块：①预警机制对各种可能发生的公共危机事件敏感因素设定临界指标，以建立信息系统灵敏的预警反应能力，有效地提高应急物流的反应效率。②由于应急物流是其社会功能的体现，需要整个社会的参与。建立有效的协作机制和信息共享机制，加强跨部门、跨行业的协调，通过沟通或法律和行政干预的手段建构共同协作和信息共享的环境，在最短时间内实现各界各单位机构的责权分配及合作。③信息化的反馈系统可以在突发性自然灾害和公共卫生事件的紧急状态下，迅速反馈应急措施的效果，反映物流系统薄弱环节，从而为及时改正错误、改进流程、提高效率提供支持。

(2) 决策子系统。决策子系统以信息网络平台所收集的信息为基础，应用模型或其他方法和手段（如数据库技术、经济管理数学模型等）实现辅助决策和预测功能。它包括建立完善的应急预案、应用模型（如线性规划、决策树、不确定性分析、专家评估、打分对比）、评估方案和选优以及方案部署等功能模块。

(3) 物资筹措与储备子系统。应急物资重在解决重大灾害和突发事件发生后的抢险、救援和安置工作，以妥善解决和应对灾后早期阶段的民生问题。常用应急物资有救生类（如冲锋舟、救生船、救生艇、救生衣、救生仪器、破拆工具、起重设备等）、医疗类（如医疗器械、药品等）、生活类（如食品、饮用水、衣服、棉被、帐篷及活动板房建材等）。在储备环节上，突发事件相对频繁的地域可设储备机构对应急物资的平时储备进行管理。对物资的管理要充分利用企业管理和控制库存中的库存 ABC 分类方法进行分类管理。借助实时计算机仓储管理软件（WMS）提高预测准确度、减少周转时间、降低库存持有成本。对于不可预测的突发事件，临时筹备的物资可跳过储备环节直接进行运输，但要做好相关的信息统计工作。

(4) 配送子系统。应急物流配送子系统主要作业有：向决策系统提供配送物资的信息；查询库存及配送能力；发出配送指示、结算指示及发货通知；应急物资调度。突发应急事件发生后，必须调用应急物资进行救援，但救援物资是有限的，为此，科学合理地进行救援物资的调度，在满足一定的约束条件（如货物需求量、发送量、交发货时间、车辆容量限制、行驶里程限制、时间限制等）下，达到一定的目标（如路程最短、费用最少、使用车辆数量最少等），对应急物流具有重要的意义。

(5) 运输管理子系统。运输管理子系统是为提高运输能力、降低物流成本、提高服务质量而采取现代信息管理技术手段建立的管理信息系统。其主要功能有：①使用运输管理信息系统（TMS）优化运输模式组合。②路径优化。应急物资通常包含多个供应点和需求点，且物资的运输相较于企业物流更重视时间效率，在运输通道方面，特大灾害和突发事件往往造成正常交通的阻断或延迟，应用完整的 GIS 物流软件集成车辆路线模型、最短路径模型、网络物流模型、分配集合模型和设施定位模型，利用 GIS 强大的地理数据功能，结合具体环境，做好运输与配送网络的设计和安排，力求总体最优化。③车队管理。实现基于信息化的车队管理、运输计划、调度与跟踪、与运输商的电子数据交换（信息集成）等。④物资追踪。TMS 还可结合 GPS 技术实现在途物资的追踪，并在必要时调整运输模式。

（四）应急物流信息系统建设的关键问题

1. 物流信息化基础环境与平台的建设

应急物流信息化必须打牢基础。①建立高效的物流信息网络，依托社会公共信息平台，建立综合指挥网、运输信息网、仓储信息网等。②推进信息标准化建设，统一物资代码、规范文件传输格式。③建立完善的基础数据库，将道路、企业、人才等详细数据收录其中，并实时更新。

应建立基于 Internet 技术的物流信息网络。依托物流公共信息平台，建立综合信息网、运输信息网、仓储信息网等；推进信息标准化建设，统一物资代码、规范文件传输格式；建立完善的基础数据库，将各参与方的相关信息详细收录，并且有专业技术人员维护和实时更新；开发应急物流相关管理软件。信息网络中心依托政府公共信息平台，建立完善的应急物流公共信息网络平台。此平台可与应急物流指挥中心、地震、气象、卫生防疫、环保、交通等部门保持密切的联系，及时掌握各种自然灾害、公共卫生、生产事故、环境污染、交通状况、应急物资的需求等方面的信息，并保持数据库不断得到补充和更新，准确、及时、完备地发布政府公告和应急法规，包括灾害、气象、交通等方面的最新动态以及应急物资的价格和需求情况等各方面的信息。此公共信息平台既可作为政府向公众发布信息的场所，也可作为公众向政府反馈信息的渠道。信息网络中心是应急物流指挥中心的重点。它主要负责信息管理、网络系统的构建维护工作，灾前、灾中、灾后的情报收集处理工作以及应急物流中心信息的发布工作等。

2. 广泛应用物流信息技术

结合 Web 与数据库，应用条码、射频、GIS、GPS 信息技术；在子系统模块中应用 EDI 系统、EFT 系统、仓储管理系统（WMS）、运输管理系统（TMS）等信息化系统技术，实现应急物流高效运作。以 GIS、GPS、通信技术、Web 技术集成为代表的空间信息技术与现代物流管理技术的有效集成是现代物流管理的一个最为显著的特点，其中 Web 就是 Internet 技术，它有利于实现物流信息资源共享；GIS 作为一个基础地理信息平台，已经在军事、国土、规划、旅游等许多部门得到了比较广泛的应用，以空间地理信息为基础，以先进的计算机技术、信息技术以及信息管理技术为主要技术手段的 GIS，能够很好地实现空间定位，包括点状地物定位、路径定位等，在交通运输方面有着重要的实用价值；通信技术、网络技术等多种信息技术手段的综合运用，先进的信息管理技术，具备了良好的实时性、安全性。GPS 在卫星定位、车辆导航方面的应用已比较成熟。从 GPS 本身的技术体系来说，在车辆定位方面有着得天独厚的优势。

在应急物流中，尤其是区域性地质灾害等自然灾害以及军事战争区域引起的应急物流中，交通环境受到很大影响。例如，“5·12”汶川大地震中，由于地震的影响导致震区地形地貌改变了很多，许多道路被堵塞，峡谷变成了湖泊，道路消失，按原有的预案路线进行物流活动已不可能，此时可以利用 GIS 和 GPS 即时了解震区的交通状况，这对提高物流效率有着重要的意义。在“5·12”汶川大地震中，我国自主建立的北斗导航系统起到了非常重要的作用。

3. 使用数学模型

在配送中心选址、物资车辆调度、路径优化等问题上，要用到大量数学模型，如蚁群算法、TS 算法、免疫算法、启发式算法等，采用人机交互系统模式，使用计算机及电子化手段进行数字化、模型化科学决策。

4. 物流信息化人才的培养

信息化人才不足是制约应急物流信息化建设的关键因素。信息化建设中所采用的系统模式都是人机交互系统模式，需要既懂信息技术又懂物流的复合型信息化人才，而我国紧缺这种复合型信息化人才。随着许多信息技术在物流领域的广泛应用和应急物流领域信息密集程度的提高，对复合型信息化人才的需求更加突出，因此，加强企业信息化人才的培养是改变物流信息化落后现状的关键。做好物流信息人才的培养，要有计划有步骤地进行人员培训，军地携手共同培养自己的物流信息人才。国家可以通过两种方法强化信息化人才的培养，一是加快发展学历教育，使物流学科和课程有统一的标准，加强师资和实验基地建设，完善物流人才培养体系；二是规范推进物流职业资格认证工作，借鉴或引进国外成熟的物流相关职业资格认证体系，加强对物流企业从业人员的岗前培训、在职培训，充分发挥物流行业组织在物流师职业资格认证和在职培训等方面的主渠道作用，规范和净化物流人才培训市场，提高培训质量。

建立完善的应急预案，总结以往经验教训，建立和完善应急物流的信息保障预案，要充分考虑各种可能性，力求预案具有较强的科学性和可操作性。

阅读材料 5.1

大学能为应急物流信息化做什么

史万兵

2008 年的“5·12”汶川大地震、山东火车相撞、江浙地区突降暴雪等突发性灾害和事故，严重干扰了人民群众正常的生产生活秩序，妨碍了我国经济社会持续健康有序地发展。痛定思痛，人们发现加强应急物流运输中的信息系统建设将会大大降低各类突发性灾害事故的损失程度。而应急物流是以为重大自然灾害、突发性公共卫生事件及公共安全事件等突发性事件提供所需应急物资为目的，以追求时间效益最大化和灾害损失最小化为目标的特种物流活动。在突发公共事件应急体系中，应急物流管理对于提高应急响应能力、节约救援时间、降低生命和财产损失程度具有重要价值。针对当前我国的应急物流信息化程度偏低，难以满足应对紧急状态要求的现况，大学理应肩负起应急物流运输中的信息系统建设责任。

首先，大学肩负着相关专业人才的培养任务。作为人才培养摇篮的大学，如何设置课程，关系着人才培养的规格与尺度，进而对经济社会发生作用。因此，增设并加强与应急物流运输的信息系统建设相关的课程，将成为大学课程改革必须面对的课题之一。笔者认为，理工科院校或综合性大学的教务行政部门与信息科学学院应该对此引起足够的重视，致力于与应急物流运输的信息系统建设相关的课程的建设与改革，构建由专业必修课程、专业选修课程以及公共选修课程组成的相关课程体系，供信息科学专业的本科生、研究生以及全校学生学习，以培养现代青年在重大突发灾害面前的应急意识、应急知识与应急能力，使他们走向社会生产与生活领域时具备较高的应急反应能力以及处理突发危机与灾害的水平，同时能够有效操控、运用和管理应急物流系统，使人民的生命财产损失最小化，使社会生产和生活秩序尽快回到正轨。

其次，大学是科研成果的产出地，肩负着应急物流信息系统的研发任务。为此，大学的专业性系所的研究人员应致力于如下五方面的研究：①对应急物流的特点和类型进行分析，加强对应急物流运输系统特点的研究。以往人们对应急物流特点的掌握及总结系统性较差，全面系统地认识应急物流系统各要素的特点无疑为如何搞好应急物流运输提供了一个很好的研究平台。②注重随机需求车辆路线问题的研究。由现实生活中的不确定性因素引出需求随机的车辆路线问题，根据该问题随机性强的特点，设计不断优化的求解方法。③强化应急物流运作流程的研究。为了使突发事件造成的损失极小化，亟须对应急物流的运作机制及实现途径进行研究。在分析应急物流特点的基础上，设计应急物流运作流程，提出应急物流成功运作应注意的问题。④科学地构建应急物流体系及其运作管理。建立应急物流运作流程基本框架，指出应急物流成功运作的关键是加强政府在应急物流组织保障工作中的作用、加强应急物流信息保障系统和交通运输保障体系的建设。⑤应急物流信息系统使用中的风险分析。这是应急物流信息系统建设中的一个重要研究内容。应用应急物流信息系统也有失信、失效的情况，必须根据应急信息系统的特点加以防范，提高对应急物流信息系统风险辨识、风险评估和风险等级测算的能力。

再次，大学要加强与企业的联系，使应急物流信息系统科研成果产业化，促进产学研结合。以全球卫星定位系统（GPS）为例，此信息系统是美军20世纪70年代初在“子午仪卫星导航定位”技术上发展起来的具有全球性、全能性（陆地、海洋、航空与航天）、全天候优势的导航定位、定时、测速系统，由空间卫星系统、地面监控系统、用户接收系统三大子系统构成，该研究成果已广泛应用于军事和民用领域。在发达国家，GPS技术已经开始应用于交通运输和道路工程之中。目前，我国在这方面的应用还刚刚起步。GPS的采用能够提高应急物流运输过程中车辆调度的管理水平。据调查，GPS系统在“5·12”汶川大地震中起到了关键作用。该系统准确、及时地锁定灾区上百辆失踪车辆，协助救援人员找到数千名受灾游客，帮助他们及时脱险。“窥一斑以见全豹”，由此可见应急物流运输中的信息系统建设之重要。

（资料来源:《中国教育报》2008－12）

第三节 应急物流信息系统的开发

一、应急物流信息系统开发原则

在供应链管理环境下的物流信息系统面临着随时与不同的节点企业的集成、业务流程和组织结构不断重组的动态特性，并且要适合跨地域操作系统的应用，所以对可扩展性、兼容性、易集成性提出了更高的要求。因此，在进行现代物流信息系统设计时，必须遵循以下原则。

（一）系统性原则

建立物流信息系统要从系统的原则出发，使物流信息系统与物流的职能和物流组织结构相互联系。

（二）完整性原则

这包括功能完整性和系统开发完整性两个方面。功能完整性是指根据企业物流管理的实际需要，制定的系统能满足物流管理的信息化要求。系统开发完整性是指制定出相应的管理规范，如开发文档的管理规范、数据格式规范、报表文件规范等，以保证系统开发和操作的完整和可持续性。

（三）安全性原则

在系统设计和应用时，需要制定统一的安全策略，使用可靠的安全机制、安全技术及管理手段。伴随着电子商务的开展，物流服务的很多业务需要通过互联网来实现，安全性问题对物流信息系统来说越来越重要。

（四）物流信息标准化原则

为实现供应链上企业的信息共享，传递物品流动的信息也要有统一的标准。在信息时代，由于有了信息通信技术的支撑，供应链上的企业通过网络平台和信息通信，将制造商、供应商、代理商以及业主和客户有机地联系起来，对货品的供给和销售情况实行实时跟踪、动态管理和有效控制，可以最大限度地优化采购环节和配送环节，使物资流通速度进一步加快，效率进一步提高，成本进一步降低，甚至可以实现零库存，这就是现代物流的真正意义。此外，除了信息通信技术的相关硬件制造需要统一标准外，各种基本术语、基本信息以及信息接口、信息安全保障也必须用标准来保障。没有统一的信息标准，就无法保障相关信息准确、及时地采集、传输、整理和运用，真正意义上的物流就难以实现，以现代通信技术为手段的现代物流也就更无法实现。

二、应急物流信息系统开发方法

物流信息系统的开发实际上就是要建立物流业务系统与计算机信息管理模型系统之间的映射关系。物流信息系统可以从不同的角度建立不同的映射关系，从而形成不同的开发方法。目前常用的物流信息系统开发方法主要有结构化开发方法、原型法、面向对象开发方法等。

（一）结构化开发方法

结构化开发方法（Structured System Development Methodology）是目前应用得最普遍的一种开发方法，它将开发过程视为一个生命周期，所以又称生命周期法。

1. 结构化开发方法的基本思想

用系统的思想和系统工程的方法，按照用户至上的原则结构化、模块化，自顶向下对系统进行分析与设计。先将整个信息系统开发过程划分为若干个相对独立的阶段（如系统调查、系统分析、系统设计、系统实施等）；在前三个阶段坚持自顶向下地对系统进行结构化划分；在系统调查和理顺管理业务时，应从最顶层的管理业务入手，逐步深入至最基层；在系统分析、提出目标系统方案和系统设计时，应从宏观整体考虑入手，先考虑系统整体的优化，然后再考虑局部的优化问题；在系统实施阶段，则坚持自底向上地逐步实施，即组织人员从最基层的模块做起（编程），然后按照系统设计的结构，将模块一个个拼接到一起进行调试，自底向上、逐步构成整个系统。整个开发过程，即一个生命周期可划分为若干个首尾相连的阶段，每个阶段又包含若干个前后关联的工作步骤。例如，可将其划分为系统调查、系统分析、系统设计、系统实施、系统维护五个阶段。每个阶段都有各自的目标、任务和工作内容，在开发阶段中会产生既是该阶段的总结又是下一阶段的工作基础的文档。

2. 结构化开发方法的特点

结构化开发方法是自顶向下、逐步求精的方法，符合用户的思维习惯和使用要求，又能根据用户的动态需求调整设计方案，降低了风险，又提高了开发效率。其主要特点有：①自顶向下分析设计和自底向上逐步实施。即在系统分析与设计时要从整体全局考虑，要自顶向下地工作（从全局到局部，从领导到普通管理者）。而在系统实现时，则要根据设计的要求先编制一个个具体的功能模块，然后自底向上逐步实现整个系统。②深入调查研究和用户至上原则。即在设计系统之前，深入实际单位进行调查研究，努力弄清实际业务处理过程的每一个细节，制订出科学合理的系统设计方案。同时在系统开发过程中面向用户，充分了解用户的需求和愿望，设计出符合用户需求且合理的科学系统。③严格区分工作阶段和开发过程工程化。即把整个系统开发过程划分为若干个工作阶段，每个阶段都有其明确的任务和目标。在实际开发过程中要求严格按照划分的工作阶段，一步步地展开工作，同时要求开发过程的每一步都按工程标准规范化，文档资料标准化。④充分预料可能发生的变化。系统开发是一项耗费人力、财力、物力且周期很长的工作，一旦周围环境（组织的内、外部环境，信息处理模式，用户需求等）发生变化，就会直接影响系统的开发工作，所以结构化开发方法强调在系统调查和分析时对将来可能发生的变化给予充分的重视，所设计的系统对环境的变化要有一定的适应能力。

（二）原型法

原型就是模型，而原型系统就是应用系统的模型。它是待构筑的实际系统的缩小比例模型，但是保留了实际系统的大部分性能。该模型可在运行中被检查、测试、修改，直到它的性能达到用户需求为止。原型法（Prototyping Approach）是计算机软件技术发展到一定阶段的产物。与结构化系统开发方法不同，原型法不注重对管理系统的全面、系统的详细调查与分析，而是本着系统开发人员对用户需求的理解，先快速实现一个原型系统，然后通过反复修改来实现管理信息系统。

1. 原型法的基本思想

原型法试图改进结构化系统开发方法的缺点，由用户与系统分析设计人员合作，在短期内定义用户的基本需求，开发出一个功能不十分完善的、实验性的、简易的应用软件基本框架（称为原型），先运行这个原型，再不断评价和改进原型，使之逐步完善。其开发是一个分析、设计、编程、运行、评价多次重复，不断演进的过程。在用原型法开发信息系统时，为了迅速建立和修改原型，需要利用多种软件开发工具，现在已有许多具有实用价值的开发工具出现。

2. 原型法的特点

原型法贯彻的是“从下到上”的开发策略，更易被用户接受。原型方法具有如下五个方面的特点：①自始至终强调用户的参与，使得用户在系统生存周期的设计阶段起到积极的作用，扩大用户参与需求分析、初步设计及详细设计等阶段的活动，加深顾客对系统的理解，减少系统开发的风险；②在用户需求分析、系统功能描述以及系统实现方法等方面有较大的灵活性，特别是在大型项目的开发中，由于对项目需求的分析难以一次完成，应用原型法效果更为明显；③引入了迭代的概念。既适用于系统的重新开发，也适用于对系统的修改，还可以用来建立系统的某个部分；④不局限于仅对开发项目中的计算机方面进行设计，第三层原型法是用于制作系统的工作模型的；⑤不排斥传统生命周期法中采用的大量行之有效的方法和工具，它是与传统方法互为补充的方法。

（三）面向对象开发方法

面向对象开发方法（Object-Oriented Method）是一种把面向对象的思想应用于软件开发过程中，指导开发活动的系统方法，简称 OO（Object-Oriented）方法，是建立在对象概念基础上的方法学。对象是由数据和容许的操作组成的封装体，与客观实体有直接对应关系，一个对象类定义了具有相似性质的一组对象，而继承性是对具有层次关系的类的属性和操作进行共享的一种方式。所谓面向对象就是基于对象概念，以对象为中心，以类和继承为构造机制来认识、理解、刻画客观世界和设计、构建相应的软件系统。

1. 面向对象开发方法的基本思想

面向对象开发方法的基本思想是通过对问题领域进行自然分割，用更接近人类通常思维的方式建立问题领域的模型，并进行结构模拟和行为模拟，从而使设计出的软件能尽可能地直接表现出问题的求解过程。因此，面向对象开发方法就是以接近人类通常思维方式的思想，将客观世界的一切实体模型转化为对象。

面向对象开发方法认为，客观世界是由各种各样的对象组成的，每种对象都有各自的内部状态和运动规律，不同的对象之间的相互作用和联系就构成了各种不同的系统。当设计和实现一个客观系统时，如能在满足需求的条件下，把系统设计成由一些不可变的（相对固定）部分组成的最小集合，这个设计就是最好的，而这些不可变的部分就是所谓的对象。

2. 面向对象开发方法的特点

面向对象开发方法用于开发软件系统时，是基于对象—数据自底向上设计系统结构，从内部结构上模拟客观世界，其主要特点如下：①从问题领域的客观事物出发来构造软件系统，用对象作为对这些事物抽象的表示。事物的静态特征（即数据的表达特征）用对象的属性表示，事物的动态特征（即事物的行为）用对象服务表示（即方法）。对象的属性与服务结合成一体，成为一个独立的实体，对外屏蔽其内部细节（称为封装）。把具有相同属性和相同服务的对象归成一类，类是这些对象的抽象描述，每个对象是它的类的一个实例。②利用面向对象语言开发软件，实际上就是不断设计和创建类及对象的过程。与以往面向过程的方法不同的是，面向对象开发方法将数据和操作平等对待，以数据为中心设计程序，考虑数据的同时也考虑对数据的操作。此时，数据是主动的，操作是被动的。③某一对象发出消息后，由接收对象负责处理，与以往“调用—返回”机制不同的是，接收对象可以不给发送对象返回处理结果，即使需要返回结果，也不一定是返回给原发送对象，这一特性使收发双方之间可以并行执行，提高了程序执行效率。④任一对象的内部状态和功能实现细节对外均是不可见的，调用其功能或查询其状态，只能通过消息传递这唯一手段实现，使得每个对象的实现都独立于其他对象的内部实现细节，提高了程序的可靠性。⑤继承性保证了程序结构紧凑，类间关系清晰。每一次创建的类，都是系统中已知类的子类，整个系统中的类组成树形结构，处于上层的类反映其下层各子类的共性，处于下层的类自动继承和共享其父类的性质，并拥有自身的特性。

（四）三种开发方法的比较

通过以上分析可见，结构化开发方法、原型法和面向对象开发方法各有千秋。见表5－1。

表5－1 三种开发方法的比较

方法名称	结构化开发方法	原型法	面向对象开发方法
开发思想	自上向下、结构化	先开发具体的模块再构成整体系统	根据已有知识和系统调查情况，抽象对象
认知方法	从一般到特殊	从特殊到一般	从特殊到特殊
优点	强调在整体优化前提下“自上而下”地分析和设计；遵循用户至上原则；严格区分系统开发的阶段性；每一阶段的工作成果是下一阶段的依据，便于系统开发的管理和控制；文档规范化，按工程标准建立标准化的文档资料	符合人们认识事物的规律，系统开发循序渐进，反复修改，确保较好的用户满意度；开发周期短，费用相对少；由于有用户的直接参与，系统更加贴近实际；易学易用，减少用户的培训时间；应变能力强	面向对象开发方法描述的现实世界更符合人们认识事物的思维方法，因而用它开发的软件更易于理解，易于维护；面向对象的封装性在很大程度上提高了系统的可维护性和可扩展性；面向对象的继承性大大提高了软件的可重用性
缺点	用户素质或系统分析员和管理者之间的沟通问题；开发周期长，难以适应环境变化；结构化程度较低的系统，在开发初期难以锁定功能要求	不适合大规模系统的开发；开发过程管理要求高，要经过“修改—评价—再修改”的多次反复；开发人员易将原型取代系统分析；缺乏规范化的文档资料	不易于大系统的开发
适用范围	主要适用于规模较大、结构化程度较高的系统的开发	适用于处理过程明确、简单的系统；涉及面窄的小型系统	流行的开发方法，适用面很广

具体而言，用结构化开发方法来开发系统，其思路应该是先对问题进行调查，然后从功能和流程的角度来分析、了解和优化问题，最后规划和实现系统。

用原型法来开发系统，其思路应该是先请用户介绍问题，然后利用软件工具迅速地模拟出一个问题原型，然后与用户一起运行和评价这个原型，若不满意则立即修改，直至用户满意为止，最后优化和整理系统。

用面向对象的开发方法来开发系统，其思路是先对问题进行调查，然后从抽象对象和信息模拟的角度来分析问题，将问题按其性质和属性划分成各种不同对象和类，弄清它们之间的信息联系，最后用面向对象的软件工具实现系统。

因此，原型法在计算机开发工具上要求较高，所以比较适合中小型的物流信息系统的开发，而面向对象开发方法对计算机工具要求也很高，所以目前主要还是结合其他方法使用。结构化开发方法虽然有种种缺点，但仍然能较全面地支持整个系统开发过程，也是目前最为流行的开发方法。

第四节 应急物流的关键技术

物流信息技术是现代信息技术在物流各个作业环节中的综合应用，是物流现代化、信息化、集成化的重要标志。从物流数据自动识别与采集的条码系统，到物流运输设备的自动跟踪；从企业资源的计划优化到各企业、单位间的电子数据交换；从办公自动化系统中的微型计算机、互联网、各种终端设备等硬件到各种物流信息系统软件都在日新月异地发展，可以说，物流信息技术是现代物流区别传统物流的根本标志，也是物流技术中发展最快的领域之一。

根据物流的功能及特点，现代物流信息技术由通信、软件和面向行业的业务管理系统三大部分组成，其中包括集成技术、自动跟踪与定位类技术、自动识别类技术、企业资源信息技术（如物料需求计划、制造资源计划、企业资源计划、分销资源计划、物流资源计划等）、数据管理技术（如数据库技术、数据仓库技术等）和计算机网络技术等现代高端信息科技。在这些高端计算机技术的支撑下，形成了以移动通信、资源管理、监控调度管理、自动化仓储管理、业务管理、客户服务管理、财务处理等多种信息技术集成的一体化现代物流管理体系。

一、集成技术

电子商务物流下的集成就是将物流系统通过结构化的综合布线系统、计算机网络技术、各个分离的设备（如个人电脑）和信息等集成到相互关联的、统一和协调的系统之中，使资源能够充分共享，实现集中、高效、便利的管理。一般采用功能集成、网络集成和软件界面集成等多种集成技术。

当前，中国物流企业中广泛应用的物流系统集成模式主要是多点对多点。因为物流企业都是跨行业、跨地区的，它需要多领域、多地区之间信息的相互交流。目前采取的办法都是尽可能多地进行两点连接，运输企业和仓储企业及时连接，仓储企业及时与一个指挥系统连接。现在大多数物流企业希望通过这种模式调整好客户管理系统和内部管理系统。EDI 系统则是集成技术的典型。

电子数据交换（Electronic Data Interchange，EDI）是通过电子方式，采用标准化的格式，利用计算机网络进行结构化数据的传输与交换。EDI 按照同一规定的一套通用标准格式，将标准的经济信息通过通信网络传输，在贸易伙伴的计算机系统之间进行数据交换和自动处理。将 EDI 和企业的管理信息系统集成起来能显著提高企业的经营管理水平。

EDI 利用存储转发方式将贸易过程中的订货单、发票、提货单、海关申报单、进出口许可证、货运单等数据以标准化格式，通过计算机和通信网进行传递、交换、处理，代替了贸易、运输、保险、银行、海关、商检等行业间人工处理信息、邮递互换单证的方式，使交易行为更加迅速；避免重复操作，减少人为差错，提高工作质量；减少库存，降低企业的运营成本；更重要的是可以让一部分人从繁重的手工劳动中解脱出来，从事更有价值的工作。

EDI 报文采用结构化的数据，它是按 EDI 单证标准进行格式化的，而 EDI 用户的应用系统使用的则是各种内部数据库的专用数据格式，因此，EDI 用户在报文提交网络前，须将其译成标准的 EDI 报文格式。在实际应用中，用户系统从数据库中取出符合内部格式的源数据，要先通过一个映射程序转化为平面文件（一种无格式的数据文件），然后由翻译软件将无格式的数据添到 EDI 报文的相应字段中完成翻译。同样，接收系统对收到的 EDI 报文需经过相反的转换才能将 EDI 报文中的数据插入或更新到相应的数据库表中。

标准化工作是 EDI 技术的重要前提和基础。EDI 的标准包括 EDI 网络通信标准、EDI 处理标准、EDI 联系标准和 EDI 语义语法标准等。目前世界上通用 EDI 标准是 EDIFACT（EDI for Administration，Commerce and Transportation），EDIFACT 已被作为事实上的 EDI 国际标准。EDI 用户提供商品和服务信息的数据结构，然后由 EDI 标准专业人员在 EDIFACT 标准中选取相关的报文、段和数据元，以此确定 EDI 报文的格式。EDI 网络服务中心，简称 EDI 中心，集中处理各 EDI 用户的业务数据及 EDI 信息，并将其翻译、分发至目的地。EDI 中心作为 EDI 业务的第三中介方，向 EDI 用户提供 EDI 增值网服务、信息服务以及其他 EDI 业务服务等，是 EDI 用户之间连接的主要方式。EDI 服务中心不仅是一个大型的信息交换中心，必须提供完整的 EDI 服务，必须保障信息交换的可靠性，而且还要具有权威性和合法性，能够起到信息公证机构的作用。企业可以通过数字数据网 DDN、综合业务数字网 ISDN 等多种形式连接 EDI 中心，用 FTP 或电子邮件的方式与EDI中心交换EDI报文。可以看出，EDI网络服务中心在EDI技术应用发展中发挥着重要作用。

根据EDI标准的功能将其划分为如图5－7所示的5大类。

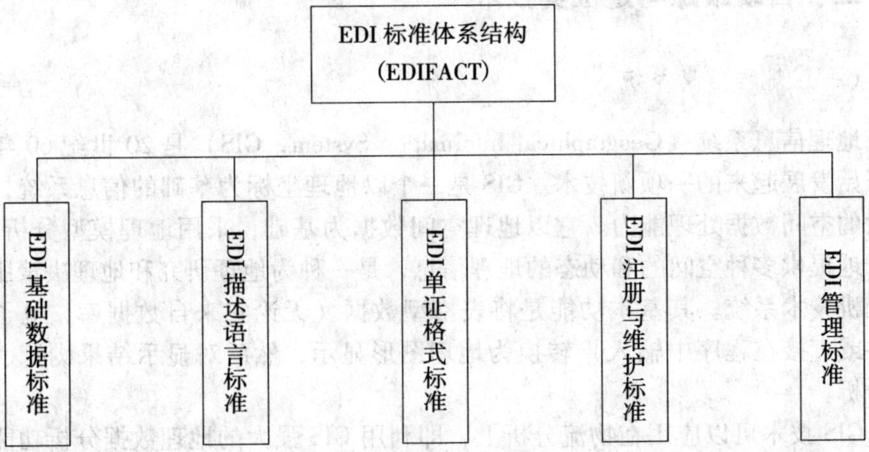

图5－7　EDI标准体系结构

（1）EDI基础数据标准。它由EDIFACT代码表、EDIFACT数据元目录、EDIFACT复合数据元目录、EDIFACT段目录等标准组成。

（2）EDI描述语言标准。它由下列标准组成：①EDIFACT应用级语法规则第1部分：公用的语法规则；②EDIFACT应用级语法规则第2部分：批式电子数据交换专用的语法规则；③EDIFACT应用级语法规则第3部分：交互式电子数据交换专用的语法规则；④EDIFACT应用级语法规则第4部分：批式电子数据交换语法和服务报告报文（报文类型为CONTRL）；⑤EDIFACT应用级语法规则第5部分：批式电子数据交换安全规则（真实性、完整性和源的抗抵赖性）；⑥EDIFACT应用级语法规则第6部分：安全鉴别和确认报文（报文类型为AUTACK）；⑦EDIFACT应用级语法规则第7部分：批式电子数据交换安全规则（保密性）；⑧EDIFACT应用级语法规则第8部分：电子数据交换中的相关数据；⑨EDIFACT应用级语法规则第9部分：密钥和证书管理报文（报文类型为KEYMAN）；⑩EDIFACT应用级语法规则第10部分：语法服务目录；⑪EDIAFCT语法实施指南。

（3）EDI电子单证格式标准。包括EDIFACT报文设计指南与规则、EDIFACT报文目录。

（4）EDI注册与维护标准。它由EDIFACT技术评审指南、数据维护请求评审程序等标准组成。

(5) EDI 管理标准。它由远程传输贸易数据交换用统一导则、电子数据交换的国际商用交换协议样本组成。

二、自动跟踪与定位类技术

(一) 地理信息系统

地理信息系统（Geographical Information System, GIS）是 20 世纪 60 年代中期开始发展起来的一项新技术。GIS 是一个以地理坐标为基础的信息系统，具有强大的空间数据处理能力。它以地理空间数据为基础，采用地理模型分析方法，适时地提供多种空间的和动态的地理信息，是一种为地理研究和地理决策服务的计算机技术系统。其基本功能是将表格型数据（无论它来自数据库、电子表格文件或直接在程序中输入）转换为地理图形显示，然后对显示结果浏览、操作和分析。

GIS 技术可以应用在物流分析上，即利用 GIS 强大的地理数据分析功能来完善物流分析技术。目前一些国外公司已经开发出利用 GIS 进行物流分析的工具软件。完整的 GIS 物流分析软件集成了车辆路线模型、网络物流模型、分配集合模型和设施定位模型等。

GIS 物流信息系统实现了以下功能：

1. 辅助决策分析

在物流管理中，GIS 提供全方位的信息，包括历史的、现在的、空间的、属性的，并在空间数据上集成各种信息进行销售分析、市场分析、选址分析以及潜在客户分析等空间分析，获得客户资料以及与企业相关的综合数据，帮助企业制订正确的生产和销售计划，提高决策分析的能力以及决策的准确性和工作效率。

2. 优化货物运输路径

在物流网络中，货物总是在流动，从供应商到各分销中心，从分销中心到商场或消费者等。货物运输路线选取的好坏直接影响物流成本的高低。物流网络中从起点出发到终点可能有多条路，选择最优路径就是确定从起点到终点的最短等效长度。借助 GIS 技术来选择网络中的最优路径，首先要采用层次分析法确定影响最优路径选择的因素，如经验时间、几何距离、道路质量、拥挤程度等。在此基础上，再根据现有车辆运行情况确定车辆调配计划。

3. 实时监控车辆与货物

GIS 能接收 GPS（全球定位系统）传来的数据，并将它们显示在电子地图上，帮助企业动态地进行物流管理。首先，可以实时监控运输车辆，实现对车辆的定位、跟踪与优化调度，以达到成本最低，并在规定时间内将货物送到目的地，很大程度上避免了迟送或者错送的现象；其次，根据电子商务网站的订单信息、供货点信息和调度，货主可以随时对货物进行全过程的跟踪和调度，可以增强供应链的透明度和控制能力，提高客户满意度。

4. 选择机构设施地理位置

在物流领域，供应商、第三物流企业、配送中心、销售商等不仅存在着空间分布上的差异，而且它们的服务范围和销售市场范围也具有不同的空间分布形式，因此这些机构设施地理位置的选择和确定要科学合理，它直接影响到企业的经济效益和自身发展，是现代物流管理所必须解决的问题。机构设施地理位置的选择包括位置的评价和优化，评价是对现有设施的空间位置分布模式的评价，而优化是对最佳位置的搜寻。例如，假定一个企业要在某市设立多个供货点，要求能够完全覆盖这个城市且每个货点的顾客大致相等。为了解决这个问题，首先需要在城市交通图上标出居民地的空间分布位置，分析已有的供应点和潜在的供应点，按照给定的条件列出需要点和供应点的二元矩阵；根据矩阵约简方法，排除多余供应点，求得满足条件最少的供货点。

GIS 的物流配送系统应集成以下主要模型：设施定位模型、车辆路线模型、网络物流模型、配送区域划分模型、空间查询模型。

（1）设施定位模型。用于确定一个或多个设施的位置，在物流系统中，仓库和运输路线共同组成了物流网络，仓库处于网络的节点上，节点决定着线路，如何根据供求的实际需要并结合经济效益等原则，在既定区域内设立多少个仓库，每个仓库的位置、每个仓库的规模以及仓库之间的物流关系等，利用此模型均能很容易地得到解决。

（2）车辆路线模型。用于解决一个起始点多个终点的货物运输中，如何降低物流作业费用，并保证服务质量的问题。

（3）网络物流模型。用于解决最有效的分配货物路径问题，也就是物流网点布局问题。如将货物从 n 个仓库运往 m 个商店，每个商店都有固定的需求量，因此需要确定由哪个仓库提货送给哪个商店所耗的运输代价最小。还包括决定使用多少辆车及每辆车的路线等。

（4）配送区域划分模型。根据各个要素的相似点把同一个层上的所有部分要素分为几个组，用以确定服务范围和销售市场范围等问题。如某一个公司要设立 n 个分销点，这些分销点要覆盖某一地区，而且要使每个分销点的顾客数目大致相等。

（5）空间查询模型。查询以某一商业网点为圆心，某半径内配送点的数目，以此判断哪一个配送中心距离最近，为安排配送做准备。

（二）全球定位系统

全球定位系统（Global Positioning System，GPS）是美国从20世纪70年代开始研制，历时20余年，耗资200亿美元，于1994年全面建成的具有海陆空全方位实时三维导航与定位能力的新一代卫星导航与定位系统。近十年我国测绘等部门的使用表明，全球卫星定位系统以全天候、高精度、自动化、高效益等特点，可提供全球范围从地面至9 000千米高空之间任一载体的高精度的三维位置、三维速度和时间信息。安装在车辆上的车载单元只要能接收来自其中三颗卫星的定位信号，就可确定该辆车的经度、纬度位置和时间信息。

GPS在物流领域可以应用于汽车自定位、跟踪调度以及铁路运输等方面的管理以及军事物流。可以为用户提供目标定位、监控、调度、报警、信息沟通、车辆管理等服务的车辆跟踪定位系统更被一些专家认为是GPS未来发展的三大热点之一。GPS跟踪技术利用GPS物流监控管理系统，主要跟踪货运车辆与货物的运输情况，使货主及车主随时了解车辆与货物的位置与状态，保障整个物流过程的有效监控与快速运转。

三、自动识别类技术

（一）条码技术

1. 条码概述

条码技术是由美国的N.T. Woodland在1949年首先提出的。条码（Bar Code）是由一组规则排列的条、空及其对应字符组成的标记，用以表示一定的信息（GB/T 12905－2000《条码术语》）。

人们常按照携带信息的方式，把条码分为一维条码和二维条码两大类。一维条码是由一组黑白相间、粗细不同的条状符号组成的。在一个方向上通过条与空的排列组合来存储信息，所以称为一维条码。这种数据编码可以供机器识读，而且很容易译成二进制数和十进制数。任何一个完整的一维条码通常都是由两侧的空白区、起始符、数据字符、校验符（可选）、终止符和供人识别字符组成的。

二维条码是用某种特定的几何图形按一定规律在平面（二维方向上）分布的黑白相间的图形以记录数据符号信息的，在代码编制上巧妙地利用构成计算机内部逻辑基础的00、10比特流的概念，使用若干个与二进制相对应的几何形体来表示文字数值信息，通过图像输入设备或光电扫描设备自动识读以实现信息自动处理。它具有条码技术的一些共性，如每种码制有其特定的字符集，每个字符占有一定的宽度，具有一定的校验功能等，对于目前高可靠、易保障和研发周期短的电子设备可靠性工作具有重要参考意义。图 5－8 是两种条码示意图的比较。

图 5－8　一维条码（左）与二维条码（右）的比较

本书将对二维条码作更详尽的介绍。

二维条码按结构不同可分为层排式和矩阵式两种。

（1）层排式由多个水平的常规一维条码层叠而成，每行用各自层标志符加以区别。典型的层排式二维条码是 PDF417 条码，示意图见图 5－9。

图 5－9　PDF417 条码

（2）矩阵式二维条码使用固定宽度的明暗块编码信息。对比层排式二维条码，矩阵式二维条码更小，且能够存储更多的数据。常见的几种矩阵式二维条码示意图见图 5－10。

Maxi Code　Data Matrix　Aztec Code

QR Code　Code One

图 5－10　常见的几种矩阵式二维条码

2. 二维条码特性

二维条码的特性表现在：①二维条码的高密度性。二维条码通过利用垂直方向的尺寸来提高条码的信息密度。二维条码可以表示数以千计字节的数据，因此可以把产品信息全部存储在一个二维条码中，要查看产品信息，只要用识读设备扫描二维条码即可，而不需要事先建立数据库，真正实现了用条码对“物品”的描述。②二维条码的纠错功能。二维条码引入错误纠正机制。这种纠错机制使得二维条码因穿孔、污损等引起局部损坏时，照样可以被正确识读。二维条码的纠错算法与人造卫星和 VCD 等所用的纠错算法相同。这种纠错机制使得二维条码成为一种安全可靠的信息存储和识别的方法。③二维条码可以表示多种语言文字。多数二维条码都具有字节表示模式，即提供了一种表示字节的机制。不论何种语言文字，它们在计算机中存储时都以机内码的形式表现，而机内码都是字节码。这样就可以设法将各种语言文字信息转换成字节，然后再将字节用二维条码表示，从而为多种语言文字的条码表示提供了一条前所未有的途径。④二维条码可表示图像数据。既然二维条码可以表示字节数据，而图像多以字节形式存储，因此使图像（如照片、指纹等）的条码表示成为可能。⑤二维条码可引入加密机制。加密机制的引入是二维条码的又一优点。例如，用二维条码表示照片时，可以先用一定的加密算法将图像信息加密，然后再用二维条码表示。在识别二维条码时，只要再加以一定的解密算法，就可以恢复所表示的照片。这样便可以防止各种证件、卡片等的伪造。

3. 二维条码应用

二维条码具有储存量大、保密性高、追踪性高、抗损性强、备援性大、成本低等特性，这些特性特别适用于表单、安全保密、追踪、证照、存货盘点、资料备援、手机二维条码等方面。

（1）表单应用。公文表单、商业表单、进出口报单、舱单等资料之传送交换，减少人工重复输入表单资料，避免人为错误，降低人力成本。

（2）安全保密应用。商业情报、经济情报、政治情报、军事情报、私人情报等机密资料之加密及传递。

（3）追踪应用。公文自动追踪、生产线零件自动追踪、客户服务自动追踪、邮购运送自动追踪、维修记录自动追踪、危险物品自动追踪、后勤补给自动追踪、医疗体检自动追踪、生态自动追踪等。

（4）证照应用。护照、身份证、挂号证、驾照、会员证、识别证、连锁店会员证等证照之资料登记及自动输入，发挥随到随读、立即取用的资讯管理效果。

（5）存货盘点应用。物流中心、仓储中心的货品及固定资产之自动盘点，发挥立即盘点、立即决策的效果。

（6）资料备援应用。文件表单的资料若不愿或不能以磁碟、光碟等电子媒体储存备援时，可利用二维条码来储存备援，因其携带方便、不怕折叠、保存时间长，又可影印传真，做更多备份。

（7）手机二维条码应用。手机扫描二维条码技术简单地说是通过手机拍照功能对二维条码进行扫描，快速获取到二维条码中存储的信息，进行上网、发送短信、拨号、资料交换、自动文字输入等，手机二维条码不但可以印刷在报纸、杂志、广告、图书、包装以及个人名片上，用户还可以通过手机扫描二维条码，或输入二维条码下面的号码来实现快速手机上网功能，并随时随地下载图文、了解企业产品信息等。

4. 二维条码标准化组织及工作介绍

（1）ISO/IEC SC31。国际上制定二维条码标准的主要组织是 ISO/IEC JTC1。ISO/IEC 联合工作组成立了 SC31 分委员会，专门负责所有基础性、通用性的二维条码标准，中国是其 P 成员单位。SC31 各工作组的全称及主要工作见表 5－2。ISO 认为自动识别技术是数据自动采集和传输的一种很好手段，所制定的标准是自动身份识别和数据采集应用的所有方面，不仅考虑物流供应链领域的单品标识，还考虑证件、防伪、动物管理、食品与医药管理、固定资产管理等应用领域。SC31 负责制定自动识别和数据采集过程中涉及的数据格式、数据语法、数据结构、数据编码等基础标准，同时还负责在行业内部应用中涉及的设备标准。ISO 把不同行业的应用标准交给其与应用相关的分委员会。ISO 其他有关技术委员会也制定了部分与自动识别技术应用有关的标准，例如，ISO TC104/SC4/WG2 的主要工作是容器和容器相关应用的自动电子识别；ISO TC23/SC19/WG3

的主要工作是动物识别；ISO TC204 的主要工作是运输和控制系统的射频识别；ISO/IEC JTC1/SC17 的主要工作是卡和身份识别；ISO TC68/SC6 的主要工作是金融交易卡、相关媒介和操作；ISO TC 122/WG4 的主要工作是条码标签封装。

（2）EPC global。EPC global 是一个专门从事自动数据识别的标准化组织，目的是解决供应链的透明性和追踪性。透明性和追踪性是指供应链各环节中所有合作伙伴都能够了解物品的相关信息，如位置、生产日期等信息。除了信息采集以外，EPC global 非常强调供应链各方之间的信息共享，制定了信息共享的“物联网”系列标准。“物联网”的信息量和信息访问规模大大超过了普通的因特网。

（3）其他相关组织。世界上许多标准化组织或协会都在根据需要制定二维条码标准，如国际电信联盟（ITU）、世界邮联（UPU）、美国国家标准协会（ANSI）、美国自动辨识协会（AIM-USA）、电子工业协会、汽车工业协会（AIAG）；国际航空协会（IATA）、公用事业工业协会（UIG）、欧洲的标准技术协会 225 委员会（CEN TC225）、欧洲的电子资料交换协会（EDIFICE）、日本泛在技术核心组织（UID）、日本电子工业协会（EIA）等，这些区域性的标准化机构在制定自己的自动识别技术或应用标准的同时，还通过不同的渠道参与并影响国际标准的制定。

表 5-2　SC31 工作组

工作组	工作组全称	工作组主要范围简述
WG1	数据载体工作组	主要负责制定数据采集设备的规范，一维和二维条码的识别符号标准
WG2	数据结构工作组	主要负责自动识别与数据采集系统中数据结构的标准
WG3	一致性工作组	主要负责自动识别与数据采集系统中一致性测试的标准，包括检测方法和检测规范
WG4	用于单品管理的射频识别工作组	主要负责用于单品管理的射频识别技术的标准制定
WG5	实时定位系统工作组	主要负责在国际通用的频段下利用射频识别技术实现资产的实时定位的标准

5. 我国二维条码标准制定工作

长期以来，国内常见的二维条码技术和标准都源自国外的技术，如美国的PDF417 码和日本的 QR 码等，被等同转化为我国的国家标准，分别是 GB/T 17172－1997《四一七条码》，GB/T 18284－2000《快速响应矩阵码》。这些二维条码对汉字的编码效率较低，相关设备的核心技术又都掌握在国外厂商手中，在国内进行销售的也大多是国外厂商的代理或组装产品，不仅生产成本昂贵，严格的专利保护更导致了国内的二维条码识读设备价格昂贵。近几年，在国家扶持下，具有自主知识产权的二维条码应运而生。信息产业部在 2006 年 5 月 23 日发布了 SJ/T 11349－2006《二维条码网格矩阵码》和 SJ/T 11350－2006《二维条码紧密矩阵码》两项二维条码的行业标准。2007 年 8 月 23 日，中国物品编码中心发布了 GB/T 21049－2007《汉信码》。

6. 国内外主要二维条码标准介绍

（1）GB/T 11350－2006《二维条码紧密矩阵码》。紧密矩阵码（简称 CM 码）采用齿孔定位与图形分段等一系列独创性技术，配套设计了高速、智能、低计算性能需求的图像识别算法，同时结合自有知识产权的高速、高分辨率接触式影像传感器（Contact Image Sensor，CIS）技术，以低成本、高可靠性的方式实现了大存储容量、高数据密度、无位移编码器的手动高速识别方式等二维条码领域首创性的技术突破，使得 CM 码单位数据容量的识读成本低于现有二维条码技术的十分之一。CM 码的发明从根本上解决了现有二维条码技术在数字化文档、生物特征身份证卡、票据、表单等大数据容量应用上表现出来的存储容量小、数据密度低及识读成本高昂等长期困扰业界的难题。CM 码示意图见图 5－11。

图 5－11　CM 码

（2）SJ/T 11349－2006《二维条码网格矩阵码》。网格矩阵码（简称 GM 码）是在深入透彻分析国内外现有二维条码的优缺点，以及它们在物流、生产及行业监督管理等应用中大量用户反馈意见的基础上，开发出来的适合应用的二维条码。GM 码首创性地将码图的识别模式与定位模式合二为一并均匀地排列在码图中，同时，通过优化数据压缩算法与数据纠错算法，省去了现有二维条码图中必不可少的、只能抵抗有限污损的功能区域——格式信息区域。GM 码的码图由子结构——宏模块按层排列组成，即使码图中出现大面积的污损，图像识别算法仍可通过利用这种宏模块按层排列的规律以统计分析的方法快速准确地检测出码图方向，因而 GM 码的码图也省去了现有二维条码中抵抗污损能力差、用于指示码图方向的功能区域。这些创新性的设计使得 GM 码在保持数据存储容量、数据密度与现有二维条码相当的同时，更具有抗污损、抗畸变及 360°大倾斜视角可解码性等优异性能，成为全球第一个码图中没有“死穴”的二维条码。上述创新点使得 GM 码成为应用的优选二维条码码制。GM 码示意图见图 5－12。

（3）GB/T 21049－2007《汉信码》。该标准对二维条码码图排布、信息编码、纠错编码算法、符号识读与译码算法等进行了规定，同时开发了汉信码信息编码与译码中间件、识读引擎、生成系统、识读系统。汉信码具有超强的汉字编码能力，能够表示 GB/T 18030－2000《信息技术信息交换用汉字编码字符集基本集的扩充》中规定的全部汉字，在现有的二维条码中表示汉字效率最高。汉信码还具有高抗破损、抗畸变能力，最大纠错能力可以达到 30%。汉信码还充分考虑了汉字信息的表示效率，相同的信息内容，汉信码只是快速响应矩阵码符号面积的 90%，是数据矩阵码码号面积的 63.7%。汉信码示意图见图 5－13。

图 5－12　GM 码

图 5－13　汉信码

（4）ISO/IEC 15438《信息技术自动识别和数据采集技术 PDF417 条码符号规范》。PDF417 条码符号规范（简称 PDF417）是美国符号科技（Symbol Technologies，Inc.）发明的二维条码，发明人是台湾赴美学者王寅君博士，他于 1992 年底推出 PDF417，并于 1989 年至 1992 年间领导世界第一部二维条码雷射读码系统的开发。1993 年 3 月，王博士正式将 PDF417 引进台湾，交由祥记资讯推广及研发相关套装软体。PDF417 是一种堆叠式二维条码，PDF（Portable Data File）意思是“便携数据文件”。组成条码的每一个条码字符由 4 个条和 4 个空共 17 个模块构成，故称为 PDF417。PDF417 可表示数字、字母或二进制数据，也可表示汉字。一个 PDF417 最多可容纳 1 850 个字符或 1 108 个字节的二进制数据，如果只表示数字则可容纳 2 710 个数字。PDF417 的纠错能力分为 9 级，级别越高，纠正能力越强。由于这种纠错功能，使得污损的 PDF417 也可以正确读出。PDF417 示意图见图 5－14。

图 5－14 PDF417

（5）ISO/IEC 16022《信息技术自动识别和数据采集技术 Data Matrix 条码符号规范》。Data Matrix 条码符号规范（简称 Data Matrix）原名 Data Code，由美国国际资料公司（International Data Matrix，ID Matrix）于 1989 年发明。Data Matrix 是一种矩阵式二维条码，其发展的构想是希望在较小的条码标签上存入更多的资料量。Data Matrix 的最小尺寸是目前所有条码中最小的，尤其特别适用于小零件的标识，以及直接印刷在实体上。Data Matrix 示意图见图 5－15。

图 5－15 Data Matrix

Data Matrix 的外观是一个由许多小方格所组成的正方形或长方形符号，其资讯的储存是以浅色与深色方格的排列组合，以二位元码（Binary-Code）方式来编码，故电脑可直接读取其资料内容，而不需要参考如传统一维条码的符号对映表（Character Look-up Table）。深色代表“1”，浅色代表“0”，再利用成串（String）的浅色与深色方格来描述特殊的字元资讯，这些字串再列成一个完成的矩阵式码，形成 Data Matrix 码，再以不同的印表机印在不同材质表面上。Data Matrix 的特点是其只需要读取资料的 20% 即可精确辨读，因此很适合应用在条码容易受损的场所，例如，印在暴露于高热、化学清洁剂、机械剥蚀等特殊环境的零件上；Data Matrix 的尺寸可任意调整，最大可到 14 英寸，最小可到 0.000 2 英寸，这个尺寸也是目前一维与二维条码中最小的，因此特别适合印在电路板的零组件上；Data Matrix 的尺寸与其编入的资料量是相互独立的，因此它的尺寸比较有弹性；Data Matrix 最大储存量为 2 000 字节，自动纠正错误的能力较低，只适用特别的 CCD 扫描器来解读。

（6）ISO/IEC 18004《信息技术自动识别和数据采集技术 QR Code 条码符号规范》。QR Code 条码符号规范（简称 QR Code）是由日本 Denso 公司于 1994 年 9 月研制的一种矩阵二维码符号，具有的主要特点是：①超高速识读，用 CCD 二维条码识读设备，每秒可识读 30 个含有 100 个字符的 QR Code 符号。由于在用 CCD 识读 QR Code 时，整个 QR Code 符号中信息的读取是通过 QR Code 符号的位置探测图形，用硬件来实现的，因此，信息识读过程所需时间很短，具有超高速识读特点。②全方位识读，QR Code 的 3 个角上有 3 个寻象图形，使用 CCD 识读设备来探测码的位置、大小、倾斜角度、并加以解码，实现 360°高速识读。每秒可以识读 30 个含有 100 个字符的 QR Code。③能够有效地表示中国汉字、日本文字：QR Code 容量密度大，可以放入 1 817 个汉字、7 089 个数字、4 200 个英文字母。QR Code 用数据压缩方式表示汉字，仅用 13 位即可表示一个汉字，比其他二维条码表示汉字的效率提高了 20%。④QR Code 具有 4 个等级的纠错功能，即使破损也能够正确识读。QR Code 抗弯曲的性能强，通过 QR Code 中的每隔一定的间隔配置有校正图形，从码的外形来求得推测校正图形中心点与实际校正图形中心点的误差来修正各个模块的中心距离，即使将 QR Code 贴在弯曲的物品上也能够快速识读。⑤QR Code 可以分割成 16 个 QR Code，可以一次性识读数个分割码，适应于印刷面积有限及细长空间印刷的需要。⑥微型 QR Code 可以在 1 厘米的空间内放入 35 个数字或 9 个汉字或 21 个英文字母，适合对小型电路板对 ID 号码进行采集的需要。QR Code 示意图见图 5－16。

图 5－16　QR Code

（7）其他二维条码标准。

①Maxicode 条码：又称牛眼码，由美国知名的 UPS 快递公司于 1987 年开始着手开发用于机器可读表单。Maxicode 是一种中等容量、尺寸固定的矩阵式二维条码，它由紧密相连的六边形和位于符号中央位置的定位图形所组成。Maxicode 是特别为高速扫描而设计，主要用于包裹搜寻和追踪上。

②Vericode 条码：由 Vericode 公司研制的一种矩阵式二维条码。

③CP 条码：由日本的 CPTRON 公司研制的一种矩阵式二维条码。

④田字码：由日本的 ALEC 公司研制的，其单元的形状类似于汉字“田”的一种矩阵式二维条码。

⑤Ultracode 条码：由 Clive Hohberger 研制的一种线型矩阵式二维条码。

⑥Code 49 条码：Code 49 是由 Intermec 公司 David Allais 于 1987 年研制的一种多层、连续的、可变长度的层排式二维条码。

⑦Code 16K：Code 16K 条码是 Ted Williams 发明的。这是一种多层连续性可变长度的条码符号，可以表示全字符集的 128 个字符及扩展 ASCⅡ字符。

⑧Code one：Code one 条码是由 Ted Williams 发明的。这是一种用成像设备识别的矩阵式二维条码。Code one 条码符号中包括可由快速线形探测器识别的识别图案。Code one 符号共有 10 个版本及 14 种尺寸。最大的符号，即版本 B，可以表示 2 218 个数字字母型字符或 3 550 个数字，以及 560 个纠错字符。Code one 可以表示 256 个 ASCⅡ字符，另加 4 个功能字符及一个填充字符。

⑨Aztec 条码：Aztec 是由美国韦林（Welch Allyn）公司推出的，最多可容纳 3 832 个数字或 3 067 个字母字符或 1 914 个字节的数据。

⑩龙贝码：由上海龙贝信息科技有限公司开发。龙贝码与国际上现有的二维条码相比，具有更高的信息密度、更强的加密功能，可以对所有汉字进行编码，

适用于各种类型的识读器，最多可使用多达32种语言系统，具有多向编码/译码功能和极强的抗畸变性能，可对任意大小及长宽比的二维条码进行编码和译码。

⑪点众码：点众码（DZ-Code）由北京点众信息科技有限公司开发，具有二维条码的大容量、可容错等特点，主要用于物流行业。

⑫优码：优码由北京清华紫光公司开发，在条码标准、码制码图、图像识别、手机应用等环节达到了国际领先水平，并注册了多项专利和软件著作权。

条码技术是在计算机的应用实践中产生和发展起来的一种自动识别技术，提供了对物流中的物品进行标识和表述的方法，企业可以借助自动识别技术、POS系统、EDI等现代技术手段，随时了解有关产品在供应链上的位置，并及时作出反应。当今在欧美等发达国家的供应链管理策略中，都离不开条码技术的应用。条码技术是实现POS系统、EDI、电子商务、供应链管理的技术基础，是实现物流管理现代化、提高企业管理水平和竞争能力的重要技术手段，并给物流中的货物提供了一种标识和描述的方法。

（二）扫描技术

自动识别技术的另一个关键组件是扫描处理，扫描仪收集条码数据，并把它们转化成可用的信息。扫描技术在物流方面主要有两大应用。第一种应用是在零售商店的销售点（Point of Sales，POS）。除了在现金收入机上给顾客打印收据外，在零售销售点应用是在商店层次提供精确的存货控制。销售点可以精确跟踪每一个库存单位出售数，有助于补充订货，因为实际的单位销售数能够迅速地传输到供应商处。实际销售跟踪可以减少不确定性，并可去除缓冲存货。除了提供精确的再供给和营销调查数据外，销售点还能向所有的渠道成员提供更及时的具有战略意义的数据。第二种应用是针对物料搬运和跟踪的。通过扫描枪的使用，物料搬运人员能够跟踪产品的搬运、储存地点、装船和入库。虽然这种信息能够用手工跟踪，却要耗费大量的时间，且容易出错。

由条码与扫描设备构成的自动识别技术在物流管理中有很多好处。对托运人来说，它能改进订货准备和处理、排除航运差错，减少劳动时间，改进记录保存，减少实际存货时间。对承运人来说，它能保持运费账单信息完整，顾客能存取实时信息，改进顾客装运活动的记录保存，可跟踪装运活动，简化集装箱处理，监督车辆内的不相容产品，缩短信息传输时间。对仓储管理来说，它能改进订货准备、处理和装置，提供精确的存货控制，顾客能存取实时信息，安全存取信息，减少劳动成本，使入库数精确。对批发商和零售商来说，它能保证单位存货精确，销售点价格精确，减少实际时间，增加系统灵活性。

（三）射频识别技术

射频识别技术（Radio Frequency Identification，RFID）是一种非接触式的自动识别技术，它通过射频信号自动识别目标对象来获取相关数据。RFID 技术早在“二战”期间就已经出现。近年来，RFID 技术的发展使通过网络实现物品（商品）的自动识别和信息的互联与共享成为可能。由于 RFID 是一种非接触式的自动识别技术，射频标签使用的是辐射电磁场识别器传输和读取数据，这对供应链管理极为有利。例如，RFID 能够扫描带有各种标签的托盘，无须写下托盘后再扫描每一个货箱，且可工作于各种恶劣环境。短距离射频产品不怕油渍、灰尘污染等恶劣的环境，可以替代条码，如用它在工厂的流水线上跟踪物体。长距射频产品多用于交通上，识别距离可达几十米，如自动收费或识别车辆身份等。此外，RFID 标签能够在通过供应链时，添加或删除各种信息，因此射频识别任务是 EDI 的补充——关键信息在标签中编码、大量数据通过电子方式互换。

一般来说，射频识别系统由射频标签（Tag）、读写器（Reader）和数据管理系统三部分组成。其中射频标签由天线和芯片组成，每个芯片都含有唯一的识别码，一般保持有约定的电子数据，在实际的应用中，射频标签粘贴在待识别物体的表面。读写器是根据需要并使用相应协议进行读取和写入标签的信息的设备，它通过网络系统进行通信，从而完成对射频标签信息的获取、解码、识别和数据管理，有手持和固定两种。数据管理系统主要完成对数据信息的存储和管理，并可以对标签进行读写的控制。射频标签与读写器之间通过耦合元件实现射频信号的空间（非接触）耦合，在耦合通道内，根据时序关系，实现能量的传递和数据的交换。

1. RFID 系统的特点与优势

RFID 技术的应用包罗万象，是近几年来信息技术领域最热门的话题之一。RFID 技术较多应用于物流行业。传统的物流信息采集工作方式是通过人工将票物进行核对并将数据输入到计算机中。这一过程费时费力，并且可能由于人为过失造成数据输入错误，影响所采集信息的可靠性。而自动识别输入技术利用计算机进行自动识别，增加了输入的灵活性与准确性，使人们摆脱繁杂的识别工作，大大提高了物流信息采集的工作效率。RFID 技术的应用是其他识别技术，如条码、IC 卡、光卡等无法企及的，其优点包括读取方便快捷、识别速度快、数据容量大、使用寿命长、应用范围广、标签数据可动态更改、安全性强、动态实时通信等。

2. RFID 技术标准化动态介绍

信息技术发展到今天，已经没有多少人还对标准的重要性持有任何怀疑态度。RFID 标准之争非常激烈，各行业都在发展自己的 RFID 标准，这也是 RFID 技术目前国际上没有统一标准的一个原因。尤为关键的是，RFID 不仅与商业利益有关，甚至还关系到国家或行业利益与信息安全。

（1）国外标准化组织及其 RFID 技术标准化动态。目前全球有 5 大 RFID 技术标准化势力，即 ISO/IEC、EPC global、Ubiquitous ID Center、AIM global 和 IP－X。其中前 3 个标准化组织势力较强大，AMI global 和 IP－X 的势力则相对弱小。这 5 大 RFID 技术标准化组织纷纷制定 RFID 技术相关标准，并在全球积极推广这些标准。①ISO/IEC：ISO 认为，RFID 是数据快速识别与采集的非常有效的工具。基于这点，ISO/IEC JTC1 成立了 ISO/IEC JTC1/SC31 自动识别和数据采集分技术委员会，该分技术委员会负责制定 RFID 技术基础性和通用性的标准。RFID 技术的应用标准由与 ISO 相关的其他分委员会针对不同使用对象的使用条件、数据内容和格式、使用频段等方面的特定应用要求制定相应标准，如 ISO/IEC JTC1/SC17 是识别卡与身份识别分技术委员会，制定了识别卡方面的标准；ISO TC 104/SC4 是识别和通信分技术委员会，制定了集装箱电子封装方面的标准；ISO TC 23/SC19 分技术委员会制定了动物追踪方面的标准；ISO TC 122/104 联合工作组制定了物流、供应链领域中的标准。②EPC global：以美国为首的 EPC global（全球产品电子代码管理中心）是目前全球实力最强的 RFID 标准组织。目前 EPC global 已经发布了一系列技术规范，包括电子产品代码（EPC）、电子标签规范和互操作性、识读器—电子标签通信协议、中间件软件系统接口、PML 数据库服务器接口、对象名称服务、PML 产品元数据规范等。与 ISO 基础性、通用性标准化相比，EPC global 标准体系面向物流供应链领域，涉及数据处理、数据共享应用方面的标准。EPC global 的目标是解决供应链的透明性和追踪性问题，强调供应链各方之间的数据共享。EPC global 建立了物联网，从信息的发布、信息资源的统一管理、信息服务等方面作出规定。物联网系列标准是基于因特网的，并且与因特网具有良好的兼容性。③Ubiquitous ID Center：日本的 Ubiquitous ID Center（简称 UID）目标是构建一个完整的标准体系，即从数据格式体系、空中接口协议到泛在网络体系结构。UID 制定了具有自主知识产权的 RFID 标准，在数据格式方面制定了 ucode 编码体系，即能够兼容日本已有的编码体系，也能兼容国际其他编码体系。在信息共享方面主要依赖于日本的泛在网络，它可以独立于因特网实现信息共享。④AIM global：AIM global 即全球自动识别组织。AIDC（Automatic Identification and Data Collection）组织原先制定通行全球的条形码标准，于 1999 年另外成立了 AIM（Automatic Identification Manufacturers）组织，目的是推出 RFID 标准。AIM 全球有 13 个国家与地区性的分支，且目前其全球会员数已快速累积至 1 000 多个。⑤ IP－X：IP－X 即南非、澳大利亚、瑞士等国的 RFID 标准组织。

（2）国内标准化组织及其 RFID 技术标准化动态。我国的 RFID 技术与先进国家相比存在很大的差距。我国现在 RFID 技术还处在研发阶段，研究和发展射频识别技术并将其推广应用刻不容缓，任务紧迫。我国射频识别技术拥有广阔的发展前景和巨大的市场潜力，射频识别技术的发展和应用的推广将是我国自动识别行业的一场技术革命。中国 RFID 技术有关的标准化活动，由 TC28 全国信息技术标准化技术委员会的自动识别与数据采集分委会对口国际 ISO/IEC JTC1/SC31，负责条码与射频部分国家标准的统一归口管理。由于种种原因，中国的 RFID 标准体系的研究工作几起几落。经过国家 15 个部委的共同努力，终于以《中国射频识别（RFID）技术政策白皮书》的形式确定了 RFID 技术的地位。我国已将 RFID 产业定为“十一五”规划中的重大专项，并将投入大量资金进行扶植。《中国射频识别（RFID）技术政策白皮书》强调，中国将以应用为引导，带动具有自主知识产权的技术和产品的开发，促进中国自主 RFID 产业链的形成，实现 RFID 技术的全面发展和提升；建立以企业为主体的自主创新体系，突破 RFID 关键技术；参与国际标准化工作，提出并建立中国的 RFID 技术标准体系，重点是我国的编码体系、数据管理与交换体系以及频率配置等方面；推动成立技术及产业联盟，实现在国际合作和国际竞争大环境下技术和产业的快速健康发展。在中国 RFID 技术的发展中，政府的推动起到了重要作用，第二代身份证采用的就是 RFID 技术。中国在 RFID 技术与应用的标准化研究工作上已有一定基础。2003 年开始，国家有关标准化组织已经开始跟踪并进行 ISO/IEC 18 000 系列标准的研究，目前已完成标准草案的工作。

（3）ISO/IEC 相关 RFID 技术标准介绍。ISO/IEC 标准坚持标准化的基本理念，侧重于标准的基础性、通用性和中立性。主要研究的是 RFID 技术标准，其中涉及的主要问题有：①各个频段的标准化，包括读写器与电子标签通信的无线电频率使用规范；②空中接口标准，主要规定电子标签与读写器之间的空中信息交换所需的基本约定；③其他标准；④数据格式定义；⑤接口与应用等。美国“EPC（电子产品代码）环球协会”提出的是 EPC 电子产品标准体系，日本 UID 中心提出的是 UID RFID 标准体系。

ISO/IEC 的 RFID 技术标准体系主要包括空中接口标准、物理特性、读写协议、编码体系、应用规范、测试规范、数据安全和应用管理等。表 5－3 给出了 ISO/IEC 发布的 RFID 技术相关标准的分类汇总表，下面是 ISO/IEC 的 RFID 标准体系中主要标准介绍。

①空中接口标准。空中接口标准体系定义了 RFID 不同频段的空中接口协议及相关参数。所涉及的问题包括时序系统、数据帧、数据编码、数据完整性、多

标签读写防冲突、干扰与抗干扰、识读率与误码率、数据的加密与安全性、读写器与应用系统之间的接口等问题，以及读写器与标签之间进行命令和数据双向交换的机制、标签与读写器之间互操作性问题。

②数据格式管理标准。数据格式管理是对编码、数据载体、数据处理与交换的管理。数据格式管理标准系统主要规范物品编码、编码解析和数据描述之间的关系。

③信息安全标准。标签与读写器之间、读写器与中间件之间、中间件与中间件之间，以及 RFID 相关信息网络方面均需要相应的信息安全标准支持。

④测试标准。对于标签、读写器、中间件，根据其通用产品规范制定测试标准；针对接口标准制定相应的一致性测试标准。包括编码一致性测试标准、标签测试标准、读写器测试标准、空中接口一致性测试标准、产品性能测试标准、中间件测试标准。

⑤应用标准。RFID 技术标准包括基础性和通用性标准以及针对事务对象的应用标准，如动物识别、集装箱识别、身份识别、交通运输、军事物流、供应链管理等，根据实际需求，制定相应标准。

表 5－3 ISO/IEC 发布的 RFID 技术相关标准的分类汇总

标准号	标准名称
	空中接口标准
ISO 11784 RFID	畜牧业的应用编码结构
ISO 11785 RFID	畜牧业的应用技术理论
ISO 14223. 1 RFID	畜牧业的应用空气接口
ISO 14223. 2 RFID	畜牧业的应用协议定义
ISO/IEC 14443	识别卡无触点的集成电路卡接近式卡
ISO/IEC 14443. 1	第 1 部分：物理特性
ISO/IEC 14443. 2	第 2 部分：射频功率和信号接口
ISO/IEC 14443. 3	第 3 部分：初始化和防冲突
ISO/IEC 14443. 4	第 4 部分：传输协议
ISO/IEC 15693	识别卡无触点的集成电路卡邻近式卡
ISO/IEC 15693. 1	第 1 部分：物理特性
ISO/IEC 15693. 2	第 2 部分：空气接口与初始化

（续上表）

标准号	标准名称
ISO/IEC 18000	信息技术自动识别和数据采集技术电子标签用于单项物品管理空气接口
ISO/IEC 18000. 1	第1部分：参考体系结构和标准化参数定义
ISO/IEC 18000. 2	第2部分：频率小于135 kHz的空中接口通信参数
ISO/IEC 18000. 3	第3部分：13. 56 MHz频率下的空中接口通信参数
ISO/IEC 18000. 4	第4部分：2. 45 GHz频率下的空中接口通信参数
ISO/IEC 18000. 6	第6部分：860 ~ 960 MHz频率下的空中接口通信参数
ISO/IEC 18000. 7	第7部分：433 MHz频率下的空中接口通信参数
ISO/IEC 18092	信息技术系统间的无线通信和信息交换近距离无线通信接口和协议1
ISO/IEC 21481	信息技术系统间的无线通信和信息交换近距离无线通信接口和协议2
ISO/IEC DTR 24710	信息技术自动识别和数据采集技术电子标签用于单项物品管理
ISO/IEC 24730	信息技术自动识别和数据采集技术实时定位系统
ISO/IEC CD 24730. 1	第1部分：应用编程接口
ISO/IEC CD 24730. 2	第2部分：2. 4 GHz空气接口协议
ISO/IEC AWI 24730. 3	第3部分：4. 33 MHz空气接口协议
数据格式管理标准	
ISO/IEC 15418	信息技术应用和数据标识符及维护
ISO/IEC 15424	信息技术自动识别和数据采集技术数据载体标识符
ISO/IEC FCD 15434	信息技术自动识别与数据采集技术大容量ADC媒体语法
ISO/IEC 15459. 1	信息技术运输单元的唯一标识第1部分：概要
ISO/IEC 15459. 2	信息技术运输单元的唯一标识第2部分：注册程序
ISO/IEC 15961	信息技术射频识别技术数据协议：应用接口
ISO/IEC 15962	信息技术射频识别技术数据协议：数据编码规则和逻辑存储功能
ISO/IEC 15963	信息技术电子标签用于单品管理电子标签的唯一标识

（续上表）

标准号	标准名称
	信息安全标准
ISO/IEC 7498. 2	安全框架和高层安全模型
ISO/IEC 7816. 8：1999	识别卡带触点的集成电路卡第 8 部分：与安全相关的行业间命令
ISO/IEC 7816. 9：2000	信息技术识别卡带触点的集成电路卡第 9 部分：附加的行业间命令和安全属性
ISO/IEC 7816. 15	识别卡带触电的集成电路卡加密信息的应用
ISO 9160	物理层加密的互操作性要求
ISO/IEC 9594	安全框架系列标准
ISO 9735. 9	电子数据交换密钥和证书管理报文
ISO 9735. 10	交互式电子数据交换安全规则
ISO/IEC 10736：1995	信息技术系统间远程通信和信息交换运输层安全协议
ISO/IEC 11577：1995	信息技术开放系统互联网络层安全协议
ISO 17799	信息安全管理的实践代码
	测试标准
ISO/IEC 10373	识别卡测试方法
ISO/IEC 10373. 7	识别卡测试方法邻近式卡
ISO/IEC 18047	信息技术射频识别设备一致性测试方法
ISO/IEC 18047. 3	第 3 部分：13. 56 MHz 空中接口通信测试方法
ISO/IEC 18047. 4	第 4 部分：2. 45 MHz 空中接口通信测试方法
ISO/IEC 18047. 7	第 7 部分：433 MHz 空中接口通信测试方法
ISO/IEC PRF TR 18046	信息技术自动识别和数据采集技术电子标签装置性能测试方法
	应用标准
ISO/AWI 10374	货运集装箱自动识别
ISO/DIS 14814	道路运输与交通远程信息处理自动车辆与设备识别参考架构与术语
ISO/DIS 14816	道路运输与交通远程信息处理自动车辆与设备识别编码与数据结构
ISO/TS 17261	自动车辆与设备识别联合运输的货物运送架构与术语
ISO/TS 17262	自动车辆与设备识别联合运输的货物运送编码与数据结构

（续上表）

标准号	标准名称
ISO/WD 17363	电子标签用于供应链货物集装箱
ISO/WD 17367	电子标签用于供应链产品标记
ISO/CD 18185. 1	货运集装箱电子封条的射频通信协议第 1 部分：通信协议

（4）字符识别技术。在物流领域应用比较广泛的光学字符识别技术（Optical Character Recognition，OCR）已有 30 多年的历史，近年来又出现了图像字符识别（Magnetic Image Character Recognition，MICR）和智能字符识别（Intelligent Character Recognition，ICR），实际上这三种字符式的自动识别技术基本原理大致相同，都是通过扫描等光学输入方式将各种票据、报刊、书籍、文稿及其他印刷品的文字转化为图像信息，再利用文字识别技术将图像信息转化为可以使用的文字的计算机输入技术。主要应用于办公室自动化中的文本输入、邮件自动处理及与自动获取文本过程相关的其他要求，适合于银行、税务等行业大量票据表格的自动扫描识别及长期存储。

阅读材料 5. 2

日本应急管理信息系统的建设模式

日本是一个面临突发公共事件威胁严重的国家，也是世界上应急管理最富成效的国家之一。我国的台湾省基本上“照搬”了日本的应急管理体系。日本的应急信息化建设从完善基础设施建设入手，充分应用各种先进的信息通信技术，构筑起了高效、严密、适合实际国情的应急信息化体系。它的经验和做法，对我们更好地把握应急信息化发展的方向和趋势，加快应急信息化发展的建设步伐不无裨益。日本在突发公共事件应急信息化发展方面，不仅建立起了完善的应急信息化基础设施，而且在长期的应急实践中，积累了丰富的利用现代信息技术实现高效应急管理的经验。

1. 防灾通信网络

在突发公共事件应急信息化发展方面，日本政府从应急信息化基础设施抓起，建立起覆盖全国、功能完善、技术先进的防灾通信网络。

在经历了“阪神大地震”的浩劫后，日本政府深刻地认识到防灾信息化建设在应急过程中的极端重要性。为了准确迅速地收集、处理、分析、传递有关灾害信息，更有效地实施灾害预防、灾害应急以及灾后重建，日本政府于1996年5月11日正式设立内阁信息中心，以24小时全天候编制，负责迅速搜集并传达与灾害相关的信息，并把防灾通信网络的建设作为一项重要任务。

目前，日本政府基本建立起了现今发达、完善的防灾通信网络体系，包括以政府各职能部门为主，由固定通信线路（包括影像传输线路）、卫星通信线路和移动通信线路组成的"中央防灾无线网"；以全国消防机构为主的"消防防灾无线网"；以自治体防灾机构和当地居民为主的都道县府、市町村的"防灾行政无线网"，以及在应急过程中实现互联互通的防灾相互通信用无线网等。此外，还建立起各种专业类型的通信网，包括水防通信网、紧急联络通信网、警用通信网、防卫用通信网、海上保安用通信网以及气象用通信网等。

2. 专用无线通信网

由于自然地理的原因，加上无线通信技术的广泛普及，日本的防灾通信网络基本依托无线通信技术。专门用于灾害对策的无线通信网络包括中央防灾无线网、消防防灾无线网、都道府县防灾行政无线网以及市町村防灾行政无线网等。

（1）中央防灾无线网。中央防灾无线网是日本防灾通信网的"骨架网"。它的建设目的在于，当发生大规模灾害时，或因电信运营商线路中断，或因民众纷纷拨打查询电话而造成通信线路拥塞甚至通信瘫痪时，则以这一网络接收与传输紧急灾害对策总部、指定行政机关以及指定公共机关等的灾害数据。中央防灾无线网由固定通信线路（包含影像传输线路）、卫星通信线路、移动通信线路所构成。

（2）消防防灾无线网。消防防灾无线网属于连接消防署与都道府县的无线网。这一无线网由地面系统与卫星系统所构成。①地面系统。除电话或传真通报全国都道府县之外，也用于收集与传达灾害信息。②卫星系统（地区卫星通信网路）。这是连接消防署及全国约4 200个地方公共团体的卫星通信网络，以电话或传真通报都道府县和市町村及消防总部，还可用于个别通信以收集与传达灾害信息（包括影像信息），并可充实防灾通信体制，以弥补地面系统功能的不足。

（3）防灾行政无线网。防灾行政无线网分为都道府县和市町村两级，用于连接都道府县和市町村与指定行政机关及其有关防灾当局之间的通信，以收集和传递相关的灾害信息。目前市町村级的防灾行政无线网已延伸到街区一级，通过这一系统，政府可以把各种灾害信息及时传递给家庭、学校、医院等机构，成为灾害发生时重要的通信渠道和手段。

3. 防灾相互通信网

为解决出现地震、台风等大规模灾害的现场通信问题，日本政府专门建成了防灾相互通信网，可以在现场迅速让警察署、海上保安厅、国土交通厅、消防厅等各防灾相关机构彼此交换各种现场救灾信息，以更有效、更有针对性地进行灾害的救援和指挥。目前，这一系统已被引至日本的各个地方公共团体、电力公司、铁路公司等。

4. 现代信息通信技术的应用

日本是世界上信息通信技术最为发达的国家之一，信息通信技术在突发公共事件应急中的应用方面同样走在了国际的前列。

5. 移动通信技术的应用

日本是世界移动通信应用的大国，手机普及率非常高。日本SGI等公司开发出一种在自然灾害发生后确认人身安全的系统，这一系统的功能由可以上网并带有全球定位功能的手机来实现。中央和地方救灾总部通过网络向手机的主人发送确认是否安全的电子邮件，手机主人根据提问用手机邮件回复。这样，在救灾总部的信息终端上就会显示每一个受访者的位置和基本的状况，对做好灾害紧急救助工作十分有帮助。

6. 无线射频识别技术的应用

无线射频识别技术在日本的应用已较为广泛，在防灾救灾中的应用也较为成熟。譬如，在发生灾害时，在避难的道路路面上贴上无线射频识别标签，避难者通过便携装置可以清楚地知道安全避难场所的具体位置；又如，如果有人被埋在废墟堆里不能动弹或呼救的话，内置无线射频识别标签的手机会告诉搜救人员被埋者所处的具体位置，使搜救者能以最快的速度展开营救。此外，无线射频识别标签还可以实现人和物、人和场所的对话。在救援物资上贴上这种标签，就可以把握救援物资的数量，根据每个避难所的人数发放物资，尽可能地做到合理分配。还有一个重要的应用是，当无法辨认伤员或死者的身份时，可以通过其身上携带的无线射频识别标签获得相关信息，以准确地判别其身份。这一点，在重大灾害应对处理时起着重要的作用。

7. 临时无线基站的应用

当出现强烈地震、海啸等严重自然灾害时，无线基站很容易遭到破坏，从而使移动通信系统处于瘫痪状态。为了在紧急状态下仍能发挥移动通信的作用，日本的相关公司开发出了可由摩托车运载，能临时充当无线基站的无线通信装置，解决移动通信的信号传输问题。这种"基站"可以接收受害者的手机信号，确认他们的安全情况，并把相关情况通过这一装置传递给急救车上的救护人员。这种装置用充电电池可以连续工作4小时，而且摩托车可为充电电池充电，电波传输范围直径可达1千米，基本能满足现场通信的迫切需要。

8. 网络技术的应用

在地震发生前迅速作出预报，对采取有效应对措施意义十分重大。日本气象厅已开始利用网络技术实现“紧急地震迅速预报”，以减轻受灾程度。具体说来，就是把家庭和办公室的家电产品、房门等和因特网连接起来，由电脑自动控制，当地震计捕捉到震源的纵波以后，可在3~5秒后发布紧急预报，系统接到紧急地震迅速预报以后，能即刻自动切断火源。一般来说，离震源数十千米至上百千米的地方地震横波大约30秒后才到。这样，在地震发生前的30秒内离震源较远的地方可提前采取对策，从而可以有效减轻由地震造成的损失。目前，这一系统正在日本全国范围内推广应用。与此同时，网络技术在建筑物减震方面也开始一显身手。日本大成建设公司正尝试应用网络技术最大限度地减少地震给建筑物造成的损坏。他们在建筑物楼顶或离大楼较近的地方安装感知器，在建筑物和地面之间安装被称为“调节器”的伸缩装置和橡胶等。当感知器一感知到由地震引起的建筑物摇晃，便通过网络直接把详细数据传输给计算机，计算机根据摇晃程度控制通往“调节器”的电流，调整伸缩程度，减轻大楼的摇晃程度，从而对建筑物起到减震作用。

另外，应用网络技术的救助机器人也已在各种灾害救助中发挥着越来越重要的作用。比如利用飞行机器人搭载全球定位系统，制成无人监测台风和地震灾害的系统，可有效预测风灾和震灾。今后，能够接受救灾总部指挥，能与救助者进行通信联络的新型机器人，将会在地面、空中和室内的救灾中发挥越来越重要的作用。

（资料来源：《人民邮电报》2008-06-05）

本章小结

物流信息系统是一个以人为主导，利用计算机软硬件、网络通信等信息技术，进行物流信息的收集、存储、加工、传输、维护和使用等活动，以物流组织的战略竞争优势、提高效益和效率为目的的集成化的人机系统，具有分析、计划、预测、控制和决策等功能，支持物流组织的高层决策、中层控制和基层运作。

应急物流信息系统的构建原则包括系统性原则、科学化原则、信息规范化原则、社会化原则、经济原则。

一个完善的应急物流信息系统应具备以下五个方面的内容：灵敏的预警反应机制、规范的应急转换机制、科学的决策处理机制、及时的反馈评估机制、高性能的安全保密机制。

应急物流信息系统建设的关键问题有：物流信息化基础环境与平台的建设；广泛应用物流信息技术；使用数学模型；物流信息化人才的培养。

应急物流信息系统开发原则主要有：系统性原则、完整性原则、安全性原则、物流信息标准化原则。应急物流信息系统开发方法主要介绍了结构化开发方法、原型法和面向对象开发方法。

思考与练习

1. 根据应急物流信息系统的建设原则与过程，以某突发事件为例构建应急物流信息系统框架。

2. 各种物流技术的优点与缺点有哪些？国内外有哪些物流技术标准？

第六章　供应链视角下的应急物流

本章概述

本章介绍了供应链的概念和供应链的基本要素，并且在供应链的视角下介绍了应急物流、应急供应链的概念，并将传统物流和应急物流进行了比较，指出了传统供应链存在的问题和供应链角度下的应急物流的优点和设计，介绍了应急供应链的风险评估方法，并且给出了应急供应链的基于层次分析法的节点可靠性计算方法。本章在最后一节介绍了快速响应机制的概念、特点和重要性。

第一节　应急供应链的重要性

一、供应链的概念

（一）供应链的概念

供应链是围绕核心企业，通过对信息流、物流、资金流的控制，从采购原材料开始，制成中间产品以及最终产品，最后由销售网络把产品送到消费者手中，将供应商、制造商、分销商、零售商直到最终用户连成一个整体的功能网链结构。它不仅是一条连接供应商到用户的物流链、信息链、资金链，而且是一条增值链，物料在供应链上因加工、包装、运输等过程而增加其价值，给相关企业带来收益。供应链的概念是从扩大生产（Extended Production）概念发展而来的，它将企业的生产活动进行了前伸和后延。譬如，日本丰田公司的精益协作方式中就将供应商的活动视为生产活动的有机组成部分而加以控制和协调，这就是向前延伸。后延是指将生产活动延伸至产品的销售和服务阶段。因此，供应链就是通过计划（Plan）、获得（Obtain）、存储（Store）、分销（Distribute）、服务（Serve）等这样一些活动而在顾客和供应商之间形成的一种衔接（Interface），从而使企业能满足内外部顾客的需求。形象一点，我们可以把供应链描绘成一棵枝叶茂盛的大树：生产企业构成树根，独家代理商则是主干，分销商是树枝和树梢，满树的绿叶红花是最终用户，在根与主干、枝的一个个节点，蕴藏着一次次的流通，遍体相通的脉络便是信息管理系统。供应链上各企业之间的关系与生物学中的食物链类似，在“草—兔子—狼—狮子”这样一个简单的食物链中（为便于论述，假设在这一自然环境中只生存这四种生物），如果我们把兔子全部杀掉，那么草就会疯长起来，狼也会因兔子的灭绝而饿死，连最厉害的狮子也会因狼的死亡而慢慢饿死。可见，食物链中的每一种生物之间是相互依存的，破坏食物链中的任何一种生物，势必导致这条食物链失去平衡，最终破坏人类赖以生存的生态环境。同样的道理，在供应链“企业 A—企业 B—企业 C”中，企业 A 是企业 B 的原材料供应商，企业 C 是企业 B 的产品销售商。如果企业 B 忽视了供应链中各要素的相互依存关系，而过分注重自身的内部发展，生产产品的能力不断提高，但如果企业 A 不能及时向他提供生产原材料，或者企业 C 的销售能力跟不上企业 B 产品生产能力的发展，那么我们可以得出这样的结论：企业 B 生产力的发展不适应这条供应链的整体效率。还有所谓的全球运筹管理，实际上也跟供应链是相通的，所讲的范畴都是一样。国家标准《物流术语》将其定义为“生产与流通过程中所涉及将产品或服务提供给最终用户的上游与下游企业所形成的网链结构”。

（二）供应链的基本要素

一般来说，构成供应链的基本要素包括：

（1）供应商。供应商指给生产厂家提供原材料或零部件的企业。

（2）厂家。厂家即产品制造业。产品生产的最重要环节，负责产品生产、开发和售后服务等。

（3）分销企业。分销企业为实现将产品送到经营地理范围每一角落而设的产品流通代理企业。

（4）零售企业。零售企业是将产品销售给消费者的企业。

（5）物流企业。物流企业即上述企业之外专门提供物流服务的企业。其中批发、零售、物流业也可以统称为流通业。

（三）物流在供应链中的重要性

物流在供应链中的作用可以通过价值分布来考察，表 6－1 为不同行业的价值分布，可以看出：物流价值（采购和分销之和）在不同行业和不同产品类型都占到了整个供应链价值的一半以上。在易耗消费品和一般工业品中，物流价值的比例更大，达 80% 以上。

表6-1 不同行业的价值分布

产品	采购（%）	制造（%）	分销（%）
易耗品（如肥皂、香精等）	30~50	5~10	30~50
耐用消费品（如轿车、洗衣机等）	50~60	10~15	20~30
重工业（如工业设备、飞机等）	30~50	30~50	5~10

总的来说，物流在供应链中的作用如下：

（1）创造用户价值，降低用户成本。

（2）协调制造活动，提高其敏捷性。

（3）提供用户服务，塑造企业形象。

（4）提供信息反馈，协调供需矛盾。

（四）应急供应链的概念

应急供应链是一个比较新的概念，这个概念是从政府应急管理和虚拟供应链两个概念衍生出来的。

政府应急管理是指政府为了应对突发事件而进行的一系列有计划、有组织的管理过程，主要任务是有效地预防和处置各种突发事件，最大限度地减少突发事件的负面影响。由于应对突发事件需要政府采取与常态管理不同的紧急措施和程序，超出了常态管理的范畴，所以政府应急管理又是一种特殊的政府管理形态。

1998年，美国桑德兰大学电子商务中心在其一个名为Supplypnini的研究项目中首先提出了“虚拟供应链”。我国学者但斌给虚拟供应链界定了概念，即虚拟供应链可被看作是合作伙伴给予专门的、中立的信息服务中心提供的技术支持和服务而组建的动态供应链，其结构呈网状，更有利于供应链的优化，拥有专门的服务系统将给予客户对供应链更多的控制，从而得到更高质量的产品和服务。结合政府应急管理和虚拟供应链的概念，本书将应急供应链概念界定为“为保障由突发公共事件引起的应急物资的生产与供给，由政府提供技术支持平台，并以政府为指挥控制中心而组建的动态供应链联盟”。这个概念的实质是将供应链管理的思想运用到突发公共事件应急管理中去。

（五）应急供应链的目标

应急供应链系统的目标应该是与政府应急管理的目标相一致的，根据应急管理工作的特点，应急供应链的目标应该有以下四个：

（1）快速响应能力。快速响应能力是应急供应链的一个重要特性，应急管理强调的是时间效益，时间要求比较紧迫，这就要求应急供应链拥有灵活的快速响应能力，供应链的各个节点要能够根据环境和任务要求迅速地进行供应链内部和外部的流程重组和优化，保障应急物资的高效及时供应。

（2）信息流、物流、资金流高效流动。应急管理工作中，时间就是生命，为了最大限度降低人员伤亡、防止次生灾害的衍生，必须实现应急资源的及时供给。在应急供应链系统中，物流、资金流要在信息流的指导下完成高效率、无差错的流动。其中，信息流流动时间的缩短，对于整个供应链系统时间的缩短起着决定性的作用。就像在一个商业供应链运作中，各种单据构成了信息流，信息流比产品流通更难应付，大部分出现的问题都是信息流问题，比如出现数量出错、标签出错等，在处理信息流问题上耗费的时间大大延长了供应链系统的时间。应急供应链必须保证信息流的有效集成和整合。

（3）组织协调。供应链效率的高低不仅取决于供应链中各节点的运作效率，也取决于节点间关系和运作是否和谐。组织协调是系统发挥最佳效能的保证，是实现供应链系统整体性优势的保障。应急供应链的敏捷性要求、成员企业加入的非自愿性和多元性等特点，对应急供应链构建的协调性要求更加严格。

（4）动态适应。应急管理注重以预防为主，坚持常态与非常态相结合。应急供应链作为处理突发事件的应急手段，也应当遵循平战结合的原则。在平时，应急供应链做好正常状态下的运作，完成物资储备，并确立应急预案。在战时，应急供应链要能够及时组织更多的成员加入到应急供应链网络中，增强应急供应链的物资供给能力，同时还能够保持供应链系统的有序性和高效性。并且，在紧急环境下，不确定性随处可见，突发事件的发展变化是不确定的，因此，物资的需求也是不确定的、信息是不确定的等。根据这些不确定性，需要实时监测应急需求的变化，对应急需求进行动态分析，并作出相应的预测，根据需求变化和成员企业的供应链整体运作效率对应急供应链进行动态调整，以适应不确定的环境变化。

（六）传统供应链与应急供应链的差异

（1）运作环境。传统供应链是在一般常规条件下运作的，而应急供应链通常以突发的灾害事件或非常态事件为背景，灾害发生的时间、波及范围及强度具有不可预测性，从而导致应急供应链的需求无法预测，并且物资的需求具有峰值性，随突发事件时间的推移而对物资有不同的需求。

（2）参与主体。传统供应链的参与主体一般由供应商、制造商、分销商、零售商及顾客组成。而应急供应链的参与主体则是多样的，包括政府、军队、社会团体、企事业单位以及志愿者等。此外，应急供应链的参与主体具有动态性和不确定性，不同阶段的参与主体有所不同，主体之间的合作属于松散型合作关系。

（3）供应链的核心目标。传统供应链的核心目标是通过整个供应链的协调达到整体效益的最大化。应急供应链则强调高度的时间响应性，为了获得高响应性，往往不惜以牺牲成本为代价。

（4）协调者不同。传统供应链的协调者通常是供应链中的核心企业，通过核心企业对整个供应链的协调，达到整体的优化。然而，核心企业对供应链中的成员不具备管理的权力，只是基于某些合作契约进行协调。而在应急供应链中，协调者是政府机构，除了使用协调手段之外，还会采用某些强制手段进行管理。

（5）决策不同。传统供应链中的很多决策，涉及的是例行问题，使用程序化决策就可以解决。而在应急供应链中，由于事件的突发性，需要作出的决策多为例外事件，并且时间、信息有限，需要采取非程序化的决策。

二、基于供应链视角的应急物流优点

（一）传统应急物流中存在的问题

（1）目标单一。我国应急物流存在着目标过于单一的问题。严格意义的物流管理就其本质来讲，是为了降低一般运作过程中不必要的浪费，虽然应急物流对时间的追求高于一切，但根据应急物流管理的本质，应急物流应该是在保证最短时间送达所需物资的前提下，对物资运送过程进行计划、组织与控制，以实现其必要的经济价值与费用的节约。速度与时间是应急物流管理的前提条件，但不是唯一目标。理论学界中虽然也提出应急物流除时间目标外，还有一定的经济性，但对这一问题的认识还不够清晰与统一，往往把应急物流看成是一项紧迫的军事或行政任务，而不能从其理论本性去认识与优化。在实际运作过程中，应急物流的目标过于单一的问题表现得更为突出，一旦出现紧急状况，无论政府还是企业往往为了单一目标不惜一切代价，这主要是由于主导应急物流的力量为行政权力，责任部门为了完成行政命令而出现“窄视现象”，不能统筹考虑应急物流的综合效益问题，造成应急物流运作成本高等不良现象。

（2）运作机制不完善。在我国应急物流的运作过程中，也存在着一些不完善的地方。从应急物流运作机制角度来看，机制应具有长效性、指导性与可操作性。对于突发事件，虽然我国各级政府部门制定出一系列的相应规划，但往往是一些指导性的文件，且对参与应急物流运作的机构不太了解，实际操作性不强。从指挥角度来讲，当应急事件发生时，一般情况下会有一个指挥机构，但指挥机构分工不够明确，就物流这一单项应急活动而言，没有统一的指挥分管机构。从协调角度来讲，在应急物流运作过程中，各参与部门往往各自为政，缺乏协调，有些参与者是出于道义上的，有些是统一安排的，各方没有形成有效的衔接，突出表现在信息沟通不畅等问题上。

（3）监督机制缺失。良性的运作必须建立在完善的监督机制之上，在我国应急物流的运作过程中，存在一定程度的监督机制缺失的现象。应急物流由于时间较紧，事中的监督与控制机制容易被忽略，事后人们又较关注结果。对应急物流的评价体系也显得不够重视，如对应急物流过程中货物质量、运输质量的评估、对过程与结果的考评等问题。监督机制的缺失直接导致了应急物流运作的盲目性、不规范性、不经济性，甚至造成应急物流中的不道德与违纪现象，这些为应急物流的高效运作带来不确定因素。

（二）供应链视角下的应急物流优点

供应链管理作为物流管理的高级阶段，以需求为导向，以合作、协同为核心，对物流运作服务、柔性与成本进行改进，从更加宽广的视角对供应链上的整个物流环节运作状况进行审视，从价值本质角度对物流运作进行优化，使物流最优成为可能。对应急物流来说，要想进一步优化其运作，达到理想的效果，需要从供应链视角对其进行审视。

1. 对组织的优化

从供应链管理角度来看，物流组织网络是一个网链结构，网链结构的构建直接关系到应急物流运作的效率，在构建时应注重以下三个方面：

（1）确立并发挥核心组织的功效。根据供应链管理理论，一个高效的供应链体系中有一个核心组织发挥着主导性作用，各参与者围绕核心组织进行物流运作。由于应急物流的特殊性，这个核心组织必须具有强大的影响力，以至于调动整个供应链上的物流运作，因此，这个组织应当由政府机构来承担。与一般供应链组织构建所不同的是，一般供应链中核心企业的确定是通过核心企业自身强大的影响力，以经济利益为纽带，以契约等形式加以约束，核心企业实现对整个供应链的协调；而对于应急物流来说，核心组织的确定以及对整个供应链的控制，是由法律法规及行政权力确定的。

（2）精简并优化应急物流供应链组织。在应急物流供应链组织的构建过程中，一方面需要强有力的核心组织与机制为保证，另一方面，为了实现应急物流对时间的追求，整个供应链结构要尽量精减以节约运作过程中组织与组织之间的转换时间。所以从源头到最终应急物流的实现，整个过程参与者不宜过多。

（3）吸纳第三方物流及特种物流的组织参与。根据供应链管理理论，最佳的物流供应链组织体系是由在每个运作环节都具有核心能力与相对优势的参与者构成的，只有这样才能实现强强联合，实现供应链运作的最优化。考虑到应急物流过程的物流条件，如时间的紧迫性、道路的复杂性等，在应急物流供应链组织体系的构建过程中，要充分利用和吸纳社会上的第三物流企业及专业特种物流提供者，以发挥其核心能力，达到应急物流运作的目的。

2. 对流程的优化

流程管理是应急物流管理的主体，应急物流的目标就是通过高效的流程体系以实现物资的快速流通。对应急物流流程的优化，应立足于整个应急物流的供应链，不仅要对各参与者内部运作进行考虑，还需要对整个物流供应链过程进行统筹考虑。应急物流的流程主要包括需求的确定，物资的准备、配送、分发等环节，在实现应急物流的流程中应注意以下四个方面：

（1）建立应急物流转运与配送中心。建立物流供应链上的节点是为了更好地实现物流供应链上物资的流动。应急物流运作过程中，应在灾区附近或灾区内部建立应急物流配送中心，物资经由外部运入之后，经过必要的作业，然后运往各个需求点。外地运入应急物资是大批量、少品种的长途运输，而需求点的需求特点是多品种、小批量，所以建立应急物流配送中心是十分必要的，可以优化整个应急供应链的流程。另外，通过对物资进行暂时储存分拣，还可以实现共同配送，防止道路过于拥堵，提高运送效率。当然，在特殊情况下也会有直达运输。

（2）基于价值的流程环节优化。以价值链理论为指导，优化对时间及费用造成浪费的环节。供应链管理强调从价值本质审视整个流程，优化或去除对价值造成浪费或根本不产生价值的环节。对于应急物流来说，价值主要表现在时间、费用等方面，对于应急物流流程，要从基于时间的价值角度考虑，找到关键的时间瓶颈，想办法予以解决。另外，美国供应链管理者在对供应链流程管理优化中提出“端到端”的流程体系，提出供应链流程的战略资产观，要求要从源头对流程进行规划与控制，从计划、采购、运作一直到最后的每个环节都要抓住核心内容，实现整个流程的“端到端”控制与管理。

（3）建立应急物流信息平台。根据供应链管理理论，高效的流程来自信息的有效集并，在应急物流运作中，必须保证信息的高效与流畅，且能有效集并，一方面为计划运作奠定基础，另一方面也使整个运作更具柔性。

（4）重视应急物流中的逆向物流。在应急物流运作过程中，过去只重视正向物流，而对逆向物流关注不够。逆向物流概念表述也有很多，能比较专业、准确地概括其特点的定义是：与传统供应链反向，为价值恢复或处置合理而对原材料、中间库存、最终产品及相关信息从消费地到起始点的有效实际流动所进行的计划、管理和控制过程。

逆向物流有广义和狭义之分。狭义的逆向物流（Returned Logistics）是指对那些由于环境问题或产品已过时的原因而产品、零部件或物料回收的过程。它是将废弃物料中有再利用价值的部分加以分拣、加工、分解，使其成为有用的资源重新进入生产和消费领域。广义的逆向物流（Reverse Logistics）除了包含狭义的逆向物流的定义之外，还包括废弃物物流的内容，其最终目标是减少资源使用，并通过减少使用资源达到废弃物减少的目标，同时使正向以及回收物流更有效率。

供应链运作体系是双向的，良好的物流流程必然包含正向与逆向的统一。如在应急事件发生时，需要大量的必需物资快速进入受灾地区，同时，也需要把灾区的很多破坏了的物资运送出来，只有这样才能保证灾区系统的正常。

另外，虽然大多数应急物流具有弱经济性的特点，但仍然要考虑经济效益，不然就不能称之为物流。开展应急物流，在充分考虑安全目标的前提下，必须考虑其经济性目标，避免浪费。由于大部分紧急救援物资只在突发状况下才使用，但由于突发事件很少，很多物资在还没有使用的时候就已经过期了，逆向回收处理和修复可以减少新库存物品的生产时间，降低库存水平。在紧急情况下，还可以大大缩短供货时间，从而提高整个应急物流系统的运行效率，提高时效性，更好地实现应急物流系统的安全性目标。

3. 对合作模式的优化

供应链管理理论最大的特点就是强调供应链成员之间的合作，只有充分合作、进行协同才能有效实现整个供应链的高效运作。对于应急物流来说，参与主体具有多元性，地理分布较广，各组织单位能否密切合作，合作的效果与效率，都直接决定着应急物流的运作效果与效率。

（1）合作主体的构成。在我国应急物流运作中，需要的合作主要包括地区间合作、军民合作、上下游间的合作等。首先要处理好这些主体之间的关系。对于地区之间的合作来说，应建立长效的物流合作机制，一旦出现危机，地区间的应急预案就可以启动。以粮食为例，我国粮食产销非常不平衡，东南沿海作为粮食主销区，在非常规状态下就有可能出现粮食消费危机，这就要求东南主销区与东北等主产区在平时就建立合作机制。对于军民合作来说，在我国应急物流组织的构成中，军队起主要作用，需要充分发挥军队的作用，同时也要合理引导民众的参与。民众合理的参与可以对应急物流起到很好的补充作用，但如果参与不当，则会对整个应急物流造成一定的混乱，所以在进行应急物流管理的过程中，要注意对民众的合理引导，实现军民之间的合作。对于应急物流中的上下游来说，更需要密切合作，以实现运作中的无缝链接。

（2）合作动因的优化。对合作动因的分析可以清楚地认识合作的内在机理。在供应链管理中，合作动因可以是发展企业的核心竞争力与实现经济利益，即所谓的双赢甚至是多赢。而在应急物流中，合作的动因可以分为两种，一种是内在的需求，即合作双方往往是从道义上意识到必须密切合作，才把自己融入应急物流供应链中；另一种是外在压力，即行政命令式的，且这种是主要的动因。这种比较注重行政命令为主、道义为辅的情况，会经常出现合作双方配送合作不密切的现象。从长远角度应适当考虑经济上的合作动因的开发与利用，对合作进行有效的激励或是惩罚。

（3）合作过程的优化。在应急物流供应链参与主体之间的合作模式上，应改变过去传统的简单交易与行政合作的模式，而要从长远性、全局性与战略性的角度来考虑，优化合作双方的合作目的与方式，使合作更加具有计划性、协调性。合作关系要形成一种常态性，在平时就制定应急物流合作预案，并通过定期或不定期的互访与演练，使之更加顺畅，从深度与广度上优化合作模式，甚至创新合作模式。

4. 对绩效评价体系与考评的优化

良好的绩效评价体系是供应链管理的保证，应急物流虽然具有一定的特殊性，但也需要进行评价与考评，一方面保证应急物流的正常运行，另一方面也起到一定的激励作用，并可以为以后的应急物流运作积累经验。

（1）加强应急物流的法制法规建设。在应急物流中，会出现有个别人为了谋取利益，对应急物流人为设置障碍。应急物流是国家或地区面临紧急状态下的救援行为，为了保证应急物流行为的有力、有效，国家应从法律法规方面对相应行为进行规范，防止应急物流过程中的不正当行为。

（2）加强运作过程的监督。对于应急物流，应当实施运作过程监督，成立相应监督与审计机构，制定相应的监督办法。针对现实状况，制定一系列的指标，对整体应急物流从时间、质量、经济等角度进行考察，不仅要注重应急物资送达灾区，还应特别重视最后的配送，处理好整个供应链上“最后一千米”的问题。只有实施全过程的监督，才能使应急物流得到有效的控制，这才是应急物流配送体系能否真正发挥作用的关键。

（3）对应急物流结果进行合理评价与奖惩。在应急物流结束时，应当对整个过程的应急物流进行评价，并根据结果对参与方进行一定的奖罚，这样才能更好地总结经验，调动广大参与者的积极性。

三、基于供应链视角的应急物流评价标准

（一）服务质量

应急物流也属于供应链系统的一种，其服务质量理应作为方案优劣的判断依据之一。应急供应链不同于一般供应链的一大特点就是它不再以利益最大化和成本最小化为目标，更突出了一个“急”字。速度和效率是应急供应链首先要考虑的，如何在最短的时间内迅速筹集所需要的物资，并以合适的运输工具和行车路线把应急物资安全地送到事发点显得尤为重要，所以，本书在服务质量这一评价标准下设计了四个子准则：应急物资的易获性、应急物资运输的及时性、应急物资的到达完好率、运输网络的安全性。

（二）柔性水平

应急供应链要求具有快速响应的特点，但某些应急预案所需要的物资、运输工具、人员的调配等可能一时之间很难得到满足，所以某个预案是否很容易协调各方资源，以及当其所需的资源不能满足时是否很容易找到其替代资源等，也是我们在选择应急物流方案时需要加以考虑的。

（三）物流成本

成本在应急供应链中虽然不像在一般供应链系统中那样重要，但如何在保证效率的前提下使成本最小化也是我们必须考虑的，毕竟我国的经济发展水平很有限。在此把物流成本分为物资成本、运输成本和社会成本。在最短的时间内筹集所需应急物资，这就要求平时有一定数量可预见的一般性应急物资的库存，而以时间为前提的应急物资快速到达会使采购成本上升，把这两类成本都归结于物资成本范畴。运输应急物资是选择水、陆、空的哪一种，以及行车路线的选取都涉及成本问题，即运输成本。社会成本是指当突发事件发生时，可能需要多方面的协助，比如某些社会组织、志愿者、部队等，在此把它统一归结为社会成本。

第二节 应急物流供应链的结构设计

一、应急物流供应链的设计要求

(一) 充分考虑各种风险

在最初设计和构建供应链时就应认识到供应链可能存在发生某种突发事件的风险性，根据其结构、环境等特点分析风险因素，区分事件类别，尽早识别。同时，建立危机管理审计队伍，定期或不定期对供应链各环节进行检查。对于发生概率较高的危机进行实战演习和训练，测试供应链的承受力和“软肋”。

(二) 选择可靠的供应链伙伴

供应链合作伙伴选择是供应链风险管理的重要一环。要将供应链看成一个整体，而不是由采购、生产、分销、销售构成的分离的功能块。一方面要充分利用各自的互补性以发挥合作竞争优势；另一方面要考察伙伴的合作成本与敏捷性。制订全面的供应链伙伴的沟通计划并及时有效地执行，如媒体沟通、政府沟通、员工沟通等。这样，供应链才能真正发挥成本优势，解决可能面临的各种突发事件。

(三) 重组供应链节点之间的业务流程

供应链管理环境下各成员企业之间的信息交流大大增加，企业之间必须保持业务过程的一致性，这就要求供应链成员企业之间必须进行业务流程重组与改进，对各企业采购、制造、营销和物流等过程采取跨企业的平行管理，消除多余的交接工作等弊病，加强企业间业务流程的紧密性，将不可靠性和延误降到最低。

(四) 整合供应链流程，保持供应链的弹性

当今供应链管理强调 JIT 方法，即减少库存以降低成本，这种运作模式一旦遇到突发事件或需求有较大波动时就会显得缺乏弹性。因此，在注重效率的同时，仍应保持供应链具有适度弹性。并且，供应链合作中存在需求和供应两方面的不确定性，这是客观存在的规律。供应链企业合作过程中，通过在合同设计中互相提供柔性，可以部分消除外界环境不确定性的影响，传递供给和需求的信

息。柔性设计是消除由外界环境不确定性引起的变动因素的一种重要手段。

（五）改善供应链的结构

根据可靠性工程可知，并联系统的可靠性大于串联系统的可靠性，因此供应链应尽量避免出现串联结构，例如，重要产品应该由两个以上的供应商提供，不能单单依靠某一个供应商，否则一旦该供应商出现问题，势必影响整个供应链的正常运行，使整条供应链变成一条危机链。供应链的节点增多会增加管理成本，在考虑成本时，可以优先考虑那些稳定性能比较低或者重要程度比较高的节点企业，可靠性最优分配的理论说明在部件可靠度最小的位置上并联一个部件，将使得系统可靠度增加最快，因此，对这些企业一定要用同类型的企业作并联备份。

二、应急供应链基本模型

根据应急物资保障工作的流程和应急供应链的主要参与方，应急供应链的基本模型如图 6－1 所示。由图 6－1 可知，应急供应链和一般商业意义上的供应链有很大的不同。首先，应急供应链的上游不只是原材料供应商，而且有参与物资捐赠的企业或个人。其次，应急供应链的核心应该是政府，而不是任何一个参与的企业，整条供应链或者说供应网络都是在政府的指挥下高效运作的。

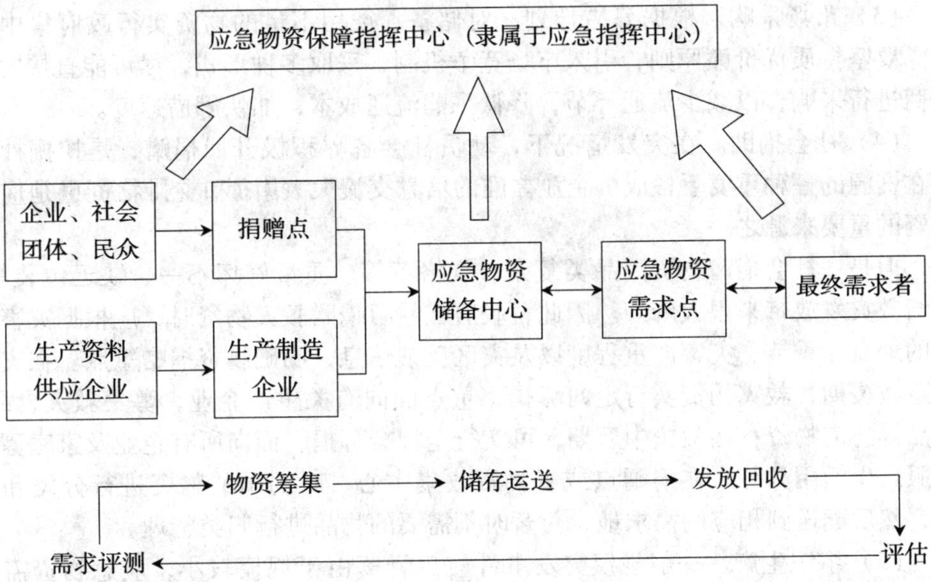

图 6－1　应急供应链基本模型

应急供应链基本模型的主要步骤：

1. 应急物资需求预测

在大规模突发事件发生初期，应急物资保障指挥中心根据突发事件的类别、级别、影响范围，并结合应急预案，对所需应急物资的需求数量、种类作初步的分析；在中后期，中心应根据应急需求点、物资供应点、物资存放中心的物资信息反馈以及筹措情况作出综合决策。

2. 应急物资的筹措

应急物资保障指挥中心在物资需求预测的基础上，通过应急物资信息系统查询应急物资的储备、分布、品种、规格等具体情况，确定应急物资筹措的方式、数量、种类以及应急供应点的数量、分布、物资供应量、品种等。应急物资的筹措方式主要有以下五种：

（1）动用储备。应急物资的战略储备是应急物资筹措的首选方式，为了应急需要，缩短物资供应时间的最佳途径是使用储备物资。救灾储备应实行实物储备与合同储备相结合的方式。

（2）直接征用。直接征用是指在重大灾害发生时，由于物资紧缺，国家根据法律法规，对一些物资生产和流通企业在事先不履行物资采购程序的情况下，对其所生产和经销的物资进行征用，以满足应急需要。事后，根据所征用物资的品种、规格、数量和市场平价与供应商进行结算和补偿。

（3）市场采购。根据筹措计划，对储备、征用不足的物资实行政府集中采购。要坚持质优价廉原则，引入市场竞争机制，采取多种形式，尽可能直接向制造商进行采购，以减少流通环节，降低采购流通成本，加快筹措速度。

（4）社会捐助。在突发情况下，动员社会各界积极开展捐赠，是挖掘社会潜在资源的一种重要手段。“一方有难，八方支援”，捐赠和支持物资也是应急物资的重要来源之一。

但是，社会捐赠物资因品类复杂、规格不等、质量好坏不一、缺乏包装等，会给救灾发放带来很大麻烦。因此，政府在号召捐赠救灾物资时，应根据灾害发生的地点、季节、灾害严重程度以及灾区反馈信息，明确物资捐赠重点。在灾害紧急救援期，救灾物资实行定向募捐，重点面向有关生产企业，募集救灾食品、药品等急需物资；在救援中后期，可实行全社会募捐，面向所有企业及家庭募集衣服、生活用具等。在捐赠点或者物资收集中心，对捐赠的物资进行分类和整理，然后配送到相应的需求地，对暂时不需要的物品进行归类整理。

（5）组织生产。一般规模突发事件应急物资由于规模较小，应急物资需求量不大，采用动用储备、直接征用、市场采购、社会捐助方式中的一种或几种就可筹集齐全，但大规模突发事件应急时仅靠上述常规筹措方式很难满足应急物资需求，需采用更多的物资筹措方式，如国际援助、组织突击生产等。如“5·12”汶川大地震应急需要帐篷300多万顶，而灾难发生后的第十天仅筹集到40万顶，缺口的260多万顶必须组织厂家突击生产。

3. 储存和运输

应急供应链基本模型中的应急物资储备中心，包括国家在各主要灾难多发地设立的中央储备库，以及各地设立的捐赠物资收集中心和其他救灾物资储备中心、配送中心等。中央储备库担任着主要的救灾物资储存任务。在各地设立的捐赠物资收集中心的主要功能应该包括物资分拣、整理、包装、储存、配送等。捐赠物资收集中心将社会团体和民众捐助的各类物资集中分类、包装，实行整车运输、专列运输，来提高效益、控制救灾物资运输成本。通过收集中心的作业可以有效提高救灾物资收集效果，避免夏季救灾运送棉衣等一类的重复作业和无效作业。救灾物资收集中心一般设在远离灾区的未受灾地区，或有大量捐赠物资的集中捐赠地。另外，在应急需求地还应就近设立相应的应急物资配送中心，主要承担从各地运送来的物资的短暂存放、理货（药品、食品等的组合搭配）、再包装（加贴救助点编号）功能。配送中心宜设置在灾区外围交通运输比较便利的地点，且空间具有可扩展性。设置数量视灾区规模而定，各个配送中心应该可以通过运输网络互相支援和联系。对于应急物资的调度运输，应该结合实际情况，整合现有社会资源，联合配送行业内信誉好、价格合理的物流企业进行协同式配送，而且可以通过大型物流企业已建立起来的供应链、连锁网络，组织应急物品投放市场。在紧急情况下，可与军方联系救灾抢险事宜，动用军用运输装备、军用运输专用线路及相关设施，从而实现应急物资的快速配送。

4. 物资发放、回收

物资需求点负责接收从应急物资配送中心送来的应急物资，并按照发放标准足额、及时地分配到每一个需求者手里。物资需求点还可以成为救灾需求和救灾供应的信息交换枢纽，及时准确地收集灾民对救灾物资的种类、数量需求，并根据轻重缓急，迅速、准确地反馈给救灾指挥部和捐赠地政府的有关部门，以协调救灾物资的供需平衡。对于帐篷之类可以回收再利用的救灾物资，物资需求点还可以对其进行回收处理、分类、包装，再运送回救灾物资储备中心储存。

5. 评估

应急救援结束后，政府相关部门对整个突发事件处理过程进行评估，并向上级提交评估报告，对物资供应各阶段的指挥决策绩效和应急供应链整体的运作效率的评价也是其评估的重点内容之一。应急供应链管理中需要建立一套完整的绩效评价指标，并采用合理的绩效评价方法来对应急供应链的整体实施效果、运营过程及链中各成员的表现进行评价，以帮助决策者掌握应急供应链运作的效果，判别其运营过程中存在的问题，不断改进和完善。

三、集成应急供应链的设计

（一）集成供应链的定义及特点

集成供应链是供应链发展的结果，是指供应链的所有节点企业基于共同目标，借助信息技术组成的一个核心能力的集成体——动态联盟，组织内的成员通过信息接口的连接，从而协同地快速响应市场需求，优化组织的目标。集成供应链是建立在信息共享和信息流集成基础上的，是信息技术发展到一定程度的供应链进化体。其目的在于通过合作伙伴之间的有效合作与支持，提高整个供应链中物流、工作流、信息流、资金流的通畅性和快速响应性，提高价值流的增值性，使所有与企业经营活动相关的过程中的人、技术、组织、信息等各种资源有效集成，从而形成整体竞争优势。集成供应链具有管理和组织的非线性特征，对市场需求响应的敏捷性、运作成本的精益性及对环境变化的自适应性等特点。

（二）基于集成供应链理念的应急物流的定义及特点

基于集成供应链理念的应急物流是指运用系统集成的观点，利用各种先进技术和现代管理手段，实现应急物流的集成、整体运作与管理，强调集成、整合、一体。相对于传统的应急物流，其特点十分突出：①一体联动。运用集成的思想，整个应急物流系统能够对突发事件作出一致反应，迅速展开行动。②信息共享。和传统的纵向一体化应急物流运作模式相比，基于集成供应链理念的应急物流运作是纵横向信息的集合。③统筹协调。对应急物流活动中的物资筹措、储存、运输、配送等能够从整体上进行统一安排并且科学地组织实施。

（三）集成应急供应链的体系

1. 应急物流指挥协调中心

应急物流指挥协调中心是指国家或地区在应对严重自然灾害、突发性公共卫生事件、公共安全事件及军事冲突等突发事件中，为做好救援物资的筹集、运输、调度、配送等工作而建立的一个特殊的物流指挥协调中心，它是进行应急物流工作的核心机构。

应急物流的指挥协调工作，很大程度上取决于政府职能的发挥，务实、高效的政府部门是应急物流指挥协调成功的关键。应急物流应该在国务院统一领导下，负责指挥、协调全国物资应急事件处理工作，并根据应急处理工作的实际需要，提出成立全国应急物流指挥中心。各级地方人民政府根据应急处理工作的实际需要，决定是否成立应急物流指挥中心。应急物流指挥协调中心主要负责统筹指挥做好救援物资的筹集、运输、调度、配送等工作，中心本身并不进行物资采购、储存、运输等具体的业务，它主要负责根据收集来的信息，依据集成供应链理念，对整个供应链上的物资采购、储备、运输、发放等方面进行指导，使整个应急体系高效、有序地运作。应急物流指挥协调中心的工作人员可由专职人员和兼职人员构成。专职人员包括灾害预报预测人员，主要负责收集、处理和发布灾情，提供应急物资及通信技术的保障；兼职人员可由政府相关部门的领导和工作人员，各加盟物流中心、物流企业的领导以及专家组成，为灾害救助提供各类信息，协调各部门人员之间的工作，直接或间接指挥应急救灾工作的展开。同时，要实现对应急物流顺畅、快捷、准确地指挥协调，信息的及时收集、反馈及任务的下达是关键。因此，应对现有的应急物流指挥协调系统加以完善，提高应急物流指挥系统的信息化程度。该系统应该是一个功能强大、适应性强、反应灵敏的信息网络系统。依据该系统，应急物流指挥协调中心可以根据灾情，组成一个区域性、全国性的应急物流体系，实施应急保障，使整个应急物流系统有序、高效、精确地运作。

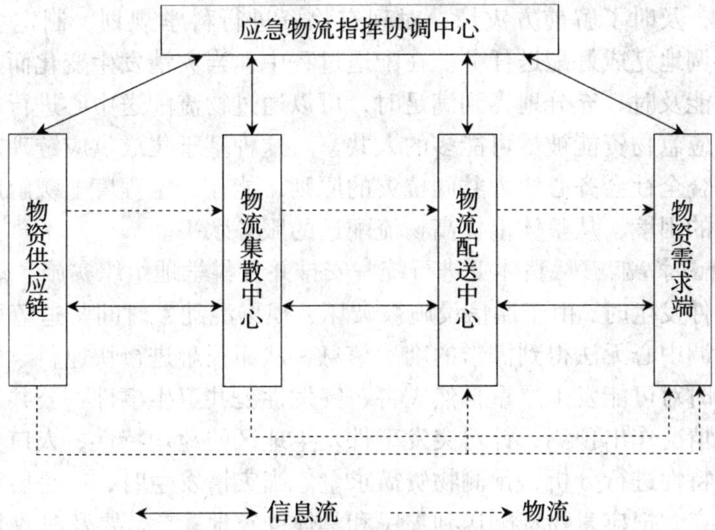

图 6－2　集成应急供应链体系

2. 物资供应端

应急物资的来源一般有国家储备、政府采购和社会捐赠，早期主要是以国家储备为主。应急物资与普通物资相比具有不确定性、不可替代性、时效性和滞后性等特点。为保证突发事件发生时迅速、可靠地筹措到必需物资，必须充分认识应急物资的特点，从整体上掌握应急物资的特性需求、供应商、地理分布等情况。同时，对筹措中的应急物资，应该用集成供应链理念，根据当时所处的环境及客观条件，对供应端进行统筹集结或直接送达。

3. 物流集散中心

物流集散中心类似于区域物流中心，它是区域内部与区域外部进行货物交换的聚焦点，负责将各种应急物资进行分类、包装、装卸、储存以及运输，确定应急物资品种，与应急物资生产厂商签订生产合同，确定订单及配送方式。其作用一方面在于利用自身储备的救灾物资对灾区进行保障，另一方面在于可以作为社会捐赠和外来输送物资的集散地。

目前，我国已经在全国重要城市和地区逐步设立了区域物流中心和应急物资储备仓库，在发生突发性事件时，应急物流指挥协调中心可根据需要，将部分中心和仓库变为物流集散中心。

4. 物流配送中心

在应急条件下，由于应急物资的配送作业具有时间紧、任务重、要求高、难度大等特点，要求物流配送中心在应急物流指挥协调中心下达配送任务前及完成配送任务后，及时了解前方灾情，对现有物资进行科学规划，制定多种配送预案，综合协调地完成好配送任务。在配送过程中，当灾情发生变化而某些特殊应急物资又不能及时、充分地得到满足时，可以通过物流配送中心进行协调，使得这些特殊的应急物资能被尽可能多的人共享。这种基于集成供应链理念的物流配送方式，符合全社会齐心协力共同抗灾的原则，能在一定程度上缓解应急物资严重供不应求的困境，从整体上提高物流配送的服务水平。

5. 物资需求端

突发事件发生时，由于通信设施被破坏、现场混乱、时间紧迫等原因，应急物流指挥协调中心无法得到需求的准确信息，从而很难进行快速科学的保障。因此，必须及时对可能发生严重自然灾害、突发性公共卫生事件、公共安全事件及军事冲突等情况作出预测，针对突发事件发生地区的地理特性、人口分布、人口结构等相关特性进行分析，预测物资需求量。当灾情发生时，一是要合理选择应急物资发放点，把应急物资配送到灾民和具体受灾地；二是要及时收集并反馈需求信息。随着应急活动的进行，对应急物资需求的种类、紧迫性以及需求量等会发生不断的变化，应当及时进行信息反馈，关注物资需求的变化，从而使整个应急物流运作连续高效。

四、应急供应链的风险评价

（一）应急供应链的风险及其特征

应急物流风险是指应急物流运作过程中在规定的费用、进度和技术等约束条件下的实际结果与预期结果的偏离，包括所有风险事件及其相互关系，是风险性事件发生的概率及其后果的函数：

$$R = f(p,\ c)$$

式中，R 为风险，p 为风险事件发生的概率，c 为风险事件发生后的后果。

应急物流中的风险很多，为了便于识别和控制，本文将应急物流中的风险分为四大类：技术风险、环境风险、管理风险及操作风险。应急物流中的风险具有以下特征：

（1）隐蔽性。由应急物流的本质特性决定，应急物流风险并非都十分明显，反而非常隐蔽、难于辨识，并且有些风险的寿命周期非常短，出现跳跃式发展，当为人所注意到的时候，已难以对其进行有效控制。

（2）动态性。应急物流中的风险不是一成不变的，它具有较强的动态性，主要体现在以下两个方面：一是随着时间的变化，应急物流中的风险会呈现各种不同的具体状态；二是在实施应急物流风险处理的过程中，利用资源、风险处理方法及风险构成因素的变化会相应地引起风险状态呈现阶段性的变化。

（3）时效性。应急物流风险显现突然、节奏变化快，要求在应急物流风险管理中做到风险辨识快速、风险评估准确、风险处理及时、风险监控实时。此外，应急物流风险的动态性特征也进一步决定了其时效性特征。

（4）关联性。应急物流中诸多风险本身及它们之间的相互关系可能模糊不清，并且可存在于整个应急活动中的各个环节、各个层面中。例如，它们可存在于应急物流管理中心，也可存在于某单个配送、仓储或运输操作作业中；同时，由于气候风险的存在，可能导致运输、配送过程难以实施快速作业，进而引发进度风险。

（二）应急物流的风险分析

风险分析是指对风险进行辨识、评估及等级划分的循环过程。风险分析的结果一般包括风险的种类、风险发生的概率及其后果的性质。风险分析可能是风险管理中最困难、最耗时的部分。应急物流风险分析过程如图 6－3 所示：

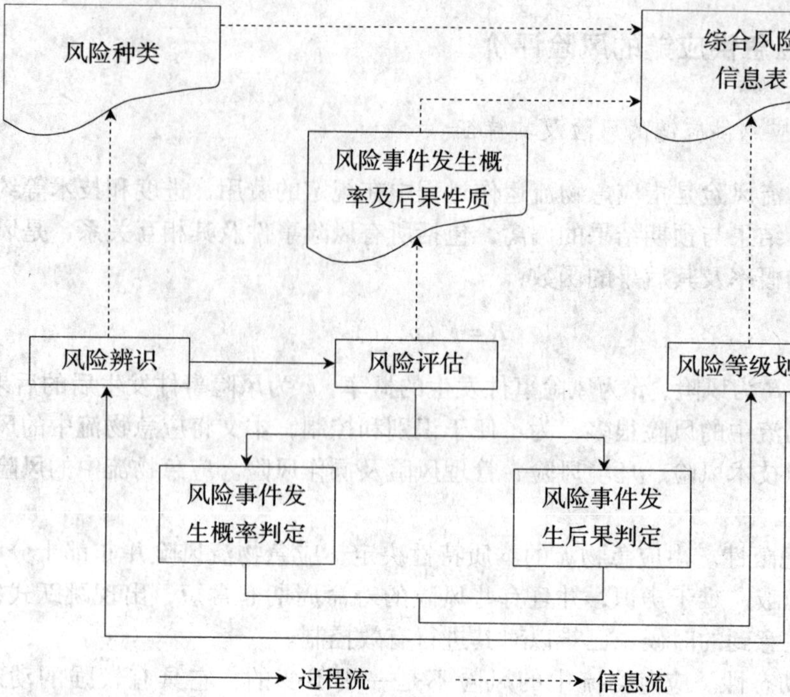

图6－3　应急物流风险分析过程

1. 应急物流的风险辨识

影响应急物流运作的风险因素很多，受影响的关系也错综复杂，且各风险因素所引起的后果严重程度也不同。风险辨识指对应急物流运作各个方面和各个关键性技术过程进行考察研究，从而辨识并记录所有风险，以及对其后果做出的定性估量的过程。它是进行风险分析前首先要进行的重要工作，主要回答有哪些风险应当考虑、引起这些风险的主要因素是什么及这些风险所引起的后果的严重程度如何等问题。风险辨识应从系统的观点出发，将引起风险的诸多复杂因素分解成比较简单、易被认识的基本单元，继而从错综复杂的关系中找出风险因素间的本质联系，分析它们引起应急物流变化的严重程度。传统风险辨识的主要方法有结构分解法、故障树法、头脑风暴法、德尔菲法及幕景分析法等。在进行风险辨识时，风险辨识的参与者应尽可能地包括应急物流管理队伍、风险管理小组及来自各风险领域的专家。

在此主要从技术、环境、管理、操作四个方面对应急物流运作的五个阶段的风险因素进行辨识，如图6－4所示。

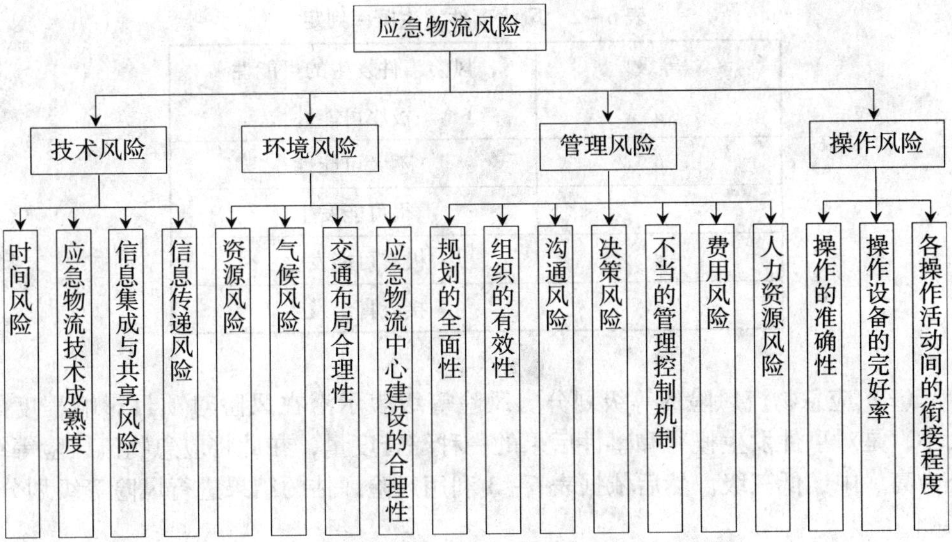

图 6－4　应急物流风险种类

2. 应急物流的风险评估

风险评估是一个系统化的过程。它通过对辨识出的风险事件进行考察研究来进一步细化风险描述，确定风险事件发生的概率及其后果的性质，继而将风险数据转化为风险决策信息，起到风险管理过程中风险辨识与风险控制的桥梁作用。进行应急物流风险评估的一个关键问题是数据采集，而在应急物流中又难以准确地收集相关风险信息数据，继而难以进行定量分析。

（1）风险事件发生概率的判定。风险事件发生的概率和概率分布是风险评估的基础。一般来讲，风险事件的概率分布应当根据历史资料来确定，当风险管理人员没有足够的历史资料来确定风险事件的概率分布时，可以利用理论概率分布进行风险估计，甚至在没有可利用的历史资料时，风险管理人员就要根据自己的经验主观估计风险事件发生的概率或概率分布，以此得到主观概率。应急物流风险事件发生概率很难进行直接的定量化判定，通常由专家在占有少许的历史资料的基础上，较大程度上依据自己的经验对事件的概率进行主观估计，得到风险事件发生概率，具体步骤为：①风险事件发生可能性的划分。这里将风险事件发生可能性分为五个等级（a，b，c，d，e），如表 6－2 所示，也可以给出不同的概率与之对应。②组织专家对风险事件发生的概率进行判定。③进行综合判定。

表6-2 风险事件发生概率判定

等级	风险事件发生的可能性
a	极小可能性
b	不大可能性
c	很可能发生
d	极有可能发生
e	接近肯定发生

（2）应急物流风险的等级划分。风险等级表示潜在风险对项目影响程度的大小，是对事件发生概率和事件后果的一种综合度量，在此将应急物流风险等级分为高、中、低三级。然后依据表6-3利用风险评估的结果进行风险等级划分。

表6-3 应急物流风险矩阵

<table>
<tr><td rowspan="6">概率</td><td>e</td><td>低</td><td>中</td><td>高</td><td>高</td><td>高</td></tr>
<tr><td>d</td><td>低</td><td>中</td><td>中</td><td>高</td><td>高</td></tr>
<tr><td>c</td><td>低</td><td>中</td><td>中</td><td>中</td><td>高</td></tr>
<tr><td>b</td><td>低</td><td>低</td><td>低</td><td>中</td><td>中</td></tr>
<tr><td>a</td><td>低</td><td>低</td><td>低</td><td>低</td><td>中</td></tr>
<tr><td></td><td>V_1</td><td>V_2</td><td>V_3</td><td>V_4</td><td>V_5</td></tr>
<tr><td colspan="7">结果</td></tr>
</table>

（a，b，c，d，e）表示风险发生概率由低到高，（V_1，V_2，V_3，V_4，V_5）表示风险结果由低到高。

（3）应急物流风险综合信息表。根据对供应链中风险的种类、可能发生的概率以及产生的结果对风险等级进行评估，并作出防范风险的计划。根据这些情况总结出应急物流风险综合信息表，如表6-4所示。

表6-4 应急物流风险综合信息表

风险种类	风险事件	发生概率	后果	风险等级	风险防范计划
技术风险	时间风险	*e*	降低响应速度及交货柔性	高	利用现代通信技术加快信息传输速度及实施科学运作管理，加强对应急物流各环节的实时控制
	应急物流技术成熟度	*d*	降低运作的有效性、可靠性，影响运作的进度	中	充分利用现代较成熟的技术，积极发展先进的应急物流技术
	信息集成与共享风险	*e*	降低信息准确性、时效性及信息系统的先进性	高	采用应急反应电子信息公用数据标准，实现政府、地方与市民之间的信息共享一体化
	信息传递风险	*d*	降低信息传递速度、质量	高	设计合理、稳健的应急物流管理信息架构，提高信息系统运行的可靠性
环境风险	资源风险	*b*	影响运作进度，降低应急物流运作的连续性	中	加强有关应急物资的储备，并提高在应急情况下资源的获取能力
	气候风险	*d*	降低运输、配送及其他环节的可操作性	中	分析气候对物流运作的影响，加强在不同气候下的适应性应急训练，做好充分应对措施
	交通布局合理性	*d*	影响运输、配送环节的效率	中	在现有交通布局的条件下，充分优化物流运作的高效性
	应急物流中心建设的合理性	*d*	影响对应急事件的反应方式和速度	高	进一步加强应急物流中心的规划设计与运作管理

（续上表）

风险种类	风险事件	发生概率	后果	风险等级	风险防范计划
管理风险	规划的全面性	*d*	降低运作的柔性、影响运作进度	高	加强应急物流运作机制和管理的研究，深入分析应急物流运作的影响因素
	组织的有效性	*d*	降低运作的协调性、一致性及效率	高	加强应急物流机构运作流程及不同应急机构间的沟通和联系
	沟通风险	*e*	降低运作环节的无缝性及协同运作的能力	高	充分利用现代信息技术，建立多种沟通渠道，加强合作关系，实施有力监督
	决策风险	*d*	降低运作目标的正确性、清晰性	中	掌握充足的信息，组建有效的决策团队及基于历史数据构建高效的智能决策支持系统
	不当的管理控制机制	*d*	降低物流运作的可控性、随机性增大	高	构建完整的风险管理结构，系统的运作体系，实时进行运作评价并及时修正反馈
	费用风险	*e*	给应急物流运作费用带来超支的可能	中	明确各机构的任务，合理进行运作费用预算，提高对技术运用、运作进度的控制力
	人力资源风险	*e*	降低运作管理的智力支持	高	加强应急物流管理人才的挖掘、培训
操作风险	操作的准确性	*d*	影响运作的进度	中	加强平时应急操作的训练，熟悉操作设备的性能
	操作设备的完好率	*d*	影响运作的进度、增加费用	中	加强平时应急设备的保养，提高维修技能
	各操作活动间的衔接程度	*d*	影响进度及运作目的的达成	中	加强操作的实时控制，提高各个操作机构自身各阶段及机构间活动衔接的无缝性

五、应急物流供应链的可靠性

（一）应急物流供应链可靠性的概念

阅读材料 6.1

2000 年 3 月，一道闪电引发飞利浦公司位于美国新墨西哥州阿尔伯克基的一家工厂发生大火。这家工厂同时向诺基亚和爱立信两家公司提供射频芯片，发生火灾之后数周无法正常供货。除这家工厂之外，爱立信没有其他的供应商，结果因部件短缺而遭受重创，手机生产不得不陷入停工状态，生产计划落空。当年手机业务亏损达 17 亿美元之巨，随后不得不忍痛割爱将手机制造业务外包。相形之下，面对如此严重的突发事件，诺基亚公司的供应链却表现出了极高的可靠性和敏捷的应变能力。发生火灾之后，诺基亚公司的总裁奥里拉亲自出马，说服飞利浦令其他工厂向诺基亚公司优先供应零部件；此外，诺基亚还对这些芯片进行重新设计，使得日本和美国的芯片生产商也能制造，从而确保了手机生产的正常进行。一场危机，致使爱立信焦头烂额，元气大伤，却夯实了诺基亚作为手机制造业头号霸主的地位。这场危机同时引发了人们对供应链可靠性的高度关注。（资料来源：关于提高供应链可靠性策略分析，http：//www.docin.com/p-59477793.html）

可靠性是指对系统无故障工作能力的量度。中国国家标准局的相关文件对可靠性的定义为：可靠性是指产品在规定的时间内和规定条件下，完成规定功能的能力。

应急物流本身的目标特殊，任务严峻，比一般的供应链更需要可靠性。基于应急物流本身具有的突发性、事后选择性、基础设施的临时性、流量的不均衡性、信息的不对称性、弱经济性等特点，结合供应链可靠性的相关定义和应急物流供应链的运作目标，可将应急物流供应链可靠性定义为在整个应急物流供应链实施过程中，应急物流供应链保障救援对象或救援实施者能够在需要的时间内得到满足其需求的应急物资的能力。

（二）应急物流供应链可靠性的模型及评价指标体系

1. 应急物流供应链的实现流程

应急物流供应链的实现大致分为应急物资的采购、储备和筹措；应急物资的运输、配送；应急物资的分配等流程，见图 6－5 所示。

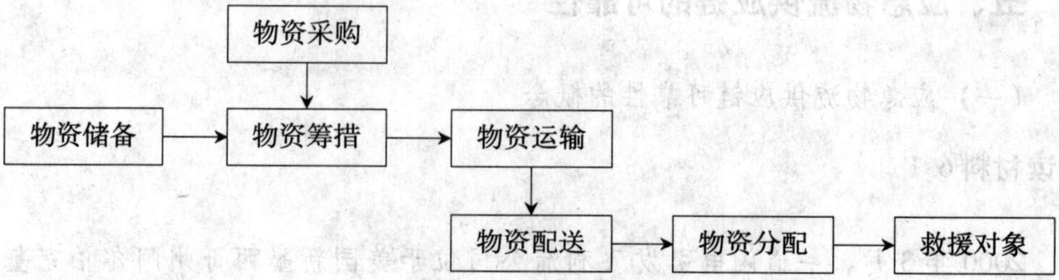

图 6－5 应急物流供应链的实现流程

应急物资的储备和筹措是应急物资保障的基础和首要环节，目前我国有 10 个中央应急救灾物资储备库，但储备的物资品种少，无法满足新形势下的应急救援需求，因而筹措工作的优劣直接关系物资保障水平和应急物流目标的实现，也是应急供应链可靠性的基础，应满足及时快速、质优价廉、品目齐全、足量适用的基本要求。应急物资的运输、配送实现了物资的空间位移，是影响应急物流供应链可靠性的重要环节，当自然灾害发生后，应急物资的运输、配送将面临道路和基础设施损坏、自然条件恶劣等一系列不利于应急物流供应链的环境因素。物资的发放是应急物流供应链的最后一个环节，是应急物流供应链的重要组成部分，目的在于对受灾人群实施救助或阻止灾害的延续，尽最大可能消除或减小受灾系统的损失，具有处理对象复杂、处理量大、处理时间紧迫等特点。分配机制和管理的高效将会带来应急物流供应链运作的高效，也是影响应急物流供应链可靠性的重要环节。

2. 应急物流供应链可靠性模型

根据应急物流供应链流程，对实体流程进行抽象处理，建立以物资储备和筹措节点、物资运输和配送节点、物资分配节点构成的应急物流供应链可靠性模型，见图 6－6。

模型中的 M、T、R 分别代表物资的储备和筹措、物资的运输和配送、物资分配 3 个节点。应急物流供应链的可靠性由救援对象能否得到物资、得到物资的时间是否满足需求主体的极限时间，以及得到的物资是否满足需求 3 个因素组成。由模型可知，应急物流供应链是一个复杂的串联动态系统，节点各个因素之间相互影响，各节点之间相互制约、相互影响，最终影响应急物流供应链的可靠性。因此，从应急物流供应链可靠性的节点影响因素来构建应急物流供应链可靠性的评价指标体系十分重要。

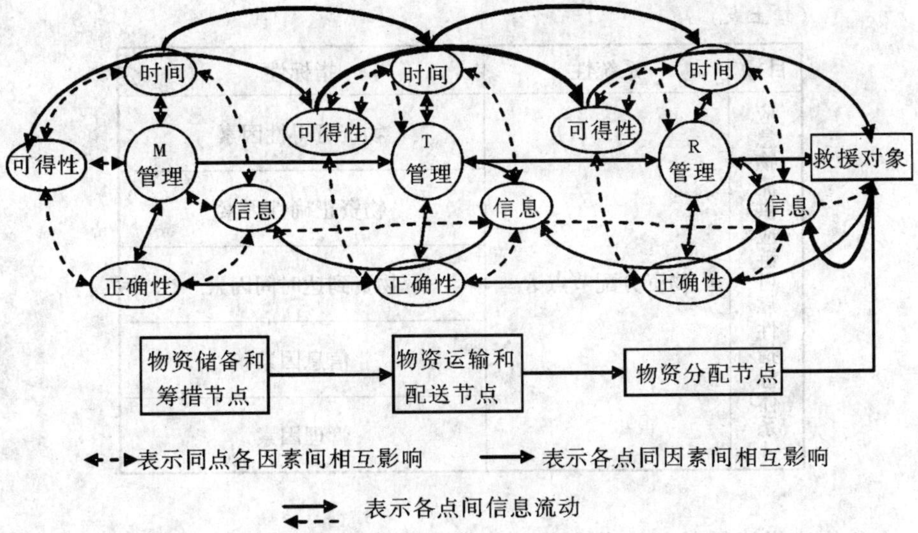

图6-6　应急物流供应链可靠性模型

3. 应急物流供应链可靠性评价指标体系

对应急物流供应链的物资筹措、运输、配送分配节点进行分类，给出了不同节点的可靠性评价指标，见表6-5。

表6-5　应急物流供应链可靠性评价指标

目标	系统性	指标性
应急物流供应链可靠性指标体系 A	物资筹措节点 M	物资可得性因素
		物资正确性因素
		物资到达时间因素
		信息因素
		管理因素
	物资运输和配送节点 T	物资可得性因素
		物资正确性因素
		物资到达时间因素
		信息因素
		管理因素

（续上表）

目标	系统性	指标性
应急物流供应链可靠性指标体系 A	物资分配节点 R	物资可得性因素
		物资正确性因素
		物资到达时间因素
		信息因素
		管理因素

应急物流供应链的每个节点的可靠性受物资的可得性、物资的正确性、物资到达时间、节点管理、信息等因素的影响，同时在每个节点里 5 个因素之间也会相互影响。因此应建立以应急物流供应链的 3 个节点为核心的评价指标体系，见表 6－6。其中，物资的可得性是指按照需求信息节点能否有相应的物资供使用；物资的正确性是指物资的使用属性是否能够满足需求者的使用需求；物资到达时间是指物资能否在需求最高限度时间内到达该节点；节点管理是指能否通过优化管理和流程为节点目标的高效运转提供管理支持，良好的节点管理是提高可靠性的基础；信息因素是节点能否得到或者传出必要的正确信息，在应急条件下，存在信息的不对称，及时畅通的信息交流是保障可靠性的关键因素。

4. 应急物流供应链可靠性计算

由于影响应急物流供应链可靠性的因素复杂，导致应急物流供应链各个节点对可靠性影响的模糊性和随机性。对这种多层次、多因素指标体系进行综合评价有多种数学方法，本书运用层次分析法对应急供应链可靠性进行计算。

（1）应急物流供应链各节点的可靠度。依据层次分析法具体的层次划分、比较矩阵的建立、求解方法，可确定：

应急物流供应链节点 M 的可靠度为：

$$Q_M = \prod_{k=1}^{5} (1 - W_{X_{Mk}}) \tag{6-1}$$

应急物流供应链节点 T 的可靠度为：

$$Q_T = \prod_{k=1}^{5} (1 - W_{X_{Tk}}) \tag{6-2}$$

应急物流供应链节点 R 的可靠度为：

$$Q_R = \prod_{k=1}^{5} (1 - W_{X_{Rk}}) \quad (6-3)$$

其中，$W_{X_{Mk}}$是指系统层 M 节点的指标层第 k 个指标发生故障的概率（T、R 点类似）。

（2）应急物流供应链的可靠性。由于应急物流供应链是节点串联方式构建起来的，所以系统的可靠度为：

$$A = Q_M \times Q_T \times Q_R = \prod_{k=1}^{5} (1 - W_{X_{Mk}}) \prod_{k=1}^{5} (1 - W_{X_{Tk}}) \prod_{k=1}^{5} (1 - W_{X_{Rk}}) \quad (6-4)$$

提供一个高度可靠的应急供应链可靠性的简单的算例如下：

表 6－6　应急物流供应链可靠性评价指标发生故障的概率表

目标	系统性	指标发生故障的概率
应急物流供应链可靠性指标体系 A	物资筹措节点 M	物资可得性因素发生故障的概率（0.1）
		物资正确性因素发生故障的概率（0.05）
		物资到达时间因素发生故障的概率（0.2）
		信息因素发生故障的概率（0.02）
		管理因素发生故障的概率（0.01）
	物资运输和配送节点 T	物资可得性因素发生故障的概率（0.05）
		物资正确性因素发生故障的概率（0.01）
		物资到达时间因素发生故障的概率（0.3）
		信息因素发生故障的概率（0.02）
		管理因素发生故障的概率（0.01）
	物资分配节点 R	物资可得性因素发生故障的概率（0.05）
		物资正确性因素发生故障的概率（0.02）
		物资到达时间因素发生故障的概率（0.1）
		信息因素发生故障的概率（0.02）
		管理因素发生故障的概率（0.01）

根据表 6－6 给出的各个节点的故障率，用 Excel 计算整个供应链的可靠性，如表 6－7 所示：

表6-7 供应链可靠性 Excel 计算方法

	A	B	C	D	E	F	G
	故障概率	物资可得性因素	物资正确性因素	物资到达时间因素	信息因素	管理因素	可靠性
1	物资筹措节点 *M*	0.1	0.05	0.2	0.02	0.01	$=(1-B_1)*(1-C_1)*(1-D_1)*(1-E_1)*(1-F_1)$
2	物资运输和配送节点 *T*	0.05	0.01	0.3	0.02	0.01	$=(1-B_2)*(1-C_2)*(1-D_2)*(1-E_2)*(1-F_2)$
3	物资分配节点 *R*	0.05	0.02	0.1	0.02	0.01	$=(1-B_3)*(1-C_3)*(1-D_3)*(1-E_3)*(1-F_3)$
4	应急物流系统可靠性						$=G_1*G_2*G_3$

表6-8 供应链可靠性 Excel 计算结果

故障概率	物资可得性因素	物资正确性因素	物资到达时间因素	信息因素	管理因素	可靠性
物资筹措节点 *M*	0.1	0.05	0.2	0.02	0.01	0.663 616 8
物资运输和配送节点 *T*	0.05	0.01	0.3	0.02	0.01	0.638 731 17
物资分配节点 *R*	0.05	0.02	0.1	0.02	0.01	0.812 930 58
应急物流系统可靠性						0.344 579 108

5. 提高应急物流供应链可靠性的措施

结合应急物流的特点，提高应急物流供应链可靠性有下列措施：

（1）加强应急预案的建立以及物资的多渠道筹措和储备。

（2）建立应急供应链协作机制，提高多供应链间的应急协作能力。

（3）构建应急信息系统，提高应急供应链运作的信息化程度，用信息技术提高应急物流供应链可靠性。

（4）健全管理机构，完善管理机制，制定合理的规章制度，加强流程管理。

（5）加强现代物料搬运设备的使用和物流标准化在应急物流中的应用。

第三节　应急供应链的快速响应机制

一、快速响应机制的概念和重要性

（一）快速响应机制的概念

快速响应（Quick Response，QR），是制造业中准时制的要求。它确保了制造商、批发商和零售商的供应时间，从而使库存水平最小化。快速响应原是美国纺织服装业发展起来的供应链管理方法。它是美国零售商、服装制造商以及纺织品供应商开发的整体业务概念，目的是减少原材料到销售点的时间和整个供应链上的库存，最大限度地提高供应链管理的运作效率。快速响应现已应用到商业的各个领域，企业快速响应时间越短，越能把握更多商机，从而给企业带来更大的利润。快速响应是一种全新的业务方式，它体现了技术支持的业务管理思想，即在供应链中，为了实现共同的目标，各环节间都应进行紧密合作。一般来说，供应链的共同目标包括：①提高顾客服务水平，即在正确的时间、正确的地点用正确的商品来响应消费者需求。②降低供应链的总成本，增加零售商和制造商的销售和获利能力。快速响应业务成功的前提是零售商和制造商具有良好的关系。这种新的贸易方式意味着双方必须建立起贸易伙伴关系，提高向顾客供货的能力，同时降低整个供应链的库存和总成本。

（二）快速响应机制具有的特点

（1）响应快速：对市场需求的快速响应是快速反应的本质特性，通过快速设计、制造以及分销，快速提供客户需要的产品和服务，既是对已有需求的快速响应，又是对未来需求的共同预测，并持续监视需求的变化，以便快速响应。

（2）信息共享：信息共享直接影响到供应链的绩效，通过在供应链内部整合信息，实现供应链伙伴之间销售、库存、生产、成本等信息的共享，能够保证供应链上的信息畅通无阻并提高供应链整体反应速度，才能实现对客户需求的快速响应。

（3）资源集成：依靠单个企业的资源难以实现快速满足客户需求，基于供应链的企业及其供应链伙伴之间核心竞争优势的集成是快速响应市场需求的基础。这既需要企业内部资源的集成，更需要整合整个供应链合作伙伴的资源。

（4）伙伴协作：现代企业之间的竞争不再是企业与企业之间的竞争，而是企业的供应链与其他企业供应链之间的竞争。只有加强供应链伙伴之间的协作关系，形成比竞争对手反应更快、运作效率更高的供应链，才能保证整个供应链的竞争优势。

（5）利益共赢：供应链合作伙伴之间的利益共赢、互利互惠是供应链正常运作的基础。企业不仅仅追求自己利益的最大化，还追求整个供应链利益的最大化，供应链伙伴之间必须建立同生存、共发展、利益共赢的关系。

（6）过程柔性：生产过程的柔性化是提供客户满意产品的基础。面对小批量、多品种、更富个性化的客户需求，生产过程必须富有柔性并能根据需要进行快速重组，才能更好、更快地提供让客户满意的产品。

（三）快速响应机制在应急物流中的重要性

应急物流具有难预测性、不确定性、时效性等特点，人们总是期望在最短的时间内有效地解决突发事件，那么就要求在应急供应链中的不同节点之间存在物流、信息流、资金流等不同形式的流，他们之间的相辅相成、信息共享使得供应链各节点能有效沟通，提高供应链的响应能力。快速响应是应急供应链的第一需求。

本章小结

近年来，突发公共事件越来越频繁地袭击世界各国，各国政府亟须加强应对各种灾难和事故的能力。特别是对于我们这样一个自然灾害多发的国家来说，有效管理突发公共事件有利于经济稳定发展和社会安定和谐。应急管理作为一个大体系包含方方面面的工作，其中应急物资保障是重要的一项。应急物资能否及时供应、满足需要，往往关系到应急工作的成败。受过去计划经济体制影响，我国应急物资管理存在条块分割、应急组织僵化、反应能力差及信息传递不畅等问题，整个供应链条运作的整体性和系统性差。本研究尝试将供应链思想、理论和方法运用到应急管理中去，通过供应链的视角来理解应急物流。虽然应急物流具有不同于一般供应链的特点，但从供应链的角度来理解应急物流，可以对应急物流的体系理解得更深刻。

思考与练习

1. 供应链的概念是什么？
2. 应急供应链与传统供应链的区别以及优缺点是什么？
3. 应急供应链的特点是什么？
4. 应急供应链的结构如何设计？
5. 应急供应链的风险和可靠性评价标准是什么？

第七章　各类突发公共事件中的应急物流管理

本章概述

应急物流是应对突发公共事件不可缺少的部分，它为应对突发公共事件提供了物资保障。本章从突发公共卫生事件和突发自然灾害两个方面，介绍了突发公共事件的概念、分类、特征、危害，突发公共事件的防范的措施和意义，以及突发公共卫生事件和自然灾害应急物流管理的原则、内容；介绍了国内外突发公共事件发生概况和应急物流管理工作的现状，分析了国外在应对突发公共事件的成功经验以及较成熟的突发公共事件应急体系，也看到了我国在突发公共事件应急体系的不足和发展的方向；探讨了突发公共事件应急物流管理的保障机制及应注意的事项；说明了应急物流管理对防范突发公共事件的重要性。

第一节　突发公共卫生事件的应急物流管理

一、突发公共卫生事件概述

阅读材料 7.1

近 10 年来，全球各类重大突发公共事件屡屡发生，对人类生命安全和社会经济发展构成了极大威胁，成为全世界关注的焦点。过去曾有一种认识，食品安全是发展中国家的问题，而在发达国家已经得到解决了。现在看来，并非如此。食品安全问题并不因科技发展和食品工业的进步而“自然”减少，反而甚至更加严峻。对于在地球上生存的 1 400 万种生物，人类所认识的不到 10%。据 WHO 最近公布的调查结果，全世界每年有数亿人因食品污染而感染疾病，且有 200 万儿童因食物和水污染而丧生；即使在发达的工业化国家，每年也有近 30% 的人口感染食源性疾病，美国每年约 30 万人因此住院。由此可见，人类与病原性微生物的较量非但没有结束，反而进入了一个新的阶段，一些过去已经基本得到控制的古老传染病如结核、鼠疫、白喉等重新抬头，新发传染病不断出现，如“非典”、AIDS、“猴痘”病毒、西尼罗病毒、埃博拉病毒等。在当代，由于各国经济的市场国际化、商贸旅游的大发展、人员物品的大流动等因素，如果缺乏有效的防范措施，一旦发生突发公共卫生事件，任何一个国家都在劫难逃。面对突发公共卫生事件的威胁，没有任何一个国家敢掉以轻心，也没有任何一个国家可以高枕无忧。

我国幅员辽阔、人口众多，经济和社会发展水平不高，卫生医疗事业不发达，突发公共卫生事件也时有发生。突发性公共卫生事件是一种严重的社会危机，直接关系到公众的健康、经济的发展和社会的安定。多年来，在全人类的共同努力下，疾病预防控制和突发性公共卫生事件的防范处理取得了较大的成绩，但是，重大突发性公共卫生事件形势依然严峻。从近20年的情况来看就可见一斑，如1988年上海甲肝暴发，报告病例310 746例，死亡31例，引起全国恐慌；1998年，山西朔州发生用甲醇勾兑白酒中毒事件，数百人中毒，近30人死亡；2002年我国南京发生300余人急性毒鼠强中毒，死亡38人；2005年四川累计报告人感染猪链球菌病的病例117例，死亡24例。还有比如天津的“扎针事件”、九江的“连续投毒事件”、辽宁海城的“豆奶中毒事件”以及2005年安徽出现第一例人感染高致病性禽流感病例和2006年北京发生食用福寿螺致病事件等突发公共卫生事件都给公众的安全和健康带来极大的损害，使公共卫生重新回到了人们的视线中，得到政府和公众前所未有的关注和重视。这些突如其来的疫情灾害，严重威胁了人民群众的身体健康和生命安全，也影响了我国经济发展、社会稳定和对外交往。

（资料来源：豆丁网、google突发公共卫生事件相关数据）

国务院已制定并公布了《突发公共卫生事件应急条例》，说明深入研究突发性公共卫生事件的防范控制与应急处理具有特别重要的意义。我国现有公共卫生工作救助体系不完善，在突发公共卫生事件发生时，无法及时、快速、完整地传递信息，大量的医疗救急器材、物资无法及时地供应、配送，贻误了最佳救急时机。为了今后有效预防、及时控制和消除突发公共卫生事件的危害，保障公众的身体健康和生命安全，研究突发公共卫生事件的应急物流管理已是当务之急。

（一）突发公共卫生事件的内涵

根据《国家突发公共事件总体应急预案》，突发公共卫生事件是突发公共事件的一种类型。“突发公共事件”是指突然发生，造成或者可能造成重大人员伤亡、财产损失、生态环境破坏和严重社会危害，危及公共安全的紧急事件。突发公共事件主要分自然灾害、事故灾难、公共卫生事件、社会安全事件四大类。

公共卫生不单指卫生工作，它是关系到一国或者一个地区人民大众健康的公共事业，指的是通过合理配置卫生资源保障人口健康。健全的公共卫生管理体系应该包括建立疾病防治预警系统、监控系统、疫情报告体系和社区防控体系等多方面内容，它具有更广的范围。

突发公共卫生事件主要指突然发生，造成或者可能造成社会公众健康严重损害的重大传染病疫情、群体性不明原因疾病、重大食物中毒和职业中毒以及其他严重影响公众健康的事件。亦指突然发生的、不可预测的、有公共卫生属性的、危害性和影响达到一定程度的突然事件。

（1）重大传染病疫情。指某种传染病在短时间内发生，其波及范围广泛，出现大量的病人或死亡病例，发病率远远超过正常的发病率水平。比如，1988年上海甲型肝炎暴发、2004年青海鼠疫疫情等都属于重大传染病疫情。

（2）群体性不明原因疾病。指在短时间内，某个相对集中的区域内同时或者相继出现具有共同临床表现的患者，且病例不断增加，范围不断扩大，又暂时不能明确诊断的疾病。

（3）重大食物中毒和职业中毒。中毒是指由于吞服、吸入有毒物质，或有毒物质与人体接触所产生的有害影响。重大食物中毒和职业中毒事件是指由于食品污染和职业危害的原因而造成的人数众多或者伤亡较重的中毒事件。

（4）其他严重影响公众健康的事件。指具有突发事件特征，即突发性，针对的是不特定的社会群体，造成或者可能造成社会公众健康严重损害，影响社会稳定的重大事件。

（二）突发公共卫生事件的特点

1. 突发性

突发公共卫生事件虽然存在着发生征兆和预警的可能，但往往很难对其发生的真实时间、地点作出准确预测和及时识别，事件发生突如其来，人们始料未及，难以准确地把握事件的起因、规模、事态的变化、发展趋势以及影响的深度和广度。如各种恐怖事件、自然灾害引起的重大疫情、重大食物中毒等。

2. 社会危害性

突发公共卫生事件直接关系到人类的生存和发展，与人们的利益休戚相关。它不但给人民群众造成人身、经济和精神上的伤害，而且会影响政治局面的稳定，破坏经济建设，危及正常的工作和生活秩序，甚至威胁人类的生存。

3. 复杂性

首先，造成突发公共卫生事件的原因相当复杂。有纯自然因素造成的突发事件，如地震、台风、沙尘暴、海啸等自然灾害引发的公共卫生事件；有人为因素造成的突发事件，如战争、重大交通事故、传染病流行等。新型传染病属于人类未知的领域，病毒和细菌每天的自然变异数不胜数，甄别、研究对人类有害的微生物并攻克它们，是非常复杂和困难的。迄今为止，人类已发现百余种传染性疾病，其中近30年新发现的传染病就有40余种，几乎每年都有1种或2种以上的新发传染病，数量逐年递增。其次，突发公共卫生事件的后果是复杂的，通常涉及的地域广、人员多，还往往引起多米诺骨牌效应和涟漪效应。

4. 紧迫性

突发公共卫生事件发生后，事件发展非常迅速，如果处理不及时，会造成巨大损失。它要求事件管理者必须在有限的时间内获取充分的有价值的信息，分析事件发生的原因、程度、影响，找到有效的应对措施。因此，必须采取一系列应急措施，才能在短期内控制突发事件。如2003年在我国发生的“非典”疫情，由于人们对这一新传染病欠缺了解，受主客观因素限制，在初期阶段没有采取充分的预测、预警和防范措施，造成了疫情迅速蔓延。

5. 国际互动性

伴随着全球化进程的加快，突发公共卫生事件的发生具有一定的国际互动性。经济全球化在人员、物资大流通的同时，也带来了疫情传播的全球化。一些重大传染病可能通过交通、旅游、运输等各种渠道向国外进行远距离传播。它能跨越洲际、国际和疆域，不分民族、种族和社会群体，跨越不同的文化和社会制度，不仅给原发区，也给其他地区甚至全球带来巨大灾难。如“非典”在我国暴发的同时，我国周边国家也发生了“非典”疫情；禽流感疫情在周边国家发生后，我国也发生了禽流感。

（三）突发公共卫生事件的分类

突发公共卫生事件可从其发生的原因、损害的严重程度、引起紧急状态的原因加以分类。

从发生的原因来看，突发公共卫生事件通常可分为：

1. 生物病原体所致疾病

主要指传染病（包括人畜共患传染病），寄生虫病，地方病区域性流行、暴发流行或出现死亡；预防接种或预防服药后出现群体性异常反应；群体性医院感染等。如1986年9月至1988年4月，新疆南部地区的和田地区洛浦县发生首例戊型肝炎病例后，陆续在喀什和克孜勒苏地州流行了戊型肝炎，波及23个县，持续了20个月，共发病119 280例；1988年1月至3月，上海市甲型肝炎暴发，波及12个市（区），共发病29 230例，暴发的原因是市民生食了受甲型肝炎病毒严重污染的毛蚶，而他们又缺乏抗体免疫屏障。

2. 食物中毒事件

食物中毒是指人摄入了含有生物性、化学性有毒有害物质后或把有毒有害物质当做食物摄入后所出现的非传染性的急性或亚急性疾病，包括农药、鼠药等化学物质中毒，细菌性食物中毒，有毒动植物中毒，原因不明的食物中毒等。如1987年10月14日，四川省攀枝花市9所小学的3 159名师生因课间饮用豆奶厂当日生产的豆奶导致中毒，中毒患者2 181例，其中住院治疗664例。中毒原因是由于饮用了未彻底加热豆奶所致的生豆浆中毒。1989年8月下旬，福建省三明市发生一起1 113例特大鼠伤寒沙门菌食物中毒事件，中毒原因是饮料厂用有鼠伤寒沙门菌污染的鸡蛋做原料，在高温环境下超量生产，对生产工具亦不做消毒处理，导致细菌污染饮料。

3. 有毒有害因素污染等造成的群体中毒、死亡或危害

这类事件多是由于污染所致，如水体污染、大气污染、放射污染等，往往波及范围极广，并常常对下一代造成极大的危害。如1996年12月江苏省宜兴市某废品回收加工厂因将10吨含氰工业废渣堆放及处理不当，导致地面水、土壤受到污染，引发临近547名居民发生氰中毒。

4. 自然灾害引发疾病

主要包括由地震、火山爆发、泥石流、山体滑坡、台风、洪涝等的突然袭击所带来的诸多严重的公共卫生问题。如洪水淹没房屋倒塌所致外伤，破坏生态环境，影响生态平衡，造成疫源地扩散，环境条件恶化，尤其是由饮水严重污染而引起传染病暴发流行，实物匮乏易致营养缺乏症及食物中毒，夏秋季节高温易发生中暑等。1931年长江洪水泛滥，我国先后有9省流行霍乱，发病10万余例，死亡3万余人。1991年湖北省水灾期间，抗洪军民约500万人与血吸虫疫水接触，上万人被感染。

5. 意外事故

煤矿瓦斯爆炸、飞机坠毁、翻车沉船、突袭等重大安全事故，由于没有事前的准备和征兆，往往造成巨大的经济损失和人员伤亡。

6. 不明原因引起的群体发病或死亡

由于该类事件原因不明，公众缺乏相应的防护和治疗知识，也没有针对该类事件的特定监测预警系统，往往使得该类事件造成的后果十分严重，在控制上也有很大难度。如"非典"发生之初，由于对病源认识不清，虽然知道这是一组同一症状的疾病，但对其发病机制、诊断标准、流行途径认识不清，这便是群体性不明原因疫病的典型案例。随着科学研究的深入，我们才逐渐认识到其病原体是冠状病毒的一种变种。

根据突发公共卫生事件性质、危害程度、涉及范围，突发公共卫生事件划分为Ⅰ级（特别重大）、Ⅱ级（重大）、Ⅲ级（较大）和Ⅳ级（一般），依次用红色、橙色、黄色和蓝色表示。

1. 特别重大突发公共卫生事件

特别重大突发公共卫生事件是指在很大区域内，已经发生很大范围的扩散或传播，或者可能发生较大范围扩散或传播，原因不清或原因虽然清楚，但影响人数巨大且已影响社会稳定，甚至发生大量死亡的突发公共卫生事件。

2. 重大突发公共卫生事件

重大突发公共卫生事件是指在较大区域内，已经发生大范围扩散或传播，或者可能发生大范围扩散或传播，原因不清或原因虽然清楚但影响人数很多，甚至发生较多死亡的突发公共卫生事件。

3. 较大突发公共卫生事件

较大突发公共卫生事件是指在较大区域内，已经发生较大范围扩散或传播，或者有可能发生大范围扩散或传播，原因不清或原因虽然清楚但影响人数较多，甚至发生少数人死亡的突发公共卫生事件。

4. 一般突发公共卫生事件

一般突发公共卫生事件是指在局部地区，尚未发生大范围扩散或传播，或者不可能发生大范围扩散或传播，或者原因清楚且未发生死亡的突发公共卫生事件。

其中，特别重大突发公共卫生事件主要包括以下七种情形：

（1）肺鼠疫、肺炭疽在大、中城市发生并有扩散趋势，或肺鼠疫、肺炭疽疫情波及2个以上的省份，并有进一步扩散趋势。

（2）发生传染性非典型肺炎、人感染高致病性禽流感病例，并有扩散趋势。

（3）涉及多个省份的群体性不明原因疾病，并有扩散趋势。

（4）发生新传染病或我国并未发生的传染病开始发生或传入，并有扩散趋势，或发现我国已消灭的传染病重新流行。

（5）发生烈性病菌株、毒株、致病因子等丢失事件。

（6）周边以及与我国通航的国家和地区发生特大传染病疫情，并出现输入性病例，严重危及我国公共卫生的事件。

（7）国务院卫生行政部门认定的其他特别重大的突发公共卫生事件。

从引起紧急状态的原因来看，又可将突发公共卫生事件分为两类：自然灾害引起的突发公共卫生事件和人为因素或社会动乱引起的突发公共卫生事件。

（四）突发公共卫生事件的影响

阅读材料 7.2

2003 年 1 月，广东省河源市、中山市发生两起医院和家庭聚集性不明原因肺炎病例，广东省卫生厅及时派出临床医学和流行病学专家进行临床和流行病学调查。经回顾性调查，最早的病例发生在 2002 年 11 月 16 日。2003 年 1 至 2 月间，广西、湖南、四川分别有少数输入性病例报告。2 月下旬，山西省发生 1 例输入性病例，并引发当地传播。2003 年 3 月初，北京市发现来自山西省、香港特别行政区的输入性病例。很多不具备收治条件的医院开始收治“非典”患者，由于防护不到位，交叉感染严重。3 月 27 日，世界卫生组织宣布北京为“非典”疫区。全国内地除海南、贵州、云南、西藏、青海、黑龙江、新疆外，其余 24 个省份均有“非典”临床诊断病例报告。6 月 2 日，全国首次出现无新发病例报告，此后再无新增病例。6 月 13 日，世界卫生组织将广东从“近期有当地传播”的名单上删除，标志着广东防控“非典”疫情取得了重大胜利。6 月 24 日，世界卫生组织宣布解除对北京的旅行警告，并从“近期有当地传播”的名单上删除，标志着北京和全国防治“非典”的斗争已经取得了阶段性胜利。

（资料来源：众志成城抗击非典，http：//www. jskjb. com/html/dv_ 453115580. aspx）

我国每年因突发公共事件造成的损失相当惊人。国家行政学院公共管理教研部副教授李军鹏提供的资料显示：2003 年，我国因生产事故损失 2 500 亿元、各种自然灾害损失 1 500 亿元、交通事故损失 2 000 亿元、卫生和传染病突发事件损失 500 亿元，共计达 6 500 亿元，约相当于当年我国 GDP 的 6%。中国人民大学劳动人事学院副院长郑功成做的统计显示：2004 年，全国发生各类突发事件 561 万起，造成 21 万人死亡、175 万人受伤；全年自然灾害、事故灾难和社会安全事件造成的直接经济损失超过 4 550 亿元。据不完全统计，由自然灾害和人为事故所造成的死亡人数，列死因顺位前五位，加上由疾病暴发引起的死亡，突发事件导致的总死亡人数列居死亡原因顺位前三位。突发公共卫生事件对人类生命和健康危害很大，对生命财产安全构成严重威胁。

突发公共卫生事件造成的间接损失同样不可忽视。由于突发公共卫生事件涉及面广，影响范围大，一方面对人们身心健康产生危害，可在很长时间内在人们心里留下阴影；另一方面，突发公共卫生事件具有很大的外部性，可见性不强，更容易产生猜疑和不准确信息，一些突发事件涉及社会不同利益，敏感性、连带性很强，处理不好极易造成社会混乱，进而影响社会经济、政治的发展和政府的国际声誉。同时，事故灾害发生后，有更多的人在各种突发事件中致病、致伤和致残，公众的生活节奏被打乱，公众心理也会受到巨大冲击，一个地区、一个国家，乃至全球的经济也会受到影响。

二、重大突发公共卫生事件应急物流管理

重大突发公共卫生事件应急物流是重大突发公共卫生事件中所进行的所有物流活动的统称，包括物资的采购、运输、储存、搬运、包装、流通加工、配送，以及物流设施与装备的使用、管理和事件处理中的信息处理等活动。它以提供公共卫生事件所需应急物资为目的，以追求时间效益最大化和灾害损失最小化为目标。

2003 年暴发的“非典”，2004 年的禽流感等突发公共卫生事件给国家带来的损失是巨大的，不仅造成经济上的巨大损失，而且对人民群众的身体健康和生命安全更是严重的威胁，如果加强对公共卫生事件的评估、分析、研究和预防，可以大大地减少损失，如果对突发公共卫生事件进行分析并提前做好计划，有一套完整的应急体系，而不是在事件发生后被迫应对，可以使数以万计的人免于死亡。突发公共卫生事件应急物流就是在这种背景下产生的，它是政府、医疗机构、疾病监控中心等相关单位以及社会团体为减少突发公共卫生事件带来的灾害所进行的一系列物资筹措、储备、管理、运输、发放活动的综合，贯穿防治突发公共卫生事件活动的全过程。突发公共卫生应急物流是一项复杂的人—社会—经济的系统工程，必须以现代科学技术为依托，统筹全局，动员全社会力量协同进行。我国在解决突发公共卫生事件应急处理工作中存在信息不准、反应不快、应急准备不足等问题，建立统一、高效的突发公共卫生事件应急物流处理机制是保障公众身体健康与生命安全，维护社会稳定的基本要求。

（一）突发公共卫生事件应急组织

我国应对突发公共卫生应急事件的部门包括卫生部，各地卫生行政部门、医疗保健和卫生防疫机构及相应的社会单位等。事件发生后，须成立公共卫生事件应急处理指挥部，其工作内容包括：突发事件的监测和预警；突发事件信息的收集、分析、报告、通报制度；突发事件应急处理技术和监测机构及其任务；突发事件的分级和应急处理工作方案；突发事件预防、现场控制，应急设施、设备、救治药品和医疗器械以及其他物资和技术的储备与调度；突发事件应急处理专业队伍的建设和培训。卫生部设立了突发公共卫生事件应急办公室，建设应急指挥

中心。各级卫生行政部门普遍设立了应急指挥机制，遇有重大疫情等突发公共卫生事件，立即组织力量进行调查处理和医疗救治，并及时向地方党委、政府报告，提出应对措施建议。此外，全国突发公共卫生事件应急指挥与决策系统于2007年年底建成。

（二）突发公共卫生事件应急物流预案

突发公共卫生事件应急预案的概念可以概括为针对可能发生的重大事故或灾害，为保证迅速、有序、有效地开展应急与救援行动、降低事故损失而预先制定的一整套关于应对和从应急事件中恢复的协议或安排。制定应急预案是一个过程，该过程需要确定目标，确立发展策略、管理办法，制订详尽的实施计划，并成立或指定具体机构去实施该过程，还包括对预案自身的评价和完善。

应急预案是针对可能发生的突发公共卫生事件，为迅速、有效、有序地开展应急行动而预先制订的方案。用以明确事前、事发、事中、事后的各个进程中，谁来做、怎样做、何时做以及相应的资源和策略等的行动指南。

1. 突发公共卫生事件应急物流预案的要求

制定突发公共卫生事件应急物流预案，有以下七个要求：

（1）科学性。预案的制定必须建立在科学研究的基础上。

（2）全面性。应包括所有潜在的突发事件，即使是发生概率很低的突发事件；应涉及突发公共卫生事件处理的所有利益关系者；应跨越突发事件管理的整个过程，包括事前、事中和事后。

（3）简洁性。语言简洁，容易理解。

（4）详尽性。预案内容应尽量具体，各项职责应具体到“谁来做、如何做”的程度。

（5）权威性。预案必须获得必要的法律或行政授权，以保证执行时畅通无阻。

（6）灵活性。预案的制定必须为那些不可预见的特殊情况留有余地，以便在事情发生后能快速作出反应。

（7）可扩展性。预案必须定期维护和更新，必要时还可对其进行较大改动。

2. 突发公共卫生事件应急物流预案的分类

按突发公共卫生事件可能造成的影响程度以及反应级别划分，可将其分为以下四类：

（1）县级。突发公共卫生事件的发生局限于一个县内，凭借该县的力量能够将其控制。

（2）地市级。突发公共卫生事件的发生局限于一个地市内，凭借该地市的力量能够将其控制。

(3) 省级。突发公共卫生事件危害较大，但被控制在一个单独的省份内。

(4) 国家级。突发公共卫生事件危害极大，超越了省级水平，需要从国家层面上来组织应对措施。

3. 突发公共卫生事件应急物流预案的内容和存在的问题

由于突发公共卫生事件应急物流处理涉及卫生部、交通部等部门，因此，预案中应侧重理论、原则、组织机构、统一指挥、各有关部门协调，包括专家咨询队伍与现场处理队形的组织。

《突发公共卫生事件应急条例》对应急预案的内容有七个方面的要求，涵盖了组织指挥、监测预警、信息制度、处理技术、工作方案、储备高度和队伍建设。编制应急物流预案时，应将其作为重要的参考原则。针对不同突发公共事件建立具体实施方案的应急物流预案储备，做到未雨绸缪。要根据不同性质、分类和级别的突发事件，对应急物资如医疗设备、医药药品的品种和数量进行论证，防止“跟着感觉走”，如一些单位每年的抗洪医疗队准备药品大多凭“老队员”经验，并无成文规程。应急预案中除了要有技术方面的内容，更要重视对配套法规的推敲，如关于捐赠的法规。预案中要有培训计划，也要有人的理解和执行。

自2003年起，各地《突发公共卫生应急预案》纷纷出台，这表明全国已初步形成了应急预案体系。尽管如此，我们应清醒地认识到，现有预案尚不能完全适应突发公共卫生事件应急的需要。存在的问题主要有：①缺少适用于地方特点的具体化预案。②缺乏实用操作性。造成此类问题的原因在于，虽然全国各地基本都公布了突发公共卫生事件应急预案，但有的预案没有针对当地实际情况进行科学的分析论证，在分级预警、物资储备、后勤保障等方面生搬硬套上级预案，这类预案可操作性不强，缺乏对具体工作的指导性。地方上的预案可能就是上级预案的复制版本，没有结合地方情况作相应的制定，再加上中国应对突发公共卫生事件体系本身就存在着诸多问题，因此暴露了预案的软弱性和体系的不完善。

4. 突发公共卫生事件应急物流信息系统

突发公共卫生事件应急物流信息系统担负着传染性疫情、重大食物中毒和职业中毒等突发性公共卫生事件应急物流的信息采集、汇总和报告，为掌握突发性公共卫生事件应急物资的供应、生产、运输、配送等提供准确可靠的信息资料，从而为应急物流的保障作出正确的决策。

建设突发公共卫生事件应急物流系统时必须把握系统性原则、规范性原则、社会性原则和经济性原则。

在突发公共卫生事件中，必须重视应急物资信息的管理，否则就不知道物资储存的位置，不知道哪些供应商有货。在现实中，这种情况时有发生，最常见的例子是某些医院突然来了一批老鼠药中毒者，个别医生会不知所措，不知用何药。即使知道用什么药，一些药房也不知到何处购药，往往是拿着一本电话簿，一个一个医药公司碰运气。在“8·4”齐齐哈尔侵华日军遗弃化学毒剂泄漏事件中，也出现了由新闻媒体出面联系急救药品的报道。应急物资信息的管理是非常重要的工作。应急物资信息的储备可以在一定程度上缓解物资储备和能力储备不足的问题，是优化应急体系资源配置，进行资源整合的最佳途径。信息的一个重要特点是可复制性，因此，实践中无须也不可能要求每个药房都从事信息储备的基本工作。应急信息储备工作可以委托几个单位分工合作进行，定期更新后通过局域网、互联网、书刊或光盘形式向全国发布。

突发公共卫生事件应急物流信息系统的内容包括：

(1) 突发公共卫生事件预警预报系统。预警方法是考虑到环境和公共卫生防护以及长期可持续发展的一个新方法，是制定环境政策和环境质量标准的指导方针，是考虑到科学证据的有限性而又能对环境和人群高水平保护的一种方法。在缺乏确切的因果关系和充分的计量—反应关系证据的情况下，建立预警系统可以使社会或相关人群调整生活行为方式，或者在环境威胁发生之前即采取措施加以控制。本质上，它是在考虑到资料的不完整性、危害的不确定性时仍采取措施，进行预防和警示的一种机制。

我国公共卫生事件预警机制还不完善，所建立的预警系统应有以下基本特征：①法律保障。由于公共卫生突发性事件的预警系统涉及社会的诸多行业，因此要有相应的法律保障，否则很难保证在很短的时间内让其发挥应有的效应和作用。②预警系统的可操作性。预警及应急网络体系的最终目的是减少灾害效应，维护社会的安定和实现可持续发展。因此，可操作性是检验预警和应急网络体系的实用性的重要指标之一。可操作性的另一个特征是相关资源的可利用性，预警必须建立在相应的物资和人员储备以及可利用的基础上。③预警的综合性和公开性。预警是比危险度评估更为全面、有效、精确的方法。预警的综合性、全面性、民主性和公开性要求其决策必须是公开的、民主的、公众可参与的，并通过相关环节和因素，协调各有关部门和机构，形成综合的预防和监控体系，并迅速、准确地告诉民众，这有利于社会稳定，减少社会动荡。建立预警和医疗救治快速反应机制，增强应急处理能力，保证“早发现、早报告、早处置、早救治”等环节紧密衔接，一旦出现疫情，确保及时有效处置。例如，将“非典”疫情分为“三、二、一”三个等级进行预警，并实施分级控制，发生不同等级疫情时，启动相应级别响应。三级预警指国内其他省份出现“非典”临床诊断病例；二级预警指省内出现输入性“非典”临床诊断病例，或者周边省份出现疫情；一级预警指省内出现“非典”续发临床诊断病例，或者原发临床诊断，或者局部暴发疫情。

在公共卫生事件应急物流产生之前往往会有一些前兆，需要加强对各种临界指标的研究，使信息系统具有灵敏的预警反应能力，从而为顺利开展应急物流提供主动权。

预警之后是采取积极的应对措施。根据灾害可能带来的损失程度，启动不同层次与规模的应急措施，国家最高领导人直接负责组织协调抗灾工作，调动一切可以调动的应急资源。

(2) 建立突发公共卫生事件信息网络平台。突发公共卫生事件信息网络平台是应急物流的基础设施，是突发公共卫生事件应急物流的基本平台，是应急物流系统高效率、灵活性、可靠性的保证。卫生部建立了统一的国家公共卫生信息系统平台和重大传染病疫情检测报告、重大食品卫生事件报告、重大职业卫生事件报告、重大环境污染事件报告、放射卫生事件报告等信息系统。其中，重大疾病监测报告信息系统实现了国家和省（自治区）、市（地）、县（市）疾病预防控制机构联网，并与各级各类医疗卫生机构联网。同时，正在利用其他信息渠道规划建设城市社区和乡村的疫情信息网络。卫生部制定了严格的疫情信息报告制度，要求各级卫生行政部门、疾病控制机构和医疗机构，在发现可能造成突发公共卫生事件的情况后，必须在规定时间内及时报告；有关部门必须立即组织力量进行调查、核实、确认，并采取必要的控制措施。目前，全国各级疾病预防控制机构、绝大多数的县级和县级以上医疗机构及部分乡镇卫生院，能够直接上网及时报告，并在全国实现了传染病疫情的个案化管理，增强了疫情报告的时效性和可靠性。

(3) 建立突发公共卫生事件应急物流跟踪系统。有了应急物流跟踪系统，可以对救援过程中所使用的物流设备、设施进行跟踪，尤其是一些重要的医疗设备、设施、医药药品等，从装箱运输一直到灾区的整个救灾流程都非常清楚。建立突发公共卫生事件应急物流跟踪系统需要使用相应的技术，如射频技术等。

三、突发公共卫生事件应急物流保障机制

为了更好地防范突发公共卫生事件的发生，事件发生后能采取有效措施积极应对，从政府到地方都要努力做好应急物流管理，建立相应的保障机制，满足应急物流实施的必要条件，使灾情或疫情得到有效控制，使损失降低到最小。

（一）技术保障

1. 信息系统

国家建立突发公共卫生事件应急决策指挥系统的信息/技术平台承担着突发

公共卫生事件及相关信息收集、处理、分析、发布等工作，采取分级负责的方式实施。要在充分利用现有资源的基础上建设医疗救治信息网络，实现卫生行政部门、医疗救治机构与疾病预防控制机构之间的信息共享。

2. 疾病预防控制体系

国家建立统一的疾病预防控制体系。各省（自治区）、市（地）、县（市）要加快疾病预防控制机构和基层预防保健组织建设，强化医疗卫生机构疾病预防控制的责任，建立功能完善、反应迅速、运转协调的突发公共卫生事件的应急机制，健全覆盖城乡、灵敏高效、快速畅通的疫情信息网络，改善疾病预防控制机构基础设施和实验室设备条件，加强疾病控制专业队伍建设，提高流行病学调查、现场处置和实验室检测检验能力。

3. 应急医疗救治体系

按照“中央指导、地方负责、统筹兼顾、平战结合、因地制宜、合理布局”的原则，逐步在全国范围内建成包括急救机构、传染病救治机构和化学中毒与核辐射救治基地在内的，符合国情、覆盖城乡、功能完善、反应灵敏、运转协调、持续发展的医疗救治体系。

4. 卫生执法监督体系

国家要建立统一的卫生执法监督体系。各级卫生行政部门要明确职能，落实责任，规范执法监督行为，加强卫生执法监督队伍建设。规范对卫生监督人员实行资格准入制度和在岗培训制度，全面提高卫生执法监督的能力和水平。

5. 应急卫生救治队伍

各级人民政府卫生行政部门按照“平战结合、因地制宜、分类实施、分级负责、统一管理、协调运转”的原则建立突发公共卫生事件应急救治队伍，并加强管理和培训。

6. 加强国际合作

国家有计划地开展应对突发公共卫生事件相关的防治科学研究，包括现场流行病学调查方法、实验室并用检测技术、药物治疗、疫苗和应急反应装备、中医药及中西医结合防治等，尤其是开展新发罕见传染病快速诊断方法、诊断试剂以及相关的疫苗研究，做到技术上有所储备。同时，开展应对突发公共卫生事件应急处理技术的国际交流与合作，引进国外的先进技术、装备和方法，提高我国应对突发公共卫生事件的整体水平。

（二）物资与经费保障

1. 物资储备

各级人民政府要建立处理突发公共卫生事件的物资和生产能力储备。发生突发公共卫生事件时，应根据应急处理工作需要调用储备物资。卫生应急储备物资使用后要及时补充。

2. 经费保障

应保障突发公共卫生事件应急基础设施项目建设经费，按规定落实对突发公共卫生事件应急处理专业技术机构的财政补助政策和突发公共卫生事件应急处理经费。应根据需要对边远贫困地区突发公共卫生事件应急工作给予经费支持。国务院有关部门和地方各级人民政府应积极通过国际、国内等多渠道筹集资金，用于突发公共卫生事件应急处理工作。

（三）通信与交通保障

各级应急医疗卫生救治队伍要根据实际工作需要，配备相应的通信设备和交通工具，保证正常通信，保证交通通畅。

（四）法律保障

国务院有关部门应根据突发公共卫生事件应急处理过程中出现的新问题、新情况，加强调查研究，起草和制定应对突发公共卫生事件的法律、法规和规章制度，形成科学、完整的突发公共卫生事件应急法律和规章体系。国务院有关部门和地方各级人民政府及有关部门要严格执行《突发公共卫生事件应急条例》等规定，根据本条例要求，严格履行职责，实行责任制。对履行职责不力，造成工作损失的，要追究有关当事人的责任。

（五）社会公众的宣传教育

县级以上人民政府要组织有关部门利用广播、影视、报刊、因特网、手册等多种形式对社会公众广泛开展突发公共卫生事件应急知识的普及教育，宣传卫生科普知识，指导群众以科学的行为和方式对待突发公共卫生事件。要充分发挥有关社会团体在普及卫生应急知识和卫生科普知识方面的作用。

四、突发公共卫生事件应急物流的意义和发展方向

（一）突发公共卫生事件应急物流的意义

1. 减少或避免经济损失

有资料表明，美国每 1 美元用于预防白喉、破伤风和百日咳可节约 29 美元的医疗费。乙肝疫苗能有效预防乙肝病毒，每年可减少巨额的医药费用。从预防开始，防治结合，禽流感的防控就是很好的例子。

2. 减弱或避免政治风险

历史上已多次发生由突发公共卫生事件导致政治动乱甚至内战的情况。宏观政治涉及公共管理机构在国际社会、新闻媒体、公众面前的形象。应利用各种公共关系，明确公共管理机构的立场，提供及时准确的信息，稳定公众信心，团结更多的合作者和支持者。微观政治涉及政策的决策和执行，应成立突发事件应对小组，提出清晰的思路和行动建议，保证信息传递准确及时，物资和人事调动畅通无阻。

3. 减少或避免文化损失

防范突发公共卫生事件可以塑造良好社会精神，这是国家、民族面对突发事件的灵魂和基础。要用知识和科学培养正确的突发事件意识、精神准备、承受能力和操作方法，尽快用科学的文化取代落后的非科学文化和迷信。如果公众在信念、意愿、好恶、目的等社会态度方面对突发事件具有科学判断，就会形成一种科学应对突发事件的社会共识，就会自觉行动，培养良好习惯。如“非典”危机以后人们开始注意讲究清洁卫生，实行分餐制，公款吃喝和陋习减少，崇尚大自然；网络视频会议，网上购物、交易、娱乐、学习等网络经济生活提升，引发了一场社会风俗革新运动。

（二）突发公共卫生事件应急物流的发展方向

《中华人民共和国传染病防治法》、《灾害事故医疗救援工作管理方法》、《职业病防治法》、《传染病非典型肺炎防治管理办法》、《公共场所卫生管理条例》、《学校卫生工作条例》和《医疗机构管理条例》，特别是《突发公共卫生事件应急条例》等法律法规的出台和实施，更为我国建立健全公共卫生应急机制提供了充分的法律依据。完善我国公共卫生体系，加强公共卫生应急物流管理，建立健全公共卫生应急机制，必定会促进社会事业的长足进步，为保障广大人民群众生命安全和身体健康，促进社会、经济协调发展提供强有力的保障。

五、国外突发公共卫生事件应急机制的经验借鉴

（一）美国突发公共卫生事件应急机制

美国的突发公共卫生事件预警与应急管理能力在全球首屈一指。近几年在美国发生的“9·11”袭击和“炭疽”攻击，促使了美国制定出一整套应对突发公共卫生事件的体系。

美国突发公共卫生事件为三级应对体系，自上而下包括联邦疾病控制与预防系统 CDC（Centers for Disease Control）—地区/州医院应急准备系统 HRSA

(Health Resources and Services Administration) —地方城市医疗应急系统 MMRS (Metropolitan Medical Response System)。当出现突发公共卫生事件时，指挥系统由 CDC 提升到联邦应急计划，总统有权根据危机事态的严重程度决定是否需要宣布国家进入“紧急状态”，并启动联邦应急计划。HRSA 主要通过提高医院、门诊中心和其他卫生保健合作部门的应急能力，来发展区域应对突发公共卫生事件的能力，其主要负责药物获得、急救、运输、信息传递、隔离检疫、医务人员培训以及医院系统协调。MMRS 通过地方的各个执行部门，如消防、自然灾害处理、医院等部门，现场救援人员协作，确保城市在一起公共卫生危机中最初 48 小时的有效应对。美国突发公共卫生事件的应急机制，将公共卫生系统与其他系统相互串联起来，因为很多突发公共卫生事件并不只是与公共卫生有关，可能其中还会联系到能源、环境、电信等各个部门。这对中国的启发是，要了解突发公共卫生事件应对的主要内容，包括公共卫生、突发事件管理、执法、医疗服务和第一现场应对人员等在内的多领域的综合、联动、协作系统。

（二）英国突发公共卫生事件应急机制

英国在国民医疗服务体系的各个层面树立“病人第一”的全新理念。卫生部设立四个分区战略卫生局和社会保障委员会，分别负责英格兰北部、南部、中部和东部、伦敦四个大区。

英国突发公共卫生事件应对系统是一个综合体系，包括战略层面和执行层面两个主要部分，其中战略层面的应对指挥由突发事件计划协作机构 EPCU (Emergency Preparedness Coordination Unit) 负责，而执行层面的突发事件应对则由国民健康服务系统 NHS (National Health Service) 及其委托机构开展。其中，EPCU 的主要职责是制订、颁布、修改突发公共卫生事件应对计划，从突发事件处理中总结经验教训，并与应对系统中的其他部门协调合作。NHS 的职责是确保地方卫生服务机构能够在突发事件发生时作出快速恰当的反应。基本医疗委托机构 PCTS (Primary Care Trusts) 是英国公共卫生应急系统中的核心，其职责是支持 NHS 基础设施和医院建设，并在突发事件应对中与地区公共卫生官员保持联络。

在英国，大多数突发事件都是在地方层面处理的，地方响应是突发事件相应的重点。只有当事件的影响范围和事件本身影响程度超过了地方范围并超出了地方国民医疗服务体系所能承受的能力，才寻求更高一级的地区或中央政府的协调帮助。

英国各部门之间的关系主要列举：①PCTS 的牵头机构：在多部门合作中作为 PCTS 的代表，并协调各 PCTS 之间的行动。②卫生局：连接 NHS，管理地方

NHS机构，大规模突发事件中与地方其他应急部门合作。③健康和社会保健理事会：与NHS系统协同，开展地区协作。④卫生部医药官员、执行官员：进行跨部门协作，向公众提供建议和相关信息。

阅读材料7.3

2001年2月19日，在英国英格兰艾塞斯郡的一家屠宰场，发现了待宰的28头猪有口蹄疫症状。这一发现是2001年英国口蹄疫大规模暴发的开始。

2月20日，口蹄疫症状得到证实，疫情发展极快，波及英国各地。英国农业渔业和食品大臣尼克·布朗飞往布鲁塞尔与欧盟农业官员进行紧急磋商。当时的英国首相布莱尔于2月27日晚召开内阁紧急会议，商讨对策。之后，英国政府采取了一系列措施来控制疫情的蔓延。措施包括禁止所有牲畜离开饲养场，将原来为期7天的禁令再延长两个星期；为缓解已经出现的肉类供应短缺，允许将那些被证实未被传染的牲畜送到指定的屠宰场屠宰；对于蒙受巨大损失的农民，政府将支出1.67亿英镑的赔偿；继续严密封锁所有乡间道路，关闭伦敦郊区的3个皇家公园和自然保护区，取消一系列大型活动，对其他12个农场的牲畜进行检查。一时间英国的各个农场忙于屠宰、掩埋、焚烧牲畜。据统计，英国2001年集中宰杀、焚烧了近700万头感染口蹄疫的牲畜，焚烧场面曾让许多英国人不寒而栗。

2001年的口蹄疫持续了近一年时间，英国经济损失约80亿英镑（约合160亿美元）。为防止疫情扩散，英国被迫关闭大量国家公园、自然保护区和通往乡间的公路，取消一系列大型活动。欧盟委员会2001年也禁止了英国肉、奶制品出口。英国畜牧业、旅游业由此遭受沉重打击。英国的肉禽业花了几年时间才恢复过来。

（资料来源：口蹄疫暴发　英国畜牧旅游业再临严重考验，http://www.sdnews.com.cn/finance/2007/8/7/168048.html）

英国政府在应对突发公共卫生事件时所采取的措施和政策如下：首先，迅速发布疫情警告。一旦发现有突发公共卫生事件，英国卫生部立即于当天向全体医务人员下发危机警报，介绍该病的特征、传播途径和影响范围。并发出旅行通知，要求民众尽量不要去疫区旅行。保健署针对患者家属、朋友发出通知，要求进行健康检查。医务人员也要向当地传染病控制中心报告疫情。其次，如果是突发性新型传染病的话则积极查找病因。英国公共卫生实验室服务中心对患者的样品进行检测，由公共卫生实验室服务中心与世界卫生组织合作进行。最后，及时发布疫情通报。在疫情通报中，除了介绍患者本人的情况外，通常还详细介绍其感染途径和受感染期间的活动行程，以便对其他有可能与其接触的人进行及时检查。另外，媒体的舆论监督也起了不容忽视的作用。这一点在英国疯牛病、口蹄疫危机中都有体现。媒体报道虽可普及相关知识，对政府政策措施进行监督，但若引导不当，也会片面夸大，扰乱人心，产生负面作用。

总体来看，英国的应急机制效率较高，在经过疯牛病、口蹄疫等重大疫情之后，已经累积形成了疫情信息渠道和防治模式，对突发公共卫生事件的应对有着很大的推进作用；另外，英国拥有职责分明、比较健全的疫情监测机构，一旦发现传染病苗头，马上可以组织力量进行处理。英国的责任部门拥有着熟练的处理危机经验，成熟的应急机制使得实际操作起来反应迅速、得心应手。

（三）日本突发公共卫生事件应急机制

日本是世界上人口寿命最长的国家之一。日本国民健康水平如此之高，与有一个健全的卫生服务系统密切相关，在该系统中公共卫生管理及监督体系也独具特色。在日本，突发公共卫生事件应急管理体系由主管健康卫生、福利、劳保的厚生劳动省负责建立并以之为核心。

日本有着完善的国民健康预防保健机制。公共卫生管理与服务体系基本上由二级政府两大系统通过纵向行业系统管理和分地区管理的衔接形成全国突发公共卫生事件应急管理网络。这一系统同时被纳入整个国家的危机管理体系。

平时，在预防工作中起主导作用的是全国各都道府县的地方保健所和市町村的保健中心。国立传染病研究所感染信息中心进行法定的传染病发生动向跟踪监视调查，每周五前上报上周情况并在网上公开。

面对突发公共卫生事件的危险，日本政府会向国民及有关机构发出紧急通报，通告突发公共卫生事件的信息，同时召开干事会研讨对策。中央主管机构对于突发公共卫生事件应急管理的最主要职责是收集信息并制定和实施应急对策。在日本突发公共卫生应急处理系统中，消防（急救）、警察、医师会、医疗机构协会、通信、铁道、电力、煤气、供水等部门，也按照各自的应急管理实施要领和平时的约定相互配合。

日本历来非常重视预防工作，早在1974年的时候就公布实施了《保健所法》，并于1993年修订改名为《地域保健法》。预防工作起主导作用的是分布于全国各地的保健所。保健所是日本公共卫生管理的特色，保健所的工作基本上把公共卫生面临的所有的问题都包含了，如包含了一些有关住室、水道、废弃物处理、医事及其药事，保健妇（士）等非常细节的相关事项，而在中国，这些事项则是分散在卫生、民政、环境、药品监督、教育这5个政府部门，涉及医院、传染病院、精神病院、CDC、卫生监督所、妇幼保健所、老人院、环境监测站、药品监督所、学校这10种单位。

在日本，有些企业对来自感染地区的人员，采取了几乎是“隔离审查”式的防范措施。规定从感染地区归国的人员必须独居一室一个星期左右，在确认没有发病之后才可回到公司正式上班；并在一定期间内不得参加大型会议等各种集体活动，不能出现在人多的地方。

日本是一个地震多发国家，因此也有着一套适用于本国的地震防灾应急机制。为了减少地震的灾害损失，政府特别强调先期处置和信息收集，完善紧急启动体制，包括职员召回和职员紧急配备制度。日本的防灾应急体制，主要体现在灾后的72小时之内，在这段时间内，日本根据各个不同时间段设立了应急措施。例如，灾后6小时内，主要是派遣医疗队救助伤病；灾后12～24小时内，主要是转移伤病；灾后24～48小时之内，供应储备物品，分配捐款和捐物，等等。

第二节　突发自然灾害下的应急物流管理

一、洪水灾害下的应急物流管理

（一）洪水灾害基本知识

人类总是试图充分利用各种自然资源以改善其生活质量。但在人类发展过程中不可避免地面临着各类自然和人为灾害的侵袭和损害。统计资料表明，洪水是对人类威胁最为严重的自然灾害。洪涝灾害也是我国主要的自然灾害种类，面对严峻的灾害形势，政府十分重视减灾救灾工作。

1. 洪水的概念

“洪水”一词最早见于我国先秦的《尚书·尧典》，书中讲到“汤汤洪水方割，荡荡怀山襄陵，浩浩滔天，下民其咎”。以后的《史记》、《国语》、《孟子》的《滕文公上》、《滕文公下》等史书上都有关于洪水的记载。而大禹治水的故事更是体现了中国人民自古以来就有长期与洪水斗争并渴望获得胜利的心愿。

新中国成立后，水利和防洪专家对“洪水”的定义作了一个大体的概括，即洪水通常是指由暴雨、急骤融冰化雪、风暴潮等自然因素引起的江河湖海水量迅速增加或水位迅猛上涨的水流现象。

2. 洪水的类型

按洪水发生的不同区域，可分为河流洪水、湖泊洪水、海岸洪水和山洪等。

按成因不同，洪水可分为十种：①雨洪水。在中低纬度地带，洪水的发生多由雨形成。大江大河的流域面积大，且有河网、湖泊和水库的调蓄，不同场次的雨在不同支流所形成的洪峰汇集到干流时，各支流的洪水过程往往相互叠加，形成历时较长、涨落较平缓的洪峰。小河的流域面积和河网的调蓄能力较小，一次雨就形成一次涨落迅猛的洪峰。雨洪水可分为两大类：一类是暴洪，暴洪是突如其来的湍流，它沿着河流奔流，摧毁所有事物，具有致命的破坏力；另一类是缓慢上涨的大洪水。②山洪。山区溪沟，由于地面和河床坡降都较陡，降雨后产流、汇流都较快，形成急剧涨落的洪峰。③泥石流。雨引起山坡或岸壁的崩坍，大量泥石连同水流下泄而形成。④融雪洪水。在高纬度严寒地区，冬季积雪较厚，春季气温大幅度升高时，积雪大量融化而形成。⑤冰凌洪水。中高纬度地区内，由较低纬度地区流向较高纬度地区的河流（河段），在冬春季节因上下游封冻期的差异或解冻期差异，可能形成冰塞或冰坝而引起。⑥溃坝洪水。水库失事时，存蓄的大量水体突然泻放，形成下游河段的水流急剧上涨，甚至漫槽成为立波向下游推进的现象。冰川堵塞河道、壅高水位，然后突然溃决时，地震或其他原因引起的巨大土体坍滑堵塞河流，使上游的水位急剧上涨，当堵塞坝体被水流冲开时，在下游地区也形成这类洪水。⑦湖泊洪水。由于河湖水量交换或湖面大风作用或两者同时作用，可发生湖泊洪水。当入湖洪水遭遇和受江河洪水严重顶托时常产生湖泊水位剧涨，因盛行风的作用，引起湖水运动而产生风生流，有时可达 5~6 米，如北美的苏必利尔湖、密歇根湖和休伦湖等。⑧天文潮。海水受引潮力作用而产生的海洋水体的长周期波动现象。海面一次涨落过程中的最高位置称高潮，最低位置称低潮，相邻高低潮间的水位差称潮差。加拿大芬迪湾最大潮差达 19.6 米，中国杭州湾的澉浦最大潮差达 8.9 米。⑨风潮。台风、温带气旋、冷峰的强风作用和气压骤变等强烈的天气系统引起的水面异常升降现象。它和相伴的狂风巨浪可引起水位上涨，又称风潮增水。⑩海啸。是水下地震或火山爆发所引起的巨浪。

3. 我国河流的主要洪水——暴雨洪水

阅读材料 7.4

据新华社广州 2010 年 5 月 15 日电 14 日晚至 15 日凌晨，暴雨夜袭广州，羊城再次水患四起，暴雨造成 38 个镇街受灾，受灾人口 559 人，1 150 人连夜紧急转移。南湖乐园降雨量 235.8 毫米。在不到 7 个小时的时间里，广州市暴雨预警信号连跳三级，从黄色升至最高级别红色。

广州市水务局向媒体透露，截至 15 日上午 8 时，广州市中心城区陆续接到

52 宗内涝报告，其中海珠区新港东立交、中山一路梅东路、华师正门等 21 个路段或地区出现积水。此外，暴雨还导致广州市多条主干道交通堵塞。

据广东省气象台首席预报员林良勋介绍，17 日至 18 日广东全省以多云天气为主，局部有阵雨。林良勋 15 日表示，在一周内同时受到三次暴雨过程影响，是自 1908 年广州有气象记录以来从未出现过的。三场暴雨集中在一周发生，累计降雨量统计达 440 毫米，相当于广州市年降水量的 1/4。目前强降雨共造成逾 3 万人受灾，1 人失踪。

据交警介绍，"5·14" 暴雨对交通的影响超过 "5·7" 暴雨。14 日晚 9 时许，由于积水过深，在梅花路路段，积水最高峰时将近 1 米。11 时大北立交路段已经乱了套，四个方向的车流混合在一起紧紧抱成了一个环形车团，不少小汽车只好停在 1 米深的积水里望"洋"兴叹。

(资料来源：广州变"广洲" 近一周降雨量破百年纪录 水患四起已致 3 万人受灾，http://news.sina.com.cn/01/2010-05-16/1906/75192515.shtml)

我国河流的主要洪水量大都是暴雨洪水，多发生在夏、秋季节，南方一些地区的春季也有可能发生。以地区划分，我国中东部地区以暴雨洪水为主，西北部地区多为融雪洪水和雨雪混合洪水。1998 年长江大洪水和 1998 年嫩江、松花江特大洪水都是暴雨洪水形成的。

暴雨是指在短时间内降很大的雨。一般根据 24 小时降雨量的大小划分为：①降雨量在 50~100 毫米之间，称为暴雨；②降雨量在 100~200 毫米之间，称为大暴雨；③降雨量大于 200 毫米的，称为特大暴雨。

我国的暴雨洪水的特点：①季节性明显，时空分布不均匀。随着副热带高压的北移、南撤过程，夏季我国雨带也南北移动，出现明显的季节性特点。一般年份，4 月至 6 月上旬，雨带主要分布在华南地区。6 月中旬至 7 月上旬，是长江、淮河和太湖流域的梅雨期。7 月中旬至 8 月，雨带从江淮北部移到华北和东北地区。9 月，副热带高压南撤，随即雨带也相应南撤，部分年份也会造成洪水，如汉江等地的秋汛。我国大部分地区降雨季节性明显。当台风登陆我国和深入内陆时，高强度的狂风暴雨，也可形成暴雨洪水。据统计，4~10 月全国大部分地区降雨量占全年平均降雨量的 70% 以上，6~8 月降雨量可占全年平均降雨量的 50% 左右，所以说，我国暴雨洪水多发生在春夏秋季节。②洪水峰高量大，干支流易发生遭遇性洪水。我国地形的特点是东南低、西北高，有利于东南暖湿气流与西北冷空气交绥的加强，地面坡度大，植被条件差，造成汇流快，洪水量级大。与世界其他国家相比，相同流域面积的河流，我国暴雨洪水的洪峰流量量级接近最大纪录。我国几条主要河流面积较大，干支流经常遭遇洪水，区间来水多，洪峰叠加，易形成峰高量大的暴雨洪水。③洪水年际变化大。我国七大流域洪水年际变化很大，各年洪峰流量相差甚远，北方比南方更明显。如长江以南地区大水年的洪峰流量一般为小水年的 2 ~ 3 倍，而海河流域大水年和小水年的洪峰流量比可相差几十倍甚至上百倍。④大洪水的阶段性和重复性。根据大量的洪水调查研究，可知我国主要河流大洪水在时空上具有阶段性和重复性的特点。

（二）洪水灾害应急保障物资分类

洪水灾害中，抢险救灾所涉及的保障物资主要有以下四类：

（1）防汛物资。如橡皮船、冲锋舟、救生船、救生衣、救生圈、编织袋和麻袋、块石、沙石料、铁铲、土工布、塑料膜、铁锤、铁铲等。

（2）生活类物资。如衣被、毯子、方便食品、救灾物资、饮水器械、净水器等。

（3）医疗器械及药品。

（4）建材类物资。如水泥、钢材等。

为了配合防汛应急预案，应成立应急物流组织机构，以实现应急物流的筹措与采购，应急物资的储备以及应急物资的调度、运输与配送。

（三）洪水灾害应急物资的筹措

要确保洪水灾害情况下筹措到所需物资，必须建立高效、规范、安全的应急物资筹措渠道。

1. 防汛物资的筹措

防汛物资包括橡皮船、冲锋舟、救生船、救生衣、救生圈、编织袋和麻袋、块石、沙石料、铁铲、土工布、塑料膜、铁锤、铁铲等。其主要筹措渠道是动用储备物资。

防汛物资筹集和储备实行“分级负责、分级储备、分级管理”以及“按需定额储备、讲究实效、专务专用”的原则，采取国家、省级、地方专储、代储和单位、群众筹集相结合的办法。

防汛指挥机构、重点防洪工程管理单位以及受洪水威胁的其他单位应按规范储备防汛抢险物资，并做好生产流程和生产能力储备的有关工作。

汛前要对社会团体储备和群众储备的防汛物资进行督查落实，按品种、数量、地点、责任人、联系电话等进行登记造册，以备汛期随时调度使用。

有承担防汛物资储备任务的企事业单位、社会团体以及乡（镇）、村群众，要认真按照防办下达的储备任务落实到位，确保完好、管用，并按落实到位物资的品种、数量、地点、责任人、联系电话等进行登记造册，报防汛指挥机构备案。防汛物资储备单位要建立主管领导负责制和业务人员岗位责任制，制订出物资紧急调度、供应与运输到位的措施和实施方案。

大型抢险设备不足的部分，应与社会上有此设备的单位预先签订协议，以租赁方式租入设备，保证抗洪抢险的需要。

2. 生活类物资的筹措

生活类物资包括衣被、毯子、方便食品、救灾物资、饮水器械、净水器等。

这类物资可采用动用储备（供应商库存）、直接征用、市场采购、组织捐赠等物资筹措形式，若应急物资的数量仍不能满足需求，可组织相应的供应商突击生产。可由粮食局负责组织粮、油的供应和生产，由经贸局负责组织肉、禽、蔬菜和日用工业品生产、应急调度。

3. 医疗器械及药品的筹措

这类物资可采用动用储备（供应商库存）、直接征用、市场采购等物资筹措形式，若应急物资的数量仍不能满足需求，可组织相应的供应商突击生产，甚至国外进口采购。医疗器械及药品的筹措由医药公司负责组织实施。

4. 建材类物资的筹措

建材类物资包括水泥、钢材等，主要用于保障应急抢险和灾后重建。

这类物资可采用动用储备（供应商库存）、直接征用、市场采购、组织捐赠等物资筹措形式，若应急物资的数量仍不能满足需求，可组织相应的供应商突击生产。建材类物资的筹措由物资公司负责组织实施。

（四）洪水灾害应急物资的储备管理

救灾物资的储备，是实施紧急求助、安置灾民的基础和保障。1998 年 7 月，民政部、财政部下发《关于建立中央级救灾物资储备制度的通知》（民电〔1998〕第 168 号），许多省份根据自身的情况建立自己的救灾物资储备中心。

在政府建立自身的专门性救灾物资储备基础上，可走市场化的道路，遵循“化整为零、分级代储、保障供给”的原则，整合储备资源。

对于生活类、药品类等对时效性及保存环境要求较高的物资可以依法通过经济或者行政方法，由生产厂家、供应商及医疗机构代储，以降低成本，保证商品的质量。对于防汛物资，可采取分级就近代储的办法。各有关部门应根据需要储存充足的相关应急物资，及时补充和更新常用储存物资。

防汛物资储备历来是防汛准备工作的难点，存在资金投入多、仓储空间大、储存和保管不易等困难。储多了用不掉，储少了不够用，储备时间长了又要变质。浙江省江山市防汛抗旱指挥部本着“宁可备而不用，不可用而不备”的原则，采取“专储、代储和社会化储备”相结合的办法，有效解决了防汛物资储备难的问题，值得学习和借鉴。具体做法如下：①专储。即由市防汛指挥部专门储备。每年汛前，指定市供销社按规定地点、时间、品种、数量、质量要求储备。②代储。即委托有关企业储备。根据区域分布，与浙江天蓬畜业有限公司、江山市粮食收储有限责任公司签订防汛物资储备协议，规定储备时间、物资要求、提取方法、相关责任和费用结算方法。所储物资若汛期未用，则付给一定数额的保管费；汛期调用，抢险完毕后按实际使用数付费。市防办将对物资进行不定时抽查，如发现未按要求储备物资的将追究其相应责任。受委托方专设仓库屯放，并设立值班室，落实专人负责物资的保管，汛期必须安排人员24小时值班，确保甲方能随时调用物资。③社会化储备。除要求乡镇、村储备一定数量的防汛物资外，采取就地取材、减少资源浪费的办法。水库一般都处在较偏僻的山区，库区附近毛竹、树木等资源丰富，由水库所在乡镇政府与当地农民签订协议，指定砍伐点，既解决了山区物资运输不便的问题，争取了抢险时间，也解决了资金困难和资源浪费的问题。

（五）洪水灾害应急物资运输管理

在洪水灾害发生时，公安、交通、铁路、公路、水路、民航部门负责应急运输保障工作，主要负责优先保证防汛抢险人员、防汛救灾物资运输；蓄滞洪区分洪时，负责群众安全转移所需地方车辆、船舶的调配；负责分泻大洪水时河道航行和渡口的安全；负责大洪水时用于抢险、救灾车辆、船舶的及时调配。为了科学配置和使用应急运输力量，形成高效、快速、顺畅、协调的应急运输系统，需要建立动态数据库，明确各类交通运输工具数量、分布、功能、使用状态等，采用包括GPS、GIS等手段对整个运输过程进行监控调度。

在组织应急物流运输过程中，应急物流组织机构要统筹考虑运输需求情况（人员运输、物资运输、抢险装备运输等），运输资源（汽车、火车、船、飞机）的供给情况，运输设备情况，道路情况（公路、桥梁是否被水淹没或冲垮）等，协调好人员、抢险设备、应急物资的运输关系，合理配置和调度运输力量，从而提供应急物流的快速保障力量。

为了实现运输快速化，应急物流组织机构可与一些大型的运输公司（或物流公司）预先签订协议或临时签订协议，提出紧急运输要求，必要时可与军方联系救灾抢险事宜，动用军用运输装备、军用运输专用线路及相关设施。

根据应急处置需要，组织开辟便捷应急"绿色通道"，实行交通管制和实施应急线路，即建立并开通一条或者多条应急保障专用通道，可有效简化作业周期和提高速度，以方便快捷的方式通过海关、机场、边防检查站、地区间检查站等，让应急物资、抢险救灾人员及时、准确到达受灾地区，从而提高应急物流效率，缩短应急物流时间，最大限度地减少生命财产损失。

交通运输设备、工具受损时，有关部门或当地人民政府应迅速组织力量进行抢修，必要时可紧急动员和征用其他部门及社会交通设施、装备。当铁路、公路被洪水淹没或冲垮时，可以增援空中或海上救援力量。需要强调的是，常规的空中力量增援的派遣程序比较复杂，所用时间长，因此，在应急状态时，精简的派遣程序可为应急物流实施救援工作赢得宝贵的时间。遇到紧急情况时，应当由当地部门直接向管制部门进行运力申请，由管制部门与民航管制部门协调，让出应急航路的高度层，在放飞飞机的同时向上级报告，采取边处理紧急情况边报告的工作方法，保证一旦接到紧急情况的命令就能在第一时间进行紧急调度处置，以高速的应急物流保障，为补给通道缺供、断供的作战集团解燃眉之急。

（六）洪水灾害应急物资配送管理

洪水灾害应急物资配送是在洪水灾害情况下，满足终点用户——灾区用户应急物资需求的活动，能否处理好整个应急物资保障供应链“最后一千米”的问题，是应急物流配送体系能否真正发挥作用的关键。为此，应急物流配送活动要突出以下两项工作：

1. 采取灵活的配送方式，科学确定配送需求指标体系

在应急物流配送时，充分利用网络信息，研究用户需求特点，选出对配送影响较大的需求指标，并根据各指标不同的侧重点，运用系统工程原理，科学确定权数，构建完善的需求指标体系。而后，根据不同的需求指标确定三级预警体系，分别为一般级、严重级、紧急级，如常规企业的应急需求可定为一般级。对每个预警级别采取相应配送方式，实施有效配送服务。具体实施应急物流配送时，根据用户的动态需求，即时调整配送战略，实施伴随式、跟进式配送方式。当紧急级预警体系启动时，企业的经济利益应服务于国家的政治利益，采取超常规配送方式，综合利用先进的运输手段，如空中定点投送等，为国家的战略性决策提供实时、不间断的物流配送。整个社会物流配送系统通过个性化的针对性应急物流配送，确保了物资供应，对稳定社会秩序，维护公共安全，保证国家经济建设的稳步发展起到了重要的作用。

2. 充分利用电子商务平台，打好应急物流配送“服务牌”

应急物流配送条件下的电子商务与传统电子商务相比更应突出其配送的反应速度，应着重优化电子商务系统的应急物流配送网络，重新设计适合应急物流配送的流通渠道，从而减少物流环节、简化物流过程，提高应急物流配送的快速反应性能。可考虑构建最容易和配送紧密结合的电子商务类型，即第三方电子商务。由于第三方电子商务可以统筹多个用户和多个供应商的物流，很容易汇集成

较大流通规模，实现规模效益，从而为应急物流采用多样化的配送方式创造了条件。目前电子商务的瓶颈在我国主要表现在网上实现商流活动之后，没有一个有效的社会物流配送系统提供低成本的、适时的、适量的实物配送服务。如果这个瓶颈解决不好，必然会给应急物流配送带来难度，所以要根据我国的现状，有针对性地打好应急物流配送“服务牌”。应急物流配送应分析和研究用户需求，以快速反应为龙头，以供应链集成服务为牵引，以满足用户需求为目标，事先设计出满足应急需求的服务项目和服务方式。建立跟踪问题的服务考评机制，成立独立考评机构，不断完善企业服务质量，提高应急物流配送竞争力。

同时，可考虑通过地方干部、民兵、赈灾部队、公安、志愿者、防疫人员、医务人员等多方力量，以最快速度将需分发的应急物资分发到受灾人员手中。

（七）应急款项的筹措与管理

各级人民政府要做好突发公共事件应急处置的资金保障工作，逐步建立与经济社会发展水平相适应的应急经费投入机制。

财政部门将应对洪水灾害的日常经费和物资、装备、基础设施建设、人员安置、基本生活困难救助等专项经费列入年度预算；每年预留一部分资金，保障应急处置支出需要。

二、地震灾害下的应急物流管理

（一）地震及地震灾害概述

1. 地震及地震灾害

地震又称地动、地震动，是地球内部介质局部发生急剧的破裂产生震波，从而在一定范围内引起地面震动的现象。地震就是地球表层的快速震动，在古代又称为地动。它就像海啸、龙卷风、冰冻灾害一样，是地球上经常发生的一种自然灾害。地震波发源的地方，叫做震源。震源在地面上的垂直投影，地面上离震源最近的一点称为震中。它是接受震动最早的部位。震中到震源的深度叫做震源深度。

地震灾害包括直接地震灾害和间接地震灾害。

直接地震灾害是指由于强烈地面震动及形成的地面断裂和变形，引起建筑物倒塌和损坏，造成了人身伤亡及大量社会物质的损失。例如，震惊全国的1976年7月28日的唐山大地震，使整个唐山市变成一片废墟，共死亡24.2万人，损失达100亿元。

间接地震灾害则是指由于强烈地震而使山体崩塌，形成滑坡、泥石流；水坝、河堤决口或发生海啸而造成水灾；震后流行的瘟疫；由于没有熄灭的火源、燃气管道泄漏或电线短路引起的火灾；地震使生产、储存设备或输送管道破坏造成有毒气体蔓延；人们为了避震造成的摔、挤、踩等伤亡，以及震后由于人们对地震知识缺乏了解或者由于某些社会政治因素产生的地震谣言，往往造成较大的社会心理影响等。

阅读材料 7.5

1923 年关东大地震是日本历史上死伤最多的一次大震灾。震中位于关东和横滨两大城市附近。震害以东京、横滨、横须贺、小田原等地最为严重。受灾人口 340 万人，死亡 10 万人，下落不明 4.3 万人，伤 10 万人，毁坏房屋 70 万栋，经济损失达 28 亿美元。地震时整个灾区都发生火灾，火灾造成的损失比地震直接造成的损失大得多，在死亡的 10 万人中，有 9 万多人是被火烧死的，建筑物倒塌压死的不过数千人；在毁坏的 70 万栋房屋中，有近 50 万栋是被大火烧毁的。

（资料来源：世界大地震：日本关东 8.3 级地震，http://www.liuzhi.gov.cn/art/2009/05/10/art/2271/6488.html）

由此可见，有些地震带来的严重损失，并不都是由地震的直接灾害造成的，次生灾害的损失有时也很严重。

2. 地震造成灾害的原因和条件

地震作为一种自然灾害现象，本身并不等同于地震灾害，就像下雨不等于水灾，刮风不等于风灾一样。也就是说，地震只在一定条件下才造成灾害。

地震波引起地面强烈震动，造成建筑物倒塌或某些自然物崩塌，并由此危及人身安全和带来经济损失，这是地震造成灾害最主要的，也是最常见的原因。因此，地震是否造成灾害，以及影响灾害程度的主要因素在于三个方面：

（1）地震本身的状况，如地震的强度等。较强的地震才有破坏力。一般而言，中强度以上地震可造成破坏，但破坏的轻重还与震源深度、地震类型、地震发生时间等多种因素有关。

（2）地震发生的地点。如果一次强烈的地震发生在渺无人烟的高山或沙漠，它对人类便不会造成什么影响。一般说来，地震发生的地方，人口越稠密，经济越发达，其人员伤亡和经济损失就越大。只占全球面积 15% 的大陆内部地震所造成的人口死亡竟占全球地震死亡人数的 85%，这是因为大陆地区是人类的主要栖息地。

（3）人类抗御地震的能力和程度。这包括许多方面，如建筑物的抗震性能，城市水、电、气等生命线工程的抗震设防能力，社会对地震灾害的监测、预报及应急救助能力，人们是否具备防震知识等。

3. 地震的类型

地震分为天然地震和人工地震两大类。此外，某些特殊情况下也会产生地震，如大陨石冲击地面（陨石冲击地震）等。引起地球表层震动的原因很多，根据地震的成因，可以把地震分为以下五种：

（1）构造地震。由于地下深处岩石破裂、错动把长期积累起来的能量急剧释放出来，以地震波的形式向四面八方传播出去，到地面引起的房摇地动的地震称为构造地震。这类地震发生的次数最多，破坏力也最大，约占全世界地震的90%以上。

（2）火山地震。由于火山作用，如岩浆活动、气体爆炸等引起的地震称为火山地震。只有在火山活动区才可能发生火山地震，这类地震只占全世界地震的7%左右。

（3）塌陷地震。由于地下岩洞或矿井顶部塌陷而引起的地震称为塌陷地震。这类地震的规模比较小，次数也很少，即使有，也往往发生在溶洞密布的石灰岩地区或大规模地下开采的矿区。

（4）诱发地震。由于水库蓄水、油田注水等活动而引发的地震称为诱发地震。这类地震仅仅在某些特定的水库库区或油田地区发生。

（5）人工地震。地下核爆炸、炸药爆破等人为引起的地面震动称为人工地震。人工地震是由人为活动引起的地震。如工业爆破、地下核爆炸造成的震动；在深井中进行高压注水以及大水库蓄水后增加了地壳的压力，有时也会诱发地震。

4. 地震灾害的基本特点

地震灾害是群灾之首，它具有突发性和不可预测性，以及频度很高，持续时间长，影响面广，对城市生命线工程破坏大并产生严重次生灾害，对社会产生很大影响等特点。具体来说，地震灾害具有如下特点：

（1）突发性强。地震发生十分突然，持续时间只有几秒至几十秒钟，但在这如此短暂的时间内，就会造成大量建筑物倒塌和人员伤亡，这是其他自然灾害难以相比的。

（2）破坏性大。发生在人口稠密和经济发达地区的大地震，往往会造成大量人员伤亡和巨大经济损失。

阅读材料 7. 6

1976 年 7 月 28 日 3 时 42 分，中国唐山发生 7. 8 级地震，一个百万人口的城市化为一片瓦砾。唐山地震共造成 24. 2 万人死亡，16. 4 万人重伤，仅唐山市区终身残废者就达 1 700 多人；毁坏公用房屋 1 479 万平方米，倒塌民房 530 万间；直接经济损失高达 100 亿元人民币。

（资料来源：强震，http：//baike. baidu. com/view/1618361. htm）

（3）次生灾害严重。地震发生后，除了因建筑物破坏引发的灾害以外，还会引起一系列次生灾害，如火灾、水灾、海啸、山体滑坡、泥石流、毒气泄漏、流行病、放射性污染等。1556 年 1 月 23 日，陕西华县发生 8 级地震。震后水灾、火灾等次生灾害相继发生，瘟疫流行，加上当时正值旱灾，人民饥饿，没有自救和恢复能力，共造成 83 万余人死亡，使这次地震造成的死亡人数成为古今中外历史记载之最。1906 年美国旧金山 8. 3 级地震导致市区消防设施毁损，全市 50 多处起火，大火整整烧了三天三夜，整个市区几乎全部烧光，火灾损失比地震直接损失高 3 倍。

（4）社会影响深远。由于大地震突发性强、伤亡惨重、经济损失巨大，往往会产生一系列连锁反应，对一个地区甚至一个国家的社会生活和经济活动造成巨大冲击，因此，必然会引起社会、政府乃至国际上的高度重视。同时，一次地震的破坏区域虽然有限，但有感范围却很大，波及面广，对人们心理上的影响也比较大。这些都可能造成深远的社会影响。

（5）防御难度大。与洪水、干旱、台风等气象灾害相比，地震灾害的预测要困难得多。同时，建筑物抗震性能的提高，需要大量资金的投入，这也不是短时期能够做到的。要减轻地震灾害，需要各方面的协调和配合，需要全社会长期艰苦细致的工作。因此，比起其他一些灾害，对地震灾害的防御更困难一些。

5. 世界及我国的主要地震带

地震带就是指地震集中分布的地带。地球上主要有三处地震带。地震带基本上在板块交界处。在地震带内震中密集，在带外地震的分布零散。地震带常与一定的地震构造相联系。

（1）世界主要地震带。世界上主要有三大地震带：①环太平洋地震带，这是地球上最主要的地震带，它像一个巨大的环，沿北美洲太平洋东岸的美国阿拉斯加向南，经加拿大本部、美国加利福尼亚和墨西哥西部地区，到达南美洲的哥伦比亚、秘鲁和智利，然后从智利转向西，穿过太平洋抵达大洋洲东边界附近，在新西兰东部海域折向北，再经斐济、印度尼西亚、菲律宾，我国台湾、琉球群岛、日本列岛、阿留申群岛，回到美国的阿拉斯加，环绕太平洋一周，也把大陆和海洋分隔开来，地球上约有80%的地震都发生在这里。②欧亚地震带，又名"横贯亚欧大陆南部、非洲西北部地震带"，"地中海—喜马拉雅山地震带"，主要分布于欧亚大陆，从印度尼西亚开始，经中南半岛西部和我国的云、贵、川、青、藏地区，以及印度、巴基斯坦、尼泊尔、阿富汗、伊朗、土耳其到地中海北岸，一直还伸到大西洋的亚速尔群岛，发生在这里的地震占全球地震的15%左右。③海岭地震带，从西伯利亚北岸靠近勒那河口开始，穿过北极，经斯匹次卑根群岛和冰岛，再经过大西洋中部海岭到印度洋的一些狭长的海岭地带或海底隆起地带，并有一分支穿入红海和著名的东非裂谷区。

（2）我国主要的地震带。我国位于世界两大地震带——环太平洋地震带与欧亚地震带之间，受太平洋板块、印度板块和菲律宾海板块的挤压，地震断裂带十分频繁。20世纪以来，中国共发生6级以上地震近800次，遍布除贵州、浙江两省和香港特别行政区以外所有的省、自治区、直辖市。

中国地震活动频度高、强度大、震源浅、分布广，是一个震灾严重的国家。1900年以来，中国死于地震的人数达55万之多，占全球地震死亡人数的53%；1949年以来，100多次破坏性地震袭击了22个省（自治区、直辖市），其中涉及东部地区14个省份，造成27万余人丧生，占全国各类灾害死亡人数的54%，地震成灾面积达30多万平方千米，房屋倒塌达700万间。地震及其他自然灾害的严重性构成中国的基本国情之一。

我国的地震活动主要分布在五个地区的23条地震带上。这五个地区是：①台湾及其附近海域；②西南地区，主要是西藏、四川西部和云南中西部；③西北地区，主要在甘肃河西走廊、青海、宁夏、天山南北麓；④华北地区，主要在太行山两侧、汾渭河谷、阴山—燕山一带、山东中部和渤海湾；⑤东南沿海的广东、福建等地。我国的台湾位于环太平洋地震带上，西藏、新疆、云南、四川、青海等省区位于喜马拉雅—地中海地震带上，其他省区处于相关的地震带上。中国地震带的分布是确定中国地震重点监视防御区的重要依据。

（3）我国地震在时间分布上的规律性。我国地震在时间分布上最重要和最普遍的规律是地震活动周期性和重复性。地震活动周期包含平静和活跃两个阶段。

由于各个地区构造活动性的差异，地震活动周期的长短是不同的。我国东部地震活动周期普遍比西部长（台湾除外），东部一个周期大约300年，西部为100~200年，台湾为几十年。总的看来板块边缘地震活动周期较短，板块内部地震活动周期较长。在一个地震周期中还可进一步划分出时间更短的周期，我们称为地震幕；至于是否还有更长的周期，由于历史上对地震记录的时间太短，目前尚难确定。

地震重复性是指地震原地重复发生的现象。一般说来地震震级越大，重复时间越长；震级越小，重复时间越短。但不同地震区、带，由于构造活动强弱差异，同一震级地震的重复时间的长短也是不一样的。据统计，6级地震重复时间可从几十年到几百年，7级以上地震的重复时间多在千年以上。

（二）地震灾害应急物流管理

1. 地震灾害应急物流概述

（1）地震灾害应急物流内涵。地震灾害应急物流是指围绕地震救灾而进行的所有物流活动的统称，包括地震救灾物资的运输、储存、搬运、包装、加工、配送以及地震救灾物流设施与装备的使用、管理和地震救灾中的信息处理等活动。

地震灾害应急物流是一项复杂的自然—社会—经济的系统工程，必须以现代科学技术为依托，统筹全局，动员全社会力量协同进行。

地震灾害给人类带来了巨大的损失。据统计，2005年全世界地震死亡人数达88 500人，约10万人受伤；9 000～11 000人失踪；毁坏民居不下50万栋；330万～350万人无家可归；直接经济损失达30亿～40亿美元。我国幅员辽阔，各种灾害时有发生，历次地震灾害造成了建筑损毁、人员伤亡、交通中断等巨大损失。

阅读材料7.7

青海省玉树县2010年4月14日晨发生两次地震，最高震级7.1级，地震震中位于县城附近。这次地震主要发生在玉树藏族自治州的州府所在地——玉树县结古镇，当地居民的房屋90%都已经倒塌。据悉，地震发生时当地多数人尚未起床，伤亡较为严重。发生在青海省玉树藏族自治州的地震至少已造成400人死亡，8 000人受伤。玉树县固定电话通信中断，当地土木结构房屋倒塌严重。武警青海总队出动3 000多名官兵前往青海玉树灾区救援，同时驻玉树地区600多名武警官兵已经先期投入了救援行动。

青海地震发生在北纬33.2度，东经92.2度，位于青海省海西州格尔木市唐古拉山乡境内，震区平均海拔约5 000米，人烟稀少，地震发生后，青海省和格尔木市地震局的工作人员已赶往震区。青藏铁路部分路段位于震区，青藏铁路公司党委宣传部常务副部长赵力伟接受中央台记者采访时说，青藏铁路线没有受到影响，运输工作正常进行。截至4月25日下午17时，玉树地震造成2 220人遇难，70 人失踪。

（资料来源：4·14 青海玉树地震，http：//baike. baidu. com/view/3481687. htm）

在地震灾害发生时，虽然各级政府均积极成立地震救灾指挥中心以及地震救灾、通信、医疗各种专门小组，其他非灾害地区也给予人力、财力支援，但由于我国目前还未建立起完善的大规模灾害抢救、安置体制，加上地震灾害带来的交通、通信中断等原因，在地震灾害发生时，不但无法将地震灾情及时、完整地传达到地震救灾指挥中心，大量的地震救灾器材、物资也无法及时地供应、配送，贻误了最佳救灾时机。在 2004 年印度洋海啸救援中，虽然援助物资陆续抵达，但在将这些物资及时发放到灾民手中时却遇到了难题。不少灾民被困在偏远地区，加之公路在海啸中被毁坏，这些原因严重阻碍了救援物资的运输。一方面，大量国际救援物资积压在机场和码头；另一方面，大批灾民仍在面临着严重的食品和药品短缺问题。时任联合国秘书长的科菲·安南于 2004 年 12 月 31 日对救援工作面临的困境表示担忧，他说，目前国际社会救援的资金和物资已经不是救援行动面临的主要问题，救援行动眼下需要解决的主要问题是后勤运输方面存在的“瓶颈”。为尽快将救援物资送往灾区各地，需要大量的后勤支援，如飞机、直升机和空中管制人员等。由此可见，在地震救灾中，研究地震灾害应急物流管理，认真考虑救灾捐赠物资的需求反馈、物资收集、包装、保管、运输、发放等内容，对于及时、准确地将救灾需要的物资运送给灾民，保证救灾效果，具有十分重要的意义。

（2）地震灾害应急物流运作的特点。由于地震灾害的突发性和不可预测性、影响面广等特点，且地震灾害应急物流采用的是与营利性组织物流不同的渠道模式，因此，具有一定的特殊性。

①组织者的特殊性。地震灾害应急物流的组织者通常是政府及各级组织机构，有时会涉及不同的国家和地区，可以说，处理地震灾害是一种政府和民众的政治行为。

②环境的特殊性。由于地震发生的时间、地点通常是无法预测的，而且受灾程度也无法完全控制，因此，许多要素对物流管理来说具有不可预测性。

③供需的特殊性。一般来说，企业物流系统都已知商品的供给者与需求者，然后根据需要进行商品加工、储存与保管，有稳定的运输、配送作业，物流活动以追求低成本为主要目标。而地震灾害应急物流系统则是在地震发生后，按照地震救灾指挥机构的要求，快速把社会采购或捐赠的应急物品运往灾区。物流活动以追求时效为目标。

④供应链模式的差异性。地震灾害应急物流供应链的特点是供应方是被动

的，其无法预先知道需求方的要求；而需求方也无法提前把信息反馈上去，拉动供应链的运动。因此，链条的中间部分，即地震救灾活动的组织者是推动链条运作的主要动因。供应链的目的是在高效的基础上实现对灾区的救助。

2. 国外救灾物流管理

国外的救灾物流一般实行分阶段管理。根据灾害进展，开展有针对性的救援，力求做到既不延误供应，又不盲目供应，实现救灾应急物资效益最大化的目标。

(1) 美国的救灾物流管理。

美国经过多年努力，建立了完备的全国灾害应急计划，在发生地震、飓风、火山爆发、洪水以及恐怖组织活动等可能造成重大伤害的事件时，政府就会立即宣布进入联邦紧急状态，启动应急计划，由联邦紧急事务处理部 FEMA（Federal Emergency Management Agency）负责统筹所有的防救灾事物。美国防救灾工作强调运用高新技术，强调事先预防和模拟演练，针对人口稠密的大都市和人口稀少的地区灾害均有不同的预案和救灾方式。救灾规划还有相应的治安组织体系，该体系平时和警方配合承担治安任务，在重大灾害发生时，迅速转变成紧急救灾体系，争取最高救灾效率。

FEMA 设有物流管理专门单位，平时主要负责救灾物资管理储备、预测各级各类救灾物资需求、规划救灾物资配送路线和救灾物流中心设置等工作。当灾害发生时，物流管理单位迅速转入联邦紧急反应状态，根据灾害需求接受和发放救灾物资。

在国际救灾方面，美国设有对外灾害援助办公室 OFDA（Office of US Foreign Disaster Assistance)，负责紧急事务，其在世界范围内设有 7 个应急仓库，这些仓库紧靠着机场和海港，存储基本的救灾物资，如毯子、塑料薄膜、水箱、帐篷、手套、钢盔、防尘面具、尸体袋等，一旦某个地区发生重大灾害，就会从距离最近的仓库调拨救援物资送至灾区。

美国的灾害应急处理法规主要有《灾害救助和紧急援助法》、《国家地震灾害减轻法》、《全国紧急状态法》等。这里主要讲针对地震灾害的《国家地震灾害减轻法》。

《国家地震灾害减轻法》于 1977 年 10 月由美国国会通过，其目的在于“通过制订和实施一项有效的地震灾害减轻计划，减少地震造成的生命和财产危险”。该法规定建立国家地震灾害减轻计划 NEHRP（National Earthquake Hazards Reduction Program)。1990 年 11 月制定的《国家地震灾害减轻计划法》对减灾机构的职责、计划的目标和目的作了详尽规定，对国家地震灾害减轻计划作了重大修改。

国家地震灾害减轻计划规定的四个减灾机构是联邦应急事务管理总署、国家标准技术局、国家科学基金会和美国地理测量局。

国家地震灾害减轻计划的任务包括：改善对灾害的了解、描述和预测；完善建筑法规和土地利用计划；通过灾后调查和教育降低风险；提高设计和建造技术；促进研究结果的应用。国家地震灾害减轻计划法指定联邦应急事务管理总署为计划主管机关，并赋予其规划、协调和报告的责任。

1996 年 4 月，总统科技政策办公室提交了一份名为“国家地震损失减轻战略”（NEP）的报告，根据该报告，联邦政府制订了国家地震损失减轻计划，虽然没有取代国家地震灾害减轻计划，但规定了减灾机构更广泛的活动范围，并提供了能更有效协调这些活动的框架。

（2）德国的救灾物流管理。

德国拥有一套较为完备的灾害预防及控制体系，灾害预防机制是由多个担负不同任务的机构组成。在发生疫情以及水灾、火灾等自然灾害时，它们各司其职，齐心协力，最大限度地减少损失。德国技术援助网络等专业机构为救灾物资的运送和供应等方面提供专业知识和先进的技术装备，在救灾物流中发挥了重要作用。

另外，德国有一家非营利性的国际人道主义组织，即德国的健康促进会，其长期支持健康计划并对紧急需求立即作出反应，在救灾物流管理中发挥重要的作用。该组织每年通过水路、公路、航空向世界 80 多个国家配送 300 多万千克的供给品，并利用计算机捐赠管理系统，保持产品高效率移动，一旦需求被确定，供给品通常在 30～60 天内就会迅速运送到指定地点，避免了医药物品的库存。一旦有灾难通知，德国健康促进会就会立即启用网络通信资源，收集灾难的性质、范围等信息，并迅速组织救灾物品送往灾区。

（3）日本的救灾物流管理。

由于日本地理位置和地质条件特殊，该国经常遭受地震、台风等自然灾害的侵袭，因此，日本政府非常重视防灾救灾计划和防灾救灾演习。其防灾救灾体系分三级管理，包括中央国土厅救灾局，地方都道府及市、乡、镇，每级组织都定期举行防灾汇报，并制订防灾计划，包括防灾基础计划、防灾业务计划、地域防灾计划等。此外，日本各重要灾害地区也都制订了本地区防灾计划，详细规划了防灾组织体系和紧急运输、重要救援物资储备及避难所的设置等，定期举行各种救灾演习（包括每年度的大规模地震演习），并建立了完整的救灾体系。

日本救灾物流管理的主要做法有：一是制订灾害运输替代方案，事前规划陆、海、空运输路径，因海运和空运受震灾影响小，所以多利用这些资源；二是编制救灾物流作业流程手册，明确救灾物资的运输、机械设备以及其他分工合作等事项；三是避难所的规划，预先规划避难所，平时可作他用，一旦发生灾害，立即转成灾民避难所，并作为救援物资发放点；四是救灾物资分阶段管理，将救灾物资配送工作分三个阶段，第一阶段由政府行政单位负责，第二阶段由物流公司负责，根据政府要求采取较主动的方式进行配送，第三阶段仍由物流公司负责，但根据灾区需求采取较被动的方式，即依据订单进行配送。

3. 我国地震灾害物流管理

(1) 我国现有地震灾害物流管理体系。

地震灾害物流直接关系到地震灾害救助的成败，以提供地震灾害所需物资为目的，以追求时间效益最大化和灾害损失最小化为目标。我国现有的地震灾害救助系统是政府统一决策，各部门按决策和职能，分工负责，互相配合；以地方政府为主，按行政区域统一组织指挥，统一调配人力、器械和物资；充分利用中国人民解放军服从指挥、组织严密、机动性强、反应迅速的特点，发挥军队在抢险救灾中的主力作用。而在我国的救灾物资管理体系中，救灾物资主要来源于中央救灾物资储备库和未受灾地区的社会捐赠物资。救灾物资的收集、运输、发放主要依靠各级政府。

(2) 我国地震灾害救灾物流存在的问题。

以“5·12”汶川大地震为例，我国地震灾害救灾物资存在如下四个问题：

①应急物资数量不足。在这样的自然灾害面前，由于缺乏必要的思想准备，也缺乏必要的物质准备，震后急需的物资数量明显不足。为了安置无处安身的灾民，民政部在5月12日地震发生后当天，就发出调令，从合肥、郑州、武汉、南宁四个物资储备库调拨救灾帐篷45 650顶。5月13日，民政部再次向各地发出指令，要求迅速调运中央直属储备库的所有帐篷。仅仅两天，民政部设立在哈尔滨、沈阳、天津、郑州、合肥、武汉、长沙、南宁、成都、西安10个城市的中央级紧急物资储备库灾前库存的约18万顶帐篷就被全部调空。然而，为安置川、陕、甘三省无处安身的灾民，共需300多万顶帐篷，仅绵阳一市，就至少需要帐篷60万顶，而绵阳民政局的现有库存为棉被200多床、帐篷不到200顶。在上百万人受灾、400余万人需要转移的绵阳，这些救灾物资储备简直是九牛一毛。另外，中央储备库数量不足，致使灾后多种物资缺乏，尤其是帐篷、食品、饮用水、部分药品、生活用品等，而且救灾物资运距过远，运输时间长，影响了救灾工作的时效。

②应急物资种类不足。我国目前的应急生活必需品储备有食糖、肉类、粮食、食用油等。但灾后的防疫、医疗器械、救生器械不足。如医疗卫生应急所需的消毒、全麻、抗生素等药品和器材物资的匮乏，由于灾区居民居住分散，转送接诊困难较大，野战手术车也严重紧缺。而且水（如矿泉水）比较缺乏，灾后

的生活必需品也缺乏，如妇女儿童用品、衣物等。此外，一些救生器具也奇缺，照明器具等物资尚无储备。5 月 17 日（“5·12”汶川大地震后第 5 天）广元市抗震救灾物资需求表见表 7-1：

表 7-1 5 月 17 日广元市抗震救灾物资需求表

物品名称	需求数量	要求运送地点
帐篷衣物类		
帐篷	50 万顶	快运 广元
棉被	30 万套	快运 广元
衣物	20 万套	快运 广元
行军床及棉垫	20 万套	快运 广元
设备类		
电视转播车	1 台	快运 广元
压缩式垃圾车	6 台	快运 广元、青川
洒水车	4 台	快运 广元、青川
抽水设备	15 台（套）	快运 剑阁、青川
发电机	550 台（套）	快运 广元、青川、剑阁
越野车	10 辆	快运 广元
电筒	17 000 个	快运 青川、苍溪、剑阁
蜡烛	3 万盒	快运 利州 1 万，苍溪 2 万
雨衣靴	5 000 套	快运 青川、旺苍
收音机	3 万台	快运 广元
电视机	2 000 台	快运 广元、青州
光纤	500 吨	快运 广元
应急灯	1 000 盏	快运 广元
卫星电话	50 部	快运
手提电脑	12 台	快运
燃油类		
汽油	680 吨	快运 剑阁、旺苍、朝天
柴油	1 870 吨	快运 剑阁、旺苍、朝天、苍溪

（续上表）

物品名称	需求数量	要求运送地点
用具类		
塑料彩布条	120 万平方米	快运 青川 100 万、旺苍 、朝天、苍溪
塑料薄膜	800 吨	快运 苍溪
绳子	1 200 把	快运 旺苍、朝天
炊具	2 000 套	快运 广元、青川
食品类		
矿泉水	1 500 件	快运 元坝、利州
方便食品	1 万吨	快运 广元、青川
大米	6 000 吨	快运 广元、青川
面粉、面条	6 000 吨	快运 广元、青川
罐头	10 万件	快运 广元
饼干	50 万件	快运 广元
火腿肠	30 万件	快运 广元
牛奶	30 万箱	快运 广元
食用油	6 万桶（5kg 装）	快运 青川
食用盐	45 吨	快运 青川
药品类		
消毒药品	200 件	快运 广元、青川
感冒药	100 件	快运 广元、青川
防中暑药	100 件	快运 广元、青川
防泻药	100 件	快运 广元、青川

表 7－2　中央级救灾储备物资统计表

储备库	合计	单帐篷				棉帐篷		
		合计	2002 年产	2003 年产	2004 年产	合计	1998 年产	2004 年产
合计	157 990	92 240	54 240		38 000	65 750	7 750	58 000

（续上表）

储备库	合计	单帐篷				棉帐篷		
		合计	2002年产	2003年产	2004年产	合计	1998年产	2004年产
天津	22 050	15 000		9 000	6 000	7 050	1 050	6 000
沈阳	16 100	3 900	3 900			12 200	2 200	10 000
哈尔滨	8 000	3 000		3 000		5 000	1 000	4 000
合肥	14 000	13 000		13 000		1 000	1 000	
郑州	39 000	16 800		12 800	4 000	22 200	200	22 000
武汉	32 540	23 040	1 040		22 000	9 500	1 500	8 000
长沙	800					800	800	
南宁	9 000	9 000		3 000	6 000			
成都	6 000	4 000		4 000		2 000		2 000
西安	10 500	4 500		4 500		6 000		6 000

由表7－2可以看出，我国的中央物资储备库存在着储备物资种类少、数量少的问题。此外，据商务部提供的资料，除北京、上海等少数地区外，大部分地区没有建立应急生活必需品储备库，就是建立储备库的地区，储备品种也非常有限。如我国的许多经济薄弱省份，医药储备规模较小，一旦发生灾害和疫情，总是亟待救援。就是经济较发达的地区，如上海、广东、浙江等省市，救灾、防疫药品储备也处于“杯水车薪”的尴尬境地。而中西部地震活动强烈，却库房少、规模小、储存物资少。因此，救灾物资储备远远不能满足灾害性地震事件应急工作的需要。

③现有救灾物资供应体系的缺陷。首先，目前我国救灾物资实行的是多部门管理，衣被、帐篷等生活类救灾物资的储备由民政部门负责，而药品、车辆、粮食等其他救灾抢险物资分别由物资、交通和粮食部门负责。这种救灾物资分散管理，分散储备的直接后果是导致救灾过程中救灾物资需求信息传递速度慢、物资供应调度困难、救灾物资运输车辆需求大、救灾保障成本高。这种灾害管理体制，造成资源不能适时、合理地储备，应急资源得不到科学的优化配置，极易造成救灾物资种类和时间上的失衡。灾害应急资源的管理工作一直处于分散无序的状态，没有从统一、整体的角度来充分考虑多种灾害而配备应急资源。其次，应急救灾资源的管理低效，缺少对资源配置绩效的评价和管理标准。资源流动凝

滞，大多是事后紧急筹集、调动救灾资源的传统做法，使各种已有资源不能实现有效整合，资源只能简单相加而无法产生系统作用。如到了地震中后期，有些物资达到饱和，仍源源不断地运来，而有些仍然奇缺，因此，资源调配不当、积压甚至浪费的现象时有发生。

④运送受阻，信息不畅。抗震救灾难度大，物流不通畅。灾害造成四川全省有21条高速公路、15条干线、2 756条农村公路的路基路面桥梁结构受损，损毁的里程超过2万千米。震中汶川县海拔1 325米，周围有茶坪山脉、邛崃山脉等众多山体围绕，地形复杂、交通不便，震后道路、通信中断。而救灾部队驻地分散，灾区市场几乎瘫痪，道路时断时续，联络不畅，后方市场资源调度困难。加之常常是阴雨天气，给物资运输造成很大困难。信息不流畅，以中国移动公司为例，地震使其成都地区的570个基站中断，35座铁塔、103套传输设备等受损。通信中断后外界不能深入了解灾区状况，不明白灾区需求，使得人员和物资准备不充分。尤其是灾情严重时，仍不太了解灾区需求，因此常常物资短缺，只能紧急生产和采购。

针对我国地震灾害情况，其救灾应急物流管理可从地震灾害应急物流组织、地震灾害应急物流预案、地震灾害应急物资管理、地震灾害应急物流信息系统四个方面进行，其中地震灾害应急物资管理在下节中单独讲述。

（3）地震灾害应急物流组织。

在地震灾害紧急救援过程中，应把救灾的组织工作列为首要大事。因为，只有完善、高效、强有力的组织机构，才能够在破坏性地震发生后，立时承担起救灾的领导指挥重任，并以最敏捷的速度组织全社会的人力、物力对灾区实施全方位的大营救。

目前，不仅国务院专设了抗震救灾指挥部，中国各省、市、自治区也都设立了相应的部门。在那些地震危险区或重点防御区，各地（市或州）、县（市、区或旗）的人民政府除了设立防震减灾主管部门外，还按照《破坏性地震应急条例》的要求，赋予这些主管部门以指导和监督本区域内地震应急工作的权力。为此，各级地震主管部门还针对本地区的具体情况，结合实际编制了各自的《破坏性地震应急条例》。可以设想，有如此完善的地震应急救灾组织体系，在未来的破坏性地震发生时，将一定能够在减轻人员伤亡和避免财产损失方面发挥巨大作用。

1）地震灾害事件分级及组织。根据《国家地震应急预案》，将地震灾害分为4级。即一般地震灾害、较大地震灾害、重大地震灾害、特别重大地震灾害。①一般地震灾害，是指造成20人以下死亡，或造成一定经济损失的地震；发生在人口较密集地区5.0～6.0级地震，可初判为一般地震灾害。②较大地震灾害，是指造成20人以上、50人以下死亡，或造成一定经济损失的地震；发生在人口较密集地区6.0~6.5级地震，可初判为较大地震灾害。③重大地震灾害，是指造成50人以上、300人以下死亡，或造成一定经济损失的地震；发生在人口较密集地区6.5~7.0级地震，可初判为重大地震灾害。④特别重大地震灾害，是指造成300人以上死亡，或直接经济损失占该省（区、市）上年国内生产总值1%以上的地震；发生在人口较密集地区7.0级以上地震，可初判为特别重大地震灾害。应对一般地震灾害，在灾区所在省（区、市）人民政府和市（地、州、盟）人民政府的领导和支持下，由灾区所在县（市、区、旗）人民政府领导灾区的地震应急工作；中国地震局组织、协调国家地震应急工作。应对较大地震灾害，在灾区所在省（区、市）人民政府的领导和支持下，由灾区所在市（地、州、盟）人民政府领导灾区的地震应急工作；中国地震局组织、协调国家地震应急工作。应对重大地震灾害，由灾区所在省（区、市）人民政府领导灾区的地震应急工作；中国地震局在国务院领导下，组织、协调国家地震应急工作。应对特别重大地震灾害，由灾区所在省（区、市）人民政府领导灾区的地震应急工作；国务院抗震救灾指挥部统一组织领导、指挥和协调国家地震应急工作。如果地震灾害使灾区丧失自我恢复能力、需要上级政府支援，或者地震灾害发生在边疆地区、少数民族聚居地区和其他特殊地区，应根据需要相应提高响应级别。

2）组织指挥体系。地震灾害救灾应急组织指挥机构一般为灾情发生地所在省（直辖市）地震局，由其负责抗震救灾指挥部办公室的日常事务，汇集地震灾情速报，管理地震灾害调查与损失评估工作，管理地震灾害紧急救援工作。若发生特别重大地震灾害，经国务院批准，由平时领导和指挥调度防震减灾工作的国务院防震减灾工作联席会议，转为国务院抗震救灾指挥部，统一领导、指挥和协调地震应急与救灾工作。国务院抗震救灾指挥部办公室设在中国地震局。

3）应急队伍保障。地震灾害应急队伍资源及其组织方案如表7-3所示：

表7-3 应急队伍支援及组织方案

应急队伍	先期处置队伍	第一志愿梯队	第二支援梯队
人员抢救队伍	社区志愿者队伍	地方救援队伍 国家地震救援队伍 当地驻军部队	邻省地震救援队伍
工程抢险队伍	当地抢险队伍	行业专业抢险队伍	邻省抢险队伍
次生灾害特种救援队伍	消防部队	行业特种救援队伍	邻省特种救援队伍

（续上表）

应急队伍	先期处置队伍	第一志愿梯队	第二支援梯队
医疗救护队伍	当地的急救医疗队伍	当地医院的后备医疗队	附近军队医疗队
地震现场应急队伍	省地震局现场应急队伍	中国地震局现场应急队伍	邻省地震局现场应急队伍
建筑物安全鉴定队伍	省地震局和建设厅建筑物安全鉴定队伍	中国建筑局和建设部建筑物安全鉴定队伍	邻省地震局和建设厅建筑物安全鉴定队伍

4）我国地震灾害紧急救援队伍组建情况。针对地震灾害的特点和其救灾过程的实际情况，为增强我国减灾能力，减小地震灾害造成的影响，我国于 2001 年 4 月 27 日宣布组建了中国第一支“地震灾害紧急救援队”。除该救援队以外，到 2005 年 6 月，黑龙江省、辽宁省、天津市、新疆维吾尔自治区、四川省、云南省、甘肃省、山西省、山东省、宁夏回族自治区、重庆市共 11 个省、自治区、直辖市也已经成立了地震灾害紧急救援队。这些救援部队具有地震专业知识，熟悉地震救灾业务，根据救灾需要全面装备了专业化的人力资源。其类似于战争时的快速反应部队，对突然发生的破坏性地震灾害事件，具有更强大的救助能力。

值得一提的是，地震灾害救援队伍必须有很强的机动能力和突击救治能力。由于震后灾区的设备物资多被压埋或破坏，震后紧急救援急需大量药品、器材和其他物资。在建筑倒塌后，靠一般的手工工具很难挖救，救援者必须有大量的专业救援物资和设备，必须有特别的机动能力和突击救治能力。灾区破坏严重，水、电、食品、住宿和药品等来源困难，生活保障条件极其艰苦，救灾队伍必须有良好的自我生存能力和后勤保障能力，否则自身难保，无从救治。例如，在以往地震中，有的医疗队只去人，没带药品器材和生活物品；有的所带医疗用品不到 1 天就全部用完，后续物资第 3 天才开始批量运到，对救治伤员影响较大。河北张北地震时出现严寒，许多医疗队因自身没有防寒准备，导致多人病倒。

此外，在中国历次强烈地震灾害紧急救援中，人民解放军曾是最主要的人力资源。1976 年河北唐山地震时，数千名解放军官兵急行军赶赴灾区；2008 年“5 · 12”汶川大地震时，上万名解放军指战员日夜奋战于抢救现场。人民解放军都发挥了巨大作用，拯救了成千上万灾民的性命。纵观世界各国，在强烈地震灾难发生后，为应付急需，大都动用了军队。

显而易见，正是由于军队这个集体具有灵活、激动、敏捷、快速等特点，才使其成为各种抢险救灾，包括地震救灾的一支主力军。但是，军队的主要功能毕竟不是抢险救灾，因而，在装备及效能诸方面，必然存在一定缺陷。

（4）地震灾害应急物流预案。

自1976年唐山大地震以后，尤其是20世纪末期以来，中国地震局组织力量认真研究了国内外多次的经验教训，提出将“地震应急”作为防震救灾工作的四个环节之一，同时指出应急准备乃至地震应急工作的核心内容是制定地震应急预案。提出了凡是可能发生破坏性地震地区的县级以上地方人民政府应当制定本行政辖区的地震应急预案的对策意见。

在1991年，国务院制定并下发了国家的预案——《国内破坏性地震应急预案》。同时，各级地方人民政府和有关部门、单位也遵照国务院的要求并参照该预案，认真制定了各自的预案。各级、各类地震应急预案的制定，极大地推动了我国地震应急工作，起到了“凡事预则立”的作用。在若干次临震应急，特别是震后应急工作中，不少预案的实施取得了减轻地震灾害损失的实效。此后，国家通过了法律、法规，这使得我国地震应急工作经验和成功做法进一步得到了肯定和确认。地震应急和制定应急预案的有关规定先后载入国务院实施的《破坏性地震应急条例》（1995年4月1日起施行）和《中华人民共和国防震减灾法》（1998年3月1日起施行，以下简称《防震减灾法》），使得国家管理地震应急工作进入了有法可依、有章可循的新阶段。

在防震减灾工作中，震前抓好制定地震应急预案，有其重要的意义和实际价值。其重要意义是通过制定地震应急预案，各级政府可充分发挥其在减轻地震灾害中的主导作用，使本地区的经济建设能够顺利地进行。其实际价值是临震和震后应急的成功与否，取决于地震应急预案是否具有科学性和可操作性。所以制定地震应急预案在整个地震应急工作中具有第一位的作用。国家破坏性地震应急预案已于1996年12月由国务院批准实施。

我国《防震减灾法》规定了破坏性地震应急预案必须具备的主要内容：①应急机构的组成和职责；②应急通信保障；③抢险救援人员的组织和资金、物资的准备；④应急、救助装备的准备；⑤灾害评估准备；⑥应急行动方案。预案中必须明确地震灾害紧急救助系统的组织结构，包括纵向组织层次和横向职能部门的设置及相应的职责、权利和义务。预案中要规定物资支援包括应急物资的种类、供应、储备、包装、交通运输、配送、发放，以及应急物流的信息、通信、建设管理所需设备、装备等紧急支援职能，根据政府机构拥有的职权、资源或与完成具体的紧急支援职能有关的技术专长来确定主要负责机构和支援机构。通过制定预案，形成机制，使政府各有关机构对地震灾害立即自动地作出反应，根据预案中所明确的任务，竭尽全力地履行本部门的职能，自动、及时地对灾区给予紧急支援，拯救生命，减轻人们的痛苦，保护财产，而不必等待具体任务下达后再采取行动。平时要开展地震灾害救灾演习来提高物流系统的应急反应能力。预案中应急物流管理应分阶段进行，即对于地震前期和地震中、后期的救援组织、救援物资应分开对待，以免出现救援不力，或是物资过剩的现象。总之，地震灾害应急物流预案应具有科学性、可操作性和体系性。

(5) 地震灾害应急物流信息系统。

当前，我国地震灾害虽然有一些应急措施，在地震灾害救灾中发挥着重要的作用，但我国地震灾害的应急反应和快速处置能力有待提高，主要表现在因受经济条件制约，相当一部分地区灾害信息报告体系不够健全，不能满足灾害应急管理对信息及时、准确性的要求。其中，预警系统、网络平台、跟踪系统是信息保证较为重要的三个部分，都需要大力提升。

1）建立地震灾害预警系统。我国是全球地震灾害最严重的国家，地震的发生会带给人物们巨大的灾害，灾前的预测预报工作是必不可少的，从我国古代发明的地震仪就可以看到这一工作的重要性。目前，我国已在各大城市建立地震观测站，运用科学仪器预测地震。但仅此远远不够，大地震发生之前一般都有一个孕育的过程。为了提高预防的准确性，应该大力普及地震知识，如井水的突然发浑、起泡、变味；大批动物行为异常，冬天穴居冬眠动物突然出洞，大量水生动物突然翻腾跳跃等，极有可能是地震发生的前兆。而这些前兆是地震仪观测不到的，应该用观察弥补科学仪器预测的不足，提高地震预报的准确性。同时，建立城市预警系统，形成群防专测情报通畅的监防网络体系。

预警系统是在搜集、分析大量灾害信息的基础上，对险情进行预测，一旦出现危害，通过警报系统预警，并尽可能将问题扼杀在萌芽状态。由于东南亚地区没有关于海啸的预警系统，导致海啸中灾民死伤惨重。海啸发生后不到 1 个月，联合国即开始建立全球灾害预警系统。目前，中国已经初步建成地震监测预警体系，并发挥其相应的作用。在建立预警系统时，要着重注意品种的广泛性、预警的提前性和准确性，从而最大限度地实现减灾目的。

地震预测预警是减轻地震灾害的重要途径，其大致有如下三种类型：①震时警戒系统。如上所述，震时警戒系统是美国加州理工学院金森博雄提出的，利用地震波的传播相作为预警依据。其原理为发生地震瞬间，利用地震波传播速度和电磁波传播速度的时间差，由先到的无线电信号进行预警，实施切断供电、燃气、易燃易爆和有毒有害危险设备等各类生命线工程，使其处于安全状态，一旦地震波到达时避免各种严重的灾害发生。②震时应急系统。震时应急系统是地震发生时，当地震动超过一定阈值时直接触发生命线工程等各类防御装置，并使其处于安全状态而避免引起严重灾害。近 20 年来，震时应急系统在一些多震灾国家应用，取得了较好的效果。我国已有科技人员开始进行震时自动关闭危险管道的特殊阀门的研究工作，有关临震时煤气和电力、自来水自动关闭技术，我国已有5项专利。③地震动模型预警系统。作为地震预警系统的进一步开发，还可以发展震时地震动模型应急警戒系。这一系统是研究重点震灾防御区在某些设定地震情况下，针对区域性特定构造和防御区特定的场地效应，研制出地震动模型。一旦有强震发生，实时输入强震参数，由该模型迅速给出（输出）地震动的空间和强度分布，并根据地震动的强度空间分布，实时启动重要防御系统的应急警戒系统，以减少灾害。

2）建立地震灾害信息网络平台。地震灾害信息网络平台是应急物流的基础设施，是地震救灾物流的基本平台，是应急物流系统高效率、灵活性、可靠性的保证。地区救灾中心通过该套网络平台与辖区的各个运输部门、专用救灾库、普通库进行连接，以便各专项物资管理部门了解各个物流公司的设备情况、人员情况、运营情况、运输能力、库房容量、主要业务等，在应急情况下根据各物流企业的特点，合理安排好救灾物资的筹集、采购、流通、配送等各项工作。

地震灾害网络平台应着重构筑救灾储备网络体系，完善救灾应急资金和物资的紧急拨付机制。一是要根据灾害分布情况，在全国范围内建立起救援装备和物资的储备网络，要及时制定全国救灾物资储备规划，国家和升级救灾物资可以由规划中的市（州）、县救灾仓库代储、保管，方便调用。同时，县（市）自身也要配备必要的救灾物资。二是要建立紧急采购救灾物资的工作程序。救灾储备毕竟只能满足实际救灾需求的很少一部分，大量的救灾资源必须靠灾后政府采购获得。县（市）以上灾害管理部门要在灾害发生之前，提前与提供主要救灾资源（如粮食、纯净水、方便食品、搭建临时帐篷的器材等）的供应商签订采购合同，一旦灾害发生，供应商可以最快速度提供价廉质优的救灾物资，这样既减少因物资储备产生的资金占用和保管费用，又能满足灾后紧急救援需求。三是各级财政必须预算相应的救灾应急资金，一旦发生突发灾害，首先动用本级救灾应急资金。同时，要进一步完善申请、拨付应急资金和物资的紧急拨付办法，尽量缩短行政审批环节的时间，在特殊情况下，可以先拨款物，再补办有关手续，确保资金和物资及时拨付到位。

3）建立救灾物流跟踪系统。有了救灾物流跟踪系统，可以对救援过程中所使用的物流设备、设施进行跟踪，从而使得从装箱运输一直到灾区的整个救灾流程都非常清楚。建立救灾物流跟踪系统需要使用相应的技术，如射频技术等。

（三）地震灾害应急物资管理

“救灾”，就是在灾情发生时抢救人员及财物、抗击灾害，一方面调离灾区人员和财物，另一方面从非灾区调集救援人员和救灾物资（如冲锋艇、食品、衣物、帐篷等)。在短时间内，大量的人员、物资大范围地完成流动，大量的资金流和信息流也同时形成。地震灾害救灾物资主要指地震灾害发生后，由民政部门组织的各类救灾物资；国内外社会各界组织、单位、个人通过民政部门无偿向灾区捐赠的各类救灾物资；政府统一组织的经常性捐赠的各类物资。

1. 我国救灾储备中心情况

地震等突发事件发生后，除了当地政府紧急救援外，中央政府也给予必要的补助和支援。为了应对突发自然灾害救灾应急物资的需求，我国建立了救灾储备中心。其主要功能是在社会捐赠物资未到达前担负紧急救灾职能，力求使灾区在24小时内能获得食品、衣被、帐篷等生活必需品。下面简单介绍我国救灾储备中心的情况。

1998年起，民政部、财政部发出《关于建立中央级救灾物资储备制度的通知》，规定了每个代储点的地理位置及储备物资的种类，构建了8个中央级救灾储备物资代储单位（即民政部救灾物资储备库)。2003年，在原来基础上重新调整了布局，扩充合肥、哈尔滨等共计10个中央级救灾储备物资代储单位。即经过6年的建设，已设立了天津、沈阳、哈尔滨、合肥、郑州、武汉、长沙、南宁、成都和西安10个中央级救灾储备物资代储单位（即民政部救灾物资储备库)。中央先后采购价值10多亿元的物资储备在这些储备库。

由于我国应急救援的物资储备才起步不久，仓储规模还不大，储藏物资品种和数量还不多，另外，救灾物资储备库主要集中在我国东部，西部的西安库规模小，储备物资少，而中国西部地震活动强烈，因此，救灾物资储备远远不能满足灾害性地震事件应急工作的需要。如2003年新疆、甘肃发生地震后，中央不得不从长沙、武汉、郑州和天津仓库调运帐篷，由于从地震发生后到救灾帐篷的调入一般都要4天以上的时间，明显影响了救灾效果。

10个中央级救灾物资仓库中只有天津和郑州库规模较大，仓储面积1万余平方米。武汉和西安库为租借的仓库，其余的仓库均较小。由于库建设未得到中央资金的支持，基本由地方自筹解决，受资金量的限制，仓库的容量及标准都不高，仓库建设及配套设施均不完善。具体情况如表7－4所示：

表7－4 各储备点的地理位置和储备物资的种类

地理位置	城市	物资种类
东北区	沈阳	棉、单帐篷
华北区	天津	棉、单帐篷

（续上表）

地理位置	城市	物资种类
华中区	郑州	单帐篷
	武汉	单帐篷
	长沙	单帐篷
华南区	南宁	单帐篷
西南区	成都	单帐篷
西北区	西安	棉、单帐篷

2. 地震救灾物资管理存在的问题

目前，我国的救灾物资实行的是多部门管理，衣被、帐篷等生活类救灾物资的储备由民政部门负责，而药品、车辆、粮食等其他救灾抢险物资分别由卫生、交通和粮食部门负责。这种救灾物资分散管理、分散储备的直接后果是导致救灾过程中救灾物资需求信息传递速度慢、物资供应调度难、救灾物资运输车辆需求大、救灾保障成本高。震后灾区的设备物资多被压埋或破坏，震后紧急救援急需大批药品、器材和其他物资。我国救灾物资捐赠基本属于应急捐赠，只有在灾害发生时，通过政府号召，组织社会团体民众捐赠。由于救灾信息不够畅通、捐赠组织繁多等原因，除政府储备救灾物资外，社会捐助物资很容易出现种类、时间上的供需失衡。如在震后早期，急需大量急救物资，但常常不能及时送到。到震后中、后期，灾区物资达到饱和后，救援物资仍源源不断地运来，常发生救灾物资过剩和品种调配不当等现象，积压、浪费等现象时有发生。我国目前并不富裕，应需要什么给什么，用多少送多少，减少不必要的损失和浪费。因此，震前要有物资储备，震后根据需要及时供给，同时，必须制定有效的管理和调控措施，防止出现地震救援真空或物资供应过剩的现象。

3. 地震灾害救灾物资的运输

有了地震救灾物资后，还要合理安排运输线路，以保证及时将救灾物资送往灾区。

（1）应合理规划运输线路。救灾货物从哪里调运，调运的线路规划，应由地震救灾指挥中心统筹安排、合理布局。如 2003 年新疆巴楚发生 6.8 级地震，其救灾物资均是从武汉和郑州中央库调运的，而没有启用离震中更近的中央库。这样的调运会增加至少一天的运输时间，增加了运输成本和运输压力，增加了灾民的痛苦，这是没有统筹运输规划造成的。

（2）在线路规划中注意全国和受灾地运输规划的不同。物资由全国运往灾区的交通路线由于未受灾情影响，和日常的运输规划相同；受灾物资在当地的运输与分发中应注意摒弃过去现成的交通规划，根据受灾后的地貌特征，重新规划出运输线路。在2004年印度洋海啸救灾中，救援物资在机场、港口堆积如山，却很难继续往下分发，这也是由于受灾地无新的运输规划造成的。运输线路规划可采用线性规划法和图上作业法，以利于货物运输，保证时间效益最大化和灾害损失最小化。

（3）规划好运输线路之后，还要对运输力量进行合理安排。对运输力量的安排，可采用对陆、水、空运力征用的办法，由国家给予相应的补偿。例如，在2004年东南亚救灾中，南方航空公司就取消了一班货机定期航班，以全力保障救援物资的及时运输。对地方物资部门提报的救灾物资计划实行特事特办、急事急办，简化手续，确保物资运输安全、快速运送。当地的货物运输类似于配送，由受灾地的运输公司进行。运管部门主动与当地地区救灾中心联系，及时掌握灾情和救灾物资储备动态，制定应急预案，保证足够的运力，做到车船运力、机驾人员、装卸队伍、后勤保障充分到位，以确保救灾物资运输及时迅速。健全受灾地区交通系统24小时值班制度。

（4）要合理安排运输的货物。运输货物需分急需运输、网络修复和分批运输。急需运输包括人员运送及救灾物资运输。人员运送是第一时间对灾民群众进行转移安置和运送病员入院治疗，其中需考虑的物流问题包括转移地点的选择、就近医院的选择、转移车辆的提供。救灾物资运输指医药用品的保障，生活必需品如帐篷、饮用水及食品等急需物资的先期抵达，一些急需的物资可由空运运往受灾地区，物资大多不需储备，而应考虑怎样迅速发往灾民手中。

灾民安顿之后，下一步是对交通运输网络的修复，主要是航道、铁路及公路网络的修复。只有交通网络的快速恢复，才能推动救灾工作的进行。基本设施的毁坏应进行随后的恢复，需要大量原材料如钢材、建材的运输，可由具有货运能力的低成本运输设备完成，如水运和铁路运输等。

4. 地震灾害救灾物资的发放

地震救灾及捐赠物资由民政部门提出方案报政府同意后进行分配，分配时必须遵循“先急后缓，突出重点”的原则，统筹安排，合理使用。发放救灾捐赠款物时，应当坚持民主评议、登记造册、张榜公布、公开发放等程序，做到账目清楚、手续完备、制度健全，并向社会分布。救灾物资严格按规定用途专项使用，平均发放，不得优亲厚友，任何组织和个人不得截留、平调或改变用途。发放救灾物资时必须严格按照国家有关部门的规定进行。民政部1991年在《关于救灾物资接收、分发、使用、管理的规定》中对救灾物资的发放对象作了规定：

（1）粮食、食品、食油、糖、蔬菜类，发给缺粮而又生活困难的灾民；饮料、营养品类，主要用于灾区儿童、病人的补养。

(2) 生活用品、日用杂品和小型生产工具，一定要发给缺少上述物品的灾民。

(3) 衣、被、棉毯类，要发给缺衣无被难以过冬的灾民。对于数量较少的毛毯，主要发给灾区的光荣院、敬老院、福利院和分散供养的五保户。

(4) 药品及医疗器械，一律交灾区医疗抢救单位统一管理，安排使用。

(5) 建材类：水泥、木材、钢材，重点用于灾区光荣院、敬老院、福利院的维修与重建，多余部分一律用于无房户灾民修建房屋。帐篷、油毡等物，主要用于无房户灾民的临时居住和搭建简易住所。

(6) 化肥、农药、薄膜等农用物资，要全部用于灾民恢复生产。

(7) 交通工具类：由民政部门统一分配使用。且对水上交通工具等长效救灾物资，灾后应及时收回，妥善保管，做好建立救灾物资储备仓库的准备。

(8) 通信、办公设备类，如电话机、对讲机、传真机、微机及其配套设备，一律由省级民政部门统一管理，建立救灾通信网络。

(9) 机电设备类：电动机、发电机、排水设备，发至重灾乡（镇）、村，主要用于抽、排淤水及生产、生活发电。

(10) 家电类：电视机、收录机、洗衣机、电冰箱，只能发给灾区光荣院、敬老院和社会福利院，绝不允许发给个人。

(11) 燃料类：煤炭可以发给缺柴的灾民；汽油、柴油由各级救灾组织用于救灾所需，一般不要发给灾民个人。

救灾物资发放点可设置在大型空地的广场、学校或体育场，应将难民居住活动场所和救灾物资存放点隔离。救灾物资发放点应规划出合适的救灾物资领取进出通道，避免救灾物资发放混乱。

在地震救灾紧急期，救灾物资的发放以政府组织为主。而到了中后期，则可借鉴国外和企业物流运作经验，委托专业社会团体或第三方物流企业开展。根据物资供应和灾民实际需要，分级分类进行物资的合理发放，一方面可以提高救灾物资的发放效率，满足灾民需求，提高救灾效率；另一方面也可以有效避免救灾物资发放过程中的人为不公及腐败现象。同时，可以减轻政府负担，使政府更早地将工作重点转向生产恢复和生活重建的组织管理上。

（四）地震灾害应急物流的发展方向

1. 运用陆、海、空运输装备，实施立体救助

地震灾害应急物资在物流工程中的采集、包装、运输、储存等环节，在技术的内涵和外延上都应得到延伸，从先前的单一平面式保障方式，扩展到陆、海、

空三维空间保障方式。以前国内灾害救助中，空运较少，给偏远地区的灾害救助带来困难。例如，在2004年海啸中，公路在海啸中被破坏，经济状况较差的地区，交通运输网络也不发达，救援物资只好采用空投的形式，而直升机数量有限、载量小、运量少，远远不能满足灾区需要。在这种情况下，适当加大货运机及直升机的数量，可给三维空间的救助提供一定的支持。

2. 运用高新技术物流装备，提高快速救助能力

现代救助物流新技术应逐渐向物流自动化技术、可视化技术、信息化技术方向发展，它们之间既相互依赖，又相互支持，更相互融合，并科学、高效地运用于物流系统的各个环节。例如，在救灾应急物资的储存、分拣环节，物流技术主要趋向于自动化；在救灾应急物资的调度、运输环节，物流技术则趋向于可视化；在救灾应急物资的监控、管理环节，物流技术则趋向于信息化。具体来说，现代救灾物流新技术的运用，主要表现在以下四个方面：一是运用条形码技术、射频卡、手持单元等识别技术，对补给物资进行识别与分类；二是运用全球定位技术和GSM无线传输等技术对运载物资进行可视化和管理；三是运用计算机网络技术、卫星通信等技术对所有救灾物资进行实时指挥与监控；四是运用自动化库房等技术，大力提高储存的安全性能及改善物资储存条件。

本章小结

突发公共事件在我国这样幅员辽阔的国家时有发生，加上目前我国应急管理体制还不完全、不完善，应急物流体系本身也存在很多的问题，所以在突发公共事件发生时，应急管理和应急物流暴露了不少问题。本章介绍了常见的突发公共事件和我国目前的处理方法及其不足之处，借鉴了国外各种突发公共事件的处理情况，分析了我国将来在突发公共事件中，应急管理体制和应急物流的发展趋势。

思考与练习

1. 试述突发公共事件的种类。
2. 分析突发公共卫生事件中应急物资管理的特点。
3. 简述突发自然灾害的种类和各类自然灾害中应急物资管理的要点。

参考文献

[1] 方静，陈建校．我国应急物流系统构建探析［J］．交通企业管理，2008（8）

[2] 方凯．浅议应急物流系统建设中的几个难点问题［J］．中国集体经济，2008（7）

[3] 黄运夏，吴广谋，李骥．基于 holon 的应急物流系统控制模型［J］．物流科技，2009（3）

[4] 李幼萌．国际救援和军事应急水上运输通道的快速建立［J］．国防交通工程与技术，2006（2）

[5] 孟参，王长琼．应急物流系统运作流程分析及其管理［J］．物流科技，2006（9）

[6] 仝新顺．应急物流的系统分析与构建［J］．商品储运与养护，2008（2）

[7] 王丰，姜玉宏，王进．应急物流［M］．北京：中国物资出版社，2007

[8] 王旭坪，傅克俊，胡祥培．应急物流系统及其快速反应机制研究［J］．中国软科学，2005（6）

[9] 虞明远．公路交通应急运输保障机制研究［J］．综合运界，2007（1）

[10] 张昕，马忠俊，罗金洲等．抗震救灾航空应急运输保障特点与应对策略［J］．国防交通工程与技术，2008（6）

[11] 张志勇，匡兴华，晏湘涛．美军物流系统优化战略研究与启示［J］．物流技术，2004（6）

[12] 俞明洪．中国民航飞行学院抗震救灾大事记［EB/OL］．http：//www. avbuyer. com. cn/c /2008/183834. html. 2008－06－18

[13] 王坚红，王京．国外救灾物资的运作方式及启示［J］．中国物流与采购，2006（6）

[14] 庚桂平，苗建军．无线射频识别 RFID 技术标准化工作介绍［J］．航空标准化与质量，2007（2）

[15] 庚桂平．二维条码技术及主要标准介绍［J］．航空标准化与质量，2008（4）

[16] 胡涵景．EDI 标准体系的研究与应用［J］．世界标准信息，2007（4）

[17] 李俊宏，湛邵斌．条码技术的发展及应用［J］．计算机与数字工程，2009（12）

[18] 刘志华．区域性应急物流中信息系统建设研究［J］．科技广场，2008（9）

[19] 施晓军．物流信息技术与信息系统［M］．成都：四川人民出版社，2009

[20] 石玉峰，徐军．物流信息系统体系结构研究［J］．交通运输工程与信息学报，2008，6（3）

[21] 王文亮．应急物流中的信息系统建设［J］．中国物流与采购，2003（23）

[22] 熊伟，骆芳．应急物流信息系统整体模型构建［J］．科技创业，2009（7）

[23] 游战清，李苏剑．无线射频识别技术（RFID）理论与应用［M］．北京：电子工业出版社，2005

[24] 林自葵．物流信息系统［M］．北京：清华大学出版社，2004

[25] ISO/IEC 18004－2006 信息技术．自动识别和数据采集技术．QR Code 2005 条码符号规范［S］

[26] 姜旭平，姚爱群．信息系统开发方法［M］．北京：清华大学出版社，2004

[27] 骆温平．物流与供应链管理［M］．第 5 版．北京：电子工业出版社，2004

[28] Wodzimiers Oryczak. On Cent-Dians of General Networks［J］. *Location Science*，1997，5（1）

[29] 现代物流管理课题组．物流库存管理［M］．广州：广东经济出版社，2002

[30] J. 佩帕德，P. 罗兰．业务流程再造［M］．高俊山译．北京：中信出版社，普伦蒂斯霍尔出版公司，1999

[31] 计雷，池宏等．突发事件应急管理［M］．北京：高等教育出版社，2006

[32] 赵勇，封少娟，刘佳．应急供应链风险分析研究．供应链研究，2006，29（133）

[33] 柯苗．我国自然灾害管理与救助体系研究［D］．武汉科技大学博士学位论文，2007

[34] 霍雅琴．政府对公共卫生的危机管理［J］．西安电子科技大学学报，2006，16（3）

[35] 国务院．突发公共卫生事件应急条例．2003
[36] 国务院．突发公共事件总体应急预案．2006